周立民

辽宁省庄河人。复旦大学中国现当代文学专业博士,现为巴金故居常务副馆长、巴金研究会常务副会长。辽宁省作协特聘签约作家。著有《世俗生活与精神超越》《闲花有声——当代文学研读札记》《巴金画传》《〈随想录〉论稿》《躺着读书》《星水微茫驼铃远》《冯骥才周立民对话录》等评论集、专著、散文随笔集二十余部。

"思想的边界"丛书

周立民 ◎ 著

巴金书信中的历史枝叶

云南出版集团

云南人民出版社

图书在版编目（CIP）数据

巴金书信中的历史枝叶 / 周立民著；斯日主编. -- 昆明：云南人民出版社, 2021.5
（思想的边界）
ISBN 978-7-222-20001-2

Ⅰ. ①巴… Ⅱ. ①周… ②斯… Ⅲ. ①巴金（1904-2005）－书信集－研究 Ⅳ. ①K825.6

中国版本图书馆CIP数据核字(2021)第014929号

出 品 人：赵石定
策　　划：赵石定
项目统筹：马　非
责任编辑：朱　颖　范晓芬
装帧设计：马　滨
责任校对：李　红　董郎文清　周　彦
责任印制：李寒东

"思想的边界"丛书

巴金书信中的历史枝叶
周立民　著

出版	云南出版集团　云南人民出版社
发行	云南人民出版社
社址	昆明市环城西路609号
邮编	650034
网址	www.ynpph.com.cn
E-mail	ynrms@sina.com
开本	889mm×1194mm　1/32
印张	16.25
字数	380千
版次	2021年5月第1版第1次印刷
印刷	昆明瑆煋印务有限公司
书号	ISBN 978-7-222-20001-2
定价	128.00元

如需购买图书、反馈意见
请与我社联系
总编室：0871-64109126
发行部：0871-64108507
审校部：0871-64164626
印制部：0871-64191534

版权所有侵权必究
印装差错负责调换

云南人民出版社微信公众号

思想本无界
——"思想的边界"丛书总序

斯 日

"思想的边界"这套丛书即将要付样了。我们推出这套丛书，希望通过解读近现代思想家、作家的书信，再现书信背后的故事，聆听书信主人讲述各自生命中那些波澜壮阔或风平浪静、风卷云涌或云淡风轻的岁月，从而能够走近他们更加真实而完整的生命角色。

"思想"与"边界"这两个词语的组合具有哲学的意味，借用李泽厚《美的历程》中贯穿始终的核心词组——"有意味的形式"，可以说，这是一个有意味的组合。作为人类文明发展中处于精神文化层面的"建筑"，思想不同于物质，超越了消费型的物质，也超越了可看得见的形式，从而无从有所谓的边界，自然无从诞生"思想的边界"这样的词语组合。由此可以说，我们这套丛书名——"思想的边界"注定不属于常规思维：将"边界"这个自带可感可见形式的词语，与"思想"这个无形式无边界的概念组合在一起，便催生了一种哲学的意味——为无形式垒砌形式，为无边界描画边界。所有的这些，像极了在徒劳处辛勤劳作。

作为思想家、作家、诗人、历史学家、古文字学家，鲁迅、茅盾、郭沫若、巴金等思想文化的巨匠，他们在身后都留下了盈千累万的佳作，再现"文章之无穷"的魅力，建立了"经国之大业，不朽之盛事"，在中国思想史、文学史、历史等诸多领域和学科树立了使后人高山仰止、景行行止的丰碑。他们的名声，如曹丕所言"不假良史之辞，不托飞驰之势"，"自传于后"，完全来自他们的作品及其所达到的思想的深度、广度、高度。我们今天想要了解他们，最重要的途径是阅读、研究他们的作品，唯有如此，才能对他们的思想有所领会。那么，我们是否就此可以假设，他们所创作的作品，已经将他们的思想全部涵盖了呢？或者可以说，阅读和了解了他们所创作的作品，就能够完整把握和领会他们的思想了吗？

在回答这个问题之前，我们先讲一个故事。

今天我们都知道司马迁的《史记》在中国历史上的重要意义：中国纪传体正史的开创之作，成为延续2000多年的中国历史书写模式。这是从《史记》所开创的体例意义方面而言。从思想价值而言，《史记》以其"究天人之际，通古今之变，成一家之言"这个撰述宗旨，成为"二十四史"中位居第一的历史著作，其思想的先进性、科学性是后世史学著作所不能望其项背的。

作为《史记》的撰述宗旨，"究天人之际，通古今之变，成一家之言"代表了司马迁思想的高度，我们今天研究司马迁及其《史记》的思想成就，无法绕开这个宗旨。如果按照前文所言，文史名家的思想，唯有通过阅读和研究他们所留下的作品才能够到达，那么，《史记》的这个宗旨，应该通过阅读使司马迁青史留名的巨著《史记》来获得。不过，事实是，这个宗旨并不出自《史记》，其出处在一封信里。

汉武帝征和二年（公元前91年），时任中书令的司马迁写了一封信给当时身陷囹圄的朋友任安。这年，太子刘据被汉武帝新宠臣江充栽赃，陷入"巫蛊之祸"，太子非常恐惧，情急之下起兵，诛杀了江充，随即遭到愤怒的汉武帝强行镇压，兵败后太子出逃到京兆尹的湖县，最终悬梁自尽，太子的母亲王皇后也因此受牵连在宫中自缢身亡。太子刘据在恐慌中起兵的时候，曾假传圣旨，命令时任北军使者护军任安发兵，但任安收到太子发兵命令后，并没有出兵。"巫蛊之祸"事件平定之后，汉武帝认为任安"坐视成败"，"怀诈，有不忠之心"，将任安投入监狱，最终腰斩。在任安被临刑之前，作为朋友，司马迁给他写了一封信，其实这是一封回信，因为几年前，任安曾给司马迁写信，希望在汉武帝身边工作的司马迁"尽推贤进士之义"，举荐自己。司马迁一直未回信，直到任安身陷牢狱之灾，才起笔写了这封回信。

这封信后来被称为《报任安书》。清代的储欣在《古文菁华录》中说《报任安书》是"激昂悲愤，自有文字以来第一书"，是中国历史上第一封信。这个"第一"，含有重要意义：在这封信里，司马迁除了表达自己发愤著书意志之外，还陈述了撰写《史记》的宗旨——"究天人之际，通古今之变，成一家之言"。

如果我们只读《史记》，不读《报任安书》，无法知晓这个宗旨，当然无法完整而准确地理解司马迁写作《史记》的真正目的；当然，因此关于司马迁及其《史记》的思想深度和高度的把握，也不容易达到最佳状态。思想家的有些思想甚至是具有重要意义的部分，并不在阐述其思想的作品当中，也许在作品之外——在思想的边界之外，如书信、日记等形式非创作类私人文献当中。从这个意义上而言，可以说，司马迁在中国思想史上又作出了一个开创性的举措。

了解了司马迁的著作《史记》与司马迁写给朋友的信《报任安书》之间不可分割的重要关系，自然回答了上面所提出的问题：要全面了解一个思想家的思想，阅尽思想家所创作的作品是首要的和必要的，但仅仅做到这些，还是万万不够的，有时候，重要的东西可能在阐述思想的作品之外——在思想的边界之外可能捕获到重要的碎片和火花。

纵览中国思想史，有个现象值得关注，即中国思想史上的大部分思想家，其思想最初分散在不同的文章中陈述，以不同的体裁、以碎片化的形式呈现，缺少统一而缜密的逻辑结构将其思想系统、完整地表述出来。关于这个现象，徐复观先生作过论述："一个思想家的思想，有如一个文学家的文章，必定有由主题所展开的结构。读者能把握到他的结构，才算把握到他的思想。西方哲学家的思想结构，常即表现为他们的著作的结构。他们的著作的展开，即是他们思想的展开，这便使读者易于把握。但中国的思想家，很少是有意识地以有组织的文章结构来表达他们思想的结构，而常是把他们的中心论点，分散在许多文字单元中去；同时，在同一篇文字中又常关涉到许多观念、许多问题。即使在一篇文章或一段语录中是专谈某一观念、某一问题，但也常只谈到某一观念、某一问题、对某一特定的人或事所需要说明的某侧面，而很少下一种抽象的可以概括全般的定义或界说。"①这种现象导致了至少两个问题:一是影响思想家作品的完整性;一是增加了对于思想家作品的理解和把握的难度。今天我们经常遗憾于一些思想家的作品很难收集完整,年代久远、散佚损毁是一个无法回避的客观原因,但其最初呈现形式的多样化、多元化,也是一个不可忽略的重要因素。如果班固没有将《报任安书》作为传记资料运用在《汉书·司马迁传》中使之首次面世,我们无法想象:这封"自有文字以来第一书"是否能够得到完好的保存?关于《史记》撰写的这条提纲挈领式的宗旨,我们是否还有幸目睹和阅览?从这个意义上而言,思想家的作品最初被承载的形式,为其思想人为地构筑了边界,在有意无意间,将部分思想"遗留"在边界之外。我们今天的任务就是越出他们思想的边界,在边界之外探寻、采撷那些遗失的珍珠,努力为思想描摹相对完整完美的"形式"。

  以上是这套丛书希望努力完成的一个任务。此外,还有一个希望,即努力为读者还原思想家们相对完整的生命角色。生命角色,是关涉传记的问题。现代传记理念认为,关于某个人的传记,其核心任务是要回答一个问题:他是谁?

  "他是谁"是哲学的问题。1958年,汉娜·阿伦特在《人的境况》中认为,"他是谁(who)"里中心词"谁(who)",其所要回答的是关于"人的差异性"。"人的差异就是人的独特性。的确,一切存在者都具有他者性(英otherness;德alteritas)。如果没有这种他者性,那么,就无法

---

① 徐复观:《中国思想史论集》,九州出版社2014年版,第2页。

将一个存在者同其他的存在者区别开来并加以认识……由于人能够觉察自己与其他个体之间的差异，因此，人的他者性和差异性（distinetness）便成为人的唯一性（uniqueness）。"①

简而言之，"他是谁"要回答的就是一个人区别于他者的唯一性。回到我们这套丛书中所讨论的思想家，他们的唯一性即是他们通过所创作的作品所传达的思想塑造了其区别于他者的差异性，如鲁迅所以区别于他者的差异性，在于其创作作品的唯一性，其他的思想家、作家亦是如此。他们的作品个性鲜明，各有各的独具无二的特色。由此而看，还原他们的生命角色似乎是非常简单的事情，我们绝不会把鲁迅的身份与茅盾的身份混淆、将郭沫若的身份与巴金的身份混淆。确实如此。但从如今所呈现出来的现象看，他们各自的角色并没有得到完整而准确的还原。如关于鲁迅。在大部分读者印象中鲁迅是作家，但大家并不太了解，除了作家，鲁迅还担任过公务员，还是左翼作家联盟的核心人物，也是一个忠实的美术爱好者，甚至是一个美食家，如此等等，他的多元生命角色并没有为多数人所了解。再如郭沫若。为大众所认识的身份是作家，但郭沫若同时还是古文字学家、历史学家、诗人、政治家，如此诸多的生命角色，大众还比较陌生，甚至由不了解而走向偏执的认识。之所以出现这样的现象，究其原因，更多在于后人尤其是相关学者、传记家在研究和介绍他们的作品、讲述他们生命故事的时候，有意或无意间，用自己个人的学术观点、偏见或

---

① 川崎修：《汉娜·阿伦特：公共性的复权》，斯日译，河北教育出版社2002年版，第252页。

学术局限性为他们原本统一而完整的生命故事设置诸多边界，将他们人生、思想分割为诸多领域、诸多板块，导致熟悉鲁迅作品的读者或许并不熟悉鲁迅作为美术家的身份，熟悉郭沫若诗歌的读者并不熟悉郭沫若作为历史学家的身份，等等。我们希望通过解读他们的书信，让他们自己讲述自己的生命角色，从而越过有意无意中人为设置的边界，能够走近更为完整的他们，还原他们本无边界的生命角色。

此外，需要补充的一点是，思想无形式无边界，是就其内容而言的，而作为人类精神文化遗产，思想的传承所需载体是有形式、有边界的，比如从人类最初记录文字用的岩石、龟片、贝壳、陶器、青铜器、动物皮革、锦帛、树木、竹子，到纸张，再到今天的电子设备，都是有形有边的载体。在这个意义上，无形式无边界的思想并不是真的无形式无边界。我们推出这套丛书，希望将以上二者融会在一起，兼而有之：一是为无边界的思想划定"边界"，在其无边界结束之处、在其"边界"开始之处探寻思想的火花碎片；一是为有边界的思想的载体增添新的品种，超越有限，探索无限。

段玉裁在《说文解字注》中对"界"字作了这样的解释："界，竟也。竟俗本作境。今正。乐曲尽为竟。引申为凡边竟之称。"曲子停息之处为界，"界"这个字是伴随着不甘心、不情愿以及无奈的情绪而诞生的，是一个被情绪所催生的字，所以刘禹锡才哀叹"曲终人散空愁暮"。再优美的曲子终有停止之时，就此即有了竟，有了界，可是观赏的人还沉浸在曲子里不能自拔，如孔子在齐国初听韶乐般如痴如醉，从而亦有了遗憾、留恋和感伤。由此而言，乐曲的界是造成遗憾和感伤之所在，如想要达到完美或完整，需要超越音乐所停息之处的界；对于今天的我们而言，想要了解和走近思想家们，必须超越那些有形或无形的边界，才能够达到他们思想的真实和完满。

中国文艺的最高境界是言尽而意未尽，思想的最高境界亦是如此：于有边界之处超越边界，探寻思想的无界。

是为序。

2021年1月11日
北京

小 引

我很喜欢下班后赖在办公室里，这时没有人来找，没有电话，QQ也不叫，人们都在匆匆忙忙往家里赶，我的思绪奔波在更遥远的时空中。

翻动那些脆黄的纸片，抖去岁月的烟尘，远远地打量，轻轻地走近，它们如同一部无声电影，然而，不经意间的一个细节又让你觉得纸上墨迹未干，那些人的音容笑貌极其鲜活。

有人不理解，整日里翻拣那些陈芝麻烂谷子的老人老事究竟有什么意思？我一下子也说不上来，只是觉得这是不同于喧闹、迷乱的当下的另外一个空间，时间会过滤掉很多渣滓，留下的是难得的一片蓝天白云，沉浸其中，我又常为其中的趣味、风度而迷醉，现实中的烦恼仿佛也烟消云散。当然，不仅仅是逃避，更重要的是打开那些尘封的往事会发现很多当下缺少的东西，比如自由鲜活的生命气象、神采飞扬的精神状态，甚至痴里痴气的童真——我不仅叹服那些人学贯中西的素养，更看重他们的精神状态和自由心态，这些更像纯净的空气，能清洗我们心肺中的污浊。

于是，便有了这一次次追寻和打量，一次次的轻抚和叩问，一次次的赞赏与致敬，一次次的交流与碰撞……

周立民
2012年12月16日傍晚于武康路巴金故居

目录

"一切梦都消失了"之后
　　——郑振铎、巴金及其他 // 1

人生如一梦
　　——黎烈文、许粤华、巴金及其他 // 59

洁白的心房充溢着新生的恩惠
　　——巴金、胡风、萧军在历史转折年代中 // 101

金色的阳光照耀着"新北京"
　　——从黄裳致巴金、萧珊一封信说起 // 170

西子湖畔的十年之约
　　——巴金和师陀 // 195

大历史中的小细节
　　——关于新发现的丁玲、曹禺、康濯致巴金的信 // 220

巴金与法斯特事件
　　——从巴金给李济生的信说起 // 241

你们将同春天一道来临
　　——时代大潮之外的方令孺 // 284

君子之交
　　——谈巴金与林风眠的交往 // 330

他是一位容易跟人接近的同志
　　——巴金与王匡交往琐记 // 339

金坚玉洁的友情
　　——冰心与巴金往来书信读札 // 356

巴公精神甚好，斗志如昔日
　　——黄裳书信中的巴金 // 375

替我问候北京的朋友们
　　——巴金与朋友书札中的北京记忆 // 430

《序跋集》的编辑往事
　　——从巴金与姜德明的通信谈起 // 443

我要做一个普通的老实人
　　——读《巴金的内心世界——给李致的200封信》札记 // 467

后记（一）// 489

后记（二）// 492

"一切梦都消失了"之后
——郑振铎、巴金及其他

一、到此后，心境殊为轻松

书信逐渐退出生活，一定会让我们未来的回忆失掉很多韵味。电话、短信、MSN等等在信息沟通便捷的同时，未免让情感变得直露和苍白，甚至都像不带情感的电报。而"家书抵万金"的那种企盼、欢愉和回味，那种多少年后看着熟悉的笔迹回味着昔日情景的温暖，恐怕是瞬间即逝的声音、电脑上冰冷划一的字体永远都无法替代的。捧读前辈们留下的性格不一的手书，在友朋间鱼雁传书的情谊中，常常令我浮想联翩，仿佛又回到了他们风华正茂的时代中……

有些信，在今天读来就是一篇很好的小品文，比如郑振铎用他特有的字体挥洒自如写下的这封信：

巴、靳、嗣群、西禾兄：

临行匆匆，未能告别，歉甚！到此后，心境殊为轻松；天气很热，已似初夏，熟人们甚多。常见的不外乎从前的几位，和家宝住得很近，也常见。之琳兄已见到，吴性栽也已谈过，关于研究宋代服饰事，他也颇能了解，请西禾兄和王天木兄积极进行。要用的参考书，如买不到，请向敝寓取用（和内人接洽）。我在此行踪不定，不久，即将南行，暂请不必来信。老巴出书的劲儿，大家佩服之至。数日来，应酬颇多，又要忙着买些应用的东西，不知忙些什么，一眨眼，一天就过去了。《文艺复兴》事，请靳兄多多帮忙。玩的地方，此间本来不多，曾登山顶，已一览无余。最远的到过青山，沿途乱山起伏，海水澄碧，渔家数户，小艇二三，颇有野趣；颇想起西湖的景色来，确是山和水紧联在一起，不似西湖之游山须更入几里也。嗣群兄想已开始办公。在此和柯灵、伯郊谈及，他们都很起劲，愿意设法在此多招股本，惟稿子须设法多拉些耳。

匆此　顺颂

著祺

弟铎上
二月二十六日

这是一封能够看出郑振铎热情似火、坦直率真性格的信。收信人都是他在上海的朋友，巴，是巴金；靳，是靳以（1909—1959），作家、编辑家，时为复旦大学教授，嗣群，是康嗣群（1910—1969），作家、编辑家；西禾，是陈西禾（1912—1983），剧作家、电影导演，曾执导电影《家》。写信时间是1949年，当年，国共决战在即，中国共产党因为担心在沪的民主人士随时有被国民党方面绑架或杀害的危险，便提前组织民主人士秘密转移。郑振铎于2月15日秘密离开长夜中的上海去香港，这也就有了

"临行匆匆,未能告别"的话。信中的"即将南行"恐怕是打掩护的词句,实际上是北上解放区,参加即将召开的中国人民政治协商会议。到了香港,从上海那种压抑的环境中挣脱出来,"心境殊为轻松",见到了叶圣陶、曹禺、柯灵、阳翰笙、卞之琳等一班朋友更是兴奋异常,大家说说笑笑、吃吃喝喝,"应酬颇多",等待着北上的船开行。"玩的地方,此间本来不多,曾登山顶,已一览无余。最远的到过青山,沿途乱山起伏,海水澄碧,渔家数户,小艇二三,颇有野趣;颇想起西湖的景色来,确是山和水紧联在一起,不似西湖之游山须更入几里也。"信中这样的话虽寥寥几句,却如古人的笔记,干净大方,很有意境。

这封信不是游山玩水的报告,倒能够看出郑振铎心系文化,不论什么时候都在谋划着做事、做大事的劲头。看吧,跟吴性裁(按:吴性裁应是吴性栽的笔误,据《辞海》吴性栽为电影事业家,创办多家电影公司,1948年迁居香港)谈研究宋代服饰事,并"请西禾兄和王天木兄积极进行"。他更为操心的是上海出版公司的事情,雄心勃勃地要多招股本、多拉稿子,全然忘了尚在兵荒马乱之中。上海出版公司由唐弢、柯灵、钱家圭和刘哲民等人创办,刘是总经理和董事长,郑振铎好像是局外人,可是恰如刘哲民所说:"西谛之与上海出版公司,单从表面看,只是作家与出版发行单位的关系;而实际上,他始终如一地关心爱护公司胜于我们自己。我们每觉得自己还没有考虑到的问题,或是想到而未解决的问题,他都预先为我们细心筹画、周密设想。"[①]这话一点也不夸张,在致刘哲民的信中,

---

① 刘哲民:《回忆西谛先生》,上海鲁迅纪念馆编《郑振铎纪念集》,上海社会科学院出版社2008年版,第351页。

郑振铎热情洋溢、雄心勃勃地谈着一个又一个设想。他奔赴香港的前夜，还在大谈出版公司的远景和近务。他认为上海出版公司除了出版《周报》和《文艺复兴》两种刊物之外，"专门以发刊考古美术历史文艺的书为主体；这些书是无人可以竞争的。殊不必和人家抢出时髦书也"。为此，"最好在此时期之中，扩大组织，充实经济力量……纸张以多买为宜。以后恐甚昂而不易得"。为加强编辑力量，他建议聘请康嗣群为经理，"康嗣群兄肯出任经理，大是好事。他为人忠厚笃实，极肯负责……"同时，提出接受康嗣群的建议组成编辑委员会："嗣群兄主张成立一编辑委员会，弟亦赞成。除唐弢、健吾、辛笛诸兄外，尚须聘请章靳以诸兄（不必送薪，只是名义上的帮忙）。弟在南方，亦当设法尽力拉稿也。"① 在次日早晨上船前，郑振铎再次致信，将前一天晚上与康嗣群谈话的内容告诉刘哲民："至于编委员会事，他亦甚为高兴！除原有之唐、李及弟外，拟加入他自己、靳以、黄裳、季琳、巴金、陈西禾诸人，俾能大壮声势。招股事，他亦赞成。惟入股者务须志同道合的人。一有异心的或别有作用的人加入，则成事不足，败事必有余也。"②

到了香港之后，郑振铎又给刘哲民信，先谈对香港的印象："气候如暮春，繁花如锦，市面极盛，惟文化事业则甚不发达，有钱的人，住在这里，简直是世外桃源。我辈则苦苦过活，淡泊自安，每天简直用不了多少钱。""安静"却没有事情做是郑振铎这样的大忙人无法忍受的，他又在谋划："关于上海出

---

① 郑振铎1949年2月14日致刘哲民信，《郑振铎全集》第16卷，第257、258页。
② 郑振铎1949年2月15日致刘哲民信，《郑振铎全集》第16卷第259页。

版公司事，想正在积极进行中，文化事业前途大有希望，如在工具书——字典、辞典等——参考书及艺术考古书方面着手，竞争者自不会多。"① 这种鼓励、促动，不断地推动刘哲民鼓足勇气、克服困难，他似乎全然忘了上海即将面临一场战争，除了他这样的书呆子，有多少人买书都是个问题。能够遇到刘哲民这样的朋友也是郑振铎之幸，在抗战结束后，出版环境并不好，读者的购买力差，纸张供应紧张，可郑振铎编辑、策划、出版了《域外所藏中国古画集》《中国历史参考图谱》《伟大的艺术传统图录》等大型图书，这不能不归功于上海出版公司和刘哲民等人的鼎力支持。我们常常赞叹那个年代文化的丰富、多样，人们的创造力之盛，其实当时物质条件和社会环境又怎能与今天相比，人们连个安定的生活都没有保障，遑论弄文化？然而，偏偏在那样的环境中，这批人推动中国现代文化走向新的高潮。原因当然是多方面的，有两个因素尤为重要，一是一批文化精英"心定"，即有着坚定的文化信念，在漫漫长夜中，信念的火光总在照亮着贫瘠的生活。二是这批文化人有意或无意地形成一个文化群落，他们彼此鼓励，以共同的志趣进行着文化创造，更重要的是，他们不光是纸上侃侃而谈的书生，还是在现实中勇于担当、甘于奉献的行动者。他们都能够抓住时机，开辟自己的根据地，或者与人合作积极推动自己理想的实现。这样的例子有很多，比如鲁迅与北新书局，郭沫若与泰东书局，茅盾、叶圣陶等人与开明书店，巴金等人与文化生活出版社，等等，这个根据地是他们与社会发生关系，将自己的著作和学

---

① 郑振铎1949年2月22日致刘哲民信，《郑振铎全集》第16卷第259页。

说传播到社会上的重要媒介，在这个媒介中，物质利益的收获不是最重要的，最重要的是他们的精神成果找到了向社会转化的渠道，尽管搞出版也是置身商海，但每个文化人不失书生本色，他们心怀理想，以纯真的、神圣的情感从事文化活动。郑振铎对于上海出版公司也正是怀着这样的情感吧。

二、谈颇畅，酒喝得不少

让郑振铎牵挂不已的还有一份杂志：《文艺复兴》。这份创刊于1946年1月的大型杂志由李健吾和郑振铎主编，如同当年的《文学季刊》一样，是一份气势恢宏、典型地体现了郑氏风格的杂志，巴金的《寒夜》、钱锺书的《围城》最初都是发表于此。在去香港的时候，郑振铎策划编辑的《中国文学研究专号》尚未出刊，他走了，杂志谁来编辑，这是他牵挂不已的事情。他征求刘哲民意见："又《文艺复兴》此后由健吾、唐弢二兄主持之，如何？《中国文学研究》下册，请唐弢主持之。"①"《中国文学研究》下册编辑事，请唐弢兄负责，并盼能早日印出，此间或可以拉到几篇稿子，如收到，当立即寄上。"②哪怕他到了北平后，仍然在考虑杂志的编辑和复刊："文艺复兴编辑事，拟组织一编辑委员会，由唐弢、健吾、吴组缃及弟等五人或七人（正在考虑中）负责，将来或可在平编辑、排印，同时将纸版寄沪印行，惟尚待仔细研究，弢兄回时，可有决定

---

① 郑振铎1949年2月14日致刘哲民信，《郑振铎全集》第16卷第258页。
② 郑振铎1949年2月22日致刘哲民信，《郑振铎全集》第16卷第260页。

的办法。"①

今天,谈起那些青史留名的人和他们所做的事情,在惊叹他们的巨大成就时,人们容易产生一种错觉,以为他们办什么事都一帆风顺,好像万事俱备只等成功了。好多人还羡慕当年的文化环境,大有生不逢时之感。我想说,完全不是这样子,什么时候都有难念的经,当时的艰难换作今天的一些人,早就撒手不干了。刘哲民曾回忆:

> 到解放战争的后期,国民党统治区陷于一片混乱之中,币值日贬,物价飞涨,人民维持生活之不暇,哪里顾得上买书刊!《文艺复兴》的销数一期期落下去,甚至不到二千册。每期各项成本费用都必须预先支付,而交书报社发行,却要三个月后才付还书款,因货币天天贬值,计算起来几乎等于零了。因此,每刊行一期,成本就完全赔累了。这种情况,西谛是深知个中甘苦的。他总是鼓励说:当前所有的进步刊物,有的被封,有的停刊,只有《文艺复兴》硕果仅存了,一定要坚持下去。这是有政治意义的。说实话,我那时也不了解有什么政治意义,反正西谛要继续出,我们背下去得了。②

需要我们投以敬意的是那一辈文人的奉献精神和韧性,是

---

① 郑振铎1949年7月21日致刘哲民信,《郑振铎全集》第16卷第263页。
② 刘哲民:《回忆西谛先生》,《郑振铎纪念集》第352页。

他们想方设法去适应、改变环境才为文化生存谋得一分生存空间。我也佩服当年出版商的眼光和对文化的支持,他们是商人,但是身上却没有那么多商业气、市侩气。对于刘哲民的付出,郑振铎在不断鼓励中也有感激:"故对于已辛苦支持了几年的出版机关,无论如何,必须不使中断。兄数年来受累不堪,然前途不会是没有希望的。尚乞鼎力继续支持为垦!"①

文人们相互支持的氛围也很重要,大家都把这样的刊物视为自己生长的土壤,虽然没有统一的组织、命令和要求,却因精神上的共同倾向自然而然地凝聚到一起。

> 为了坚定我的信心,有一天,西谛说:改天邀请在上海的作家来谈谈,也可以听听他们的意见。这样,就由西谛具名邀请郭沫若、茅盾、巴金、曹禺、靳以、钱锺书、杨绛、艾芜、王辛笛、唐弢、李健吾等,在河南中路五百八十号吃了一餐饭。因为西谛喜欢福建菜,是一个著名的专做闽菜的厨房做的。席间作家们一致认为《文艺复兴》为全国仅有的一个文艺刊物,维持下来,已很不容易,不要功亏一篑,半途而止。郭老甚至对我说:你不付稿费,我们也要为你写稿。②

这件事情,李健吾在文章中也提到过,针对郭沫若的话,他补充说:"他还不知道,我们两个主编都是义务的事。"他

---

① 郑振铎1949年4月21日致刘哲民信,《郑振铎全集》第16卷第262页。
② 刘哲民:《回忆西谛先生》,《郑振铎纪念集》第352页。

还感慨道:"《文艺复兴》之所以能维持下来,是和上海出版公司与各方面鼎力相助有关,和振铎的人望与决心有关……"①郑振铎的日记中曾记过《文艺复兴》请作家吃饭的事:"六时许,至晋成,《文艺复兴》请客也,到艾芜、克家、巴、靳、宗融、郭、茅、唐、锺书夫妇等,谈至十时许,散。酒喝得不少。"②不知道这是不是上面大家提到的那一次聚会。

郑振铎为人真诚,交游广泛,他的家也常是朋友们的聚会之地。李健吾回忆:"常去'庙弄'的,还有陈西禾,他也住在霞飞坊,和你是同乡。我们常在巴金那里见面,往来熟了,我也常去他家里聊天。还有诗人王辛笛和他的岳父徐森玉老先生——有名的版本学家。你常约我们在你家里吃饭,饭是老太太做的本土本乡的福建菜。"③在郑振铎日记中,关于朋友们喝酒并且商量这种事情的记录比比皆是,寥寥数语,朋友们的欢声笑语犹在耳边:

> 十二时,至美心,偕巴金夫妇及靳以午餐。餐后,巴金太太为自由(行)车碰到。二时,归。(1947年2月24日日记)

> 六时半,至杏花楼。沫若、圣陶、曹禺、巴金、靳以、洪、田等均在,谈至九时许,散。酒喝得不少。归,即睡。(1947年3月14日日记)

---

① 李健吾:《关于〈文艺复兴〉》,《郑振铎纪念集》第312页。
② 1947年8月19日日记,陈福康整理《郑振铎日记全编》,山西古籍出版社2006年版。
③ 李健吾:《忆西谛》,《郑振铎纪念集》第278页。

七时许,至开明,晤建功夫妇、巴金夫妇等,谈颇畅,酒喝得不少。十时许归,竟醉得吐了。这是好久未有之事。(1947年7月22日日记)

下午,理客厅。六时许,靳以、默存夫妇、巴金、西禾、嗣群、伯郊、哲民及辛笛相继来,在此晚餐,谈笑甚欢。十时散,即睡。(1947年12月5日日记)

五时半,至辛笛宅晚餐。家璧、靳以、巴金、嗣群、亦代、际桓、风子、健吾及辛笛诸位,为我补寿也。谈得很高兴,酒喝得不少。近十时,始归。不高兴时,往往稍饮即醉;今夜,似乎很起劲,恐怕一年以来没有那么兴致好过了!一杯一杯的干,但没有一点醉意。谈及出版事,当然各有困难,出资者亦自有其打算,商业有商人之常轨,固非慈善事业也。将来从事时,宜深儆之!(1948年1月4日日记)

六时许,偕箴到健吾宅晚餐,在座者有巴金、靳以、未风夫妇及辛笛夫人。为饯别辛笛而设之筵会,辛笛竟未到!九时半,归。谈笑颇欢,说起孙某夫妇事,为之慨叹不已!(1948年1月20日日记)

五时许,圣陶来。其后,靳以、巴金、梅林等陆续来。最后到者为田汉及安娥。他们在此晚餐,商"特刊"及文艺奖金事。酒喝得不少,谈得也颇高兴。至近十时始散,送巴金等至西摩路口而别。(1948年4月24日日记)

六时许,风子、沙博里来,靳以来,沉樱来,巴金夫妇来,一虹夫妇来,方令孺来,翰笙来,颇为热闹,

谈甚久。夜，十时许，散。他人多不大喝酒，惟我喝得最多，有醉意。（1948年5月21日日记）

七时许，到梅龙镇晚餐，文协宴请邵力子也。到的人，有久未见到的。十时半，散。偕家宝、一虹、巴金、靳以到寓闲谈，喝柠檬水。至十二时许，始散。（1948年7月1日日记）

巴金等人与郑振铎不仅交往频繁，而且从郑振铎"酒喝得不少""谈笑颇欢"的言辞中可见他们意气相投。大家在一起并非吃吃喝喝，许多文化上的事情都是在朋友间的聚会上商定的，如1948年4月24日的日记中就写到"商'特刊'及文艺奖金事"。而那天，郑公显然兴致很高，结束后竟然"送巴金等至西摩路口而别"，他们之间哪怕不时相聚仍然有说不完的话。

三、他们决定在《小说月报》上发表它

从香港写来的那封信中，郑振铎以赞赏的口气提到巴金："老巴出书的劲儿，大家佩服之至。"这里谈到了巴金主持的文化生活出版社的好口碑。郑振铎在文化生活出版社出过书，也为文生社介绍过书稿：

巴金兄：

久未晤，甚念！前谈孙家晋君的小说集纸版，原价让文化生活社出版事，不知兄已决定购入否，纸版费，计一百二十万元，价甚廉，乞通知弟一声，以便

转告,俾得早日成交也。
 专此 顺祝
撰安

　　　　　　　　　　　　　　弟　振铎　拜上
　　　　　　　　　　　　　　十月八日

孙家晋,后来以"吴岩"为笔名做翻译而知名,他的短篇小说集《株守》,收入巴金主编的"文学丛刊"第九集于1948年4月由文化生活出版社出版。由此推断,巴金买下此书的版权当在这之前,那么,郑振铎此信应写于1947年10月8日。郑当天的日记说:"写信六封,给昌群、慰堂等。"[1]他只提了两个人的名字,这六封信中,当有这一封吧?这封信能够看出,做出版,大家互通有无;弄文学,以老带新,总之,彼此相互支持。

郑振铎与巴金的交往要追溯到20世纪20年代初,在他们还没有见面,交往就开始了。1922年在郑振铎主编《时事新报·文学旬刊》上,一个署名"佩竿"的年轻人曾发表一批小诗和散文,他就是后来的作家巴金。多年后,巴金回忆:"振铎给上海《时事新报》编辑《文学旬刊》时,我用佩竿的名字寄去小诗《被虐待者底呼声》和散文《可爱的人》,都给发表了,我还给振铎写过两封短信,也得到回答。但不知怎样,我忽然写不下去,也就搁下笔了。"[2]

---

[1] 郑振铎日记,《郑振铎全集》第17卷第461页。
[2] 巴金:《怀念振铎》,《再思录》增补本,广西师范大学出版社2004年版,第86页。

这些作品是巴金在冰心等人小诗的影响下,所创作的一批抒发内心感受的文字,模仿痕迹很重,带有明显的练笔性质,因此,巴金始终未把它们当作文学创作:"不但当时我忘记了它们,就是在今天我也没有承认它们是文学作品。"[①]他一直认为1927年开始创作的《灭亡》才是他文学生涯的起点。这一说法并非不可理解,在文学史中,"踏入文坛"和"进入文艺界"未必就是作家最早发表作品的单方面时间,还意味着文坛对这个作家的接纳和认可,这是一个双向的界点。巴金的这些小诗和散文固然是他的第一批作品(目前所见巴金第一篇发表的作品是论文《怎样建设自由平等的社会》),并不意味着巴金踏入了文艺界,如果不是巴金的研究者在20世纪80年代找出这些诗文,恐怕它至今还沉睡在老报刊中,也根本没有在文学界产生任何影响。

当然,从巴金以"李芾甘"的本名在1922年9月11日《文学旬刊》第49号发表的一篇致编者郑振铎的信[②],倒可以看出巴金对于郑振铎的文学和人生观点的赞赏和认同,也可以说巴金的思想成长中,影响他的众多五四新文学前辈里,郑振铎也是非常重要的一位。

《灭亡》是以"巴金"为笔名发表的第一篇小说[③],但

---

① 巴金:《怀念振铎》,《再思录》增补本第86页。
② 此信现以《致〈文学旬刊〉》为题收入《巴金全集》第18卷(人民文学出版社1993年版)。
③ "巴金"这个笔名首次出现在出版物上是1928年10月10日出版的《东方杂志》第25卷第19号上刊载的巴金的译作《托洛斯基的托尔斯泰论》。

郑振铎和巴金两位老友可能不会想到，多少年后，他们两人居然会牵扯到一桩《灭亡》发表人的"谜案"中。前几年，陈福康教授通过王伯祥日记考证出郑振铎回国的具体日期是1928年6月8日，认定了《小说月报》代理主编叶圣陶向郑振铎移交《小说月报》工作是9月3日。《灭亡》是发表在次年1月至4月的《小说月报》上，他的结论是："《灭亡》是由郑振铎发表的。"那么，叶圣陶在巴金的《灭亡》的发表过程中起到什么作用呢？根据上面的判断，他认为叶不过是将稿子"转手"给郑而已，因为既然郑已复职，毋须叶再"代理"，叶也不会再插手杂志的事情。就此事的进一步发挥是认为巴金本人谈及此事，"每次并不完全相同"，特别"有力"的证据是巴金在1958年3月20日写的《谈〈灭亡〉》中说："直到这年年底我回到上海，那个朋友才告诉我他把我的小说介绍给《小说月报》的编者叶圣陶、郑振铎两位前辈，他们决定在《月报》上发表它。"这里明明提到了郑振铎，可是后来不论巴金还是研究者居然"视若无睹"，好像叶圣陶要比郑振铎"地位高、名气响"，大家就"势利"地忘记了郑振铎的历史贡献。①

陈福康教授的发现对弄清一些史实有着非常重要的价值，上面的判断在逻辑上似乎无懈可击，在电视台都在播放"解密"的年代里，翻案文章读来也甚为吸引人。不过，读后有一个疑问我始终无法解决：叶圣陶发现了《灭亡》将巴金送入文坛，

---

① 参见陈福康《欣见两部日记巨著的出版》，《中华读书报》2011年7月27日第9版。

这个说法不是一天两天甚至也不是十年二十年的事情了,当年,无论是叶圣陶、郑振铎,还是巴金,以及更多的文学前辈和见证人都在世的时候,为什么谁都没有对这个说法提出过任何意见或怀疑呢?而如今当事人都不在,"死无对证"了,它就成了悬案,凭据就是最多只能算旁证的一条史料?

关于《灭亡》的发表经过,最为经典的说法是来自作者本人的叙述,从20世纪30年代到90年代,巴金在不同的文章中都谈论过此事,就算具体言辞有差异,可是基本的意思和所叙述的事实并没有变化,并非"每次并不完全相同",而是完全相同,那就是:1928年8月初写完《灭亡》后,巴金打算自费印刷,就把原稿寄给了在开明书店工作的索非,请他帮忙。索非把小说给《小说月报》代理主编叶圣陶看了,叶决定发表它……而这个过程巴金是当年年底从法国回来时听索非说的。1958年巴金在《谈〈灭亡〉》中是这样叙述的:

> 但是《灭亡》写好以后,我并没有把原稿直接寄给大哥,却把原稿寄给了一个在上海开明书店工作的朋友,因为我忽然想起一个主意,打算自己花钱把小说的稿本印成书,寄给我的大哥。我估计印二三百本,并不要花多少钱,我只要翻译一本书就可以换来全部印费。稿本寄出以后,过了两个月,我才得到朋友的回信。他说,稿本收到,他正在翻阅。当时我已经在作回国的准备了,也就不曾去信催问。直到这年年底我回到上海,那个朋友才告诉我他把我的小说介绍给《小说月报》的编者叶圣陶、郑振铎两位前辈,他们

> 决定在《月报》上发表它。《灭亡》的发表似乎并没有增加大哥对我的了解，可是替我选定了一种职业。我的文学生活就从此开始了。

这就是陈福康教授认为巴金前后说法不一致的那篇文章，确实在这里巴金同时提到了叶、郑二人。但不知为什么他对于巴金在"《小说月报》的编者叶圣陶"后面所加的一个注释"视若无睹"呢？这个注释不是可有可无，他表明了巴金的看法："《小说月报》的主编是郑振铎同志，一九二八年他出国的时候由叶圣陶同志代理他的职务。"这说明巴金既尊重《小说月报》的主编是郑振铎的客观事实（《小说月报》在叶代理期间版权页上也署着郑主编的字样），又认为1928年郑振铎仍在国外，故决定发表《灭亡》的是代理郑职务的叶。正因为这样，他才特意加上这个注释，不然，他何必多此一举呢？我查了一下最初发表这篇文章的1958年4月号《文艺月报》，当时就有这个注释。1962年此文收入《巴金文集》第14卷、1982年收入《巴金选集》第10卷、1993年收入《巴金全集》第20卷时都保留着这个注释；其他的诸如收入《巴金研究资料》等选本也明明白白都有这个注释。这篇文章公开发表在郑振铎先生的生前，也正如我前面提到的，如果巴金所说的与事实有出入，为什么当事人和其他知情者没有提出异议呢？包括1924年起就协助郑振铎编辑《小说月报》后来也曾协助叶圣陶编辑该刊的徐调孚（1898—1981）应当都是比较了解情况的人。

从巴金这一面而言，他可能并不清楚郑振铎当年6月就回国了、9月即恢复工作，他所知的是索非告诉他的：叶圣陶决定发表本来要自费出版的《灭亡》。因此，不论是公开或私下，他都把叶圣陶当作他的文学领路人。这还不仅仅因为叶圣陶决定发表他的《灭亡》，还基于叶圣陶在与他后来的交往中（包括在一些重要的历史时刻）对于他的默默关心和鼓励，所以巴金才会写下这样一段话："圣陶先生的童话《稻草人》我倒很喜欢，但我当时并没有想到圣陶先生，他是在开明书店索非那里偶然发现我的手稿的。我尊敬他为'先生'，因为他不仅把我送进了文艺界，而且他经常注意我陆续发表的作品，关心我的言行。他不教训，他只引路，树立榜样。今天他已不在人间，而我拿笔的机会也已不多，但每一执笔总觉得他在我身后看我写些什么，我不敢不认真思考。"[1]1958年巴金曾写信给叶圣陶，感激他把自己引上文学道路："我的旧作，现在读起来，实在不像样，我把它寄给您，不过表示一点感激之情。三十年前我那本拙劣的小说意外地到了您的手里，您过分宽容地看待它，使我能够走上文学的道路。虽然我始终没有写出好的著作，以来报答您的鼓励，但是我每次翻阅旧作便想起我从您那里得到的那点温暖。"[2]

从叶圣陶一面而言，他似乎从未拒绝或更正过巴金的说法。他断定自己编了两整年《小说月报》，"所以二十卷的第六号大概还是我编定的"，因此对于"发现人才"一说虽然谦虚地说是作者自身的努力而不是编者的功劳，可是他并没有否认这

---

[1] 巴金：《怀念振铎》，《再思录》增补本第87页。
[2] 巴金1958年5月13日致叶圣陶信，《佚简新编》，大象出版社2003年版，第223页；此信该书所署日期为1957年，有误。

一事实:"现在经常有人说那两年的《小说月报》上出现了许多新作者,说我如何能发现人才。现在那两年的《小说月报》影印出来,大家翻一下目录就会发现,在那二十四期中,新出现的作者并不少,可是人们经常提起的就只有那几位。他们的名字能在读者的心里生根,由于他们开始就认真,以后又不懈地努力,怎么能归功于我呢?"[1]这里虽然没有特意点出巴金的名字,但是在"人们经常提起的就只有那几位"中当然包括名满天下的巴金。说叶圣陶记不清楚他是哪一期移交给郑振铎的,这完全有可能,但像《灭亡》这样并非作者直接投稿,而且一经发表即受到关注,作者从一个不知名的青年人成为引人关注的文坛新秀,处理稿子的编辑不会不留有深刻印象。从道理上讲,如果此稿叶圣陶仅仅是"转手",对它没有明确的判断并推动刊物发表它的话,他不应当认为是自己推出了这部作品。那么他是贪功了?"地位高、名气响"的叶圣陶还有必要借此功抬高自己吗?我看完全没有必要。从相关文字中了解到叶圣陶是一个谦逊和低调的人,争功的事情不是他素有的风格,从《记我编〈小说月报〉》他特别感谢徐调孚的文字中也可以看出,他不是一个善于用瞒天过海的糊涂笔法把别人的功劳完全记到自己账上的人:"还有一点必须说明,那两年的编辑工作是徐调孚兄跟我一同做的。从一九二四年起,调孚兄就协助振铎兄编辑《小说月报》,他比我熟练得多。……他勤勤恳恳为读者服务了一辈子,我是永远忘不了的。"[2]

---

[1] 叶圣陶:《记我编〈小说月报〉》,《叶圣陶集》第7卷第277页。
[2] 叶圣陶:《记我编〈小说月报〉》,《叶圣陶集》第7卷第277页。

因此，我认为：在当事人都在世居然没有人对于叶圣陶发表了《灭亡》这个说法提出异议的前提下，除非有直接证据证明叶圣陶没有力荐甚至决定发表《灭亡》，否则，仅仅凭郑振铎9月3日复职，尚不能否认叶圣陶在推出《灭亡》过程中的重要作用。为什么会这么说呢？有过编辑工作经验的人都清楚，刊物的编辑和出版是有周期的，即便郑振铎9月复职，在他后来一段时间内执编的刊物仍然可能用叶圣陶移交给他的稿子（包括约来而未发、决定而未发的稿子），这里是否就包括《灭亡》呢？还有一种情况，在新旧主编交替之际，一定还会有人照旧把稿子寄给叶圣陶，既然叶、郑二人"亲如手足"，叶也未必总是公事公办仅仅转稿，他完全也有可能对稿件表达自己的意见。特别是对于《灭亡》，我们应当注意到巴金反复叙述到的一个细节：《灭亡》并非是作为投稿投给《小说月报》的，进一步说《灭亡》是被叶圣陶"发现"的才到了《小说月报》编者手中——不论当时执编者是叶圣陶本人还是郑振铎，这个"发现"者所起到的作用是至为关键的。因为没有这个发现者，《灭亡》到不了《小说月报》编者手中，因为巴金本来就是请索非帮他自费出书的。退一步讲，如果《灭亡》是作为投稿投给《小说月报》，叶圣陶完全可以不表示任何态度，把稿子转给郑振铎就了事；但它不是投稿，那么他从索非手中将稿子拦下，要拿到《小说月报》，那等于他要对这个稿子负有责任了。如此说来，只能有两种情况：一是不论郑振铎复职与否，叶圣陶仍有发稿权，他告诉索非，不必谋求自费出版了，《小说月报》要发表它；二是他没有发稿权，但他极其欣赏这部稿子，认为《小说月报》应当发表它，那么他会对索非说：他准备把稿子推荐给主编郑振铎，促使他发表它。也就是说，不论是哪一种情况，叶圣陶必须对此稿有一个非常明确的态度，才能够改变作者的原初想法把不是投给《小说月报》的稿子从索非的手中拿到《小说月报》编者的手中。由此而言，说叶圣陶发现了《灭亡》，把巴金引入了文坛是理所应当的。像这样的"编辑部的故事"并非仅此一桩。比如《文学季刊》，版权页上标注的编辑者是郑振铎、章靳以，在第一期中列了冰心、朱自清等八位编辑人的名字（相当于编委），同时还列了一百多人的特约撰稿人名单。凭这些名单，没有一处能够找到巴金的名字，但巴金不仅参与了这个杂志的编辑，而且可以说是一位重要的幕后主编，因为他有权决定稿件的取舍。曹禺的《雷雨》就是在他的力荐下经过靳以之手发表的，曹禺一生都尊重巴金认为是巴金发现了他，如果拘泥于杂志上所列的名字，编辑人根本不是巴金，他怎么能够决定发表《雷雨》呢？

从发表《灭亡》的几期《小说月报》的编后记（《最后一页》）中，我甚至一直怀疑，哪怕是郑振铎恢复了主编工作，但在1929年的前几期的《小说月报》中，叶圣陶仍然参与了杂志的编辑工作，甚至这些编后记都有可能是叶圣陶所写。引起我这样猜想的是编后记中不遗余力推荐郑振铎文章的语句，杂志编者向读者推荐自己的文章并非不可能，但不吝以赞赏的言辞去推荐，这口气还是让我怀疑这不是郑振铎的风格。特别是在1929年5月号以后，同样有郑振铎的重要文章，但编后记中不再以前几期那种口气来推荐，使我感到后者更像郑振铎对自己文章的态度。如第20卷第1号中说："正月号里，何炳松君的《论所谓"国学"》及郑振铎君的《且漫谈所谓国学》

都很可以注意，足以治近日国字号的狂热病者的病源。"第2号中有："本号中，郑振铎君的梁任公先生一作，对于梁氏颇有公允不偏的批评，一方面既抉出他的长处，一方面也不故意隐蔽了他的缺点。梁氏在近三十年来的思想界，学术界，文学界，新闻界上都有相当的影响与势力。自他逝世之后，零碎的批评文字发表得很多，却没有一篇有这篇文章那末详细而公允的，读者应该加以注意。"3月号上说："郑振铎君的《敦煌的俗文学》是中国文学史崭新的一个篇章；从没有人对于敦煌的俗文学，有过那末有系统的叙述；日本人间有几篇论及，也不过是零星的涉猎而已。"哪怕郑振铎对自己的文章再得意，似乎也说不出自己的文章"是中国文学史崭新的一个篇章"的话来吧？特别是对比一下后来的编后记就能看出这种差别，当年4月号的头题是郑振铎《词的变迁》，也是一篇重要的论文，但当期的编后记中居然只字未提；5月号的《五代文学》编后记中也不着一字。前几月期期都力推郑振铎，这几期居然偃旗息鼓了？终于有一篇作者忍不住兴奋的文章了，9月号上的《水浒传的演化》，但编者推荐的语气却是重点推荐谈论同一问题的胡适，而对于郑振铎的文章只是附后推荐。8月号《最后一页》中就预告："在九月号中很有几篇值得先行提起的文字，特别的是胡适君的《水浒传新考》和郑振铎君的《水浒传的演化》，因了新材料的多所发见，对于《水浒传》的研究，便起了一个崭新的变化。胡君的这一篇《新考》也和他以前所发表的《水浒传考证》和《后考》很有些不同。也许我们对于这一部大名著的研究至此也快近于结束了。"在9月号中再次讲到这两篇文章：

在本月号里,有几篇文稿是很可注意的:特别是关于《水浒传》的二篇——胡适君和郑振铎君的。这在上月号的最后一页里已经提起过了,金圣叹的七十回本《水浒传》,今已证知其为伪本;即主张有此"古本"的胡君,现在也完全改变他的主张。这乃是《水浒》研究上很可注意的一件事情。我们必要承认"古本"《水浒》之中,本无"七十回本"的一种,于是《水浒传》的面目乃可为我们所明白,《水浒传》的演化,乃可为我们所推知。……郑君的《水浒传的演化》一文,便完全依据于此种推论而写的。

在具体的编排中,郑振铎《水浒传的演化》是排在头题,而胡适是排在二题,可见郑振铎对此文的看重,在编后记中也能够看出他的兴奋来,尽管他也说了"也许我们对于这一部大名著的研究至此也快近于结束了"这样兴奋得近乎夸张的话,但自我表扬还是有分寸的,特别是更多的言辞给了胡适而不是自己,相比于此,"中国文学史崭新的一个篇章"这样的语句,实在不像出自编者自己之手。还有一个细节值得注意,在1月号的《最后一页》中,提到郑振铎,有句话:"因为长篇过多,又因为西谛君过于忙碌之故,预告上的《西洋艺术史》只好搁到明年以后再登了。"写这个话的显然是以第三者的口气,不是当事人的自述。但在7月号的《最后一页》中讲到郑振铎译的《沙宁》却明显是作者在讲述自己的事情:"《沙宁》于每期刊出后,即寄给耿济之君用俄文原本校阅一过;校阅的结果,竟发现了英译本上的许多错误;有的地方竟整页的删去不译——

大约为的是避免猥亵。这些校正的地方，在本报上是来不及布露出来的，好在沙宁的单行本也在排校了，这些校正增补的地方只好都留给单行本用了。"所以，我一直怀疑1929年前几期刊物是叶圣陶、郑振铎共同编辑的，甚至叶圣陶仍然是主要操持者。由此，叶圣陶说他编到了第6号一说也不能单凭一条私人日记轻易就否定。叶圣陶在《记我编〈小说月报〉》一文中说："振铎兄去欧洲不满两年，等他回到上海把劳顿休息过来，把杂事安顿停当了，我把《小说月报》交还给他，已经是一九二九年五月间了，所以二十卷的第六号大概还是我编定的。我说'大概'，因为第六号跟前一期第五号也看不出明显的不同。所以只能粗略地计算，从十八卷第七号到二十卷第六号，我代振铎兄编了两年，一共二十四期。"① 从"第六号跟前一期第五号也看不出明显的不同"可见，写此文时，叶圣陶并非信口开河，也查对了原刊，那么据编后记等带有个人色彩的文字，应该有一个"大概"的界限分别的。他还提到一个实际情况，就是郑振铎回到上海，"把劳顿休息过来，把杂事安顿停当了"，这也需要一个时间过程。尽管，在手续上，他已经"移交"，而实际中仍司其职也是有可能的。——尽管当日的日记比过后的回忆在史料采信上更具准确性和可信性，但事实永远比文字本身更为复杂。

需要特别说明的是，我认为不论是叶圣陶还是郑振铎，从他们个人来说，对于像他们这样做出重要贡献的作家和编辑家，发表不发表《灭亡》都无损于他们的荣誉，在他们的巨大文化

---

① 叶圣陶：《记我编〈小说月报〉》，《叶圣陶集》第7卷第276—277页。

成就中这样的小事无足给他们增加或减少什么；从巴金而言，也从来不存在厚此薄彼的问题，事实上，在漫长的岁月中，他与这两位文学前辈的交往已不仅仅缘于或止于这一件事情，而且他终生保持着对两位前辈的尊重，三个人也始终保持着纯洁的友谊。对于他们在自己的人生道路上所起到的作用，巴金始终坚持自己的说法，1981年春在北京参加完茅盾的追悼会当晚，巴金对女儿深情地说："最先发表我的作品的是郑振铎，一些小诗、散文，那时我才十七八岁，从四川投稿。叶圣陶是正式引我走上文学道路的。鲁迅、叶圣陶、冰心、茅公，他们几位都是我的老师，我小时候就看冰心的作品。茅公是文学家，我不是，我从他作品中学习。"①

四、我们有共同的感情

郑振铎与巴金的真正交往应当是在20世纪30年代初，他们两个人的见面可能是由郑振铎在复旦大学的学生靳以从中介绍的，因为神交已久，所以一见如故。当然，再好的朋友难免有分歧，对此，巴金从不回避："我同他合作较多，中间也有吵架的时候。其实不是吵架，是我批评他……"一段时间，"我和振铎之间往来少了些，可是友谊并未受到损伤，他仍然关心我，鼓励我"。从这里，我看出了那一代人友谊的纯度，人与人交往的坦诚，以及每个人鲜明的个性和胸怀，对他们而言，友谊并非是相互吹捧才能有的"交情"，而是

---

① 巴金1981年4月11日晚与李小林谈话，未刊。

在相互砥砺中日久见人心的真性情、真相知。不仅与郑振铎，巴金与沈从文、李健吾在文学观点或具体的作品看法上都未必一致，不仅当面争论，而且还打过"笔仗"，在长达半个多世纪的岁月里，在他们不同的命运起伏和飘落中，他们都向对方掏出了"黄金般的心"，并始终保持着最为坚定和纯真的友谊。因此，我们也不能用今天庸俗的社会学来看待郑振铎与巴金的"争吵"。

谈起他们的"吵架"也颇有意思，其中还牵涉当今誉满天下的季羡林先生。郑振铎与巴金的误会因编辑《文学季刊》的不同观点而起。1934年3月24日，朱自清的日记中曾记："晚至铎兄处吃饭，铎兄辞《季刊》编辑。"辞职的原因是《文学季刊》再版时巴金"擅自"抽去季羡林的文章。据朱自清3月25日日记："下午振铎兄见告，靳以、巴金擅于《季刊》再版时抽去季羡林文；又不收李长之稿，巴金曾讽彼为'即成式批评家'，见《季刊》中；李匿名于《晨报》中骂之云。"① 郑振铎是《文学季刊》的创办者和主编之一，刊物甫出，他便提出辞职，能够看出此事让他已经很愤怒了。"季羡林文"是指创刊号中他关于丁玲小说集《夜会》的书评，其中对丁玲甚至左翼文学语含讥讽，他认为丁玲"彻头彻尾是一个小资产阶级的典型女性"，不论穿旗袍还是蓝布裤褂，"她还是她"，一点也没有转变，并说："我承认我们的革命家闻到了革命气息，有的也真的去革命了，但是大部分闻到这气息的时候却往往在跳舞厅里，喝

---

① 朱自清1934年3月24、25日日记，《朱自清全集》第9卷，江苏教育出版社1998年版，第287页。

过了香槟酒'醉眼蒙眬'的那一刹那间。我的良心不使我把丁玲归在这一类，但是除了这一类之外，我却也再找不到合适的一类了。"从季羡林在清华西洋文学系所受的教育和读的书而言，与左翼文学的旨趣大相径庭，他做此批评也是自然而然。他对丁玲的判断也不乏真知灼见，问题是丁玲尚在国民党的监狱中，这样评论于她在道义上似乎说不过去，巴金从茅盾处获知鲁迅对此文有意见后，于刊物再版时抽去了此文。从现在保存下来的季羡林《清华园日记》可知，沈从文和姚蓬子等丁玲的朋友对这篇文章也有意见："今天《世界日报》上有人骂我《夜会》的批评。又听长之说，转听巴金说，蓬子看见那篇文章，非常不高兴——听了之后，心里颇不痛快。"① "看到沈从文给长之的信，里面谈到我评《夜会》的文章，很不满意。这使我很难过，倘若别人这样写，我一定骂他。但沈从文则不然。我赶快写给他一封长信，对我这篇文章的写成，有所辩解，我不希望我所崇敬的人对我有丝毫的误解。"② "今天接到沈从文的信，对我坦白诚恳的态度他很佩服。信很长，他又劝我写批评要往大处看，我很高兴。"③ 我想劝他"往大处看"除了文学欣赏和批评的技术层面而言，恐怕还在于鉴于丁玲当时的处境，应当在道义上支持她。

巴金抽掉文章，令在文学的道路上刚刚起步、自尊心强又很敏感的季羡林更为愤怒。一连两天的日记中，他"心里极不

---

① 季羡林1934年1月15日日记，《红》，花艺出版社200年版，第314页。
② 季羡林1934年3月6日日记，《红》第334页。
③ 季羡林1934年3月10日日记，《红》第335页。

痛快":

> 这几天心里很不高兴——《文学季刊》再版竟然把我的稿子抽了去。不错,我的确不满意这一篇,而且看了这篇也很难过,但不经自己的许可,别人总不能乱抽的。难过的还不只因为这个,里面还有长之的关系。像巴金等看不起我们,当在意料之中,但我们又何曾看起他们呢?①

> 因为抽稿子的事情,心里极不痛快。今天又听到长之说到几个人又都现了原形,巴金之愚妄浅薄,真令人想都想不到。我现在自己都奇怪,因为自己一篇小文章,竟惹了这些纠纷,惹得许多人都原形毕露,未免大煞风景,但因而也看出究竟。杨丙辰先生有大师风度,与他毕竟不同。②

抽稿极大地伤害了企图在文学上有所建树的青年人的自尊心,季羡林的第一反应是:"像巴金等看不起我们,当在意料之中……"这是情绪性的猜度。因为这种自尊心的受伤,几个青年人甚至想另立山头自办刊物:"同露薇、长之又谈到出版一个杂志的事情。我现在更觉到自己有办一个刊物的必要,我的确觉得近来太受人侮辱了,非出气不行。"③

---

① 季羡林 1934 年 3 月 25 日日记,《红》第 341 页。
② 季羡林 1934 年 3 月 26 日日记,《红》第 342 页。
③ 季羡林 1934 年 3 月 29 日日记,《红》第 343 页。

在这之前,季羡林对于巴金的印象一直很好。1932年9月23日季羡林第一次见到巴金后,当天的日记中写道:"晚上杨丙辰先生请客,在座的有巴金(李芾甘),真想不到今天能同他见一面。自我读他的《灭亡》后,就对他很留心。后来听到王岷源谈到他,才知道他是四川人。无论怎样,他是很有希望的一个作家。"① 小说《家》出版后,其内容引起了季羡林的极大共鸣:"看巴金的《家》,令我想到《红楼梦》。"②"我要做文章——因看了巴金的《家》,实在有点感动,又看了看自己,自己不也同书上的人一样地有可以痛哭的事吗?于是想到把这些事情写下来……""看《家》,很容易动感情,而且想哭,大声地哭。其实一想,自己的身世,并没有什么值得大声哭的,虽然也不算不凄凉。"③ 在8月23日季羡林还写了篇《家》的书评,寄给吴宓主编的《大公报·文艺副刊》,这篇书评刊载在1933年9月11日的《大公报》上,是较早地评论《家》的文章之一。2005年巴金去世的时候,季羡林撰文悼念,他说:"论资排辈,巴老是我的师辈,同我的老师郑振铎是一辈人。我在清华读书时,就已经读过他的作品,并且认识了他本人。当时,他是一个大作家,我是一个穷学生。然而他却一点架子都没有,不多言多语,给人一个老实巴交的印象。这更引起了我的敬重。""巴老,你永远永远地走了。你的作品和人格都会永远永远地留下来。在学习你的作品时,有一个人决不会掉队,这就是九十五岁的

---

① 季羡林1932年9月23日日记,《红》第134页。
② 季羡林1933年8月18日日记,《红》第262页。
③ 季羡林1933年8月20日日记,《红》第263页。

季羡林。"① 读到这样真诚的表白,我隐约地觉得,文字背后,还有季羡林为当年的态度表达的一份歉意。

  巴金、靳以对于只见过几面的年轻人也不会有什么成见,也不是看不起文艺青年,季羡林在日记中曾记:"《文学季刊》第二期把我的《兔子》登出来了。"② 能够继续发表季的文章,可见抽文是对事不对人。对于李长之则不同,巴金干脆是"不收"他的稿子。季羡林的稿子是郑振铎通过李长之约来的。1933年8月,季羡林记:"长之说,郑振铎回信,《文学季刊》已接洽成功,叫他约人。他想约我,我很高兴。"③ 日记中也随同记下了郑振铎办刊的抱负:"访长之,遇靳以。听长之说,郑振铎所办之《文学季刊》是很大的规模的,约的有鲁迅、周作人、俞平伯,以至施蛰存、闻一多,无所不有。我笑着说,郑振铎想成文坛托拉斯。其实他的野心,据我想,也真的不小,他想把文学重心移在北平。"④ 李长之是一位有才气的批评家,巴金拒收其文,不知是否另有具体原因,但对于"印象式批评家"的厌恶在巴金却由来已久,他曾经写过杂文讽刺那些不懂艺术仅凭印象做出判断的批评家。对于李长之,鲁迅的印象也不佳。鲁迅在1935年6月19日致孟十还信中说:"李长之不相识,只看过他的几篇文章,我觉得他还应一面潜心研究一下;胆子

---

① 季羡林:《悼巴老》,上海巴金文学研究会编《巴金先生纪念集》,香港文汇出版社2008年版,第179页。
② 季羡林1934年4月2日日记,《红》第344页。
③ 季羡林1933年8月28日日记,《红》第266页。
④ 季羡林1933年8月29日日记,《红》第266页。

大和胡乱说骂,是相似而实非的。"① 文人之间,情绪或印象式的感觉有时候也很重要,有的人,一见面便情投意合;而巴金、鲁迅对于李长之,可以说几无交往便气息不对,这也不一定都需要理由。还有一个关键问题,李长之的稿子是郑振铎约来的,拒绝李的稿子等于拒绝郑振铎,年轻气盛的巴金虽沉默寡言,但做事却从不瞻前顾后。这样,巴金与郑振铎的关系就变得很敏感了,郑振铎在朱自清等人面前已有所表露,连季羡林和李长之这些小辈也都清楚他们的矛盾了:

前几天另外一页上露薇作了一个消息,说到《文学评论》要出版,对《文学季刊》颇为不敬,说其中多为丑怪论(如巴金反对批评)。这很不好,本来《文学评论》早就想出,一直没能成事实。最近因为抽我的稿子和不登长之的稿子,同郑振铎颇有点别扭,正在这个时候,有这样一个消息,显然同《文学季刊》对立,未免有悻悻然小人之态,而且里面又有郑振铎的名字,对郑与巴金的感情颇有不利。昨晚长之去找郑,据说结果不很好。②

李长之找郑振铎,大约是请郑出面支持办新刊物,大有要与巴金他们唱对台戏的意思,郑虽然对巴金抽文不满,因而退

---

① 鲁迅1935年6月19日致孟十还信,《鲁迅全集》第13卷,人民文学出版社1981年版,第154页。
② 季羡林1934年4月4日日记,《红》第345页。

出《文学季刊》的编辑，但他毕竟是一个坦荡君子，不想做这种事情，故李长之他们得到的"结果不很好"。这个"不很好"的结果，倒是可以看出郑振铎的为人。

在思想观念上，巴金与郑振铎在当时也存在分歧。传统文化和民间俗文学的研究和整理一直是郑振铎的兴趣所在，《文学季刊》第一卷第二期前面刊登多幅照片都是元杂剧的书影等，巴金等人则觉得沉醉于那些"腐朽""落后"的东西正是不长进或衰老的表现，他们以自己青春的激情反对这些。在以后靳以、巴金等人主持的刊物中，这些内容都不复存在。不光是他们，更为年轻的萧乾在当时发表的一篇文章中就曾经明确地说："曾经有一时期，每位作者皆好谈谈国故，于是，每个文艺刊物也必要登些国故文章。那个时期已过去了，当今青年们更关切的是现在与将来的一切了。国故仍须整理，却不宜放在一个属于大众的刊物里。应该腾出那地方来安插新的创作和消化了的理想。后期的季刊之虎生生也即是由于这个灼见的转变。"① 萧乾是巴金的密友，他的这一看法表达的未尝不是巴金的意思。巴金为《文学季刊》停刊而写的《告别的话》和其他文章中，也不指名地批评郑振铎"翻印古书"。在20世纪30年代，巴金依旧保持着五四新文化的激进立场不能容忍"复古"的思潮。文学新生代的巴金、靳以与老一辈郑振铎的误会虽由抽稿引起，但在刊物的运作过程中，他们背后的文化观念的差异和冲突，也造成了他们合作中在所难免的分歧。

鲁迅是巴金的精神导师，对于翻印古书以及对待传统文化

---

① 萧乾：《悼〈文学季刊〉》，1936年2月9日天津《大公报》。

的态度，巴金深受鲁迅影响；鲁迅对人对事的看法也常常成为巴金判断的依据，包括对郑振铎的态度。比如《译文》被生活书店停刊，鲁迅曾怀疑是郑振铎为出版《世界文库》而从中作梗，私下里几次表示对郑振铎的不满，1935年10月22日给曹靖华的信中就有："也有谣言，说这是出于郑振铎胡愈之两位的谋略，但不知真否？"1935年12月19日致曹靖华信中说："谛君之事，报载未始无因，《译文》之停刊，颇有人疑他从中作怪，而生活书店貌左倾，一面压迫我辈，故我退开。"此事的当事人之一黄源又是当时巴金来往最为密切的朋友之一，黄源也是鲁迅和巴金之间的桥梁，鲁迅的一些看法可能通过黄源传到巴金的耳中，使得一批围绕在鲁迅周围的年轻作家对郑振铎或多或少都有一些看法。

尽管如此，我认为没有必要夸大郑振铎与巴金的分歧，那一代文人能成为大家，恰恰因为他们个性鲜明，朋友之间也是求同存异，而没有必要"统一思想"。他们之间的关系并非像现在某些人想象的那样庸俗，在抽稿事件后，去了日本的巴金还曾在一篇文章中表达了对郑振铎的"感激的怀念"。那是在一个"寒风正吹着屋后的树林飒飒地响"的冬夜里，巴金由谈论一个信神的人的愚昧，而想到了郑振铎。他说："我忽然想到了写了《神的灭亡》三部曲的郭源新君，不觉起了感激的怀念。"① "郭源新"是郑的笔名，巴金这篇文章写于1934年12月，也发表在《文学季刊》上。又过了不到

---

① 巴金：《神》，《巴金全集》第12卷，人民文学出版社1989年版，第495页。

两年，他们之间的误会彻底消除了。靳以在文章中说："在鲁迅先生逝世以前，我们中间曾存在了小小的误会；和鲁迅先生遗体告别的那天，我忽然觉得肩上落下了一只有力的手掌，紧紧地抓着我的肩头。我自己那时已经担负不起沉重的悲伤；怎么还能经受得起别人给我的负担？我侧头一望，原来就是西谛，眼镜里的一双眼早已模糊一片，低垂的头，好像再也支持不住了，我就紧紧地握着他的手，一点小小的误解从此冲得没有了，我们之间建立了更深更坚固的友谊。"①巴金在文章中也回忆了这个场景："我还记得一九三六年十月鲁迅先生的遗体在万国殡仪馆大厅大殓时，振铎站在我身边用颤抖的手指抓住我的膀子，浑身发抖。不能让先生离开我们！——我们有共同的感情。"②

五、狂胪文献耗中年

有句话叫"物以类聚，人以群分"，两个人能够长久地做朋友，一定有共同的趣味吸引着他们。郑振铎与巴金的共同趣味，就是对书的热爱。郑振铎苦心孤诣搜求古书的故事尽人皆知，许多具体经历很多文字都有记载，他那如同大孩子般天真和尽兴的细节，长久地留在我的脑海中。比如，当他历尽艰辛，终于将《脉望馆钞校本古今杂剧》购到时的情景：

---

① 靳以：《不是悲伤的时候》，《郑振铎纪念集》第5页。
② 巴金：《怀念振铎》，《再思录》增补本第88页。

车一到家门，郑振铎便大声叫嚷起来："快开门呀，'宝贝'来了！"惹得邻居们都来围观，不知发生了什么事。一回到他的书斋里，他便迫不及待地翻阅起这部他日夜思念的古书，心都醉了。他还把妻子和母亲都叫来看这"宝贝"。……这晚，郑振铎喝了二斤花雕，像孩子似的香甜地睡了……

　　……

　　但是，次日一早，当他要出门时，却发现他的帽子和大衣不见了。不知是否昨天丢在了车上，或是孙家。①

对于书的痴迷，不仅仅是个人的喜好，还有一种文化责任。郑振铎后来曾吐露过心曲：

　　"狂胪文献耗中年"，龚定庵的这一句话，对于我是足够吟味的。从"八一三"以后，足足的八年间，我为什么老留居在上海，不走向自由区呢？时时刻刻都有危险，时时刻刻都在恐怖中，时时刻刻都在敌人的魔手的巨影里生活着，然而我不能走。许多朋友们都走了，许多人都劝我走，我心里也想走，而想走不止一次，然而我不能走。我不能逃避我的责任。②

---

① 郑尔康：《郑振铎》，北京交通大学出版社2008年版，第273页。
② 郑振铎：《求书日录》，《郑振铎全集》第17卷第131页。

经历过血与火的洗礼，抗战胜利后，郑振铎和巴金又相会于上海。那也是中国现代史最为动荡的几年，知识分子的生活越来越不好，为了买书和搜集文物郑振铎经常借债，日记中甚至有这样的字句："今日为无催款的安静的一天！"[①]"晨，各书肆中人来，皆索款者，应付苦极！皆缘过于'贪多'之过也！"[②]而巴金此时也组建了自己的家庭，靠稿费生活的他生活压力也很重，但买书的热情也丝毫不减。这是1949年5月的事情：

> 五月里的一天，李伯伯照例抱了一堆书回来。
> 李伯母从来都是个喜怒形于色的人。见买回这么一大摞书，面色不禁一变，一反往常地质问起李伯伯来："李先生（萧珊一直这样称呼自己的爱人）！我们手头就只有五十七块银圆了，不是说要你暂时别再买书了么？现在东西这么贵，一旦真的围起城来，叫我拿什么来养这一大家人？"
> "这么好的书！这么便宜的价钱！这个时候不买，以后可不一定有这种机会的哟！"巴金笑吟吟的答道。
> "那也不成！"萧珊认真地说，"要是真打半年仗，东西就会比现在还要贵得多。人饿死了，要书有什么用？"
> "言过其实，言过其实。"巴金还是笑吟吟的说，

---

① 郑振铎1947年12月5日日记，《郑振铎全集》第17卷第480页。
② 郑振铎1947年5月31日日记，《郑振铎全集》第17卷第423页。

"我看这仗打不了半年,也不信就会饿死!不少书是难得一见的,我要是见了不买,那倒真是后悔也要后悔死的。"

"可是我们真的就只有这五十七块银圆了呀!"萧珊不肯让步。

"大家都不买书,写书的人岂不要饿死?我的钱是从书里来的,自然还要从书里去!"巴金丝毫不肯让步,说出了他后来也常说的名言:"我是靠读者养活的啊!"①

两位前辈一辈子爱书,最后,他们的书也有了一个共同的归宿:捐给国家。2008年年底,在一个冷风扑面的日子里,我有幸参观了国家图书馆的郑振铎专藏库房,等了半个世纪,这些郑振铎常年省吃俭用一本本购下的书总算有了一个安稳的着落。走出文津街那座老房子,我在想:巴金先生捐赠的书什么时候能够设一个专藏呢?这不仅是对待一批书,而是对待一颗颗热爱文化的炽热之心,无论如何,我们不能冷了他们的心啊!

六、那颗火热的心

新中国成立后,郑振铎和巴金都成了大忙人,有开不完的会和无数的迎来送往。不过,他们仍然有相聚、畅谈的机会,

---

① 马绍弥:《在霞飞坊59号的日子里》,《一双美丽的眼睛》,上海三联书店2008年版,第93页。

要么是郑振铎南下考察文物工作的时候，要么是巴金北上开会的时候。如1956年4月、5月间，郑振铎南下，这两个月里他们在上海就有无数次欢聚：

> 九时许，到庙弄，偕小老、尔（而）复、哲民等，到巴金寓，合同巴、靳、罗荪等同到西郊公园，看象。又到虹桥俱乐部休息。那里的花木比之一年多之前更加茂密了。晤述之、方行、进者诸位。十二时许，偕述之等同到人民路真如路德兴馆午餐。菜甚好。……六时半，出，即赴国际饭店晚餐，应巴、靳诸人约也。晤西禾。笑谈甚欢！十时许，回。（1956年4月8日日记，收《郑振铎日记全编》）

> 六时半，到巴金宅晚餐。有而复、靳以、辛笛、唐弢、罗荪夫妇等，菜过丰盛，有吃不下去之慨。将桂花白酒三瓶喝完。十时许，散。（1956年5月11日日记）

> 六时，到作协，偕靳以到文化俱乐部。巴金已先在，罗荪也来。同在那里晚餐。巴金带孩子们去后，我们又上楼跳舞。（1956年5月12日日记）

这一次，他们居然还同游常熟。在短短的一天里，三位朋友兴致勃勃地游览了言子墓、辛峰亭，看了太平天国纪功碑，又登山到兴国寺、报恩院，去看了雄奇的大小剑门，下山参观了昭明太子读书台，中午还在王四酒家吃了叫花鸡，喝了桂花白酒。时间很短，但游兴很足，这恐怕是他们三位大忙人难得的忙里偷闲：

> 七时，巴金、周而复来。一同去常熟去。约一百公里，走了两小时半才到。……归时，已六时半。到上海，已八时三刻矣。甚累。上十七楼吃西餐。近十时，巴、周走。此游甚乐，惟仍苦事前没有准备……（1956年4月27日日记）

1957年，他们又在北京相聚，不过，欢聚的时光中也能体察出"反右"的紧张气氛：

> 五时许，到北海公园的仿膳喝茶，有曹禺、白羽、李颉（劼）人、巴金、沙汀、艾芜、萧乾、白尘诸人。即在那里晚餐，喝了些酒。九时半，回。（1957年6月19日日记）
>
> 到鸿宾楼，应李劼人约也。到者有邵荃麟、夏衍、刘白羽、陈白尘、艾芜、沙汀、巴金、张天翼、陈翔鹤等。谈笑甚欢。十时许，散。（1957年7月3日日记）
>
> 七时许，刘白羽、曹禺、李劼人、沙汀、艾芜、巴金、陈白尘等陆续来，在此晚餐。谈笑甚欢。近十时，散。（1957年7月5日日记）
>
> 下午三时，到怀仁堂，参加人代会。梁思成发言，甚有感情。黄琪翔、费孝通、储安平等均作检讨。黄至声泪俱下。六时许，散。偕李劼人到鸿宾楼，曹禺宴客也。到者有金仲华、夏衍、胡子婴、荣毅人及其弟、刘靖基、巴金、颉（劼）人等。九时半，散。（1957年7月13日日记）

"一切梦都消失了"之后

1958年郑振铎日记中记下了与巴金等一批朋友的两次聚会:

> 五时半,偕森老、斐云、默存回寓,即在寓晚餐。同座者尚有其芳夫妇、仲超、巴金、曹禺诸人。九时半,客去,即睡。(1958年2月12日日记)
>
> 九时,到文联大楼,参加文联主席团扩大会议。由茅盾、周扬、巴金、老舍及钱俊瑞等同志发言。周扬同志的发言,尤为重要。十二时半,散。偕巴金、曹葆华到康乐晚(午)餐。二时许,回。(1958年9月27日日记)

后面一次的午餐应当就是巴金文章中所写的他们最后一次相见。对此,巴金永远忘不了:

> 那个中午,他约我在一家小饭馆吃饭,我们头脑都有些发热,当时他谈得最多的就是这个。他忽然提起要为亿万人的幸福献身。他很少讲这一类的话,但是从他的一举一动我经常感受到他那种为国家、为人民献身的精神。不为自己,我认识他以前,读他的文章,就熟悉了他的为人。他星一样闪烁的目光注视着我,我能感觉到他那颗火热的心。①

---

① 巴金:《怀念振铎》,《再思录》增补本第84页。

此次相聚,他们还沉浸在"大跃进"带来的虚假亢奋中,没有想到不久以后"拔白旗"运动就开始了。他们居然还有"同科"遭"拔"缘分。所谓的"巴金作品讨论"声势浩大、棍棒齐下。而郑振铎也身陷重围,出国前还曾到文研所检讨自己的思想:"我思想上应该很进步,但从著作中可以看出马克思列宁主义很少。自己还背着一个进步的包袱,其实和出生入死的同志们是不能比的。"谈到自己的《插图本中国文学史》,他说:"从中可以看出是半封建半殖民地的知识分子的著作。在我的著作中充满了封建的资产阶级的思想和治学方法。其中一些随感式的诗话、词话式的东西是封建文人的观点、方法;还有一些和封建士大夫不同的东西,这是资产阶级的进化论和庸俗社会学的观点……"[①]他的同事李健吾回忆当时批评郑振铎的情景:

> 记得我们最后一面,你坐在你领导的文学研究所的一间会议室的长桌前面,长桌四周团聚着十多位新朋旧友,气氛异常严肃,不是讨论什么文学课题,而是批判你的思想。你虚心听取识与不识者对你这位开路人的高谈谠论。你的划时代的造诣是《插图本文学史》。偏偏就有一位和你相识的后辈,长篇大论,说你犯了这样那样的错误。这种违心之言,不如我,只能将信将疑。还有一位年轻同志,据说还要写文章批判你的《中国俗文学史》。这篇文章后来发表了没有,我已经毫无印象,反正你也没有机会再领教了。我只

---

① 郑振铎:《最后一次讲话》,《郑振铎全集》第3卷第378页。

"一切梦都消失了"之后

记得这是我们最后一面。当时会散了,我同情地过去和你握手,谁料竟是最后的握手!①

关于对郑振铎的批评,巴金在回忆文章中说:"振铎是因公逝世的。后来听见一位朋友说,本来要批判他,文章已经印好,又给抽掉了。这句话使我很不舒服。"②时隔多年,在批判郑振铎这件事上,李健吾和巴金的记忆都模糊了,事实是批判文章已经正式印出来,郑振铎遇难后,来不及抽掉,只好用附页的方式补印了纪念专辑,算是弥补吧,这样的处理方式未免太有幽默感了。刊登批判文章的是中国科学院文学研究所主办的《文学研究》1958年第3期,郑振铎还是这个刊物的编委。这期刊物前面有一个本刊编辑部所写的《致读者》等于是对两年来办刊工作的检讨,他们认为:"我们刊物上就出现了红旗、灰旗、白旗杂然并存,缺乏战斗性的情况。"也存在着严重的"厚古薄今"的倾向,为此,要在今后的文学研究中拔"白旗"、插红旗。这一期的刊物,拔了很多"白旗",火药味很足,被点名批判的有王瑶、郑振铎、巴金、陈涌、秦兆阳等。关于郑振铎有两篇批评文章,一篇是占了十六页的长文《评郑振铎先生的〈插图本中国文学史〉》,署名曹道衡、徐凌云、陈燊、乔象钟、蒋荷生、邓绍基集体讨论、写作。这篇文章认为,郑振铎的这部文学史是以资产阶级唯心主义的文学观点来撰写的,"更其严重的是,《插图本中国文学史》中还相当明显地表现

---

① 李健吾:《忆西谛》,《郑振铎纪念集》第274页。
② 巴金:《怀念振铎》,《再思录》增补本第86页。

了胡适派的实用主义的文学观点"，这顶帽子可是够重的。文章结尾，作者们表示："我们诚恳地希望郑先生在学术思想上来一个自我革命，彻底改变自己的文艺观点、学术观点，努力学习马克思主义……"不知道倘若郑振铎活着，能否做到"自我革命""彻底改变"？另外一篇仅有两页篇幅的通信，是邓绍基、董衡巽撰写的《对郑振铎先生〈论关汉卿的杂剧〉的意见》，他们认为郑振铎的论文叙述故事情节太多，分析太少，对关汉卿和人物的赞美有不恰当之处。同时批评刊物，对此文的处理"有盲目崇拜名人权威的成分在内"，所以，"本着敢想、敢说的精神，我们把这些看法提出来……"

按说巴金对这一期的《文学研究》应该有印象才是，因为它也刊登了一篇批评他的文章，同样不短，近二十页，这是北京师范大学中文系二年级学生与青年教师集体写作的《论巴金创作中的几个问题——兼驳扬风、王瑶对巴金创作的评论》。巴金和郑振铎两个人可能都想不到，老朋友之间还能以这种方式"相聚"一次。本期刊物的《致读者》是1958年9月22日写的，刊物上印着的出版时间是1958年10月25日，郑振铎遇难是10月17日，也就是说郑振铎遇难时，离开刊物发稿已近一个月，刊物应当已印好，无法变动了。于是，我看到了一份十六页的单独印行的小册子，上面是《文学研究》1958年第3期的刊头，下面是大字"悼念郑振铎先生专辑"，这个小册子中收有这些文章：郑振铎遗作《古本戏曲丛刊第四集序》，吴晓铃《郑振铎先生传略》，何其芳《悼念郑振铎先生》，艾德林《忆郑振铎同志》，王伯祥《悼念铎兄》，余冠英《悼念郑振铎先生》，亚奈士·赫迈莱夫斯基《悼念郑振铎教授》，吴晓铃编《郑振铎先生撰著编译目录初稿》。有一则写于1958年11月2日的《编后记》，解释了同一个刊物为何又批评又悼念的尴尬：

> 这一期的《文学研究》延至今天和读者们见面，这是不得已的事情，要请大家原谅。延期的原因一是印刷的关系，二是由于临时增编追悼郑振铎先生的专辑。正当这一期已经印好的时候。郑振铎、蔡树藩等十六位同志遇难的噩耗传来了，我们十分悲痛。郑振铎先生是本刊的编辑委员。为了表示对他的追悼和哀念，我们赶编了一个专辑，附在这一期发行。除郑振铎先生的遗作《古本戏曲丛刊第四集序》而外，其余都用新五号字排印，这是由于篇幅的限制。郑振铎先生的这篇序文，是他遇难的前夕写的，想不到竟成了绝笔。
>
> 郑振铎先生是从五四运动就从事文艺活动和民主活动的著名作家。他的活动是多方面的。除了创作、翻译、编辑整理古籍而外，他曾写了不少有关文学的论著。最近全国展开学术思想批判之后，有些年轻的同志对他的某些著作写了批评的文章。本刊这一期也就发表了文学研究所的几位年轻研究人员写的一篇。郑振铎先生是欢迎大家的批评的。他出国的时候，还表示回来后也要为本刊写文章，对自己过去的学术著作进行自我批评。我们希望他写文章的时候，不仅接受人家的正确的批评的意见，有不同意的地方还望他

积极答辩。但我们却无法读到他这样的文章了。

  这个专辑的增加和出版，要是没有人民文学出版同志们的支持帮助，是无法实现的。我们在这里表示感谢。

  巴金先生听说印好批判郑振铎的文章，后来因为遇难又抽掉了，"这句话使我很不舒服"，倘若他看到这一期刊物，读着这样的言辞时，又做何感想呢？

  像郑振铎和巴金这样真诚地追求光明和进步的知识分子，对于这样不分青红皂白地粗暴批评，一定十分困惑，而且这又在"反右"之后，这种阵势让他们很紧张。这对老朋友如果再见面，会交流内心的感想吗，会同"病"相怜吗？遗憾的是，老天不给他们相见的机会。10月17日，郑振铎遇难。当时巴金在苏联出席亚非作家会议，日记中他以"非常难过"表述听到噩耗时的心情：

  晨七点半起，九点半前早饭，饭后在楼下休息，十一点半去附近散步。一点半听索罗金谈北京莫斯科 Ty104 机失事。两点前上楼，三点到饭厅午饭，四点后听肖三谈振铎遇难，非常难过，同谢曼诺夫谈了一阵，五点回房间……①

---

① 巴金1958年10月20日日记，《出访日记》，四川文艺出版社2019年版，第110—111页。

次日巴金在给妻子萧珊的信中甚至还"希望消息不确,人名也可能弄错的":

  昨天下午先听见十七日北京飞莫斯科的图104飞机在途中爆炸的消息,后来又听到郑振铎遇难的噩耗,当时心里非常难过,至今还像做梦一样。我离京前还见过他,他找我在康乐吃了一顿饭。他告诉我十月初要来莫斯科,说到我们也许会在这里见面。要是飞机不出事,我们一定会在这里见到。但是现在飞机在高空中爆炸,可能连尸首也找不到。然而我想到他,总不相信他会死,他的生命力那么强。……靳以一定很难过。希望消息不确,人名也可能弄错的。①

在上海的萧珊说:"昨天我读到郑振铎飞机失事的消息,当时我拿报纸的手都发抖了……"②

巴金回到北京,批判郑振铎的各种声音还在耳边,迎接他的朋友曹禺告诉他:所谓的"巴金作品讨论"已经在报刊上展开。这一次在京,不但有永远失去一位可敬的朋友的悲痛,而且还有莫名其妙被粗暴批判的压抑。巴金带着这样的心情来到郑家,并参加了郑振铎的追悼会:

---

① 巴金1958年10月21日致萧珊信,《巴金家书》,浙江文艺出版社2003年版,第189页。
② 萧珊1958年10月21日致巴金信,《巴金家书》第190页。

进了城见到曹禺,他刚说出"振铎"二字声音就变了。我本来想从他那里求得一线希望,结果是我们两人含着泪奔赴郑家。在阴暗的屋子里,面对用手绢掩了眼睛、小声哭泣的郑大嫂,我的每句话都显得很笨拙,而且刺痛自己的心。匆匆地逃出来,我拉着曹禺的手要奔往"共产主义",我不知道它在什么地方,失去的老友约我在那里相见。回旅馆我一夜没有闭眼。我发现平日讲惯了的豪言壮语全是空话。

　　我参加了振铎的追悼会。大厅里看见不少严肃的面容,听到不少令人尊敬又使人揪心的悼词,我的眼光却找不到一个朋友,连曹禺也没有来。我非常寂寞。永别了,我无法找到他约我见面的那个地方! ①

七、怀念振铎……

　　当时"拔白旗"运动轰轰烈烈,巴金被逼在风口浪尖上,"不舒服"又能多说什么呢?1958年他应报社之约,匆匆写下了《悼振铎》,文章中欲言又止,"只简单地写出我心目中的郑振铎",然而还有很多话却没有完全写出。对此,他一直耿耿于怀。

　　晚年的巴金在不断的病魔折磨中和各种世事的缠绕中完成了《随想录》等一系列的作品,但他一直没有忘记他的"铎兄"。1988年,郑振铎逝世三十周年,他的女儿小箴和儿子尔康2月28日给巴金写信,说要举办一个纪念会,几天后,病中的巴金

---

① 巴金:《怀念振铎》,《再思录》增补本第85页。

给小箴、尔康回信:"时间跑得真快,铎兄离开我们三十年了,当时的情景还历历在目。为纪念他殉职举行的学术讨论会我也许无法参加,但我很愿意作为一个发起人,我相信这一活动一定会取得成功。"①

可能此事又触动了巴金,他萌生了再写一篇怀念文章的想法。但一天天衰老的身体让他晚年很多想法都难以如愿。1989年1月26日,他在家中的客厅不慎摔倒,背部软组织挫伤,疼痛难忍,不得不于2月9日(正月初四)入院治疗。在医院的前几个月中,一直是卧床治疗,背部的疼痛折磨着他,加上1989年又是多事之年,飞到病房来的各种消息让巴金心情一直不好。就在这样的情况下,他还惦念着他要写的文章。4月12日,刚刚能够起床,他就开始写起了《怀念振铎》。由于晚年的帕金森氏症,他的手执笔无力,每写一个字都非常艰难,又加上背痛未愈不能久坐,所以这篇文章写得很慢。不久,时局变化,老人心绪不宁,实在无法平静地沉浸在过去的回忆中,这篇文章的写作就停了下来。

在医院里住了八个月,巴金出院了。每一次出院家人们都搬回家一批批书报、信件和稿子,老人晚年的生活自理能力也越来越差,而那篇未完的《怀念振铎》竟然不知放到哪里一下子找不到了。这是巴金晚年最为痛苦的事情之一,他没有秘书,身边的事情都是几个亲人在帮忙,而亲人们都有自己的工作,常常老人的信件和稿子找不到了,急得他团团转又束手无策。

---

① 巴金1988年3月3日致郑小箴、郑尔康信,《巴金全集》第24卷,人民文学出版社1993年版,第228页。

但巴金与他的"铎兄"的因缘并没有就此结束。1998年，也正是郑振铎逝世的四十周年，一位家人居然找出了《怀念振铎》的未完稿。恰好，在这年3月，巴金以口述的方式在女儿的协助下完成了《怀念曹禺》。老人过去一直不习惯口述文章，哪怕一天写几十个字也要自己艰难地移动着"重似千斤"的笔写下去，可这次"试验"的结果他觉得还不错，于是又充满信心地说：可以用这种方式再写几篇文章，甚至还雄心勃勃地表示在《再思录》之后，还要写本《三思录》。于是，他开始了艰难又缓慢的修改，没有想到1999年正月，病魔再次袭来，此后他无法正常工作了。未完篇的《怀念振铎》成为这位著作等身的作家一生最后一篇文章，在这篇文章的末尾，巴金深情地写道：

> 今天又想起了振铎，是在病房里，我已经住了四年多医院了。病上加病，对什么事都毫无兴趣，只想闭上眼睛，进入长梦。到这时候才知道自己是个无能的弱者，几十年的光阴没有能好好地利用，到了结账的时候，要撒手也办不到。悔恨就像一锅油在火上煮沸，我的心就又给放在锅里煎熬。我对自己说："这该是我的最后的机会了。"我感觉到记忆摆脱了我的控制，像骑着骏马向前奔逃，不久就将留给我一片模糊。[①]

巴金就是带着对于"铎兄"的美好情感，"像骑着骏马

---

① 巴金：《怀念振铎》，《再思录》增补本第91页。

奔向了他们终于可以再次"相聚"的苍穹。

2008年11月29日于上海
2009年2月14日下午再改
2009年3月17日三改

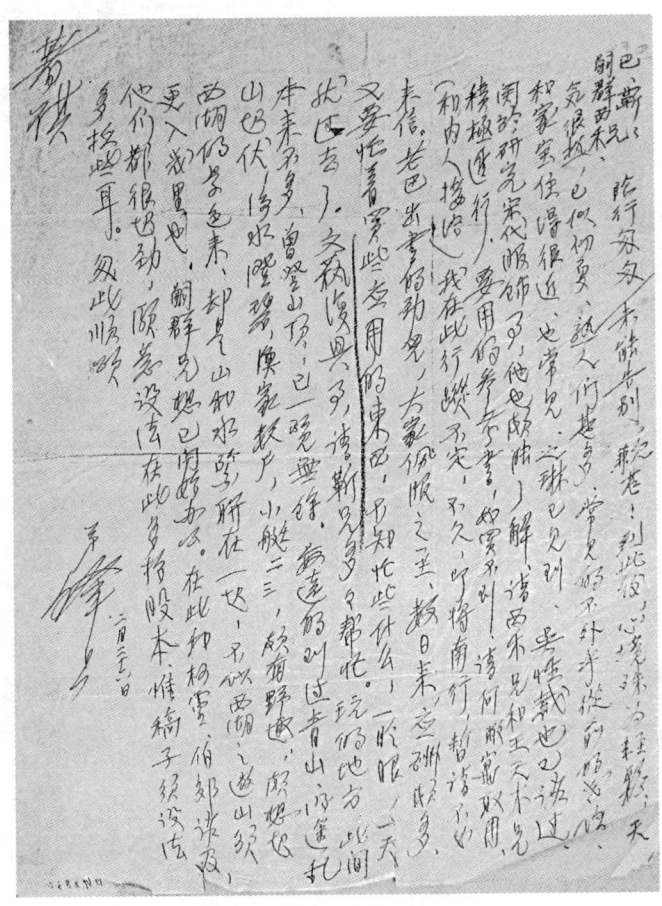

郑振铎1949年2月26日致巴金信

1949年文代会期间，摄于北京。右起：唐弢、巴金、靳以、郑振铎、陆申、曹禺、李健吾

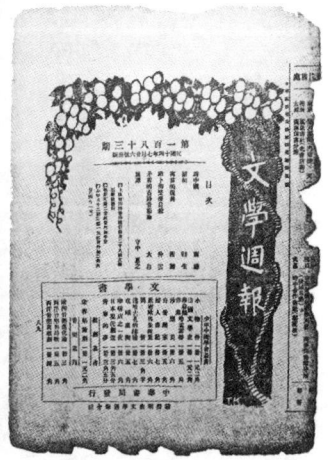

郑振铎等人编辑的《文学旬刊》，后改名为《文学周报》，为文学研究会会刊

巴金在《文学旬刊》上所发表的诗歌和散文

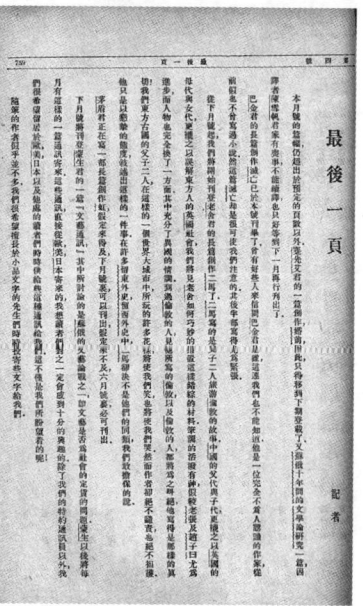

发表《灭亡》的《小说月报》。编者在所写的《最后一页》特别提到巴金和这部作品

"一切梦都消失了"之后

1978年3月10日，叶圣陶与巴金摄于北京叶府

郑振铎与巴金（右）1933年摄于十三陵中的长陵

与书相伴的郑振铎

徐悲鸿1950年绘的郑振铎素描像

作为新中国文化界领导的郑振铎（摄于1953年）

齊魯韓三家詩釋第一

文林郎揀選知縣乙未科大挑等教諭銜廣德州訓導事前充右翼宗學教習實應朱士端箸

韓詩

昔太王王季居岐山之陽躬行召南之教以興王業及文王而行周南之教以受命 儀禮 士端按鄭君注禮先通韓詩

其地北南郡南陽之間 水經注二南國 按韓嬰敘詩云

皆韓詩說

關雎 韓詩序曰關雎刺時也 士端按詩考編列異字異義

篇補遺今改訂入韓詩

後漢書注引薛君章句云詩人言雎鳩貞潔慎匹以聲相求隱

郑振铎收藏的古籍书影

| 巴金书信中的历史枝叶

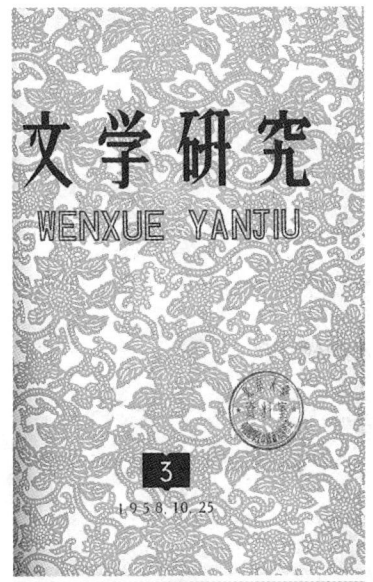

《文学研究》批判郑振铎的文章,紧随其后的便是批判巴金的文章

文学研究 一九五八年 第三期

悼念郑振铎先生专辑

古本戏曲丛刊第四集序

郑振铎遗作

古本戏曲丛刊第四集,收集了元、明二代的杂剧,共三百七十多本,几等于臧晋叔编印的《元曲选》的三倍半以上。其中,以元人杂剧为最多,凡传世的元杂剧,几乎是网罗殆尽。明人杂剧也收了一部分。凡我们所见和所知的明代刊印或传钞的元人杂剧,除了传本甚多的臧晋叔编印的《元曲选》和罕见或未见传本的李开先编印的《名贤传奇》和童野云编印《元人杂剧选》之外,可以说是已经全部收集在这个集子里了。但这第四集仍然是仅供专家们研究需要的内部参考资料,所以,还是本着"求全求备"的主张,有好些本杂剧,是同时收入了好几个本子的,象乔吉的《玉簫女两世姻缘》,马致远的《汉元帝孤雁汉宫秋》和白仁甫的《唐明皇秋夜梧桐雨》等,就一见再见地出现于这个集子里。这只是对专家们的研究有些用处,对于一般读者们是完全没有意义的。象这样范围狭窄得只是供应专家们研究参考的书籍的印行,在此时有没有这个必要呢?普及是当前的最主要的任务。但普及工作的本身就在不断地提高。"在普及基础上的提高","在提高指导下的普及"是原则性的指示。看不到广大的人民群众的文化科学事业的迅速向"提高"发展,就如同忽视广大的人民群众的文化科学的普及运动浩浩荡荡的进军的絶大的气势一样。广大的人民群众一旦掌握了文化科学之后,便会立即向"提高"发展的。运动不可能在原地踏步不前,而是永远地前进,再前进的。所以,在"普及"的同时,提高并

郑振铎去世后,《文学研究》赶印出的特刊

编后记

这一期的《文学研究》延至今天和读者们见面，这是不得已的事情，要请大家原谅。延期的原因一是印刷的关系，二是由于临时增编追悼郑振铎先生的专辑。正当这一期已经印好的时候，郑振铎、蔡树藩等十六位同志遇难的噩耗传来了，我们十分悲痛。郑振铎先生是本刊的编辑委员。为了表示对他的追悼和哀念，我们赶编了一个专辑，附在这一期发行。除郑振铎先生的遗作《古本戏曲丛刊第四集序》而外，其余都用新五号字排印，这是由于篇幅的限制。郑振铎先生的这篇序文，是他遇难的前夕写的，想不到竟成了绝笔。

郑振铎先生是从五四运动起就从事文艺活动和民主活动的著名作家。他的活动是多方面的。除了创作、翻译、编辑整理古籍而外，他曾写了不少有关文学的论著。最近全国展开学术思想批判之后，有些年轻的同志对他的某些著作写了批评的文章。本刊这一期也就发表了文学研究所的几位年轻研究人员写的一篇。郑振铎先生是欢迎大家的批评的。他出国的时候，还表示回来后也要为本刊写文章，对自己过去的学术著作进行自我批评。我们希望他写文章的时候，不仅接受人家的正确的批评的意见，有不同意的地方还望他积极答辩。但我们却无法读到他这样的文章了。

这个专辑的增加和出版，要是没有人民文学出版社同志们的支持帮助，是无法实现的。我们在这里表示感谢。

一九五八年十一月二日。

《文学研究》特刊的《编后记》

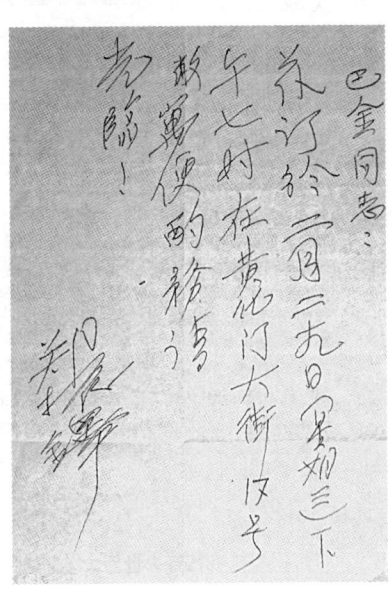

郑振铎1956年2月29日邀请巴金至家中小聚的便条

人生如一梦
——黎烈文、许粤华、巴金及其他

一、我们几个人都是不谋而合的

1932年12月，上海老牌报纸《申报》的副刊《自由谈》实行改组，由原来的旧文人主编，改为新文人主编，鲁迅、茅盾、郁达夫、老舍等新文学作家的作品陆续出现在《自由谈》上。这是新文学作品走出象牙塔走向市民社会的一个标志性事件。由此，一个刚刚从法国留学回来、年仅二十八岁的青年走入人们的视界，他就是《申报·自由谈》的主编黎烈文。

当时有人把鲁迅、茅盾称作《申报·自由谈》的两大"台柱子"，黎烈文顶住压力，大量发表鲁迅的杂文，鲁迅也十分支持和关爱这个年轻人。他在文章中，谈到黎烈文的个人遭遇也充满关切和期待。鲁迅说："不久，听到了一个传闻，说《自由谈》的编辑者为了忙于事务，连他夫人的临蓐也不暇照管，送在医院里，她独自死掉了。"① 我是后来读到黎烈文在《崇高的母性》中的那些忧郁、沉痛的悼亡文字，才多少体会到他的心境：经过十年漂泊，他们夫妇深情相爱，有了家，有了孩子，

---

① 鲁迅：《〈伪自由书〉前记》，《鲁迅全集》第5卷，人民文学出版社1981年版，第4页。

偏偏这时，其中一个人撒手而去，这完全打乱了一个正当年的人的生命节奏。所有的悲哀化作眼泪，滴成文字："我独自睡在你临终的床上，我用着你临终所用的被和枕，我总望你给我一个梦，可是没有，天亮了，我只好倚枕呜咽，对着你的照片垂泪。冰，你忘了我吗？"①

这个时候，来自长辈的温暖简直就是照亮内心的光。他一个大男人抚养小孩在很多地方常常力不从心，有一次到鲁迅家，看到海婴的绒织衣服很好，黎烈文无意中赞美了几句，问购衣处，没想到鲁迅说是许广平织的，并立即让他选定颜色，让许广平织一套送给黎烈文的孩子。"后来，又觉得单是秋季的还不够，并叫许先生连冬季的一套也代我织了。这两套衣裳，可以说是我的小孩穿过的两套最美的衣裳，这里面不单是包藏着许广平先生的优良的手艺，同时也织入了一位伟友的真挚的友情。"②那些与鲁迅交往的细节，在黎烈文的头脑中历历在目：

> 每次到他家里去了，我常是被他和许广平先生的殷勤的招待，弄得有些惶惑。在爱留朋友吃饭一点上，我觉得鲁迅先生很象我们家乡的一些亲戚长辈。四五点钟的时候到他家里去，他要留吃晚饭，那是不用说的了，有时，我因为不愿太多扰他，特地选着距离晚餐时间很远的两三点钟去看他，结果也一定给他留着

---

① 黎烈文：《写给一个在另一世界的人》，《崇高的母性》，文化生活出版社1937年版，第3页。
② 黎烈文：《真是一个好老先生啊》，《黎烈文全集》第13卷，作家书局2011年版，第433页。

长谈，等你要走时，他便说："我们提早吃饭。"还是叫你吃了晚饭再走。①

一个年轻人在成长的道路上，有这样的师长关爱、扶持，哪怕是呵斥，那是何其幸运的事情啊。难怪黎烈文、萧军、萧红、黄源这些人一辈子都忘不了鲁迅。当然，还有巴金。巴金与黎烈文从相识到相知也与鲁迅有着直接关系。他们的第一次见面是1933年，黎烈文为《申报·自由谈》托人向巴金约稿，两个人渐渐成了朋友。巴金在《申报·自由谈》上发表过《薛觉先》《游了佛国》《三等车中》等"旅途随笔"。后来黎主编《中流》，巴金收在《短简》中的很多自述文章，如《我的幼年》《我的几个先生》《我的路》《答一个北方青年朋友》《答一个"陌生的孩子"》等都发表在这个刊物上。然而，真正将这批年轻作家聚拢在一起的是鲁迅巨大的精神感召力："那时几个熟人都在编辑文学杂志，在《作家》（孟十还主编）、《译文》（黄源主编）、《文季月刊》（靳以主编）之后，烈文主编的《中流》半月刊也创刊了。这些人对文学和政治的看法并不是完全一致，但是我们有一个共同的感情，就是对鲁迅先生的敬爱。烈文和黄源常去鲁迅先生家，他们在不同的时间里看望先生，出来常常对我谈先生的情况，我有什么话也请他们转告先生。据我所知，他们两位当时都得到先生的信任，尤其是烈文。"就这样，"到

---

① 黎烈文：《真是一个好老先生啊》，《黎烈文全集》第13卷第433页。

了一九三六年下半年我们就相熟到无话不谈了①。"他们两个人还共同起草了《中国文艺工作者宣言》，拿去请鲁迅和诸位朋友签名后发表。当"两个口号"引起轩然大波时，又是鲁迅站在前面替他们遮风挡雨。②

在黎烈文、巴金这一辈人的记忆中，一定都有着一个30年代的梦，那是他们风华正茂、才华大展的岁月，他们用青春书写了中国现代文学史的辉煌篇章。1975年9月，尚未获得完全自由的巴金，在信上谈到"30年代"旧梦犹存："你这次来沪，相聚的时间并不多。路远，车挤，还有上了年纪，热情衰减，要是在三十年代，路再远，一天还要跑几次。但究竟晤谈了好几次，使我又想起在鲁迅先生周围的那些日子。我们当时的那种热情，多么值得怀念！"③萧乾也念念不忘那时的生活：

> 那是很热闹的两年（指1936、1937年——引者）：孟十还编着《作家》，靳以先后编着《文季》和《文丛》，黎烈文编的是《中流》，《译文》则由黄源在编。我们时常在大东茶室聚会，因为那里既可以畅谈，又能解决吃喝。有时芦焚、索非、马宗融和罗淑也来参

---

① 巴金：《怀念烈文》，《巴金全集》第16卷，人民文学出版社1991年版，第200页。
② 关于《中国文艺工作者宣言》起草情况，可参见巴金《谈〈中国文艺工作者宣言〉起草经过及其他》等文，收《巴金全集》第19卷，人民文学出版社1993年版。
③ 巴金1975年9月14日致黄源信，秋石、黄明明编《我们都是鲁迅的学生——巴金与黄源通信集》，文汇出版社2004年版，第86页。

加。我们谈论各个刊物的问题,还交换着稿件。鲁迅先生直接(如对《译文》)或间接地给这些刊物以支持。当时在处理许多问题上,我们几个人都是不谋而合的,例如我们的刊物都敞开大门,但又绝不让南京的王平陵之流伸进腿来。①

"大东茶室"相当于一个文艺沙龙,聚集着当时文坛上一批生机勃勃的文学力量,直到抗战的烽火打碎了他们的沙龙梦,大家不得不各奔东西。

1938年10月,巴金和黎烈文在香港还有意外的相遇:

但我这次在九龙和香港的一星期勾留,却也并非全没值得留恋的地方,和巴金、靳以分别已经好几个月了,这次竟以意外的机缘,在这南中国的海岸邂逅相聚,怀着感慨不尽的心情,同游了宋皇台和九龙故城,同在香港幽僻的山道上作了一回远足散步,这都是我们近年少有的盛事。……我现在追记到这里,那边澄碧的海水,蔚蓝的天空,还依稀映在我的眼底。②

此后,巴金辗转广州、桂林、昆明、重庆等地,写书、印书;黎烈文则在福建主持改进出版社,"他做了官,但官气不多,

---

① 萧乾:《挚友、益友和畏友巴金》,《萧乾文集》第4卷,浙江文艺出版社1999年版,第254页。
② 黎烈文:《战时旅况》,《黎烈文全集》第13卷第79页。

思想也还不是官方的思想"①。而再一次相见差不多要等上十年了。

二、十年来几乎每封信上都不会少的催促

九年后，在南国的芬芳中，巴金与黎烈文有着重逢的喜悦：

> 一九四七年八月我从台北坐车去基隆，在那里搭船回上海。小车飞驰着，南国的芳香使我陶醉，一切是那么明亮，那么茂盛！我上了船，望着美丽的海港渐渐退去、朋友们的挥动的手终于消失的时候，我立在甲板上，身子靠着栏杆，摇着手，低声说："台湾，美丽的土地，我们的！"②

这次旅行是在1947年6月20日至7月中旬，巴金为调解朋友家庭矛盾而来，也看看有没有可能开办文化生活出版社台北分社。后一件事情，黎烈文也从中帮过忙。"文化大革命"期间造反派编印的"巴金的黑关系"的材料中曾引用过一封没有具体日期只说"解放前夕"黎烈文给巴金的信："时局不定，文生社能在台北弄一个分店，或办事处作退步，总是好的。儿玉町大学书店斜对面（离以前索非弄的国语函授学社很近）有一所店面房子，地点既好，开间也大，又不要顶费，只要预付

---

① 巴金：《怀念烈文》，《巴金全集》第16卷第201—202页。
② 巴金：《关于丽尼同志》，《巴金全集》第16卷第57—58页。

一年租金，租金也还公道。这房子是公论报的，如果早说，毫不成问题；现在却有人在抢，我已和李万庆闹过几次，叫他无论如何分一间给文化生活出版社，现在虽还没谈妥，但大概可以成功，这事陈晖当有详细的信报告你们。"① 巴金在给田一文的信中也谈到过去他的"计划"："济生已去台北，想在那边设一分店，不过我看好的房子已经让别人顶去了，能否找到房子，还难说。我的计划是从小做起。文生社目前没有什么大计划，年内只想把积稿印出一部分。"② 此事没有做成，除了合适的房子没有找到的具体原因之外，与当时的台湾不是搞出版的上佳之地有关，至于随国民党到台湾把这里"作退步"的打算恐非巴金所愿。

台湾之行伴随着清山秀水的是朋友的久别重逢，"我在一九四七年初夏，到过台北，去过黎家，黎的夫人，他前妻的儿子都是我的熟人。黎当时只是一个普通的教授，在台湾大学教书，并不受重视，生活也不宽裕。我同他闲谈半天，雨田（黎太太）也参加我们的谈话，他并未发表过反动的意见"③。"未发表过反动的意见"，巴金显然话里有话。从台湾回来之后，他们也曾在上海相聚："一九四七年黎还到过上海，是在我去过台北之后，住了半个多月，回去以后还来信说：'这次在沪无忧无虑过了三星期，得与许多老朋友会见，非常痛快。'他

---

① 复旦大学、上海作家协会革命造反兵团批斗巴金专案小组编印：《反动权威巴金资料汇编》第二集《巴金的黑关系》，1967年9月印。
② 巴金1947年8月11日致田一文信，《巴金全集》第22卷，人民文学出版社1993年版，第268页。
③ 巴金：《怀念烈文》，《巴金全集》第16卷第198页。

常到我家来，我们谈话没有拘束，我常常同他开玩笑，难得看见他发脾气。三十年代我和靳以谈起烈文，我就说同他相处并不难，他不掩盖缺点，不打扮自己，有什么主意、什么想法，都会暴露出来。有什么丢脸的事他也并不隐瞒，你批评他，他只是微微一笑。"①

与此同时，巴金与黎烈文书信往来不断，这些珍贵的资料不知道黎烈文是否保留，直到"文化大革命"时，巴金还留下不少。前面提到的造反派编辑的那份材料上就曾说："巴金保留了此人很多文件。从信件中看出黎赴台后，长期以来同巴金通信并有关于译书、出书等事宜和经济上的往来。"可惜在目前整理出来的巴金文献资料中，黎烈文的信并不多，有一封大约写于巴金去台湾之前，其中黎烈文谈到托巴金带东西和一些译著的出版事务：

芾甘兄：

十四日信收到。我不知东西涨得那样快，以为剩下的款子买了表还可以买皮鞋，弄到你为难，真是好笑！

表既已不能买，那么除买一双皮鞋外，余款请代购厚白纺绸（做衬衫用的），尽钱买。如纺绸太贵，剩下的钱还不够买一件衬衫料时，就请代购细薄的白色府绸好了。

洪兆钺兄昨天来玩过，我们请他吃了一餐便饭。

---

① 巴金：《怀念烈文》，《巴金全集》第16卷第198页。

我看他头脑很清楚,人也能干、活泼,很可以做些事情。

梅里美集的序文,我等训练团的工作结束后就动手写,大约下月底可以寄上,总还来得及吧。我以前在《译文》上译登过苏联卢那察尔斯基作的一篇《一位停滞时期的天才——梅里美》(后来曾收入《邂逅草》内),最好能收入梅里美集内作为《附录》,不知你能找到这篇文章不?

我早几年译的《第三帝国的兴亡》,不知你看到过没有?虽不是名作,但写得还不错,在希特勒最得意的时候,它就预言他的溃败,后来的情形,竟和书中描写的没有两样。作为文艺作品看,也并没有失掉时间性。文化社专出名著,印这书也许觉得分量轻一些,不知有没有新兴的书店或出版社愿意出版这书?假使有人向你拉单行本稿子时,请你留心替我介绍介绍。(那书曾由改进社印过三版,共六千都已销完,新五号字排,共161面,现改进社已停办,此书我保有版权),出版条件是抽版税,能预支一笔版税最佳,不能预支也没有关系,不过出版的书店要靠得住。

我现在教书改卷子很忙,剩下的一点点时间,逗逗小孩也就完了,没有办法译点东西,真是憾事!下半年如能将大的一个女孩送去托儿所,粤华也许能抽空给《少年读物》写写稿子。

匆匆 祝

双好!

烈文

五月十九日

从信中提到的"梅里美集的序文"推断此信写于 1947 年，此书当为黎译的《伊尔的美神》，该书收入巴金主编的"译文丛书"于 1948 年 2 月由文化生活出版社出版。巴金故居现在还保留了一本黎烈文的签赠本，毛笔的题款：

送给
芾甘，并谢谢
他给这书的助力！
烈文

在该书的后记中，黎烈文还特地感谢"P.K.兄"（巴金）的"催促"："虽是经过那样悠长的岁月才能献出的一本名作的拙译，我还得在这里感谢一位朋友的鞭策：没有 P.K. 兄十年来几乎每封信上都不会少的催促，这个译本也许还得再过若干时才能和读者诸贤见面呢！"①

信中提到的《第三帝国的兴亡》，当为后来收入巴金主编的"文化生活丛刊"的《第三帝国的兵士》（霍尔发斯著，上海文化生活出版社 1949 年 9 月版），最初是为《现代文艺》杂志翻译的连载小说，1941 年由改进出版社初版，此次重印，在"卅七年十一月于台北"写的《新版序》中，黎烈文再一次感受到战争的阴云和时代的迷雾：

---

① 黎烈文：《伊尔的美神·后记》，《伊尔的美神》，文化生活出版社 1948 年版，第 348 页。

现在整个世界又被第三次大战的愁云惨雾笼罩住了,希特勒可以说是"百足之虫,死而不僵",而人类真也是一种愚蠢善忘的动物,一次灾难还没有完全过去,又在蕴酿着另一次更大的灾难。我们不知世间多少有用的青年又要像"第三帝国的兵士"一样受骗,觉悟,而终至无可挽救地归于毁灭!①

从这封信不难看出,在兵荒马乱的岁月中,一个文弱书生,面对物价飞涨、生活的艰辛的无奈,"能预支一笔版税最佳,不能预支也没有关系",既可以看出急于用钱的窘迫,也能体味出不想为难朋友的善良和不向人乞食的自尊。黎烈文的夫人许粤华在后来写给巴金的信中,也谈到此时的生活:"我也想起当年我们在台湾时物资缺乏,你和她不辞繁琐替我们采购日用品及老幺忍之的奶粉等等一次次寄来。"②

三、我也穷得厉害

1949年下半年两个人的通信中断。以后的岁月中,不知道黎烈文是否常忆起与鲁迅及其他友人在一起的日子——"鲁迅"这个名字在台湾已成禁忌,公开谈论已不可能。在巴金这一面,

---

① 黎烈文:《第三帝国的兵士·新版序》,《黎烈文全集》第10卷第111页。
② 许粤华1980年10月15日致巴金信,巴金故居藏件。本书所引用的作家书信,如未注明出处,则均据手稿直接整理,全书同。

鲁迅被捧上神坛，已不是那个慈父般的小老头。而与鲁迅交往的这批青年人，也各有各的遭遇。冯雪峰成了"大右派"，胡风是"反党集团"的头目，巴金也是上海文艺界的黑老K……不管怎样，"黎烈文"的名字是不可能从巴金的脑海中抹掉的：

> 抗战胜利后陈仪去台湾，他（黎烈文——引者）也到了那里，在报社工作。他相信做过鲁迅先生的同学又做过国民党福建省主席和台湾省行政长官的陈仪，后来他得罪了报社的上级，丢了官，陈仪也不理他了。他怀着满腹牢骚到台湾大学教几小时的课，他在给我的信中一则说："我也穷得厉害。"再则说："这半年来在台北所受的痛苦，特别是精神方面的，这次都和朱洗痛快地说了。"他还说："我一时既不能离开台北，只好到训练团去教点课……"他又说："训练团也混蛋，（信）既不转给我，也不退还邮局，一直搁在那边。"五十年代初期连陈仪也因为对蒋介石"不忠"在台北给枪毙了。后来我又听到黎烈文牵连在什么要求民主的案件里被逮捕的流言。又过若干年我得到了关于他的比较可靠的消息：患病死亡。①

对于这一段生活，黎烈文本人虽然描述不多，但从他的文字还是能够寻出蛛丝马迹：

---

① 巴金：《怀念烈文》，《巴金全集》第16卷第202页。

回忆当年翻译此书时，译者年方三十，刚从欧陆游学归来，满怀壮志雄心，要做些别人所不愿做、不屑做或不能做的事，想以毕生精力好好介绍几本法国文学名著。那时我既住在出版条件最佳的上海，而又生活安定，有图书参考之便，有友朋切磋之益，一两年内，确是摒弃世事，埋头译述，有过些微成绩：佛郎士的《企鹅岛》，赖纳的《红萝卜须》，莫泊桑的《笔尔和哲安》，巴尔扎克的《乡下医生》，梅里美的选集《伊尔的美神》，和罗逖的《冰岛渔夫》，都是在这短短时期内陆续译成的；介绍过几部近代作品之后，我进一步发宏愿，要翻译法国心理分析小说大师斯汤达尔的全集，可是一部《红与黑》才译出二十万字，便发生了卢沟桥事变，我也就放下一切，奔赴国难，在海疆前线负责一个出版机构达八年之久。那时终日忙于琐务，面对着种种迫切的现实问题，再不能沉潜旧籍，从事古典名作的翻译。迨抗战胜利，来到台湾，又以时会艰难，遭遇种种意外的变动，生计日蹙，负担日重，更没有心情重理故业。近两年来，虽时或为报章杂志撰译些小品，那无非为贴补生活之计，谈不上任何成绩。总之，译书微志，廿年无成，这虽可说是时代的牺牲，究竟也还是自己因循度日，未能及时努力之故……

他还"十分惋惜自己过去的空白，深愿在残余的岁月中，犹能对中国译述界有所贡献"①。在思想和言论都没有自由的年代里，生活的压力，大约是他唯一可以自由倾倒的苦水。在《红与黑》出版后记中，他又表达了"壮岁执笔，皓首垂成"的感慨，一部书从开始到译完用了三十年：1936年在上海通过穆木天接受沈尹默的要求，开始着手翻译，"可是计划定了之后，因为忙于其它事务，译稿仍迟迟未能动手"。直到抗战前，上册才译完，抗战爆发，颠沛流离之中，虽然仍旧带着原著，可是，"我和亲友们忧心时局，每天到处打听战争消息，那还有心情从事翻译！"1938年到了福建，更有时过境迁之感，翻译之心渐敛，一住八年，而《红与黑》一字未译。1947年，稿子又到台湾，"但此时也仅仅续译了四五万字就又搁下。因为以后这一段时期正是中国历史上发生大变动的时期，我们遭到了时局的空前混乱，币值的急遽贬落，像我这样百无一用的书生，只能做些可以迅速获酬的工作来勉强应付一家的生活，再也没有心情从事皇皇名著的翻译，而这一搁竟又搁去了许多时日"。直到1955年，"我当初动翻译《红与黑》时尚只是三四岁大的大儿子已经毕业台大；他获得了美国大学研究院的奖学金，我得给他筹措路费"。为此才动念续译，好事多磨，后又几经折腾，直到1965年，才译完这部名著。②

据说康德一生都没有离开过格尼斯堡，他每天的生活像钟

---

① 黎烈文：《〈冰岛渔夫〉再版赘言》，《黎烈文全集》第1卷第161—162页。

② 黎烈文：《〈红与黑〉出版后记》，《黎烈文全集》第13卷第534—538页。

表一样精准和有规律，每天下午都在当地的一条街上散步，准时程度，邻居可以据此校正钟表，他散步的那条路后来被命名为"康德小道"。巴金和黎烈文们何尝不想如此？然而，战争，社会动荡，显然让这些成为奢望，一代才华多为此误。

穷困，恐怕只是黎烈文后半生生活的一个表象，内心真正的苦楚和不自由却又无处诉说。他的夫人许粤华谈到过，颇具书生气的黎烈文与污浊的官场中人周旋时的艰难：

> 在福建时，烈文深得陈仪的赏识和信任。一次二人随便谈起办一个印刷所大约需要多少钱，不二天不经申请，就拨给改进出版社一笔不小的款子让他添设印刷所。烈文接得公事后激动得连说："我可以为他死的！"（后来也幸而有这小小印刷所，解决了东南角小学校的教科书荒。印教科书老黎怕有弊端发生，油墨纸张都向公营机构采购，一切光明正大。而省教育厅却认定这是一个肥差，教育厅长徐箴公然向老黎索取油水。老黎向他解释公家对公家毫无回扣，那初初上任时到处显示他的破裤子表示廉洁的教育厅长，竟当面污辱老黎："唉，唉，总归有的！"这个厅长后来在太平轮中沉掉了。）不料陈仪后来却听信小人片面之辞，没有查问，就把老黎的副社长解聘了！那也是他的一页伤心史。当时交通工具都为长官公署所控，我又即将生产，既不能离开台湾，生路几绝，软弱一点的人会自杀的。军人出身的陈仪还是个粗胚！1969年他病倒后作心脏检验，医生发现他心上有伤疤，

诚伤心人也！①

一个不愿与流俗苟同，在乱世中艰难地维护着自己尊严和清白的知识分子，"诚伤心人也"。他们这一批南渡的知识分子，心境十分复杂，家国之变中的个人遭际，内心的取向与现实生活的矛盾，一切只有默默承受。同样由大陆去台的台静农，后来羁旅于此，晚年的一段文字让人感受到无言的苍凉：

> 台北市龙坡里九邻的台大宿舍，我于一九四六年就住进来了。当时我的书斋名之为歇脚庵，既名歇脚，当然没有久居之意。身为北方人，于海上气候，往往感到不适宜，有时烦躁，不能自已，曾有诗云："丹心白发萧条甚，板屋櫺书未是家。"然忧乐歌哭于斯者四十余年，能说不是家吗？于是请大千居士为我写一"龙坡丈室"小匾挂起来，这是大学宿舍，不能说落户于此，反正不再歇脚就是了。落户与歇脚不过是时间的久暂之别，可是人的死生契阔皆寄寓于其间，能说不是大事。②

1948年10月，黎烈文也曾借助他译作的出版倾诉衷肠："在目前这苦难的时代，许多具有良知的知识分子，既不能或不愿

---

① 许粤华 1980 年 6 月 10 日致巴金信。
② 台静农：《龙坡杂文·序》，《龙坡杂文》，生活·读书·新知三联书店 2002 年版，第 3 页。

投身于炮火中，而又不肯随俗浮沉，蝇营狗苟，于是，这位住在'楼顶间'的穷苦哲学家的悲天悯人的怀抱，及其安贫乐道的精神，便更加令人向往。我们这时候读梭维斯特的这本书，不单可以稍稍忘记自己身受的痛苦，也许还会觉得有一点力量帮助那些比自己更加不幸的弟兄。"① 后来，大约这样的机会也不多了。他的学生颜元叔描述过在课堂上的黎烈文："黎先生在课堂不说闲话，来了便上，上完便走；走起路来，目不旁视，双眼稍稍斜向地面，神态颇是冷漠。"② 这种"冷漠"是不得不"苟全性命于乱世"的结果吧？

　　人，总是要寻一个安放灵魂的地方。为这无言的苦闷，夫人许粤华一直劝导他信仰"主"。据说他起初并不相信，曾经撕过《圣经》，但是已是虔诚基督徒的许粤华一直抄录《圣经》中的语句，在他旅行的时候给他带在身边。1958 年 10 月 31 日晚上，兼课东海大学的黎烈文在大学宿舍中读到许粤华录赠的《圣经》中的诗篇曾写了两首答诗，其一是："人生如一梦，前事瞬成空。唯此赠言意，可慰苦劳心。"其二为："山风怒吼动遐思，重读诗篇夜已迟。为感闺人临别意，愿蒙神爱启愚痴。"许粤华认为这是黎烈文"皈依""主"的开始，当然，她看到的是"愿蒙神爱启愚痴"；然而，我看到的是"人生如一梦，前事瞬成空"，"前事"是什么，"一梦"又因何"瞬成空"？

　　这个时候，海峡对岸的巴金，正在经历"拔白旗"运动，

---

① 黎烈文：《〈爱的哲学〉后记》，《黎烈文全集》第 13 卷，作家书局 2011 年版，第 50 页。
② 颜元叔：《怀念黎烈文教授》，黎烈文著《法国文学巡礼》，台北志文出版社 1973 年版，第 1 页。

遭受姚文元等人无端批判又敢怒不敢言。

看来对于他们,"前事"总也不能"成空"。

四、曾经是鲁迅友好的黎烈文……

想不到,巴金再一次与黎烈文的"相遇"是在如此尴尬的岁月中:

> 我记不清楚了,是在什么人的文章里,还是在文章的注释里,或者是在鲁迅先生著作的注解中(这一句话在手稿中,最初写道:"倘使我没有记错,我在一九五八年版的鲁迅全集注释中看到了一条注解:"——引者),有人写道:曾经是鲁迅友好的黎烈文后来堕落成为"反动文人"。……这样,流言(我只好说它是"流言")就继续传播下去,到了"四人帮"横行的时期,到处编印鲁迅先生的文选,注释中少不了"反动文人黎烈文"一类的字句,这个时候我连"不同意"的思想也没有了,我自己也给戴上了"反动学术权威"的帽子……①

对于黎烈文的这个评价,巴金一直耿耿于怀,他始终认为黎烈文去台湾完全是为了私人的生活原因,更何况黎并没有什么反动言行。这个时候,他也是泥菩萨过河自身难保,有口难

---

① 巴金:《怀念烈文》,《巴金全集》第16卷第197页。

言。直到粉碎"四人帮"之后,巴金反思自己几十年走过的道路,为不能替朋友抹去身上的污水而深深自责,因此也不管是否不合时宜,他开始"为故友的亡灵雪(辩)枉的冤"(《怀念烈文》中手稿被删除的文字)。巴金是借助鲁迅著作注释、年谱编撰和文艺界重提"两个口号"论争等问题表达自己的看法的,这一时期,巴金至少有三次涉及黎烈文。一次是1977年6月20日,日记中记道:"陈鸣树同'鲁研室'五位同志来,谈了不到两个小时,他们先走。"①7月18日:"复鲁研室信(退回记录稿)。"这份谈话记录稿我未能查到,但很可能就是下文中楼适夷看到的一份。差不多同时期,6月29日:"写了《关于中国文艺工作者宣言》的通信。"30日:"八点上楼抄改补充《关于中国文艺工作者宣言》的通信。"这篇题为《关于〈中国文艺工作者宣言〉及其他》的短文发表在1981年5月天津人民出版社出版的《鲁迅研究资料(8)》上,谈到了黎烈文参与起草《宣言》的经过,但对黎本人没有评述。第三次是1978年4月29日,"上午师大黄成周、陈子善来谈鲁迅书信注释事,坐了大半个小时。"5月3日:"师大鲁著注释组来信。寄还师大鲁著注释组的记录稿。"②这次谈话,巴金直接替黎鸣不平,当年的访谈者之一陈子善对此也印象深刻:"当时给我印象最深的一点,是他为好友黎烈文辩诬,严肃指出把因私人原因而去台湾大学执教的黎烈文说成是投靠国民党的'反动文人',

---

① 巴金1977年6月20日日记,《巴金全集》第26卷,人民文学出版社1994年版,第133页。
② 巴金1978年4月29日、5月3日日记,《巴金全集》第26卷第237、238页。

完全是污蔑不实之词。"[1]这次谈话后来发表出来，关于黎烈文，巴金说："黎烈文在抗战胜利以后去台湾，先担任一家报纸的编辑，因与老板意见不合而去职，后来一直在台北大学任教。……我一九四七年去台湾时见过他，他在那里生活并不好。以前有些注释本说他是'反动文人'、'解放前夕逃往台湾'，与事实不符。他已在前几年去世了。"[2]

  这是巴金早就想表达的意思，他终于一吐而快。但在当时，即便与他私交不错的楼适夷也不能理解，他看到了"打印的您对复旦年谱组访问的谈话记录（内部稿）"后，立即写信给巴金表示不同的意见：

> 我在1947年冬去过一次台湾，为了私事，兼带游览，住了四五天，去找过一次黎烈文，那时情况，已与你同他见面时不同。我事前已听说在国民党一个什么政治学校当教官，这个学校是训练特务的，本来不想见他了，但因离苏北时黄源托我打听他久无音信的儿子伊凡的下落，想找粤华了解，所以还是硬着头皮找上门去。果然他态度很暧昧，见了我好像吃惊，我不知他是善意还是恫吓，问我为什么来台，住在什么地方。我见神气不对，故作镇静说随便跑来玩玩，住在一个警备司令部做事的朋友家里。他告诉我您到

---

[1] 陈子善：《四见文学巨匠》，《素描》，山东画报出版社2007年版，第4页。

[2] 巴金：《谈〈中国文艺工作者宣言〉起草经过及其他》，《巴金全集》第19卷第490页。

台湾去过，此外便很少共同言语，本来我先见粤华问伊凡下落，粤华一见他出来就不敢提了，他问我们谈谁，弄得十分尴尬，再无共同言语可说，只好兴辞而别。照我看这情形，官气十分，已无过去印象，或者称做反动文人，也够资格了。当然以后的情形我也并无所闻。①

黎烈文在"台湾省训练团高级班"做讲师只是为稻粱谋，从前引他给巴金的信可知，训练团连信都不给他转，显然，他在这里并不受尊重。楼适夷是中共党员，听说黎烈文在"训练特务"的学校教书，保持必要的警惕是正常的反应，"我见神气不对，故作镇静说……"多半是他自己紧张、过敏，因为朋友见面"问我为什么来台，住在什么地方"本来也属正常，只有自己心虚才会怀疑对方是探听消息准备举报。至于后面谈到"本来我先见粤华问伊凡下落，粤华一见他出来就不敢提了"，这样的情形也是可以理解的，黎烈文的太太许粤华（笔名"雨田"）是黄源的前夫人，后来才嫁给黎烈文的。伊凡是许粤华和黄源所生的孩子，在现任丈夫面前避谈前夫的孩子，有所避讳也是人之常情，并不能反证黎烈文"官气十分"。实际上，巴金在《怀念烈文》的手稿中曾经直接表达对楼适夷信的不同意见，他强调了黎烈文并无"官气"，不过是不求闻达的书生。他明确表示："这份材料后来让一位朋友看见了，他写信告诉（给）

---

① 楼适夷1978年9月15日致巴金信，上海巴金文学研究会整理《写给巴金》，大象出版社2008年版，第100页。

我说他不同意我的看法,他坚持说黎是'反动文人'。他并不曾举出可以说服我的理由。"但是那位朋友并没有被我说服,其实即使他相信了我的话(给说服了),他的话也起不了作用,那个时候他还处在无职无权的状态。"这些话在定稿中都删除了。《黎烈文全集》的编者许俊雅教授后来评价:"巴金在文坛德高望重,可谓一言九鼎,随着时间的沉淀,污泥终于可自黎烈文身上拭去,终于能恢复自身原来的形象——一个真正的黎烈文。"①

关于黎烈文的最后,在许粤华后来给巴金的信上有过详细描述:

> 关于烈文身后的情形,你听到的与事实略有出入。烈文的凤愿是要把三个孩子全送出国。但自己教书所得只抵得美金50元,连上稿费也不过百元,如何能培植儿辈出国呢?唯一的办法是鞭策他们争取国外的奖学金,因而不许他们走文史的路子,逼他们搞理工,孩子们因此也相当吃苦。十一二年前出境与美国签证都日益严格,他唯恐忍之走不成,病倒前一直叹说:"细伢子能出国我可死而瞑目了!"结局果如所愿,孩子于1969年8月16日成行,他于11月5日病倒;三年后瞑目,聊可谓无憾矣!所以那时已毋需负担孩子们的教育费用。相反地,三个孩子还合力每月寄回百数十元充当乃父病榻之用,贴补了为数有限的退休

---

① 许俊雅:《黎烈文及其编译志业》,《黎烈文全集》第1卷第14页。

金之不足。丧事中我不接受官方的赠与,因为我觉得其中不无"救济"之意。①

烈文的丧仪,我是完全用纯正的基督教仪式举行的,学术界参加的人不少,大家静坐聚会,相当庄严肃穆,曾为许多非基督徒所称许。我曾给他购备最好的棺木,并由姊妹们替他缝制讲究的衣衾;老黎设若有知,可能还会嫌我浪费。只因卧病三年,他已瘦得脱形,外人遽然见之,致有可怜、凄凉之感;而我当时,倒还因有教会中人扶持及台大诸师生协助而得相当安慰。②

黎烈文去世的1972年,巴金失去了他挚爱的妻子。妻子去世后,巴金几乎一夜之间头发变得雪白。直到"文化大革命"结束,他才能撰文怀念妻子,他也没有忘记老友黎烈文,在《怀念烈文》的末尾,巴金说:"我不能不想起那位在遥远地方死去的亡友。我没有向他的遗体告别,但是他的言行深深地印在我的心上。埋头写作,不求闻达,'不多取一分不属于自己的东西',这应当是他的遗言吧。"③紧接着这句话之后有一句话在定稿中也被删除了:"现在不是我替他雪冤、倒是我们向他学习的时候了。"我相信这句话表达了巴金真实的思想感情。

---

① 许粤华1980年10月15日致巴金信。
② 许粤华1980年6月10日致巴金信。
③ 巴金:《怀念烈文》,《巴金全集》第16卷第204页。

在《随想录》写作的过程中，巴金不断地回忆起自己的老友，于私是表达友情，于公则是为被诬为"臭老九"的知识分子确立自身的价值和精神传统。巴金所赞扬的黎烈文即使清贫也"不多取一分不属于自己的东西"，这不正是中国知识分子的气节所在吗？

五、谢谢你的礼物

在整理资料中，我还发现一封与黎烈文有关的书信：

巴金同志：

　　关于小儿烈文在平明出版社的版税，承你照顾准予陆续支取，自一九五四年二月至一九五五年十一止，先后共收到人民币壹仟四佰拾元，现在该社又交来捌佰玖拾壹元三角，总共收到人民币贰仟叁佰另壹元三角（包括银行利息捌拾贰元一角八分）。该社并附来账单，核对无误，总收据已由我签具交该社收存。

　　两年以来，蒙你关垂，我的生活得以安定，感激之忱何言可喻，持此志谢，敬请著安。

黎黄松　启
一九五六年一月五日

写信人黎黄松（1887—1982），是黎烈文的姊母，出生于泉州的书香、官宦之家。她本名黄松，字渔仙，1904年嫁给黎桐曾后从夫姓。她生有二女,丈夫病故后,把丈夫堂兄弟的儿子黎烈文收为嗣子。据说黎烈文赴日、法留学,除了自己的收入外,也曾得到她的资助。她习画擅古琴,长期生活在上海,1953年被聘为上海文史馆馆员。晚年,回到泉州与女儿团聚,并终老于故土。

巴金主持出版社,编辑、出版朋友的著作,不仅传播文字思想,还常常为生活不稳定的文人们提供了重要的生活支持。比如沙汀,就曾预支过稿费,以解燃眉之急。黎黄松的这封信,所谈的也是关于黎烈文稿费的处理办法,黎既然无法支取,那么就付给他的亲人,这也体现了巴金做事情的善始善终和对朋友的情谊。直到20世纪80年代,黎烈文已经去世,巴金与黎夫人许粤华恢复联系后,仍在为亡友的著作出版和稿费等事情费心。巴金与许粤华的通信中数次谈到这些事情:

有些省市出版社想重印烈文的译著,他们要是写信来问我,我该怎样回答?可以印吗?稿费给谁?[①]

《冰岛渔夫》已由广东人民出版社重版,编辑室来信问我"应如何付给译者亲属",要我"代询黎烈文夫人"。你说版权已卖掉,但不应包括在大陆的发行权。我的意思这本书的稿酬可以付给烈文在国内的亲属。以后如重印别的译著,可分作两份,一份留给你,送国内的亲人。我颇有意让一家出版社为烈文出一"译

---

① 巴金1981年7月3日致许粤华信。

文选集"。你同意或默许么？①

我马上去信给广东人民出版社，通知他们将《冰岛渔夫》稿费寄一半给黎岳烽，不知是否来得及，因前几天我得到黄子键来信后曾通知出版社把稿酬寄到福建泉州去。……《红与黑》四川人民出版社要出，我今天把样书给了他们，详情以后再谈。②

通信中也提到黎黄松："黄松女士仍在福建，看来身体还好，寄上剪报（香港新晚报）一份。"但不久巴金便报告了老太太去世的消息："前信当收到。今天在上海文化报上看到一则消息，才知道黄松老太太已在两个月前逝世。现在把消息剪报寄给你看看。"③

许粤华还委托巴金办理资助黎烈文在大陆亲人的事情，其中提到黎烈文弟弟烈祖一家的遭际也颇令人感叹：

倒是烈文有一个胞弟烈祖（73岁）尚在湖南，他和他的下一代需要接济，我也曾稍稍寄过他们一点钱。烈祖为人非常忠厚，一辈子在电讯界服务，曾在青岛电报局工作过，并在湖南当过好几县的电报局长。解放后他在湖南靖县任局长，曾因亲自整理电讯器材被

---

① 巴金1981年8月2日致许粤华信。
② 巴金1981年9月6日致许粤华信。
③ 巴金1982年7月26日致许粤华信。

一大捆电线压断了一条腿。因为接骨较差，就跛了一条腿。"文化大革命"期间，"四人帮"给他"国特"（大概是因为烈文及老三烈师都在台湾吧？）的罪名，被监禁了三年，连他最小的儿子（共有三男三女）也连累受迫害。他的太太也于他受难期间病死了。平反出狱后，目前总算靠退休金度日，但原该发还他四五千元人民币工资，因限于财政困难，虽经念之致函湖南省委毛致用亦无反应，仅发给100元人民币了事。烈祖的大儿子纪青，生于1933年，原是一名空军。据说十二年前因结识一个女性，言语不慎，曾以"泄漏军机"罪判刑十二年。本来要到今年底始可恢复自由，但因服役期间（机械之人）表现良好，所以今年七月获得提前释放，可是这一生也几乎已经完了！近接烈祖来信说：纪青找不到工作，只好自己设法谋生；他想购一架照相机，当一名流动性的照相师以糊口，但苦于没有这笔本钱。……我心中正在作难，你的提议来得正好，《冰岛渔夫》的就送给烈祖吧！①

这些似乎都是些鸡毛小事，但是认真想一想：朋友是什么？是在大节上对友谊的忠诚。这一点巴金和黎烈文做到了；可是，朋友相处的时光更多的都是由这些杂七杂八的小事构成的，大事小情你都可以托付的人，那才是真正的朋友。就像许粤华想以黎烈文的稿费资助黎在国内的亲属，但出书发生了问题，巴

---

① 许粤华1981年8月27日致巴金信。

金却淡淡地说一句"我可以代办"一样,他毫不犹豫地把朋友的事情揽到自己的身上:"《红与黑》出版事发生问题,四川人民出版社编辑部最近就译文提了不少意见,建议修改,我无法解决。我了解关于译文两代人各有自己的看法,我无法说服他们。总之,我不会改动烈文的译文,倘使讲不好,就不给四川出了,以后再考虑给别处。书虽然一时出不了,但你如需要帮助烈祖他们,仍请写信来,我可以代办。"①

在巴金与许粤华的交往中,还有两件事情值得一提。

一件是他们刚刚恢复通信时,许粤华考虑到经过十年浩劫,巴金的生活一定很困难,曾给巴金寄过钱(支票):

> 附上小小支票一纸,是我用现款向亲家(住在附近)杨元忠换来的,希望你用来买点营养品享受,或带着孩子们出外小吃。靳以和我们同在福建时,常要老黎请他上快乐轩"快乐快乐",希望你哂纳这个情如手足的人遥寄的一点微意!人生真是梦一般啊,尤其是这数十年!②

> 支票是在夏威夷工作的一个青年陈若融开的,他母亲是我的好朋友,那是我用现款交换来的,请安心兑用。眼睛不好,多吃蔬菜水果总归是有益的,请保重,尽量少用眼力。③

---

① 巴金1982年6月5日致许粤华信。
② 许粤华1980年6月10日致巴金信。
③ 许粤华1981年3月23日致巴金信。

许粤华用"情如手足"来形容他们的关系,这里也能看出她对朋友的牵挂和热心。1980年7月9日的信上,巴金对许粤华说:"支票收下,谢谢你的好意,只是我心里不安,我可以说是中国作家中最富有的了,钱对我毫无用处,但你那张支票上保留着几十年的不变的友情,我将永远保存这样可贵的东西。请多多保重!"许粤华大约不相信老朋友的话,以为巴金在客气,后来还寄过钱,于是就有了巴金再次的辞谢:"首先我感谢你又寄钱来,这说明你对我的关心。但另一方面我又觉得你不相信我的话,我明明说我有用不完的钱,请你不要寄钱给我,这不是客气话。最近为了创办文学资料馆,我捐献了十五万人民币,现在还使用你寄来的四十五元人民币,实在感到惭愧,这次我收下了,以后不要再寄啊"①。许粤华的生活并不富裕,"因为自1977年以来,我的个人开支一直是借社会福利金以维持的;雷根上台后,他对各方面大施紧缩,甚至刮到老人身上,申言未曾工作过的老人将停发福利金。我来美后忙于照顾外孙,从未出外工作,可能到年底就会被取消资格"②。可是,她会想着老友。经历了无数的风风雨雨,一切名利真如过眼烟云,还有什么能比这"几十年的不变的友情"更金贵的?

另外一件事情,同样能够看出巴金一代人的交友之道。大约是看到巴金经受了那么多的苦难,到晚年精神仍然处在痛苦的求索和挣扎中,许粤华多次写信劝巴金信奉"主",这也曾是他们见面交谈的重要话题。"芾甘兄,我常为你祷告,求主

---

① 巴金1982年4月27日致许粤华信。
② 许粤华1981年8月27日致巴金信。

除去你的成见，让它进入你的心房，成为你生命的主宰。……芾甘兄，你一生所爱的青年同胞们，经过了长时期的蒙骗和熬炼，如今他们一个个都逐渐醒悟过来，成为饱享自由的、慈爱真神的儿女了。……他去世已经过了二十年；我靠着那只'无形的手'的扶持与安抚，得以安然度过这漫长的年月。我已在老人公寓过了将近十年的独立生活。因为有主同在，我并不感觉寂寞与孤单。……芾甘兄，你是我们全家大小最敬爱的挚友，恳请你别厌烦我向你唠叨。那曾经竭力迫害基督徒的保罗，后来为基督的大能大爱所折服，转而甘心为传扬福音和维护真道而受尽苦难，终于为主殉道，完成了神的使命。……芾甘兄，老朋友不会骗你，现在正是神说纳你的时候。小小支票请兑出买巧克力！"① 自年青时代，巴金就是一个无神论者，对于宗教他有自己的看法，所以尽管他感谢老友的盛情，但也不回避他与许粤华在这方面的不同看法。我所见到的巴金致许粤华最后两封通信，谈的都是此事：

> 我想得到你一定不满意我不伏倒在"主"的面前向他求救，我甚至不相信他的存在！对，你不能说服我，但是我不会同你辩论。我尊敬你，因此我也尊敬你的信仰。我欣意受苦，通过受苦来净化心灵，却不需要说赐给我幸福。事实上这幸福靠要求是得不到的。正相反，我只能把自己仅有的一点点美好的东西献出去，献给别人，我就会得到幸福。

---

① 许粤华 1992 年 12 月 3 日致巴金信。

谢谢你的礼物,这份生日礼物,会在我的心灵中开花,多美的花!我有我的"主",那就是人民,那就是人类。①

眼睛一闭,万事大吉,没有主,也没有我。只有我活着的八十九年间留下的爱憎不会消灭,我要为这感情负责。我最后编全集说是还债,也就是对自己感情负责的意思。在我,主已是多余的了。我不想"死后复活",也不希望"永远不死"。

很遗憾我再没有机会接待您,我只好像您那样翻看两年前的照片,我推着助步器送您到电梯口。

谢谢您寄来念之、忍之弟兄的照片,我又想起了烈文,我忘不了你们。②

彼此坦诚,不掩饰自己的观点,也不回避彼此的分歧,和而不同,这就是真正的友谊与那些拉帮结伙的酒肉朋友的最大区别。而"我忘不了你们",是穿过漫长岁月未曾消减的情谊。对于黎烈文,也是如此。1963年在整理他一篇译稿时,想到当年朋友跟他约稿的情景,黎烈文不禁说道:"这次我偶然从旧书中发现这篇译稿的剪样,收入此集。鲁彦之骨已朽,而西彦早几年亦有郁郁病逝的传说,未知确否。这世界是不易生活的,

---

① 巴金1990年1月24日致许粤华信。
② 巴金1991年1月4日致许粤华信。

死者未必可悲，生者未必可喜。"① 他仍在隔海关注着朋友们的情况，尽管不能畅所欲言。这里提到的两位朋友，在他感觉可能都已不在人世（其实，西彦病逝是误传），道出他们的名字对朋友亦无大碍了。在这样的小心翼翼中，也倾泻出生之感叹和悲苦——对于今天的很多人而言，那一页的历史好像完全翻过去了。但我觉得在邈不可寻之处，他们的故事仍在流传。

2014 年 3 月 19 日至 5 月 29 日清晨
2017 年 8 月 5 日晚改于竹笑居

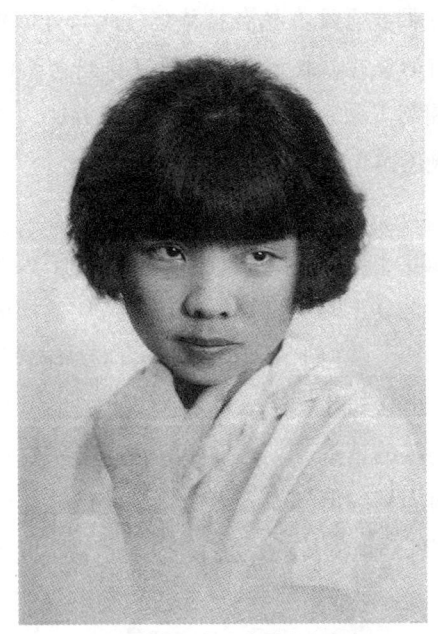

黎烈文第一位夫人严冰之女士

---

① 黎烈文：《〈法国短篇小说选〉译者序》，《黎烈文全集》第 9 卷第 2 页。

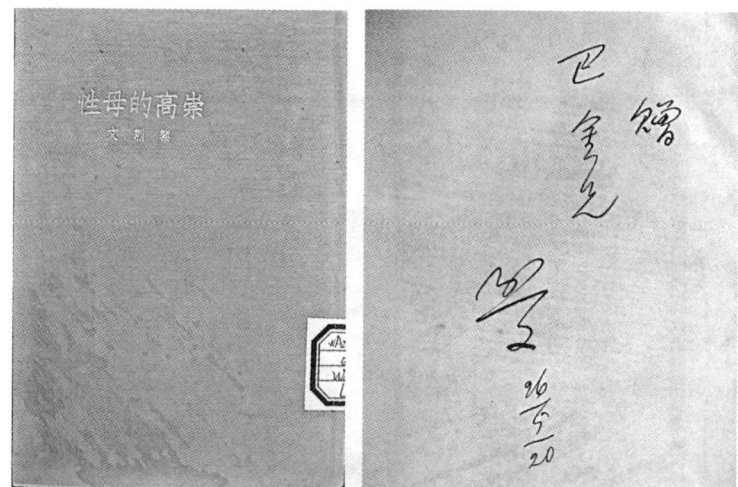

黎烈文《崇高的母性》书影和赠巴金题签页

黎烈文主编的《中流》杂志

| 巴金书信中的历史枝叶

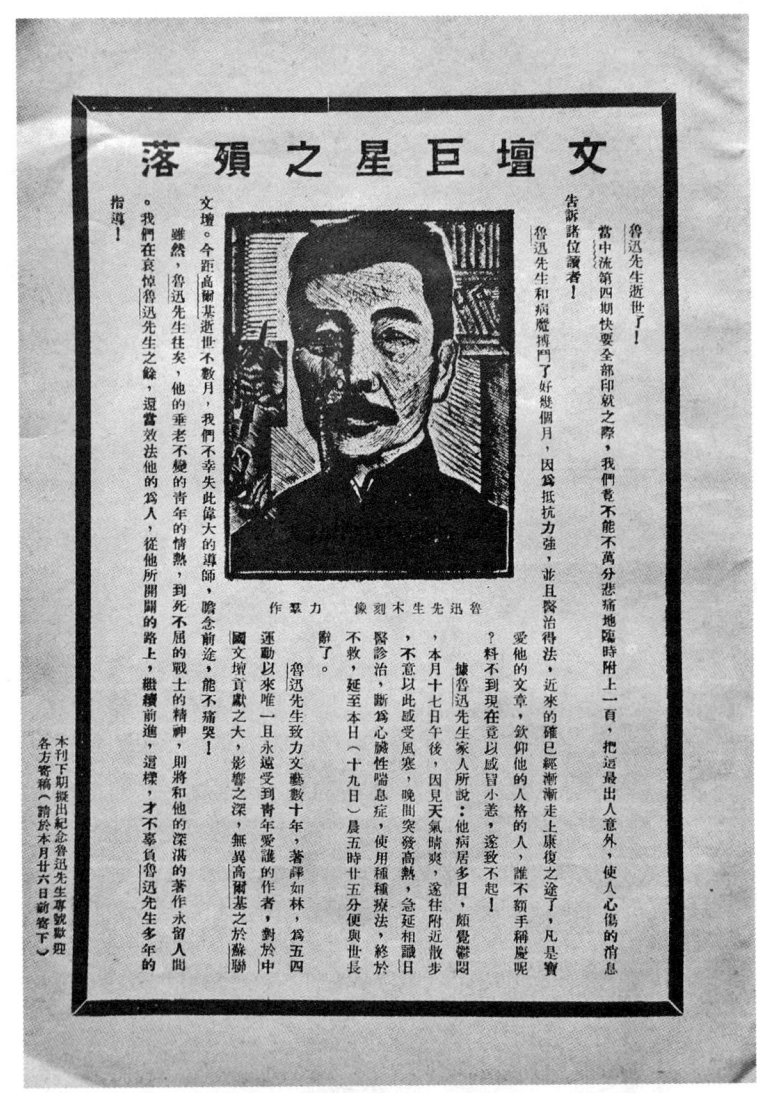

《中流》第 1 卷第 4 期上刊出悼念鲁迅先生逝世的社论

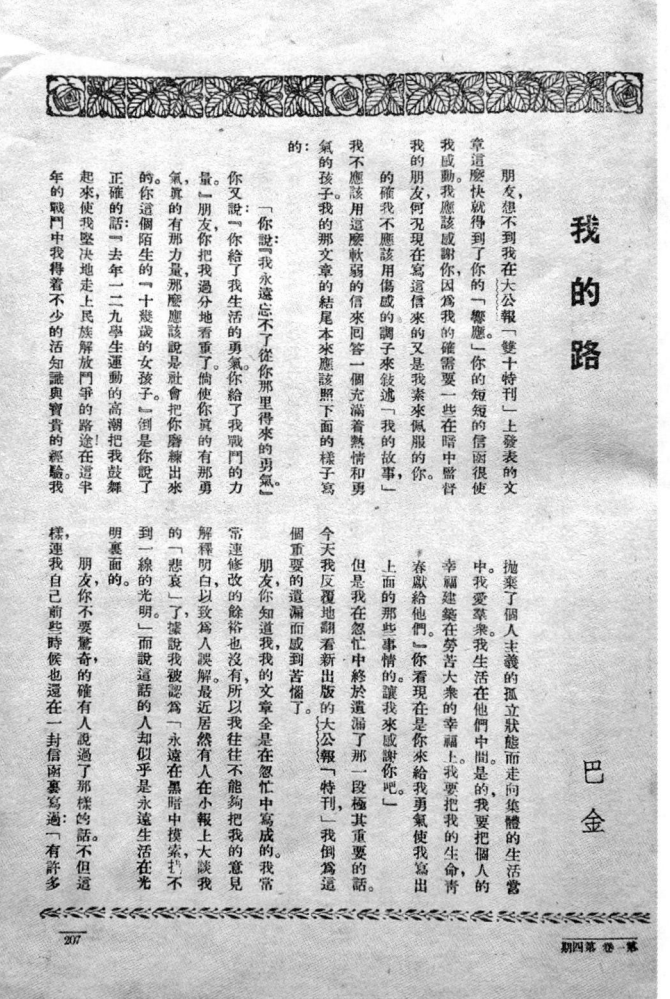

巴金发表在《中流》第1卷第4期上的散文《我的路》

1938年秋，黎烈文摄于福建

1945年春，许粤华、黎念之、黎烈文摄于福建永安

1946年1月13日，改进出版社同人欢送黎烈文合影，前排右四为黎烈文，右三为王西彦

黎烈文 1947 年 5 月 19 日致巴金信

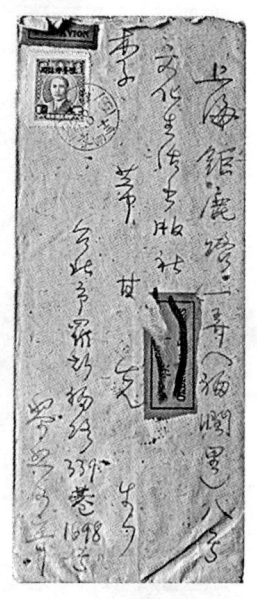

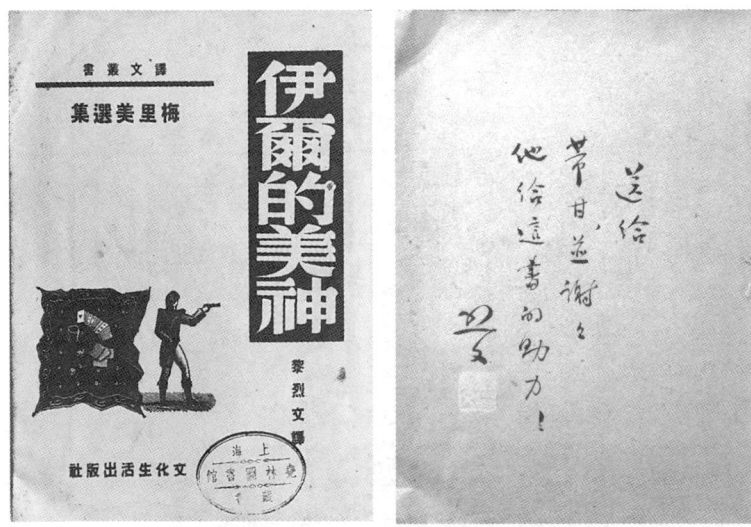

黎烈文赠送给巴金的译作《伊尔的美神》

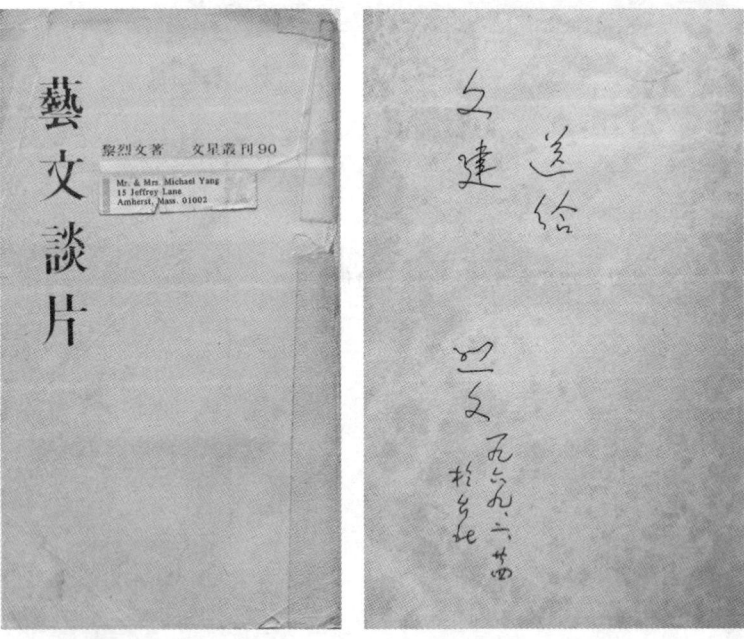

黎烈文赠送给女婿的《艺文谈片》（后由夫人转赠巴金）

人生如一梦

1954年5月中旬，黎烈文摄于台湾大学文学院

黎烈文译作《屋顶间的哲学家》书影

1969年初，黎烈文、许粤华摄于台北金华街自家院中

巴金《怀念黎烈文兄》手迹

巴金《怀念黎烈文兄》在《大公报》初刊书影

1966年黎烈文与夫人许粤华于台北合影

1957年12月，黎烈文摄于台北金华街寓所门前

1959年1月，黎烈文摄于台北金华街寓所门口

1972年底，台湾新店安坑安息公墓黎烈文墓地

| 巴金书信中的历史枝叶

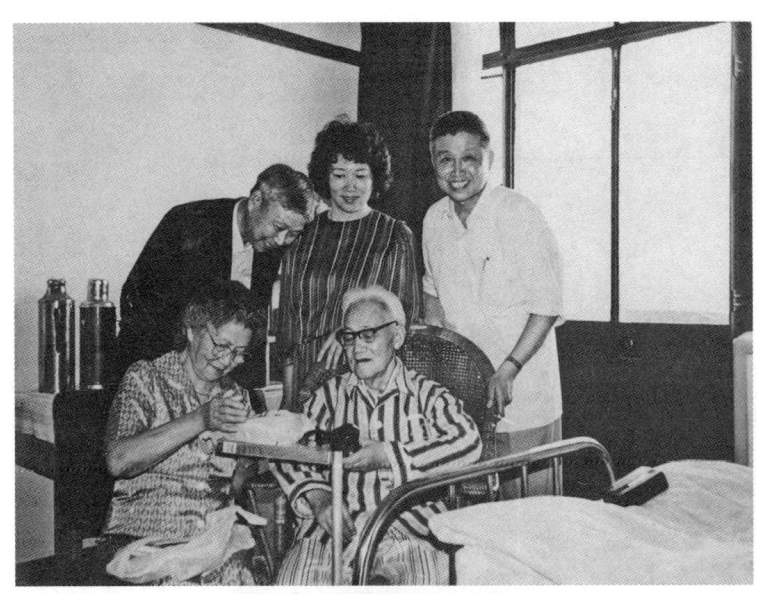

1989 年许粤华在华东医院探望巴金

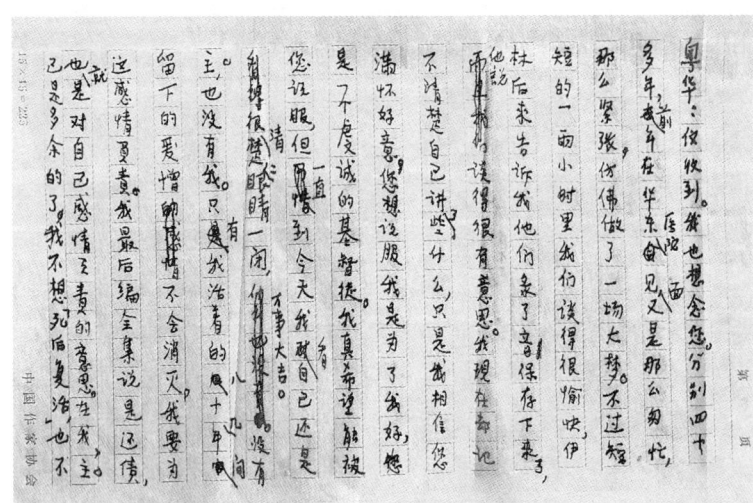

巴金 1991 年 1 月 3 日致许粤华信手迹

洁白的心房充溢着新生的恩惠
——巴金、胡风、萧军在历史转折年代中

一、时代是伟大的，然而却是艰难的

祖国呵
我的祖国呵
为了你
全地球都在欢呼
全宇宙都在欢唱
这大自然的交响乐
那么雄伟又那么慈和
飘流在这一片生命的海上
我感到了你巨大的心房
鼓动着在激烈地轰响[①]

这是胡风1949年的歌唱，"时间开始了——"成为对转折年代最好的概括。对于迎面而来的新时代，胡风似乎激情满怀，只有"欢呼"和"欢唱"："我是海／我要大／大到能够／

[①] 胡风：《时间开始了》，《胡风全集》第1卷，湖北人民出版社1999年版，第108页。

环抱世界／大到能够／流贯永远／我是海／要容纳应该容纳的一切／要澄清应该澄清的一切……"① 这种语势这种激情，好像不是晦涩的胡风，而是狂飙般的郭沫若，是"五四"时代把月来吞日来吞把一切的星球来吞的郭沫若。或许，只有置身其中，你才能真切地感受到什么是时代大潮的力量，它挟裹着一切随之翻滚奔腾。

1949年的秋天，就是一个欢呼的时刻，翻开当时的什么报刊，都是这样的句子：

> 革命的火，越烧越红，
> 革命的人民，越来越众；
> 毛泽东，毛泽东领导我们烧火又打铁；
> 我们勤劳，我们英勇，
> 中华人民共和国
> 是我们铁打的英雄！②

简单而炽热，炽热得令局外人难以理解。时代的洪流模糊了很多个体面孔，历史在这样的描述中似乎只有一个主旋律，然而，生活绝对不是这样。所以，我常常想：文学史研究不应当仅仅停留在作品的文本层面上，还应当深入到历史情境中，更要创造条件走进作家的内心，考察他们的心态，把握他们的思想变化，出入文本内外，这样的文学史才生动、丰富、有魅力。

---

① 胡风：《时间开始了》，《胡风全集》第1卷第104—105页。
② 柯仲平：《铁打的英雄》，《文艺报》1949年第1卷第2期。

洁白的心房充溢着新生的恩惠

正因为如此,我才对这样的论调不以为然:现代文学比较单薄,不要说与古典文学,就是与当代文学都没法比,看看那些作品写得多么笨拙啊……他们说的仅仅是表面,而这个印象又是对作品孤立考察的结果,如果打开文本,打开作家们的心灵世界,你会发现这种"单薄"背后还有许多你不曾认识的空间。

比如,胡风的长诗《时间开始了》,文字中透露出来的是生命中最昂扬的情绪,在胡风同时期公开发表的文字中,都是没有犹疑没有灰色,都是火一般燃烧的情绪。可是,恰恰在写这些文字时,又是他心境最为落寂的时候。新中国成立,朋友们投入到不同的岗位中,激情昂扬地要大干一场,偏偏是有着远大抱负和极强行动能力的胡风被丢在一边焦急地等待着,像困兽一样寻求突围。一年来,围绕着他的明枪暗箭已经让他有点失去耐心。1948 年初,在香港的中共组织编印的《大众文艺丛刊》第一、二期上连续发表了对胡风的文艺思想和路翎小说的批判文章,胡风起初不相信自己人会把矛头对准他,内心中这么多年还有谁比他更忠实地追随着共产党?而且党也没有抛弃他,1948 年底指示他转移香港北上解放区迎接新中国。

未来仿佛一张巨大的白纸,这些文化人和民主人士个个踌躇满志规划着自己,也规划着新中国的未来,而当这股热情与复杂的现实碰在一起时,每个人的心境、感受大为不同。他们的心态或许比公开发表的文字更值得玩味,个体感受比报纸新闻和历史描述更要复杂。① 胡风兴冲冲地来到解放区却不时听

---

① 对此有兴趣的人不妨看看傅国涌的《1949 年:中国知识分子的私人记录》。

到关于他的种种"谣传":"有人因萧军而对我误解","我不断地成为造谣对象……"①有些"传闻",胡风认为"连想象都不能想象","例如在华北大学,读了我的作品的学生在鉴定上就要写上'受了胡风影响'一条。又例如,在延安时期,周扬同志在演讲中讲到鲁迅的时候总要骂到我"②。带着这样的疙瘩来到北京,尽管受到从组织到文艺界的具体负责人对他小心翼翼的礼遇,胡风还是以种种"不配合"回报。他越是不配合,衍生出来的无形压力就越多。在第一次文代会上,茅盾的报告是总结十年来国统区革命文艺运动的,报告包括绪论和结语共分四部分,其中第三大部分谈"文艺思想理论的发展",集中清算的三个问题:关于文艺大众化、关于文艺政治性与艺术性、关于文艺中的"主观问题"③,几乎个个都与胡风有关,然而,这并不是为了证明胡风作为理论家的巨大影响力,而是对胡风文艺思想的一次总清算和定性。胡风的郁闷可想而知。热热闹闹的文代会结束后是第一届全国政协会议,都结束了,一位位聚在北京的代表都回到各地在自己新的工作岗位上大展身手了,唯独胡风困居北京。他为之奋斗、梦想二十多年的新中国成立了,然而在新中国,他却找不到自己的岗位了。

胡风对友人说:"你所欢呼的时代来了。来时,希望能带

---

① 胡风1949年1月31日日记,《胡风全集》第10卷第15页。
② 胡风:《关于解放以来的文艺实践情况的报告》,《胡风全集》第6卷第107页。
③ 见茅盾《在反动派压迫下斗争和发展的革命文艺》,中华全国文学艺术工作者代表大会宣传处编《中华全国文学艺术工作者代表大会纪念文集》,新华书店1950年3月发行。

来一卷作品。希望我们的朋友都有礼物献给这个时代"①。这是1949年5月，半年多，到1950年1月，困居北京的胡风讲到他写《时间开始了》的心态时说："大半时间在猛烈燃烧中过的。同时，这期间总带着一点病：痔、咳、泻。"他还在歌唱，不过，言辞中还是掩藏不住某些心绪："时代是伟大的，人民是伟大的，祖国是伟大的，暖起我们这一点可怜的血温吧。"②他感到冷吗？仅剩下"一点可怜的血温"了吗？在给太太梅志的信中，胡风更直接袒露心扉："我们多么可怜,献出心去还要看人家要不要！然而，我们是幸福的，我们有东西可以献出去，值得献出去。"③这个时候，他不再雄心勃勃地呼唤"给我力量"了。

胡风别妻离子困居北京，他的工作没有着落，更重要的是他的心结始终解不开，他需要见周恩来，要与周恩来谈一谈他对文艺界的看法，并企图按照他的想法来解决他认为存在的问题。胡风的耿直在有的人看来就是单纯或偏执，"（1949年初）在李家庄，周总理嘱我到北平后和周扬丁玲同志研究一下组织新文协的问题；但旧文协由上海移北平的决定恰恰是我到北平的前一天公布的，到北平后没有任何同志和我谈过处理旧文协和组织新文协的问题"④。周恩来的话和胡风的自我期许，说不定使他觉得新文协中自己即将身兼重任，而执意要见周恩来除

---

① 胡风1949年5月19日致绿原信，《胡风全集》第9卷第367页。
② 胡风1950年1月18日致绿原信，《胡风全集》第9卷第368页。
③ 胡风1949年11月16日致梅志信，《胡风家书》，复旦大学出版社2007年版，第128页。
④ 胡风：《关于解放以来的文艺实践情况的报告》，《胡风全集》第6卷第107页。

了解决个人问题外,胡风还是觉得自己对文学界肩负着使命。"在政协会议期间及新中国成立后,宏大的幸福感把我的心情提升了起来。同时,若干同志(在文艺工作以外的)和我的谈话中,非常关心文艺工作情况,表示了强烈的不满,其中也包含了对我的情况的关心,鼓励我要求和周总理见面谈一谈……我没有慎重地考虑这些,就写了信给周总理提出了要求见面。""我耽心文艺上会出现一个灰色时期。这也是我想和周总理谈的主要意思。"① 胡风这也是话里有话:是谁对文艺工作"表示了强烈的不满"?不满什么?这显然是针对当时文艺工作的主持者而言,牵涉人事,可能一开始双方都带着意气、旧怨、既定的思路对视着。

翻开《周恩来年谱》不难看到,新中国成立之初,内政外交,百废待兴,周恩来哪里会有时间关心到那么具体的文艺问题,胡风认为天大的事情,在共和国总理那里可能连基本日程都排不上。于是就有了胡风越来越焦急的等待。"我在这里做客,遵命多留些时。等着和一位忙人谈话,最后非得找他谈话,许多事是弄不清的。我想,也许还有个把月罢。"② "我等着见一个人,但并不一定会有什么眉目的。"③ 还是在给梅志的信中,胡风道出了自己的担心和苦闷:"刚才父周叫人通知,下月初

---

① 胡风:《关于解放以来的文艺实践情况的报告》,《胡风全集》第6卷第113、114页。
② 胡风1949年11月11日致路翎信,《胡风全集》第9卷,湖北人民出版社1999年版,第267页。
③ 胡风1949年11月23日致路翎信,《胡风全集》第9卷,湖北人民出版社1999年版,第269页。

约谈话。我不存什么幻想,谈得通一点算一点,不招反效果就是好的。恐怕我也很难替这条痛苦着的文艺战线打开一条小缝来。"①——写此信时,他显然很焦躁,"一位忙人"已改为"父周"("子周"是周扬),而且,对于谈话结果也不抱什么希望,以至不久就感到"寂寞"了:"已经一个星期没有收到信了,真盼望得很。现在是,一点事也没有,住在这冷屋子里,想写文章又写不成,所以,得不到信,心情有些寂寞了。每天出去找人,但也没有什么可谈的。出外走走,我看也困难。要有人一道,但这就不容易配。我想,见过父周,就回来再说。"②"我就是这样住在这里,每天,想想事,找人或人来,写信,一混就过去了。"③

转眼1949年就过去,总结这一年,胡风不无怅惘地说:

> 我,一年了,除了参加两次会,没有做什么。家人仍在上海。有一个时期,坛上以我们为唯一对象,我的办法是一声不响。最近,似乎有了一点转机,但也只"似乎""一点"而已。时代是伟大的,然而却是艰难的。做下去,做下去看罢。④

---

① 胡风1949年10月30日致梅志信,《胡风家书》第122页。
② 胡风1949年11月2日致梅志信,《胡风家书》第123页。
③ 胡风1949年11月8日致梅志信,《胡风家书》第125页。
④ 胡风1950年1月12日致舒芜信,《胡风全集》第9卷第536页。

二、这等于把我摆在沙滩子上

就在胡风有些无奈地说"做下去,做下去看罢"的时候,著名电影导演蔡楚生从北京给巴金写了一封信:

巴金兄:

　　拉你去拍照拉得脸红脖子粗的情景,一想起就还像是在眼前。天下有阁下那样忠厚,也有在下那样鲁莽,真是无巧就拍不出照片。

　　你走后,胡老就更寂寞了,他虽"寄情诗文",嘴里却总是念念有词,——不是想他的太太,就是想他的小孩儿,因此他常在醉乡中找寻解脱。我们从迁离华文后,已久不见他了,想必早已回到阿毛和阿毛娘的身边,而不再做古城的孤客了。

　　我现在有着许多编导同志在展开"轮番作战",所以很忙。从和老区的同志合作以后,最初总觉惶恐不安,但现在已经稍为好点了,值得告慰。

　　六部精美的书已拜领了,谢谢你的厚赠。

　　匆匆不尽,耑候

俪福

弟　楚生

一九五〇一月廿三晨

通讯处

北京西单　舍饭寺　十二号

洁白的心房充溢着新生的恩惠

蔡楚生（1906—1968）的名字如果你感到陌生，对他执导的电影却一定有所耳闻：他编导的《渔光曲》在1935年获得莫斯科电影节荣誉奖，是中国第一部在国际电影节上获奖的电影。他编导和执导的很多影片都在人们的传扬中：《都会的早晨》《王老五》《新女性》《前程万里》……1947年他与郑君里合作编导影片《一江春水向东流》更是中国电影史上的经典。新中国成立后，蔡楚生任文化部电影局副局长、中国电影家协会主席等职。信中讲到的"我现在有着许多编导同志在展开'轮番作战'，所以很忙"不知确指何事，但是，很显然，大家都以极大的热情投入到新中国的各项工作中。相比之下，胡风"更寂寞了"，而且只好"寄情诗文"。从文代会，胡风、巴金、蔡楚生等人同在南方二团，到全国政协，他们文艺界代表大都住在华文学校，蔡楚生与胡风等人的关系一定很热络，看看他信中调侃"胡老"的口气就可想而知。

不过，说胡风"寄情诗文"，倒也不完全是调侃。当大家都投入到各自的工作岗位中，在北京"闲居"的胡风进入了一生中最为激情的创作期。他开始酝酿、写作长诗《时间开始了》各篇章，在外界的各种形形色色的压力和对自己未来的不可把握的焦灼中，他投入到艺术创作的个人世界中。从他的日记中，可以排出这样的写作时间表：

1949年11月6日：开始写《时间到了》，未完。

11月10日：续写《时间到了》，未完。

11月11日：写完《时间开始了》（第一乐章《欢乐颂》）。

11月17日：两个月来，心里面的一股音乐，发出了最强音，达到了甜美的高峰。

11月23日：上午，想到第四乐章，燃烧得几乎不能呼吸，一直到下午。

11月24日：续写《赞美歌》。上午，非常激动，终于把难关冲破了。①

……

随着这紧张的创作步伐的，是胡风那种在创作状态里的激动、紧张的心情：

大前天晚上，我写了一首四百多行的诗。（第一《欢乐颂》）写着它，我的心像海涛一样汹涌。多么幸福的时间！要尽可能早点给你看到。两个月来，我差不多每时每刻都活在一股雄大的欢乐的音乐里面。我还要写下去的。②

这第一章今天刊出，寄上。自己看过，下午有朋友来，谈过，此刻，一股雄大的热情使我激动得发抖，连字都写不好了。亲爱的，好冷呵！

你看看，把读过的感觉告诉我。这是我生平第一次最激情的作品，差不多用整个生命烧着写它的。还

---

① 以上所引胡风日记，见《胡风全集》第10卷第121—126页。
② 胡风1949年11月14日致梅志信，《胡风家书》第127页。

要写下去，这几天就成天在感情底纠结里面。好幸福又好难受呵。①

我不知道文艺心理学上该怎样解释这种现象：在现实中，胡风分明感受到了重重压力而且日益紧逼；在写作中，他却积蓄了无穷的力量来歌颂眼前的一切。不能说诗人是虚伪的，他的感情无比真诚，我只能说他诗歌中面对的是抽象的国家和人，而现实是具体的，当他创作的时候，从具体的人事中挣脱出来，开始走向抽象的抒情主体，以抒发心中的情感，而这个情感中私人的低落情绪也被时代的气氛所征服，进而看不见了。从某种意义上讲，这种内心与文字的情绪反差，透露出在这样的情形下的写作中，诗人只是时代的一个喉咙和一支笔，他不由自主地发出这样的歌唱。

在亢奋的创作与落寂的神话之间，胡风越发思念"阿毛和阿毛娘"，他在日记和书信中，反复吐露这样的心声：

> 上海战事相持，逼近市区，且在市区落弹。
> M、晓谷、晓风、小三子，祝福你们平安、平安、平安、平安！②

> 夜，觉得有点饿，精神有些恍惚，出街喝了酒。
> M，M呵。我想你，

---

① 胡风1949年11月20日致梅志信，《胡风家书》第130页。
② 胡风1949年5月24日日记，《胡风全集》第10卷第69页。

我想马上看到你！①

送他们到草地上，看了看清丽的月色，我又一次想到你们今晚是怎样过的。也许约了什么人来吃饭么？孩子们，吃着一定很高兴的。一定要谈到爸爸的。你睡下以后，挨着小三子，望望窗外的月亮，一定想到我罢。也许愉快地睡着了，也许还在醒着，也许兴奋了，坐在桌子前面写点什么。是不是呢？

M：我们的爱情就是这样的。辛苦，但也有幸福。无论是在一起或分别着，这一点辛苦或幸福总充满在我们的心里。我们凭着这一点活着，斗争，工作，我们要对得起这个时代和我们的孩子。②

"辛苦，但也有幸福。"这份情感的支持对于胡风以后的日子可能显得更为重要。

无论怎样亢奋的诗句，都驱散不了胡风心中的阴霾。思念妻子，又精神苦闷，他"精神有些恍惚，出街喝了酒"，真是"在醉乡中找寻解脱"。胡风的苦闷在于他兴高采烈地等到自己盼望的时刻，突然又发现自己不属于这个欢乐的场景，他被冷落在一旁了。更具体地说，他需要一个岗位，大而言之是施展抱负，小而言之，养家糊口。从文献资料看，组织上并非有意把胡风晾在一边。1949年3月24日，第一次文代会筹委会成立，胡

---

① 胡风1950年1月2日日记，《胡风全集》第10卷第138页。
② 胡风1949年10月7日致梅志信，《胡风家书》第113页。

风位列四十二位发起人之一,而巴金、蔡楚生则不是。(也不排除另外一种可能,即巴金尚在国民党统治区上海,为了他的安全考虑。)4月初成立的专门委员会,胡风为诗歌委员会委员,并和艾青两人为该委员会召集人。章程及重要文件起草委员会,胡风与茅盾、周扬、胡绳、阳翰笙、沙可夫、叶圣陶、冯乃超等八人为委员。这个委员会都是组织上比较信任的重量级人物,可见即使有宗派情绪存在,胡风也是排斥不了的人物。想一想,著名小说家沈从文连文代会的代表都不是!还有重要的岗位等着胡风,筹委会决定由茅盾、胡风、厂民(严辰)三人组成《文艺报》编委会,《文艺报》是全国文联的机关报,在以后的文艺活动中发挥着举足轻重的舆论作用,这样的编委会用意很明显:茅盾另有很多全面的工作(文化部部长、全国文协主席),显然是挂名,厂民是从延安来的,更熟悉今后的文艺路线,但他的影响力远远不能与胡风相比,自不足挂帅;那么主其事者只能是胡风。果然,4月15日在筹委会常委扩大会议上,茅盾就宣布由胡风担任《文艺报》主编。对这些安排,胡风干脆来个一拒了之。对于拒绝参加起草报告,连胡风的朋友都认为不妥当:"几十年后,胡风的朋友们认为这是不妥当的决定,这导致对手能按照自己的意志来总结历史、打击他和朋友。"①这当然还是从他们"小集团"的利益出发的看法。胡风和他们的朋友们感受到别人对他们的不信任,这是客观存在的。问题是他们信任过别人吗?胡风在题为《团结起来,更前进》的"文代会祝词"中说,"通过这个团结大会","每一个人要带着

---

① 李辉:《胡风集团冤案始末》第19页。

克服弱点和困难、改造自己的勇气回去",那么他肯克服自己的弱点与别人团结和配合吗?在许多地方,至少他认为的"对手"们可以来团结他,似乎他却没有雅量去跟人家搞好团结。在这篇祝词中,我看到了这样的词句:"就这样,把新旧文艺工作者团结起来,把星星似的散布在劳动人民里面的全国文艺工作者团结起来,把星星似的从劳动人民里面开始成长的文艺工作者团结起来……"① 这个没有主语的句子,一连续的"把"中还是能够看出胡风的主人翁姿态,都是"我们把",他似乎忘记了自己也是这个群体中的一员,而不是其中的主宰者。这也许就是胡风的性格,这也是另外一种主观战斗精神:倘若不能按照我的意思办,我就甩手不管。

拒绝起草文代会关于国统区文艺界情况的报告就是典型一例,对此,胡风有他的解释,这个解释大有"道不同不相为谋"的味道。可是,从另外一方面考虑,本来人的观点就不同,人家为什么能和他共事,他就不能与人家共事呢?胡风的这种脾气恐怕由来已久,1947年10月10日,叶圣陶在他的日记中就曾这样记道:"上午,克家来,谈文坛现况,于胡风颇不满,谓其为取消主义宗派主义之尤,于他人皆不满,惟其一小群为了不得。余于此等事向不甚措意,然胡风之态度骄蹇,亦略有不满也。"② 叶圣陶是个谦谦君子,很少背后臧否人物,他能够表达这样的看法足以代表文坛上一般人对于胡风的基本认识。在起草文代会报告上,康濯的解释颇令人思考:

---

① 胡风:《团结起来,更前进》,《胡风全集》第4卷第177页。
② 叶圣陶:《在上海的三年》,《新文学史料》1987年第3期。

洁白的心房充溢着新生的恩惠

第一次起草小组会上胡风就生了气，会后向我表示再也不参加小组了。我莫名其妙，根据党的指示几次去北京饭店他的住址拜访，请他一定继续参加。有一次还碰见党的老一代文艺家、胡风的老友冯乃超同志也去动员胡风继续参加报告起草的讨论，但他始终不同意。不过冯乃超同志在场时我总算搞清楚了胡风一怒而坚决拒绝再与会的理由所在，是由于第一次会上茅盾同志发言中讲过一句，说是可惜邵荃麟、林默涵等同志还在香港而没到北京，不然这个报告的起草当会更顺利一些这样的话。这个话我记得，但却不懂，冯乃超同志向我解释，说因为邵、林等同志在香港批评过胡风，所以胡风一听茅公提到此话，就以为是指如果邵、林来了，报告中就能更顺利地批评他胡风了。后来我曾委婉地向茅公转述胡风意见和顾虑，茅公说他不是那个意思，而主要是说邵、林对国统区桂林和重庆时代的文艺情况还熟悉，并说只要胡风来参加起草小组会，他可解释说明。然而胡风的态度始终不变。这不能不使我感到他确有点长期形成的宗派情绪。①

胡风对于茅盾的不满，并非一日，但是作为他的前辈，茅盾尚可以做到只要胡风来参加工作，他可以解释的。不要说本来没有什么大事，就是有，连茅盾都能屈尊，他就不能"团结起来"参加这个集体工作？对此，我觉得李辉的分析是准确的：

---

① 转引自吴永平《胡风与第一次文代会》，《南方周末》2004年7月1日。

"胡风的思路总是囿于个人间的恩恩怨怨,他所看重的,正是他与周扬、与所有论敌们业已形成的矛盾。他会一直将对他的批判,视为纯粹个人的狭隘的报复心理所致。他从没有跳出这种局限,没有看到,这个刚刚开始的新时代文艺,特别是毛泽东,正需要确立统一的权威。要达到这一点,摈弃一切不和谐的声音,已是一种必然。"[1]这是历史的必然,也是胡风性格的悲剧。这种必然,阻挡了他与别人的合作,"于他人皆不满,惟其一小群为了不得",而这个"一小群"自然是以他为中心为领袖,也只有这样才行。——或许这个分析有些苛责前人,但从胡风的日记中我也无法摆脱这个印象。他等来等去,等周公(他称"父周"),无非是要求自己主宰一切的权力,甚至上书中央,说来说去也不过是彼不行吾可取而代之。

参与《文艺报》的事情也可以看出别人对他的"仁至义尽",而他的"铁面无私":

> 1949年4月17日:厂民、茅盾来谈《文艺报》事,我坚辞主编责任。
>
> 4月18日:上午,访沙可夫谈辞去《文艺报》编辑事。
>
> 4月20日:厂民来,要填表去登记《文艺报》,我辞谢了。
>
> 4月26日:晨,茅盾来,还是要我不辞《文艺报》编委。

---

[1] 李辉:《胡风集团冤案始末》第44—45页。

4月29日：茅盾送来《文艺报》第一期稿，我没有看。

4月30日：晨，被茅盾吵醒，又是《文艺报》的编辑问题。①

我不知道胡风是用什么理由拒绝担任《文艺报》的职责，反正一面是积极邀请，一面是消极应付，茅盾亲自送稿子来，胡风居然漫应之："我没有看。"一股不耐烦的表情，而且整个日记记录的文代会活动，他好像都是勉强凑数的感觉，这与《时间开始了》那种激越完全是天地之差。如："被茅盾绑（架）到永安饭店商提蒋管区参加'文协'的代表名单，到后谈了几句就溜出来……"②"艾青来，一定要拖去开文协筹委会，跑去向艺专代我辞去了约定的下午演讲会。"③"绑"和"拖"，这是多么不情愿啊，问题是胡风真的甘心做一个逍遥散人倒也罢了，恐怕那样又不安心，他又想去做点事，不过这个事情一定要按照他的意志来做，否则就耍脾气："看了杨晦等起草的国统区报告草稿（铅印的），主要的是对于我的污蔑。""沙可夫、丁玲来，沙可夫谈起报告，我表明了态度，拒绝了出席会议。"④是观点之争，还是在闹情绪？吴永平是这么看的："近年来，有些研究者为了维护胡风'思想斗士'的形象，不愿论及文代会筹委会的'位子'对他的情绪和命运的实际影响，这种善意

---

① 以上所引胡风日记，见《胡风全集》第10卷第54—57页。
② 胡风1949年4月8日日记，《胡风全集》第10卷第51页。
③ 胡风1949年5月10日日记，《胡风全集》第10卷第63页。
④ 胡风1949年6月9日日记，《胡风全集》第10卷第76页。

的顾虑其实是没有必要的。"①

胡风的工作一直没有落实,这是否与自我期许太高有关?胡风的领袖欲强,必须以主角身份出现,不甘做配角,不善于与人合作。从他给妻子的两封信中也不难看出这些:

> 留我,是要我在文化部下面挂个名,住在这里。这等于把我摆在沙滩子上,替茅部长象征一统,如此而已。前天,给父周去了一信,表示希望能见面之意。但我看,不见得约见的。面对面,他难于处理。如不能出去,又弄不好,那么,也许不久我就回到破屋子里来。太平犬,从前的人想望而不可得,今天我们是得到了的。不过,是犬,总不会有太平日子,时不时难免有人提几棍子。那时候,见怪不怪也就是了。②

> 现在是,等父周约见。好像子周想我在文联或文协担个名义,以示一统,也为他们挣场面。我并不是不愿使他满足,无奈这样一来,等于使我躺在沙滩上,麻痹了我又对大局无益。这情形,非找父周彻底谈一次不可。③

---

① 吴永平:《胡风与第一次文代会》。
② 胡风1949年10月28日致梅志信,《胡风家书》第121—122页。
③ 胡风1949年11月8日致梅志信,《胡风家书》第125页。

三、站在台上我讲不出一个字

与胡风迥然不同,巴金没有那么多"革命本钱",他是以非常谦卑的姿态来参加文代会的,他那篇题为《我是来学习的》的短文,作为接受新时代改造的知识分子心声而屡被人引用。胡风以革命者自居,他不能容忍胡乔木在谈话中把他当成同路人,认为这简直是一种侮辱。而巴金,别说革命者,甚至连同路人都算不上,充其量是一个有进步倾向的"小资产阶级作家"。对此,巴金很清楚,而左翼作家对他的批评也令他不能不谨慎。1930年有胡风的批评,1940年在桂林有"研究巴金"运动,抗战胜利后,有人甚至说像巴金这样的作家应当捉起来吊死,在全国解放前夕,东北解放区也有人发表文章要肃清巴金作品的不良影响。与胡风相比,巴金这位在大江南北有着重要影响的小说家在文代会上并没有受到特别的重视。他不是文代会的筹委会委员,后来选出的六十九名中华全国文学艺术界联合会全国委员会委员他倒位列其中,但不在二十一人的常委之内(胡风也不是)。后来的事情更耐人寻味,据胡风说:"政协开会前,第一次通知在上海的名单内没有文艺方面的巴金同志和我,直到出发前一天才接到了补发的通知。"① 对此,未见巴金特别谈起过,他与胡风的心态和期待不同,自然对这种事的反应

---

① 胡风:《关于解放以来的文艺实践情况的报告》,《胡风全集》第6卷第113页。

也不一样。①

对于巴金而言，毫无疑问，他是欢迎新政权的到来，但是与以往不习惯于抛头露面和几乎不参加社会活动一样，他还是希望过着书斋式的生活，并且非常警惕参与到政治乃至文艺活动中去。这虽然是他的一厢情愿，但也不能不说是他的谨慎。1948年底，战火就要逼近上海，许多人在考虑走和不走的问题，巴金也面临抉择。国民党方面在抢运文化人到台湾，据说张道藩都为巴金买好了船票。即将夺取全中国胜利的共产党政权，也在团结文化人。1948年秋，杨刚从香港到上海问巴金想不想去解放区，因为当时的全国文协理事大部分都离开了上海。巴金表示家里走不开，书店（文化生活出版社）也离不开，后来又说"我就留在上海迎接解放"。1948年冬天，老朋友黄佐临从香港来到上海，带来夏衍口信：希望巴金到解放区看一看。恰巧萧珊到宁波探亲去了，巴金仍是回答：家里离不开，手头的事情也放不下。1949年二三月份，陈白尘再次捎来了夏衍的问候，还是希望巴金去解放区。巴金的回答是：自己不善于搞政治，不会讲话，也不喜欢见人，还是留在上海迎接解放吧。同时，他表示：绝不当"白华"；他愿意留在上海，以后也愿意接受改造，将来可以搞点出版和翻译工作。尽管等待他的命运难以预料，但他相信噩梦终会结束。

从巴金给国外友人的私人信件中可以看出：巴金一直努力

---

① 关于晚发通知的事情，未必像胡风猜测的那样，是对他和巴金另眼相看，因为这个代表是在当年7月就选出来了，通知早发、晚发似乎与代表资格已无关系。对此，可参见周立民《巴金：与人民在一起》（《传记文学》2019年第11期）一文中的分析。

固守以往的生活方式，力争保持一个书生的本分。1949年5月底，他平静地迎来了新的政权，对于"新气象"还有很多赞赏的话语，他也谨慎地谈到了个人生活，强调没有什么改变，依旧做着翻译和文化工作，对于这一点他似乎很知足。他也谈过自己的打算："我还好，像通常一样继续从事文学工作，想是没有什么麻烦。我的小说曾经卖得很好，但最近市场流通在很坏地紧缩。可是，我能够依靠翻译世界名著来维持生活。"① 1949年10月29日致钟时信："我目前生活较前稍苦，但仍能活下去。解放军入城后，一切比较国民党时代都好得多。国民党政府的腐败真是天下第一，他们五月中旬败退前还杀了不少的良民。我现在继续译妃格念尔的自传。什么时候能印出，还说不定，因现在书的销路较差，我的书的销路也少了。"② 一个多月后，又说："我很好，仍旧在（做）我的编校翻译工作，生活稍苦，但是还可维持。"③

巴金还打算做一名作家，哪怕不能写作，可以靠翻译维生，所以那段时间，他的创作量明显减少。在与朋友的通信中，他不大赞成那种花枝招展不能老老实实做工作的人，自然也不求生活岗位和帽子。众所周知，他是1949年之后几十年内唯一的一位没有拿国家工资的作家。从焦菊隐跟他的通信中可以看到他们曾经交流过这样的想法：

---

① 巴金1949年12月31日致Agnes Inglis信，原信为英文，此为本文作者译文，《佚简新编》，大象出版社2003年版，第21页。
② 巴金1949年10月29日致钟时信，《佚简新编》第79页。
③ 巴金1949年12月3日致钟时信，《佚简新编》第79页。

> 吾兄说得不错：像我们这样的人，对行政兴趣不高，且干行政也是浪费精力，仍是埋头译点写点来得重要。我一向在朋友中最敬佩你，我认为你最有修养最有深度，一向与庸俗无争！我这些年学习你，但迄未学上十一。希望以后我跟着你走。如今文艺界朋友有若干人在忙于做官，更有些人仍在毫无意味地打击别人，因为妒忌所以不惜任何手段，不惜加别人以任何帽子，以求自己更高一步！但，这等于一时倾销而终世无人过问的书一样！……最后又有什么结果呢？所以，弟近来亦做此打算，埋头译书，不问行政（年后院长及各行政职务均辞去）让我们有限的几个朋友"无闻地"在努力吧！迎接文化高潮的，不是那蹦蹦跳跳的，而是这些"傻小子"！巴金兄，你的话完全对的！①

不习惯在公开场合抛头露面的巴金，对于开会这种事情恐怕更不习惯，偏偏那时候的会又特别多，巴金开始采用"躲"的办法。不久朋友曹禺致巴金的一封信中便是劝说加督促："前两天，翰笙谈起你没能来参加文教会，因为太忙，言外之意还是希望你能来开会。就来一次北京吧！我想，你病愈后，再遇开会，无妨来一趟，住在我家里，开销自然不大。文教会

---

① 焦菊隐1950年2月13日致巴金信，上海巴金文学研究会整理《写给巴金》，大象出版社2008年版，第106—107页。

虽然没有经常事要办,主持人总是盼望你能到场的。"① 一直到1952年上有乔木、下有丁玲地动员巴金去朝鲜战场,巴金才从这种书生的状态中走出来。因此,对于来参加文代会的巴金而言,他一方面表明了态度和情感,向新的人民的文艺表示致敬,另一方面又不想冲在前面去积极表态。这就有了这样的事情:"去年七月二十三日全国文学工作者协会在北京成立的时候,朋友们要我在大会上讲几句话,他们叫出了我的名字,但是我逃走了。我不会讲话,站在台上我讲不出一个字。我有过这样的经验。因此我不愿拿我的缺点折磨别人。"② 巴金是真诚的,他后来用一篇书信体的文章表达了自己的心情。而胡风的心情则要复杂多了,他是内心中有很多话却不愿多讲:

> 二十天,十四次大会,我没有说一句话。为了露脸,牺牲大家底时间,我觉得是一桩罪过。但我却看到了一些"灵魂底工程师们"底好样子。③

据梅志后来在《胡风传》中说:

> 在24日的文协会上,执行主席艾青突然袭击,指名要他"自由发言"。这一下,使胡风情绪上很是反感,便说了几句不合时宜的话:"我说不出值得说的话来,浪费了代表们的宝贵时间,就等于谋财害命,

---

① 曹禺1950年3月21日致巴金信,陈思和、李存光主编《生命的开花——巴金研究集刊卷一》,文汇出版社2005年版,第187—188页。
② 巴金:《一封未寄的信》,《巴金全集》第14卷,人民文学出版社1986年版,第9页。
③ 胡风1949年7月20日致梅志信,《胡风家书》第102页。

所以不敢说什么。"①

对于朋友的热情相邀真不知胡风"反感"何来？说出这样的话，还是在赌气呗。

四、我听见一个朋友说胡风在华文学校很寂寞

1949年，巴金的两次北京之行，没有那么多负担、想法，除了见证和参与了新中国的历史进程外，在北京能与多年不见的老友聚首，恐怕是巴金最为惬意的事情。他也有十多年不曾到过北京了。当年，他和靳以住在三座门大街办《文学季刊》《水星》，曹禺、卞之琳等一批年轻人常常来这里聚谈，还有郑振铎、沈从文等朋友，北平留下了他们难忘的记忆。第一次文代会时，这批朋友又聚首了，有一张照片是唐弢、巴金、靳以、郑振铎、陆申、曹禺、李健吾等人在一起拍的，几乎都是当年的旧友。这次到北京，巴金还到了北海五龙亭，在那里还留下了一张照片。这里曾是当年他和朋友常常来喝茶的地方。一个月后，重来北京参加第一次全国政协会，前前后后在北京住了一个多月，就有了更多与朋友相聚的时光。

据胡风日记记载，他和巴金是1949年9月6日清晨同车离开上海的："四时四十分左右，M送我到百老汇大厦，代表们正在出发。搭最后一辆章汉夫车子到北站。六时五十分开车，

---

① 梅志：《胡风传》，《梅志文集》第3卷，宁夏人民出版社2007年版，第395页。

与巴金、盛丕华夫妇同一车厢。"车行两天，8日"二时到站，住进华文学校802号"①。

刚到北京的胡风，就给在上海的梅志写信描述他们在华文学校的生活状况：

> 今天二时到站，现在是四时前五分。这次是头等卧车，三顿西餐，路上除买了六百元梨子外，什么也没有买。……
>
> 这华文学校，大概就是将来的文化部。环境很好，有很大的草地和树木，比北京饭店好得多。但房间小（我所住的），无专用卫生间……②

巴金也是当天给萧珊写了一封信，可惜这封信现在没有找到。现在能够看到的是次日他给萧珊的信：

> 昨天下午去找汝及人，看见他太太才知道，他早晨刚上车去无锡，真不巧。后来便去找振铎和家宝，在他们那里吃晚饭，到十点钟才回来。上床较早，却始终睡不着。被盖较厚，现在用似乎还早，觉得热。晚上很静。院子里月色很好。生活比上次开会时安适，但不及上次热闹。晚上失眠想起许多事情。早晨七点半才起床，下去吃早饭，遇见杨刚，才知道她也住在

---

① 胡风1949年7月6、8日日记，《胡风全集》第10卷第103、104页。
② 胡风1949年9月8日致梅志信，《胡风家书》第103页。

这里。在饭厅里遇见了一些熟人，可是在房里却听不见一点声音。①

此时在北京可谓胜友云集。后来，巴金回忆他与胡风的相处：

> 九月参加首届全国政协第一次会议，我们同车赴北平，住在华文学校，每人一个房间，我就在他的隔壁，每天总要到他屋里坐十多分钟。不开会的时候，我经常出去看朋友，他却留在招待所接待客人，或者写文章。会议闭幕，我便登记车票回上海。他说有人要找他谈话，他得留下来。他还托我带了信给梅志。这一"留"好像就是几个月。我听见一个朋友说胡风在华文学校很寂寞。②

应当感谢蔡楚生为他们拍下了一组照片，让我们看到了在跨进新时代门槛的时候这些文人的风貌。正如蔡楚生在信中说的那样，巴金一不喜欢在大庭广众之下讲话，二不喜欢照相："拉你去拍照拉得脸红脖子粗的情景，一想起就还像是在眼前。天下有阁下那样忠厚，也有在下那样鲁莽，真是无巧就拍不出照片。"从胡风的日记看，这次照相是在9月26日下午："下

---

① 巴金1949年9月9日致萧珊信，《家书》第1页。
② 巴金：《怀念胡风》，《巴金全集》第16卷，人民文学出版社1991年版，第739页。

洁白的心房充溢着新生的恩惠

午,蔡楚生替几个人拍照。"①

还有一张胡风站在中间,非常快乐地笑着,两手分别搭在马思聪和巴金的肩上。胡风穿着中山装,另两位是西装,表情都很轻松。

看着这些照片想着这些人以后的命运,不由得感慨良多。没过几年,常任侠的日记就记下了这样的境况:

> 在此次文艺界整风运动中,青年艺术剧院金山被停职处分。
>
> 又此次整风运动中,马思聪提琴,亦被批判。欧阳予倩、张庚均已自行批判。艾青编《人民文学》,近日颇受批评。光未然所作的戏剧工作,也有很多毛病。本校则徐悲鸿、吴作人、王临乙等,均受批评。②

那穿着西服风度翩翩的马思聪,整风中受批判,"文化大革命"中的遭遇更令人叹息,从1967年到1987年后面二十年的岁月中,他只有在美国费城低吟自己的思乡曲了。艾青、丁玲也成了全国闻名的大右派,被认定为"赵树理方向"的赵树理在新中国成立后也迷失了方向,成了跟不上时代的人。巴金也是在达摩克利斯剑下如履薄冰,虽然躲过了"五七",但到"文化大革命"还是在劫难逃。更为复杂的是,不是所有的问题都

---

① 胡风1949年9月26日日记,《胡风全集》第10卷第110页。
② 常任侠1952年1月2日日记,《春城纪事》,大象出版社2006年版,第228页。

来自政治，还有文坛的宗派等历史宿怨。胡风与周扬的历史宿怨就不用多说了，周扬与丁玲的纠葛也广为人知，赵树理与丁玲的观念上也存在巨大分歧。胡风对赵树理的创作也不大看得起，在他的日记中曾有"看《李家庄的变迁》前面若干，觉得浪费……"①"赵树理的小说，把人物漫画化了。"②在当时的这批文人中，大约胡风觉得可以沟通的唯有丁玲："前些时丁玲要我到她那里去过年，但她不来约，我也就乐得不去。在这当今文坛，她还是一个可以不存戒心谈谈的人，也可以说对我很好罢，但我也没有心情接近她。她回来后我只去过一次，为了看她的母亲。"③奇怪的是巴金好像与这些人都没有大的冲突。他与周扬、丁玲、艾青也都是能说得上话的人，虽然在1957年巴金发表过批评二人的讲话，但彼此都明白那是不得不例行公事，所以没有妨碍他们以后的交往，这可能是巴金与胡风性格的巨大不同。巴金与胡风，说起来还是同学，更重要的是他们都尊敬鲁迅，鲁迅是联系他们的纽带。来自解放区的赵树理可能与巴金是初识，二人的创作观念也不同，然而在五六十年代，赵树理与巴金也有了交往。赵树理应巴金夫妇之请还用毛笔为他们写过诗，1964年巴金一家到山西虽然与赵树理擦肩而过，但现在还留下一封赵树理给巴金的信：

巴金、萧珊同志：
　　机关来电促我回京，路过太原，始知你二位来游，

---

① 胡风1949年2月12日日记，《胡风全集》第10卷第25页。
② 胡风1949年4月8日日记，《胡风全集》第10卷第51页。
③ 胡风1950年1月1日致梅志信，《胡风家书》第142页。

并已上五台。摩（擦）肩而过，殊觉怅然。

前寄题诗，书法拙劣，谬承褒扬，颇觉汗颜——限于底工，无法再好，等锻炼锻炼，再求指正。

今年搞了三个多月地方戏，小说《户》又推迟下去，请谅！何时拟写，俟再奉告。

临去匆草，不一

敬礼！

赵树理
八月十日（1964年）

从信中能够看出，他们交往不错。我就在想，为什么在一起出生入死的战友，有时要"斗争"得你死我活，而像巴金这样，与他们显然不属于一个"阵营"的作家却相处得都不错？记得丁玲曾有过这样的感慨：在她落难的时候，倒是"小资产阶级作家"徐志摩比党内的同志表现了更多的对她的关心和温情。是因为巴金从来不曾染指过权力，而那些同一阵营的战友在权力的纷争中表现出复杂的姿态？事情可能远比我们想象的更复杂。

五、这也引起自己一种不平的感觉

当然，也可以说是巴金的性格使然，从文字中了解，他应当是一个外圆内方的人。他与各种观念不同的朋友都可以坦然相处，这一点大约与胡风形成极大的反差。或者说，胡风是一个有领袖欲的人，巴金则没有。其实还有一张照片值得关注。

照片中，沈从文站在最右边，背着手，面含微笑，人微胖，看上去精神不错，不像是在经历着精神危机，巴金与他紧挨着，面部带着拍照瞬间的紧张，中间是张兆和，笑得很开心，另外两位是靳以和王辛笛，他们可以说都是无话不谈的好朋友。

看一看沈从文的儿子龙朱是怎样解读这幅照片的吧：

> 当年1月，外界的压力和内心的矛盾，使他感到恐惧、绝望，终致精神失常。3月自杀获救，被送入精神病院，以后时好时坏，北大任教已经无法进行。7月，出席全国文代会的巴老伯专门去看望病中的父亲，留下了这张照片。8月，父亲终于真的撇下写作和大学的教职，去历史博物馆重新开始他的后半生。我不知道巴老伯的慰问、关怀在父亲克服思想上的病痛中起了什么作用，然而，在我们家庭那么一种艰难情况下，能得到老朋友的关心，就叫终生难忘！①

在沈从文给妻子张兆和的书信中，曾经提到过巴金来看他，并且劝慰他的事情："你和巴金昨天说的话，在这时（半夜里）从一片音乐声中重新浸到我生命里，它起了作用。你说：'你若能参军，我这里和孩子在一起，再困难也会支持下去。'我温习到十六年来我们的过去，以及这半年中的自毁，与由疯狂失常得来的一切，忽然像醒了的人一样，也正是我一再向你预

---

① 沈龙朱：《那一代人的珍贵友情》，陈思和、李存光主编《生命的开花——巴金研究集刊卷一》第74页。

许的一样,在把一只大而且旧的船作调头努力,扭过来了。""想起昨天巴金、萧乾说的,我过去在他们痛苦时,劝他们的话语,怎么自己倒不会享用?许多朋友都得到过我的鼓励,怎么自己倒不会享用?许多朋友都得到过我的鼓励,怎么自己反而不能自励。"①从这里可以看到,巴金和萧乾拜访沈从文是1949年9月19日,巴金第二次来北平的时候;而那张照片则摄于第一次文代会期间,也就是说巴金在京期间不止一次地去看望过沈从文。沈从文一直处在犹疑的状态中,对此,张兆和曾有过描述:

> 上次我信中提到二哥这几个月来精神不安的现象,但是这种不安宁,并不是连续的,有时候忽然心地开朗,下决心改造自己,追求新生,很是高兴;但更多的时候是忧郁的,悲观、失望、怀疑,感到人家对他不公平,人家要迫害他,常常说,不如自己死了算了。……不想他竟在五天以前,三月二十八的上午,忽然用剃刀把自己颈子划破,两腕脉管也割伤,又喝了一些煤油,幸好在白天,伤势也不太严重,即刻送到医院急救,现在住在一个精神病院疗养。
>
> 他一切都很正常,脑子也清楚,只要不谈到他自己;一谈到他自己的问题便执着某一点,一定说人家有计划的要打击他谋害他。他平常喜读《变态心理学》,写文章联想又太丰富,前两年写东西遭受人家不公平

---

① 沈从文1949年9月20日致张兆和信,《沈从文全集》第19卷,北岳文艺出版社2002年版,第54、55页。

的误解，心里不痛快。社会一变动，虽然外面的压力并不如想象的大（其实并没有压力），他自己心上的压力首先把自己打倒了。当然，一个人从小自己奋斗出来，写下一堆书，忽然社会变了，一切得重新估价，他对自己的成绩是珍视的，想象自己作品在重新估价中将会完全被否定，这也是他致命的打击。①

沈从文此时最需要的是朋友的温暖和信心。在大时代的变动中，他迫切需要外界的信息，打消内心的顾虑。巴金等人的劝慰显然发生了作用,他们谈了什么呢？可惜找不到任何记录，巴金后来回忆说："到北京开第一次文代会时，我和王辛笛、章靳以、唐弢一起去看他，当时他很害怕，很紧张。"对于沈从文1949年后不能从事文学创作，与许多人的感觉不同，身经荣辱的巴金似乎并不感到特别惋惜："他如果不搞服装史研究，在文联、作协工作，也不会写出什么来。"②这是不是巴金的现身说法呢？有的人可能不以为然，认为沈从文要是写就能写出独特的东西，这多半是没有经历过历史风浪过分自信的人的看法，他们觉得自己完全可以把握住自己的命运，而对于很多随波逐流者投以不屑，是的，那种独立风浪中的人可敬可佩，有多少人可以完全把握自己的命运？沈从文不是不想写作，沈从文在下乡土改后给夫人的信中这样写道：

---

① 张兆和1949年4月2日致田真逸、沈岳锟等信，《沈从文全集》第19卷第22—23页。

② 巴金：《与李辉谈沈从文》，《巴金全集》第19卷，人民文学出版社1993年版，第690、691页。

一出来，心中即只有一件事，放下包袱，去掉感伤，要好好的来为国家拼命作事下去，来真正作一个毛泽东小学生。因为国家实在太伟大了，人民在解放后表现的潜力，无一处不可以见出。共产党在为人民作事工作上，也实在是无所不至。……有些穷人听说我们从北京来，都说是"毛主席关心穷人，天下穷人是一家。"这句话不仅表示人民信赖，实在是无可比拟的力量！①

这个闲不住的人，闲得久了，心痒手也痒，居然天真地想写文章，认为自己身体如果过得去，"万一还用得上我长处时，也将无条件接受新任务"。下面的话很自负："因为比起来，始终即比老舍、巴金、茅盾、冰心等等懂问题，懂人，懂如何用文字去表现。也懂什么叫通俗化！也许或居然有那么一天，再来写，再来教！也许还居然有机会，去什么农村跑跑住住。"沈从文的"也许"在一年后就变成了现实，1969年11月30日他被下放到湖北咸宁的文化部五七干校，在那里待了两年多，不过，即便来了农村沈从文写没有写出他理想中的文字，看看他这样的诗句就清楚了："学习解放军，一心为人民，战胜大自然，起步共长征。"②"世界形势好，祖国面貌新。日出东方红，天下齐照明。"③"厨房周同志，岿然一巨人，灶前默默立，如'大

---

① 沈从文1951年11月8日致张兆和信，《沈从文全集》第19卷第153页。
② 沈从文：《大湖景（三）》节选，《沈从文全集》第15卷第342页。
③ 沈从文：《大湖景（四）》节选，《沈从文全集》第15卷第343页。

树将军'。案前有小耿,揉面手不停。打击帝修反,同样树标兵。"① 读这样的句子,令人哭笑不得,看来沈先生也未必就比他的同辈人"懂如何用文字去表现"呀!

沈从文不是拒绝融入新时代,而是首先得不到信任。巴金这批出席文代会的朋友来看他,一方面送来友情的温暖,另外一方面,会不会更加深沈从文内心的焦虑呢?想一想,其他人都高高兴兴地去"大会师",只有他被排除在外,那是什么样的心情?

不能说只有沈从文一人,还有一个悲剧性的人物:萧军。

同样是因为鲁迅的关系,巴金与萧军在30年代就有过交往,在他担任总编辑的文化生活出版社也出过萧军的《羊》《江上》《绿叶底故事》《十月十五日》《第三代》等多种创作,而胡风与萧军、萧红联系显然更为密切,他们都是围绕在鲁迅身边的文学新生力量。在延安的负气、在东北的《文化报》事情,使热血男儿萧军在未进入新中国便成为另类。1949年1月20日刚到解放区不久的胡风就曾接触过萧军。在日记中,他写道:

> 舒群派汽车来接到文协。谈文协,谈萧军:
> △萧的个人主义
> △在作家里面,没有人有他那么好的条件,毛对他用过很大的功夫。
> △萧说:大丈夫不可一日无权,不可一日无钱。

---

① 沈从文:《双溪工作点十连厨房》,《沈从文全集》第15卷第345页。

这番话颇值得玩味，马上胡风就要见到萧军，显然舒群是在给胡风打预防针。而萧军日记显示，1月18日在探望舒群时，萧军就得知胡风已到，可是组织上对于他们的会面存在顾虑，1月19日主管宣传工作的刘芝明曾提醒萧军不要见许广平、胡风："上午去宣传部刘芝明处，谈了关于我每月底零用钱问题。也谈到与胡风、许广平会面问题，他底意见还是不见的好，这意思我明白的，他们是不愿我和他们相见。他也把中央的电报给我看了，认为批评我有全国意义，另一面东北局和文协还要做'决定'，这是一种杀鸡给猴看的办法，我只有随他们去。"①这则日记除了透露前述信息还显示：当时正在展开的关于萧军的批判是得到了中共中央的批准和关注的，这是在全国解放前夕，新政权向一批有萧军一样"习气"的流浪型文人所发出的警告，所以"有全国意义"，对此萧军的理解——"杀鸡给猴看"——也颇有深意。《文化报》事件引发的对萧军的批判迅速在全国展开，在首次文代会上，刘芝明报告《东北三年来文艺工作初步总结》中特别提到了东北文艺对"萧军反动思想"的斗争，说这"正是配合全东北解放战争的胜利而进行的"，"萧军的反动思想正是反映着东北的垂死的封建主义、官僚资本主义的最后挣扎，其思想本质正是一些上层小资产阶级的反动分子和封建官僚资产阶级结合起来企图打入革命的思想战线中，保持一个地位并散布于人民有害的毒汁，但这个被是被揭穿了，是被打垮了。从此思想战线上、文艺战线上，在思想上就比较

---

① 萧军1949年1月19日日记，《萧军全集》第20卷，华夏出版社2007年版，第347页。

的提高了警惕,加强了思想上的统一性。"① 在上海出版的《人民文化报》曾刊出这样的消息,标题为《批判萧军 肃清丑恶倾向!》,其中说:"个人主义发展到丑恶顶点的作家萧军,已经受到全国文化界一致注意。""去年东北文艺界热烈地展开了对萧军及其所办的《文化报》的思想斗争……萧军及其《文化报》所散布的错误思想和有害言论,最主要的,其一是资产阶级民族主义思想。如他认为在'八·一五'的报纸上纪念苏联红军解放东北,是'歌功颂德','迹近应酬文字',甚至要'暴露'苏联的所谓'黑暗',提倡'来而不往非礼也'的'中国人气节',而他认为这是'批评与自我批评'。其二是他认为人民解放战争是'萁豆相煎',不懂得正义的战争,是消灭战争的必要手段。""批判萧军,肃清这一类丑恶的倾向,去年在东北展开的思想斗争,值得我们注意和警惕。上海大众书店特集有批判萧军的文字十五万言,成《萧军批判》一书,可供读者参考。"② 连批判专集都有了,可见这场运动之轰轰烈烈。萧军自己见过一本《萧军批判》是朋友徐定夫从北平给他带回来的:"封面画了一头牛,胸脯上被插两柄短矛,那牛是象征我了,那短矛也就是'批判'了。可惜那牛太雄壮,那短矛却显得不济事的样子。"③ 萧军的语气中含着轻蔑,然而,这么大规模的批判不可能对他没有压力,胡风的日记记下了他们见

---

① 刘芝明:《东北三年来文艺工作初步总结》,《中华全国文学艺术工作者代表大会纪念文集》,新华书店1952年版,第328—329页。
② 《批判萧军 肃清丑恶倾向!》,《人民文化报》1949年8月4日第1版。
③ 萧军1949年8月22日日记,《萧军全集》第20卷第540页。

面的情景:"萧军住在文协。见面后谈话时似忍不住流泪。"①这个场面一定是让人非常伤心,两个骨头最硬的鲁迅学生在这种情景下相会,却非1930年代的旧日,他们盼望的自由民主的新社会到了,可是他们的心却被囚禁起来了。

萧军此时已经是戴罪之身,而香港地下党对胡风的集体批判也让胡风愤怒,但是萧军遭遇的一切,胡风要几年后才品尝到,因此两个人在日记中记下的对对方的看法不尽相同。直爽人萧军显然是听从了组织上的某种暗示,并未向老朋友一吐块垒:

> 胡风来了,大家见了觉得很酸楚,他较过去憔悴而苍老,也瘦了。除开谈一些普通的话而外,我不愿提到别的,他似乎也避免问到一些事。我估计他会从刘芝明、丁玲、舒群等处听过一些了,因为他们是一道而来,而且是坐在舒群的屋子里。我如今对任何人全应理性而自制。
>
> 晚饭时我吃了较多的酒,但却没说什么放纵感情的话,大家表面全似乎表现得很欢快,但心中是各想各人的事。②

次日,胡风见到许广平,谈起萧军,日记中记道:"萧军,用鲁迅牌子,老婆把风。"③这是一种高高在上的姿态看待萧军,

---

① 胡风1949年1月20日日记,《胡风全集》第10卷第7页。
② 萧军1949年1月20日日记,《萧军全集》第20卷第348页。
③ 胡风1949年1月21日日记,《胡风全集》第10卷第8页。

无疑，东北局的人的看法影响了他和许广平对萧军的态度，他们都对萧军不满。萧军的性格一定让很多作家朋友敏感地觉得他以鲁迅压人，而让组织上产生以鲁迅压党的感觉。对于萧军而言，这未尝不是出自对鲁迅的敬佩，真诚地视鲁迅为精神上的父亲，他没有那么多城府，非要借别人抬高自己（从日记上看在创作上，萧军雄心勃勃且很有自信，显然用不着借别人抬高自己）和借此捞什么好处。他那种骄傲是自然而然地流露，在别人则感到是别有用心的施压。几天后，萧军再次见到胡风，这次谈话稍有深入，胡风亮出了"底牌"："午间胡风来，喝了一些酒，闲谈了一阵。他说组织上有人示意不要'同情'我，我说可以不必管这些事情，随他们去，我等待一切。"①——看来组织上对萧军的老朋友早有招呼。

与见胡风出言谨慎不同，见许广平、萧军显然有向长辈诉苦、寻求帮助的意思，许广平不但无能为力，而且也很"顾全大局"。周海婴曾回忆：

> 我至今记忆犹深的是住在哈尔滨马迪尔饭店时，父亲的青年朋友萧军来探望。他带来一叠自己编的《文化报》和合订本给母亲看。就在那年（1948年）秋，他为"文化报事件"受到了公开的批判。他创办的鲁迅文化出版社也被停业交公。这些事，母亲抵达东北时已略有所闻，因当时讲述者回避闪烁，语焉不详，这事究竟如何，她并不清楚。

---

① 萧军1949年2月10日日记，《萧军全集》第20卷第356页。

萧军造访的目的，看得出是要向母亲一吐胸中的块垒，谈谈整个事件的原委。但我们刚到解放区，这事件又实在太复杂，一时半刻难以弄清。再说停办《文化报》是东北局文化方面领导的决定，萧军的党员朋友为此也纷纷与他"划清界限"，母亲自然也很难表示什么。也许萧军对她的回应不满意，也就告辞而去。①

也许许广平的冷漠让萧军不快，在那些天的日记中我找不到关于许广平的片言只语。1月29日的日记中倒记下了这样的话："罗烽从大连回来了，但我们没见过面。如今过去的朋友全已成了敌意的存在，因此我也就要不受任何感情牵制对待一切了。"② 是借题发挥吗？萧军和很多老朋友都疏远了，连在延安一度无话不谈的亲密朋友丁玲，他也是以应付的态度："下午丁玲来坐了五分钟，大家应付着说了几句话。"③ 对于她的"帮助"，他也是一幅无所谓的态度：

> 去丁玲处坐了一刻，她又谈到我底"英雄主义"。
> "还只有我和舒群比较了解你一些……你说是不是？你自己讲，是不是英雄主义，可惜你底雄心用得不当，书读得杂而无体系……"我只有微笑地听着她说，因为我不愿有什么辩解。

---

① 周海婴：《航向新中国》(下)，《深圳商报》2009年9月24日，C5版。
② 萧军1949年1月29日日记，《萧军全集》第20卷第351页。
③ 萧军1949年1月31日日记，《萧军全集》第20卷第352页。

>   "也许是这样罢……"我笑笑地说。①

既然处境不同,看法不同,地位也今非昔比,大家无法深谈,那么萧军还三番五次地往丁玲那里跑做什么?我的猜测是萧军尽管口头上说不在乎,心里还是隐隐地不放弃一线希望,希望能得到像丁玲这样老朋友的理解,甚至希望有人能替他说话改变这种四面楚歌的困境。他总得到冷漠的回答:"到了丁玲那里,遇到一些人,这引起我一种家族以外的人的感觉,也就更增强了一种用工作战胜一切的力量。"②萧军也曾想到过"告御状",立即又自我否定了:"前几天曾想把出版社所有的书、报寄一份给文化大会和毛泽东,要把这问题弄清楚,但继一想,这是无聊、无用也没有必要的。在那样一批文化官僚、文化政客式的人们中,胆小鬼墙头草之中,会得到什么'真理''正义'么?这是降低自己的举动,绝不能做。"③萧军一面保持着自己的尊严,一面有一种强烈的被孤立的感觉,这正是批判者要达到的目的,让萧军一个人孤零零地身陷情感和道义的孤独中。这样会有两种结果:一种是丧失自尊,寻求依靠,尽快屈服;另外一种是越发产生一种对峙的情绪,不过,对峙的结果是更严厉的批判。萧军就属于后者,在那段时间日记中他曾多次表达过这样的意思:"对于整个共产党,它是代表进步力量的,我会终生拥护它,但对于个别人——更是文化圈这些人——是

---

① 萧军1949年2月5日日记,《萧军全集》第20卷第353页。
② 萧军1949年2月11日日记,《萧军全集》第20卷第357页。
③ 萧军1949年7月14日日记,《萧军全集》第20卷第504页。

蔑视的，他们庸俗而无能，嫉妒而偏狭，官迷更甚。"① 这个疾恶如仇、眼睛里容不下一粒沙子的人，常常有一种无处发泄的怨愤：

> 个人的情绪有时落寂得可怕，我很知道，如果不牺牲我底意志，此后将是很艰苦的斗争，我很知道如果我不顺从于他们那种狭隘的要求，他们对于我底文学活动必要给以阻碍和限制，但让我屈服于一种无理的要挟势力下面，这是办不到的。我宁可完成一出悲剧离开这人生，我也不愿屈服含着耻辱生活下去。……
>
> 我是中国人，东北人民底子孙，我已经尽了我能尽的力量，工作过去了，我无愧怍！对于共产党，所谓工人阶级，我也尽了我底力量，在你们倒霉的年代我和你们一道，为你们呼喊、战斗……走过一段路程了，我对于你们并无二意！如今你们有了权势，反过来要污蔑我，欺凌我，甚至强迫我歌颂你们，我不能不离你们而去，如果你们要忘恩地毁灭我，我也决无恐惧，而且会泰泰然然地完成你们光荣的权力欲！因为你们已经不需要我这样的人，你们已经长成了，有权势了，甚至能毁灭我了……
>
> 我不能做任何人、任何阶级的主人，我也不能做任何人、任何阶级的弄臣或奴才！——这就是我人生

---

① 萧军1949年1月31日日记，《萧军全集》第20卷第351—352页。

的态度。①

这是在给自己鼓劲儿，这个时候，萧军的自尊也好自负也罢，都没有完全被打消，他也清楚为什么要批判他，在日记中，他曾写道：

> 我在共产党人眼中，虽然是它们一个忠实的乐队合奏者，而且具有相当高度的技术，但他们感到我常常发出不和谐的独奏或噪音，妨碍他们平板的统一，因此就要纠正我或屏除我。但我以为这特殊的音符或噪音对于整个的合奏——革命进行曲——不管进行的旋律上或和声上，它们是无大害的，甚至是必要和精彩的，但因为它们缺乏高度革命音乐艺术的理解和认识，因此就不被容纳和理解。——而我必须要忍耐这误解的诛求啊！②

萧军甚至想到了三十年前创造社对鲁迅的"围剿"，他下决心要"承继鲁迅先生那韧性的战斗……为真理而战"③。在这一点上，他与胡风一样都执拗地相信自己是对的，而在与"对手"的较量中，很大程度上又不仅仅是思想观点的冲突，特别是引发的种种后果往往都是与他们的个性、脾气、情绪之类的紧密相关。所不同的是，萧军几乎就是一个人在战斗，胡风毕

---

① 萧军1949年7月2日日记，《萧军全集》第20卷第485—486页。
② 萧军1949年2月25日日记，《萧军全集》第20卷第370页。
③ 萧军1949年2月26日日记，《萧军全集》第20卷第372页。

竟还有一批站在一起的朋友,从态度上,萧军比胡风更坦荡,但这种坦荡恐怕也害了他。

萧军凭着一股男儿的血性支持着一个人走下去,他绝不会让人看到他的孤独和软弱,但内心中又异常敏感。对于他的批判,不是理论上、文字上,而是这背后人格的卑劣、朋友的背叛等刺激着他:"正在和张烈谈话时,当时《东北日报》来了,发现有徐懋庸的一篇《萧军的伎俩》文字,这使自己感情不能不受一些激动,觉得这类人趁火打劫的伎俩倒是聪明的。"①"报上又是关于我底文字,他们在努力肃清'萧军思想',在各学校、工厂开展了论争会。哈尔滨底李芦湘、张铁铮也发言了,他们说受了我的'欺骗'!这些可怜的人,我对于这类事已感到木然和淡然。"与此同时,萧军总觉得妻子不理解他,为了一些家庭琐事常常争吵,这几乎要把他逼到无法转身的绝路上:"为了买饭盒子,又和芬争执了几句,自己单独躺在床上,想起人生的无味,我几乎是为了她们而存在,但是她有时又是那般固执而不理解我——忽然自杀这念头又浮上心来了。虽然我知道是不会走这愚蠢怯懦的路,但为了一般人生倦怠和无味,却总是也清净不了这阴影。"

作为一个作家,革命的作家,却无缘出席第一次文代会,这也是萧军的一块心病。他与沈从文不同,沈从文是与这份"胜利"没有关系,他的苦恼是自己的写作跟不上这个时代的要求了。而萧军会天然地觉得这个胜利中有他一份……萧军恐怕是打死都嘴硬的人,对于是否邀请他出席文代会甚至政协会议,他嘴

---

① 萧军1949年3月2日日记,《萧军全集》第20卷第376页。

上说不在乎,当年7月1日日记:"……并举例共产党对待我底一些不公平的做法——譬如此次北平文艺大会——我是丝毫不重视这些东西的,相反我还感到一种轻松和愉快,因为他们底重视与否并不能决定我底价值的……"①实际萧军心里怎么会不在乎?在全国文代会上,周恩来关心了萧军的问题,这样东北局宣传部门的某些领导不得不也要团结萧军一下:"据说刘芝明传达周恩来报告,也把过去东北文协关门主义批评了一下,听那口气,对我要'团结'了。"②"夜七时去刘芝明处会谈。他说周恩来等全很关心我,问我怎么(样),他们说我'不讲话',周说这不好,还是应该要我讲话,所以他们才要找我谈谈。"③来自上面的招呼正给萧军"出气"的机会,也使得他把被排除在文艺界和文代会之外的不满都发泄出来,他立即表示:"我和塞克、艾青、丁玲……任何人是不同的,我自己确是有'一套',别人说我落地狱我不信,上天堂也不信,我不能失掉自信与自持……"④在这之前,萧军已经在日记中表示了自己的态度:"收到文协舒群、刘芝明一封信,他们要我去沈阳'谈谈',这几乎引起我一种愤怒之情,'谈'什么呢?他们把我侮辱够了,使用够了……如今又来'团结'么?不管他们谈什么,我已经决定我的态度——回家去,十年以后再见。乘其虚,待其弊,我必给以反击。"⑤说得很明白:"愤怒",并且要"反击"!

---

① 萧军1949年7月1日日记,《萧军全集》第20卷第484页。
② 萧军1949年8月22日日记,《萧军全集》第20卷第540页。
③ 萧军1949年8月24日日记,《萧军全集》第20卷第540页。
④ 萧军1949年8月24日日记,《萧军全集》第20卷第541页。
⑤ 萧军1949年8月21日日记,《萧军全集》第20卷第539页。

此后,东北文协要开会,为了表示团结,萧军倒是在被邀请之列,这回萧军也拿足架子:

> 收到东北文代大会一封电报,聘我为"代表",去参加开会,我考虑结果,回了一封信,决定不去了。
>
> 第一,我不想再踏进文艺圈子。
>
> 第二,我不想获得什么,更不希望他们给我这"光荣"。
>
> 第三,我去参加与否,无甚重要。
>
> 第四,我不高兴和我所不愉快的人混在一团,或去站班捧场。
>
> 第五,全国大会他们既不要我去参加,这次又何必。
>
> 第六,他们这是无诚意的"形式主义",我也就报之以"官样文章",这样两来方便,大家心里全明白。①

第五条已经说得很明白,他不满意没有让他参加全国文代会。"比方北平大会既然不要我参加,这次为什么又要我参加。上次对的,此次就不对;此次对的,上次就不对。我既非汉奸,又非反革命,为什么取消我作家资格。"②从文代会期间的日记中,被闲置在抚顺的萧军分明关心着北京的热闹气氛,同样也表现出和胡风类似的"情绪",包括对成为如今文坛头面人物的老友,也毫不掩饰他的不满:

---

① 萧军1949年12月6日日记,《萧军全集》第20卷第581页。
② 萧军1949年9月14日日记,《萧军全集》第20卷第554页。

《人民日报》载：全国文学艺术会在开会了，我看了那主席团名单，感到一点寒凉，这就是中国文化界的"领导"者！×××卖乖到无耻的程度……但目前政治上是需要"这个"的，我无话说。

我很庆幸被他们把我"排除"出来……

这使我更懂得了自己历史使命，要在这样浮薄，下作，杂乱，文化官僚，空头作家，品质堕落，丧失自尊的混浊群队和气氛中，如何澄清出一条真正的道路来，这需要一番艰苦的努力啊！我是不能后退了，我要沉潜下去，用作品战胜这些糠秕罢！①

对于丁玲作品和当时一些文艺界的提法，作为一个旁观者，萧军冷眼看来，虽然难免情绪化，但今天回味则不失为高明的预言。"闲读着《诗经》和把'桑干河上'读完了。在艺术上说，这确是一部失败的作品，简直是一部凌乱平淡，无味的工作豆腐账，无情感，无形象，无结构……作者在那里是无精打采地写，读者也是味同嚼蜡地读……我很为丁玲感到悲哀，她底艺术感情涸竭了，艺术感觉僵化了，艺术的笔锋无力秃蔽了！如果她再勉强写这类作品，我敢断定她将不再有前途。她底艺术才能被僵化的政治观念牺牲了！"②要知道，《太阳照在桑干河上》可是刚刚获得斯大林文艺奖的作品啊！对于丁玲发言的批评，我认为不是针对丁玲个人，而且萧军在当时就看到了文艺界弥

---

① 萧军1949年7月4日日记，《萧军全集》第20卷第490页。
② 萧军1949年7月2日日记，《萧军全集》第20卷第485页。

散着的一种不正常的气息,这种气息最终也使参与制造它的作家本人浪费才华、吃尽苦头,我觉得并非所有人都看不到萧军所讲的这些,只是很多人缺少萧军这种率真罢了。"夜间读七月十二日《人民日报》,有丁玲底一篇《到群众中去,从群众中来,从群众中来,到群众中去》文代大会的发言。话是说得很周到,漂亮,而且像似很'理论',甚至主张作家写作提纲要被'批准',要群众'审查'……这可不得了。事实上我知道这决行不通,他们是也不预备行通的,他们也办不到,而且也不预备办到的,只是说说好玩,显得一点'左'得可爱而已。""虽然这些作家他们在说自己也办不到,不想办到的谎话,为了'号召'就说谎话——等于谎话——有些是文化官僚,政客,他们唱段喜歌,如一个可怜乞丐似的讨一个'荣誉'的小钱的人们。"[①]萧军不但关注着文代会,甚至连政协会他也一股血气地关注着:"为了看那国旗星底位置和角度不合适,我给政协大会秘书处提了意见,交林伯渠。我明知这不会有用,但为了表示我对这国家关心,我意见还要提。"[②]这是10月1日的日记,萧军的兴奋似乎很矜持,日记的最后才记下这样一段:"建国放三天假,到处扎牌楼、门额。响起锣鼓。从此中国有了一个真正的政府和无压迫的国家。帝国主义、封建主义的锁链碎了。我是世界上堂堂无愧的中华人民共和国的公民了。这就是中国一百〇九年革命所获得的初步成果!"

在夜深人静沉静下来的时候,萧军感受到的还是寂寞,尽

[①] 萧军1949年7月14日日记,《萧军全集》第20卷第505页。
[②] 萧军1949年10月1日日记,《萧军全集》第20卷第561页。

管我一次次看他决心用十年时间,写下若干大作品来,但日记中关于写作的记录并不很多,写作毕竟要有个心境,而他有的是被排除在外的复杂的郁闷。"夜间心情很郁闷,芬(作者的妻子王德芬——引者)近来太忙于事务,对我的生活和感情全无照顾。……最可怕的是我对于什么全失去了追求的兴味。更是看了政府发布了那'委员'的名单,这也引起自己一种不平的感觉。……总之,我现在的政治、文学、经济、生理、心情……生活,全是被压抑着。"① 被压抑着,不平则鸣,情绪上始终处于一种激烈的对抗状态,但也未偿没有理性的认识,萧军毕竟在延安待过,经历过整风运动,有些事情看得比胡风清楚,日记中也常常有一些诛心之论:

> 共产党认识一个文艺工作者,使用一个文艺工作者,那只是为了装饰会场,写新闻记事,晚会娱乐而已!这是一种悲哀!不管是封建、资本以至社会主义时代——更是在中国,一个文艺工作者几乎仅是一种奴隶地位,装饰的废物……他们毫无独立、自尊的主张和"主人"的地位,同时也有一些自卑自贱的人,甘心安于这样地位,甘心做"婢女"或"弄臣"地位的。我宁可以永远放弃这生涯。②

---

① 萧军 1949 年 10 月 21 日日记,《萧军全集》第 20 卷第 564 页。
② 萧军 1949 年 6 月 26 日日记,《萧军全集》第 20 卷第 477 页。

六、能否替我这个市民想个办法

两年后，困居北京的胡风再次谈到萧军说："萧移居北京，依然保持反抗的态度。此人顽强，但致命的弱点也克服不了似的。"①"依然保持反抗的态度"是胡风从萧军那里得到了什么鼓励吗？因为胡风此时正一步步陷入萧军当年的境地了。"顽强"是赞扬和欣赏吗？"致命的弱点"是什么，"个人英雄主义"吗？不过，语气中，胡风依旧高高在上。

而此时的萧军又陷入了另外一种困境中。从他一封封给老领导彭真要求解决问题的信中可以看出这位出了名的硬汉的困窘。作为一种不和谐的声音，他自己可以不在乎周围的人对他的冷眼，可是妻儿老小怎么办？精神上可以独立，但现实中的油盐柴米哪里来？自己找出路，社会没有给自谋职业留取任何空间。读着半个世纪前写下的这些文字，我为这位东北硬汉感到辛酸：

> 我已和周扬同志谈过两次话，第一次他说我在北京写作不可能，还是回东北好，这里没有合适环境，参加工作还可以，但不能嫌工作"小"。我说"大小全行"。第二次谈，他说这里工作没有合于你的工作，全"怕"你，连比较理解你的彭真同志全"怕"你，主张你回东北，你还是回东北罢，否则你只能以一个

---

① 胡风1951年1月22日致梅志信，《胡风家书》第207页。

"民主作家"资格留在北京了,你自己可以找工作,文化部没办法,我说"行,随便把我看成什么作家罢,东北我是不回去了。"①

北京没有萧军的位置,组织上把他抛弃了,而"民主作家"与"革命作家"看来也壁垒分明。尽管此时萧军不会再奢望什么名分,可他总需要一个可以养家糊口的职业啊,或者说仅仅一个自力更生的劳动机会:

> 回想过去在延安乡下我全可以自己砍柴、担水……生活过来,在一九四〇年未到延安以前,虽然经过各种艰难生活,也从未畏缩过,在今天的新政府,新的社会条件下,只要我能劳动(体力与脑力)肯劳动,总不会比过去更难过些吧?我底决心是,我决不再去文化部请求什么,也不回东北去,我一定要在北京实现我十年的"写作计划"。
> 最后有一件事,就是我们如今住在岳父家中,二十几口人同居一室,实在没法工作,也没法生活下去,我虽然各处找房子,不是租金太贵,就是一缴一年或半年,在过去这对你是没办法的,如今你是市长,我算市民。就站在你"市长"的立场上,能否替我这个市民想个办法?能找到一处不出租的住处当然"理想",否则能少缴些房钱的地方也是好的,请你斟酌

---

① 萧军 1952 年 3 月 1 日致彭真信,《萧军全集》第 16 卷第 391 页。

罢。①

今年我不预备再写什么了，想寻些工作做。不知在你们市府范围内，是否可代寻一工作？我除开可作语文教学工作外，如军事研究（我住过讲武堂）、武术研究（我曾学习过相当时期，现在还未扔下）、古物研究（我来北京后对于碑帖、瓷器、印章搜集了一些，也继续深入研究了一番，甚有兴趣）、京剧研究等工作，我全可以参加。因为我现在吃着王德芬同志和孩子们"供给"，受着市府房费津贴甚感不安，必须要寻些工作养活自己才好。②

彭真帮了忙，把他安排到北京市文化局文物组工作，在这里工作了两年，上书毛泽东，作品获准出版，萧军以过去流浪汉的想法天真地以为生活问题解决了，就从文物组离开，让自己做了职业作家。他似乎没有想到，1949年以后的社会体系中，没有"单位"的人几乎等于被排斥在社会之外。果然，到1956年情况就发生变化，出版的大门又对萧军关闭了，他不得不又写信求救："我希望能在'医疗、卫生'部门做一些工作，或者翻译一些中国古典医书等类工作。""过去一年中我曾对'针灸'和'正骨'这两门医疗技术作了初步的学习，经过'传习所'的学习也结了业，而且获得了考试及格的'结业证书'。

---

① 萧军1952年3月13日致彭真信，《萧军全集》第16卷第392—393页。
② 萧军1952年6月25日致彭真信，《萧军全集》第16卷第394页。

从各种征候,我已经认识到自己已经再没有继续从事文学的可能和必要,就决定把此后的余生献给医疗工作。"① 一个月后,他再次给彭真写信,因为他的问题仍然没有解决,生活更窘迫了:"……但我却不能够等待下去了,因为这是'生活问题',我如今手里仅余了七百元钱,它们顶多还能维持两个月,我不能到了'水干油尽'的时候再想办法,因为我还要养活孩子和老人……"为此,他想出很多可以做的工作:教授"武功疗法"("对于治疗消化不良、神经衰弱、关节僵直……是有效的。")、传习针灸、正骨、按摩医疗技术、代人鉴定书画。② 后来他又请政府能够来考核一下他,给他一个鉴定,给一个医生开业执照,让自己能够靠行医维生。在这之前,他有一封信,写得很绝望:

> 自从东北论争事件以来,这十年间由于中央并没有做出最后的结论,这对我的精神不能不是一种压力,因此老朋友断绝来往了,各种集会远离了。同时每一次事件——胡风、丁玲——也总要把我陪一次绑!一个人再如何坚强,他的精神总不会毫无影响的,尤其这并非来自敌人,因此我决定放弃文学,开始学医,希望此后安心做一个医疗工作人员或医学研究者,把儿女养大,尽了人伦的责任,以终余年。因此任何毁誉,皆不计较,想不到连这样一点愿望如今全要被破灭,夫复何言。

---

① 萧军1956年3月22日致彭真信,《萧军全集》第16卷第397页。
② 萧军1956年4月20日致彭真信,《萧军全集》第16卷第399页。

例如，当每一次事件发生时——胡、丁等——我几乎全是以"待罪"的心情在家等待着，虽然自问应该是无罪的，但这心情却不能够抛开。坦白地说，我个人对于这人生早已失却了兴趣，当然更谈不到理想和愿望。我之所以还不肯走自杀这条路，首先是我不愿使妻子失掉丈夫，儿女失掉父亲而使自己逃避责任，其次是我还希望有一天能恢复文学创作生活，把自己要计划的工作在此生终结以前，给中国文学上留下一些成绩，因此自己勉励着忍耐着痛苦着……还是一天一天一步步地活下来！但是连这一点衷曲也不被谅解，一定要我有所"屈服"，不明不白地"低头"，甚至要置我于"死地"……①

萧军毕竟是一条汉子！更为难得的是，外在的压力似乎改不了他的性格，这可能是他"致命的缺点"？1979年当他读到蒋锡金文章中有胡风"有些阴险家的味道"等词句，他再次仗义执言：

你在写这一段评语和描写的开始，是否想到它可能会产生的影响和后果？
（一）不管胡风他的为人、作风、性情……如何，我们个人对他满意或不满意，我以为这是次要的。在今天，首先应该同情他在政治上所遭受的无辜迫害！

---

① 萧军1958年11月21日致彭真信，《萧军全集》第16卷第399—400页。

他今天还没能够"翻身",我们这样写是无异于"落井下石",在客观上正是他的"私敌"所需要和高兴的……

……

(三)你说我们和胡风之间说话称鲁迅先生为"导师"使您感到厌烦,这也可能的。但是据我的记忆,我们谈话时从来没用过"导师"(即使用了,我以为也是应该的)这一称呼,顶多用"周先生"或"鲁迅先生"以至于"老头子"而已。这和"你们"之间称呼郭沫若为"郭老"又有什么区别呢?①

这又让我领略了在延安为了王实味,萧军舌战群儒的风采。更耐人寻味的"我们"与"你们",这样的派别还是有形无形的存在,在萧军、胡风、冯雪峰这些鲁迅的学生一个个"出事"之后和批判他的过程中,虽然都是国家组织的活动,但参与者的心态之不一却颇值玩味,挟个人恩怨参与政治运动古已有之,"个人恩怨"本属难免的人之常情,而借政治之名打击异己,又赢得"政治正确",无疑是借"公理"杀人,久而久之,所谓"公理"便也威信扫地了。

1949年,是一个巨浪翻滚的时代,它的主旋律是胡风《时间开始了》所表达的那种激越,而在这之下,还有忧郁和孤零,关于历史的叙述从来不应当是一个层面的。在新时代新气象的背后

---

① 萧军1979年3月16日致蒋锡金信,《萧军全集》第16卷第190—191页。

自然也有很多令人匪夷所思的事情:

（1949年刚进城）文管会围绕（北平艺专）是否留用齐白石发生了激烈争论。有的人以他每月只来学校一次、为学生画一张师范画为由，声言要停他的工作；艾青以军代表的身份坚决拒绝此议，甚至动了气，说："日本人和国民党在的时候，他都没有饿死，难道要饿死在我们手里不成？"由于艾青的反对，这件事最后不了了之。①

郭（沫若——引者）询及中央美术学院整风情况，是否仍画国画？余告以国画山水花鸟，已无习者，惟人物尚有人画，但亦只画小人书连环画。关于过去，一概归之封建艺术，对于民族传统技法，未免鄙弃过甚。郭问何以无人画花鸟？余告以现以人为社会活动主体，故只画人不画花鸟。郭云如此则动物园中，只将人关闭其中足矣。②

经历过"文化大革命"的人，对这样的事情只会感觉小巫见大巫，但这是否足以证明"文化大革命"就思维逻辑而言并非"史无前例"？如果是这样，那么我们真需要警惕了，说不定哪一天这种逻辑又借尸还魂了。

---

① 程光炜：《艾青传》，北京十月文艺出版社1999年版，第411页。
② 常任侠1952年1月20日日记，《春城纪事》第236页。

七、不知道他们为什么那样看重"地位"

文代会就要结束了,谈及收获,叶圣陶在日记中记下了"三百万斤"小米:"晨至怀仁堂,出席文代会末次大会。郭沫若作大会总结。余未能听明白。发表选举结果,全国委员会八十七人,余在其内。沫若作闭幕辞,有一语最可记,此次大会费用值小米三百万斤。于是散出,二十天之会议遂告结束。余以出席甚少,所得无多。他人颇谓大有收获者。大致知见之交流,自是此会最大意义。"① 接下来是全国文学工作者协会的筹备、成立会乃至文协全国委员会。"九时至公园来今雨轩,文协全国委员会开首次之会议。互选出常务委员二十一人,余不在内。又将大会通过之章程加以修润。十二时散。"② 各会议结束,巴金他们要回去上海了,叶圣陶日记中曾记载他们告别长谈:"至留香饭店,晤上海来参加文代会之诸友。彼辈本以今日返沪,因大水没铁路,遂留滞数日。与巴金梅林谈较久。旧日文协取消,梅林需有服务之所,一时亦无由决定。十一时返。"③ 巴金和胡风等人于8月2日离开北平,4日深夜十二时半返回上海。④ 回到上海胡风要写《北行观感》:"文艺理论

---

① 叶圣陶1949年7月19日日记,《叶圣陶集》第22卷,江苏教育出版社1994年版,第58页。
② 叶圣陶1949年7月28日日记,《叶圣陶集》第22卷第58页。
③ 叶圣陶1949年7月31日日记,《叶圣陶集》第22卷第61页。
④ 《文代大会收获丰硕 本区代表前日返沪》,《人民文化报》1949年8月7日。

家胡风,自随文代大会南方第二团返沪后,刻正赶写《北行观感》。胡风先生在上海未解放的半年前去北方的,所得材料极丰。他说:北方的文艺运动至为蓬勃,在东北的大连、哈尔滨两处出版实用读物较多;因为许多青年作家思想改造后,都已深入部队参加工作的缘故,沈阳出版《文艺战线》一种,报纸副刊上也可以常见到文艺作品。留在天津等地的作家们,已大批地进入工厂工作,真正和工人阶级结合在一起。最近胡先生不打算写文艺批评文章,准备多费工夫用在研读老解放区的文艺作品和了解当前的政治和政策。他认为今后写文艺批评必定要合乎历史方向及人民的需要才对。"① 胡风的主人翁姿态始终很强。

不久,他再次与巴金北上,这次巴金回沪,他滞留在北京,还托巴金给梅志带信。这之后有一次工作机会,胡风郑重地考虑过,那就是在将要组建的华东文联任职:

> 在路上想了一想,徐(平羽——引者)、雪(苇——引者)都想我问到巴金,很有深意,但当时没有觉得。见到他们时,如他们问及,或有机会,你可以说一说实情。一、巴金是尊敬我的,超乎一般人之上。我们一直保持着友谊。二、我的文章巴必读,而且总是说好的。三、何对我的"批评",巴是很不满意的,虽然何和巴关系很深。四、这两年,我的情形似乎使巴有"前车之鉴",所以更世故了。五、据你观察,在

---

① 可人:《胡风在沪赶写〈北行观感〉》,《人民文化报》1949年8月21日。

某一程度上,我是能给巴影响的。……总之,用你自己的意思说,要自然。

我想,有雪在,就在华东工作一二年也好。我想是可以作出成绩的。现在没有人,可能想到我和巴的。那么,要先给他们我能影响巴的信心。当然,主要地还要看北京肯不肯。我想,能谈话时,我会暗示这个工作的。如能做到,刊物、剧团、创作组就都能够做得到了。想来想去,不有工作机会是很困难的。现在情形又弄到受三花脸底嫉妒了。①

不知为什么,读胡风的书信总给我以工于心计的印象,读此信也不例外,胡风的内心中始终有一种紧张的情绪,它敏感地防范着他人。经手此事情的刘雪苇回忆:

在这之前,批《武训传》后,还有个筹组华东文联的事应该一提。这也是我负责文化处时主办的工作。在筹备工作做得差不多时,领导要我提华东文联领导机构候选人名单,我曾先在口头上提过初步考虑方案。我对舒主任(舒同)说,如果夏衍不调华东工作,(当时他是中共上海宣传部长,并据说身兼26职。)是否可考虑胡风做主席,巴金做副主席的候选人?舒要我去"和上海商量",取得一致意见后汇报他再定。但不久他便告诉我,夏要来华东局任宣传部副部长,胡风的工作由北京(中央)安排,华东文联应安排夏

---

① 胡风1951年4月22日致梅志信,《胡风家书》第210—211页。

做主席候选人。①

上面并没有给胡风这么重要位置的打算,而胡风在私下里也不高兴:

> 到京以后如何,那就只有"听凭尊便"了,回华东,巴正我副,那是不好办的。要尊重他,又要自己负责,那怎样做工作?不知道他们为什么那样看重"地位"?②

> 弄华东和写作,实在是有矛盾的。但问题是,不开一个口子,就实在太困难了。但如果把巴金放在头上当帽子,那也费力得很,倒不如被压几年,写点什么的为好。这些,也只有到了北京以后才能知道究竟的。③

> 雪苇回了上海否?我看,华东工作如不下决心,还要把巴金顶在头上,浪费精力,那我还不如不做的好。④

在此,胡风又一次表现出他的性格,可能有巴金任正职的

---

① 雪苇:《我和胡风关系的始末》,《新文学史料》1987年第4期。
② 胡风1951年8月26日致梅志信,《胡风家书》第233页。
③ 胡风1951年9月9日致梅志信,《胡风家书》第235页。
④ 胡风1951年9月27日致梅志信,《胡风家书》第236页。

说法，哪怕他们关系很好，胡风也不愿意把巴金"放在头上当帽子"。那么，他只好等待周恩来来解决他的这一切问题。因为在重庆的时候，周恩来一直关心着胡风的工作，胡风对此常常感念不已，他希望能与周有彻底的长谈，解决理论和现实中的诸问题，但此一时彼一时，新中国成立之初，内政、外交各项问题忙乱中，一直到1951年底才有机会交谈，这次谈话从下午三点一直到八点半，但胡风没有得到他期待的结果：

> 周恩来批评他"也有点宗派主义"。所谈主要问题有：你还是要合作，不合作不好，工作得大家一起做。关于30年代文艺问题，可找周扬好好谈谈，可能的话，开开小型座谈会；二、你的组织问题应该解决，可以找丁玲、周扬谈谈；三、现在中央很忙，主要抓大事，抓经济、抗美援朝，来不及抓文艺，中央非常需要了解文艺情况，你可以写个材料给中央，谈谈你对文艺的看法。①

周的谈话是切中要害的，最后一点也是促动胡风上书中央的原因之一，大约胡风再一次错误地估计了形势，以为周鼓励他反映情况感情的砝码就移到了他这一边，尤其是与周扬两次谈话不欢而散，胡风觉得更需要向最高领导报告文艺界的严重情况，而周恩来显然有通盘的考虑，尤其是在全国已经展开知识分子思想改造的时候，难道胡风就有豁免权？故此，在周扬

---

① 李辉：《胡风集团冤案始末》，湖北人民出版社2003年版，第128页。

的汇报信上，周恩来这样批示：

周扬同志：

　　同意你所提的对胡风文艺思想的检讨步骤，参加的人还可加上胡绳、何其芳，他们两人都曾经对胡风进行过批评。不要希望一次就得到大的结果，但他既然能够并且要求结束过去二十年来不安的思想生活，就必须认真地帮助他进行开始的清算工作，一次不行，再来一次。既然开始了，就要走向彻底。少数人不成功，就要引向读者，和他进行批评斗争。空谈无补，就要把他放在群众生活和工作中去改造，一切都试了，总会有结果的。

周恩来

七月二十七日 [①]

　　随同，又给胡风的一封信，明确说："如能对你的文艺思想和生活态度作一检讨，最好不过"，并特意点到："舒芜的检讨文章，我特地读了一遍，望你能好好地读它几遍。"[②] 这已经是箭在弦上不得不发了。

　　一个甲子过去了，如今再翻读这些泛黄的史料时，我的耳畔不断地回荡着陈寅恪先生的声音："纵览史乘，凡士大夫阶

[①] 周恩来 1950 年 7 月 27 日致周扬信，转引自李辉《胡风集团冤案始末》第 107 页。

[②] 周恩来 1950 年 7 月 27 日致周扬信，转引自李辉《胡风集团冤案始末》第 108 页。

级之转移升降，往往与道德标准及社会风习之变迁有关。当其新旧兑嬗之间际，常呈一纷纭综错之情态，即新道德标准与旧道德标准，新社会风习与旧社会风习并存杂用。各是其是，而互非其非也。斯诚亦事实之无可如何者。虽然，值此道德标准社会风习纷乱变易之时，此转移升降之士大夫阶级之人，有贤不肖拙巧之分别，而其贤者拙者，常感受苦痛，终于消灭而后已。其不肖者巧者，则多享受欢乐，往往富贵荣显，身泰名遂。其何故也？由于善利用或不善利用此两种以上不同之标准及习俗，以应付此环境而已。譬如市肆之中，新旧不同之度量衡并存杂用，则其巧诈不肖之徒，以长大重之度量衡购入，而以短小轻之度量衡售出。其贤而拙者之所为适与之相反。于是两者之得失成败，即决定于是矣。"[1]陈先生的话也让我感慨：一个伟大的史学家，不仅能够考证史实、梳理历史，而且还目光如炬洞察现实。历史没有终结，哪怕它不是波涛滚滚而来，也常常会有星点水花溅在我们的脸上。

2009 年 9 月 6 日至 27 日
2010 年 2 月 12 日晚改

---

[1] 陈寅恪：《元白诗笺证稿》，《陈寅恪集》，生活·读书·新知三联书店 2009 年版，第 85 页。

洁白的心房充溢着新生的恩惠

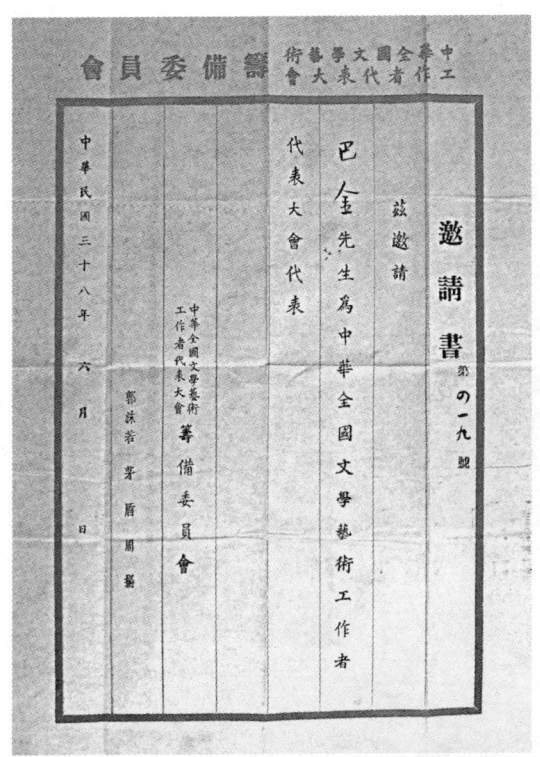

巴金藏首届文代会邀请书

巴金1949年9月摄于北京
华文学校（蔡楚生摄）

1948年胡风全家合影

1949年第一届政协会时，胡风摄于北京华文学校

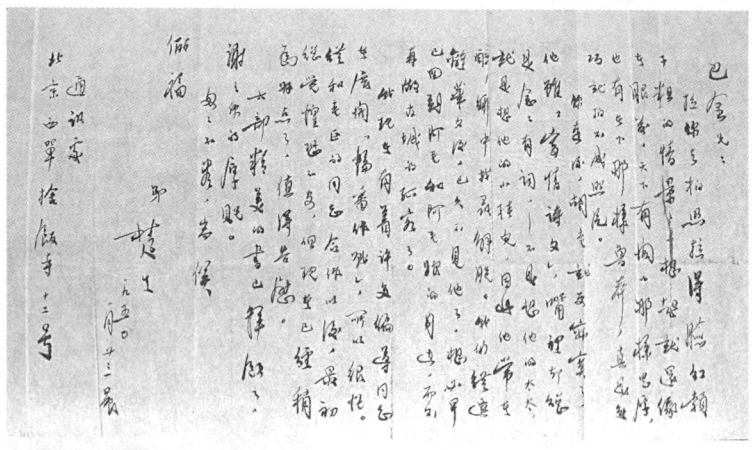

蔡楚生1950年1月23日写给巴金的信

洁白的心房充溢着新生的恩惠

巴金第一次文代会期间摄于北京颐和园

前排左起：赵树理、马思聪、蔡楚生、柯仲平；后排左起：程砚秋、史东山、田汉、艾青、周扬、丁玲、胡风、巴金

巴金书信中的历史枝叶

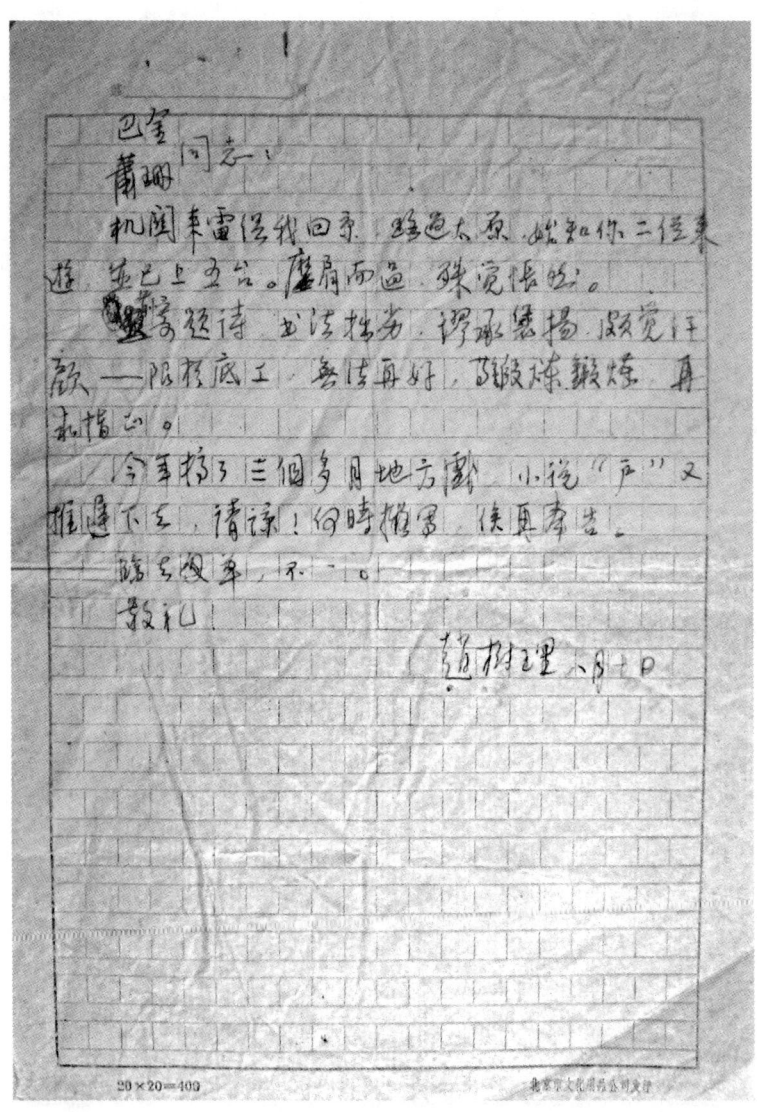

赵树理 1964 年 8 月 10 日写给巴金夫妇的信

洁白的心房充溢着新生的恩惠

赵树理写给巴金的夫人萧珊的《石油歌》

1980年，萧军、胡风、聂绀弩的重聚，岁月已剥夺了他们青春的容颜

1981年，萧军摄于北京鲁迅博物馆鲁迅雕像前

1952年萧军摄于北海，俨然一位独行侠

1961年大病后的萧军，满身"瘦骨"却双目有神

洁白的心房充溢着新生的恩惠

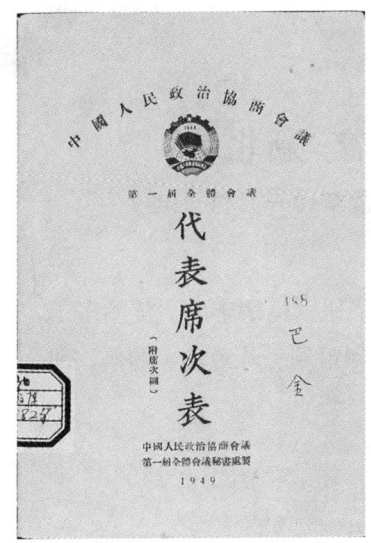

巴金保存的首届政协会的代表席次表

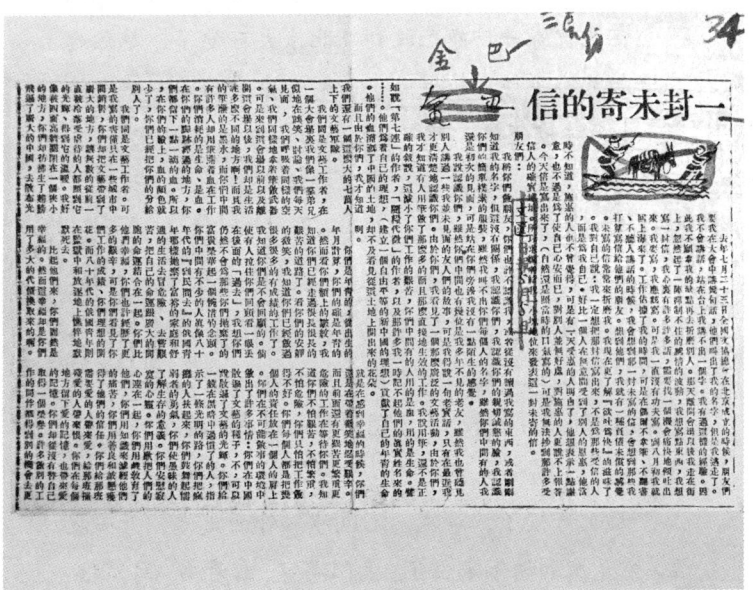

巴金《一封未寄的信》一文的校样,在该文中巴金表达了自己参加首次文代会的心情

金色的阳光照耀着"新北京"
——从黄裳致巴金、萧珊的一封信说起

有时候觉得黄裳先生的毛笔字比钢笔字丰腴、潇洒多了,比如面前这封1950年他写给巴金和萧珊(陈蕴珍)的信,那是一张荣宝斋的信笺:

李先生
蕴珍:

在此曾寄一信想已收到。北京太可爱了,越住越不想走大约还得再等十天。前两天东奔西跑,拜客请客,今天才空下来,可以自己玩了。去看沈从文一次,不在,未遇见。在玉华台请客一次,来者二十许人,自府委部长至大学教授,济济一堂,谈到两小时才散。老舍大喝酒,大谈林语堂胡适,还当场唱大鼓,甚妙。圣陶兴致亦好,遇见冯至,《杜甫传》将杀青,不知平明仍需此稿否?东安市场详细巡视一遍,屠格涅夫全集只有(三)一本,法文图书馆尚未去,酒在哪里买,请告。

天气好极了,晴暖,无风沙。外面走走,开心之至。今天搬到潘家来住了。太阳满室,看看书,写写信,实在比上海生活来得有意思。晚上去听尚小云,新戏,

大概不灵,谭富英打渔杀家公堂一段,大讲新词,连他自己也脸红了。妙甚。再谈。

祝好!

黄裳

一月十四日

此信写于1950年,正值时代转换、社会生活发生翻天覆地变化之际,"新北京"正在打烂一个旧世界、建设一个新世界,战争结束,终于可以生活安定下来的知识分子们心境也各不相同。作为《文汇报》记者,黄裳此行是1949年11月从上海出发,经过南昌、赣州,从韶关、广州到了香港,又从海上回到了青岛,经过胶济路津浦路到天津、北京。

黄裳是1月5日下午一时半抵京的,住在北平中国旅行社。年头岁首,黄裳说:"怀着无比兴奋的心情,来到了新都,车子过了永定门,远远看见哈德门的城楼,北京城笼罩着层雾。太阳挥出头来,雾慢慢给澄清了。金黄色的阳光照耀在路上,路上走着牛车、骆驼。太阳光照在红墙绿瓦的庙宇上,发着闪烁的光亮。心里有说不出的冲动。""火车进了车站,提着旅行包下车,走出车站,就首先碰上了迎面吹来的一阵风沙。从眯缝着的眼睛里看见了正阳门和中华门的城楼。呀,这是北京,这还是我们熟习的北京呀,可是不,不敢说熟习你,认识你,得好好地仔细地了解了解,呀,你,新北京!"[1]黄裳在这里住了一个月,写了以"新北京"为题的一系列报道,自1950年

---

[1] 黄裳:《新北京》,上海出版公司1950年版,第2、3页。

2月底开始在《文汇报》上不定期刊登。1950年12月上海出版公司将这组文章与"解放后看江南"一组以《新北京》之名出版单行本,次年一月再版。①

一、东奔西跑,拜客请客

黄裳致巴金的这封信写在黄裳在北京采访期间②,文字中可见他兴致很高,可能本身是北方人的关系,连连称赞天气。加上这个藏书家到了北京,更是如鱼得水,"到北京后,一头扎进琉璃厂和隆福寺就出不来了。"③新朋旧友的聚会更是意

---

① 本文写出之后,黄裳先生重新抄出当年日记,并加了很多按语,题名《凤城一月记》发表(现收于《来燕榭文存》,生活·读书·新知三联书店2009年版)。黄先生在该文后记中说:"五十年来,'年光逝水,世故惊涛',人物的起伏升沉,风景的巨丽改换,读旧记时不免引起许多感慨。""在北京我度过忙乱但快乐的一月,难怪我给李先生和蕴珍的信里说,北京的生活比上海有意思多了。大有'乐不思沪'之意。"(《来燕榭文存》,第28页)关于这次来京,黄裳在《凤城一月记》小引中说:"一九四九年底,我随《文汇报》总经理严宝礼赴港洽商购纸,勾留约一月。乘船北返。我不耐海行寂寞,在烟台先下了船,乘火车经济南到天津。津沽是我旧游之地,暌隔多年,不忍即去,因而留连了几天,才到北京。"(《来燕榭文存》,第3页)本文将根据黄裳日记,以引注的方式补充一些信息。

② 信的第一句:"在此曾寄一信想已收到。"据黄裳日记,1950年1月8日:"蕴珍、巴金来信,即复。"1月9日日记:"寄蕴珍信。"(分别收《来燕榭文存》第9、12页。)

③ 黄裳:《断简零篇室撷忆》,《藏书家》第2辑,齐鲁书社2000年版,第2页。

兴昂然，让他乐不思沪了。

这封信短短三百余字，向巴金"汇报"的内容却不少，寥寥数语也颇为生动。

访沈从文未遇，不知这位令朋友们牵挂的小说家当时是何情形。据沈虎雏的《沈从文年表简编》（《沈从文全集》附卷，北岳文艺出版社2003年版），1949年3月28日沈从文病中自杀，获救后被送入精神病院。4月出院后，北京大学已经没有他的课程，也就意味着他在这里做教师的路途走到了尽头；7月的第一次文代会上也见不到他的身影，等于作家的身份难保。果然，8月，他的人事关系就转到了历史博物馆，被分配在陈列组，抄抄卡片、清点文物而已。黄裳来京的时候，他大概在写《解放一年——学习一年》这样的文章，接下来是写回顾自己历史的材料。1950年3月便被送入华北大学（后随建制转入华北人民革命大学），直到当年底才毕业。这个小学没毕业的人总算有了张"大学文凭"了。

关于老舍的话，虽然只有一句，但也"甚妙"：老舍一个月前才从美国回来（1949年12月9日乘船到达天津大沽口码头），回到他熟悉的北京和朋友们中间，与在美国的孤寂生活相比，心境已大不一样。他所受到的隆重欢迎又使他有了不同的感觉。据张桂兴编纂的《老舍年谱》（上海文艺出版社1997年版）记载老舍到达北京的次日，即由阳翰生陪同会见了周恩来总理，畅谈许久。1950年1月4日，中华全国文学艺术界联合为庆祝新年并欢迎老舍举行联欢茶会，茅盾、周扬、叶圣陶、曹禺等七十多人出席。周扬的讲话中说：老舍的回国将有助于中国文艺的通俗化运动。老舍身体力行,在会上就唱了到北京后刚刚写好的太平鼓词《过新年》:"大年初一头一天,/家家户户过新年。""胜利的新年这是头一次,/工农翻身福在眼前。/从此后,大家生产,大家吃饱饭,/真正的自由平等到了民间。"①性格活泼的老舍在玉华台又唱起来了,是不是有这一段很难说,但私人聚会的气氛更为自由,黄裳笔下的老舍是这样的:

> ……客人差不多都到齐了他才来。服务员掀起门帘,我们就看见在院子里走进来一位中等身材胖胖的人,穿着皮大衣,走起路来一歪一歪的,不大。进门一脱大衣,他上身穿着一件绿呢西装,里面是大红黑花的呢衬衫,就像美国西部的牧童的装束。底下穿的是两条蓝绸子棉套裤,扎着裤脚。太现成了,说明了这位老北京刚从美国回来。②

这身打扮难怪黄裳记忆深刻,而"一歪一歪的"是老舍在美国得了腿病。老舍对鼓词兴致很高,现场还向大家发表了一通用新鼓词描写伟大时代的雄心。他唱的什么呢?

那天吃饭,他端起杯子来,同对面的吴晗副市长

---

① 老舍:《过新年》,《老舍全集》第12卷,人民文学出版社2013年版,第687、690页。
② 黄裳:《老舍在北京》,《新北京》第13页。

干了一杯，提高了嗓门，当场表演了两句大鼓，"第一位民选的市长，他叫吴晗！"字正腔圆，获得了满屋子的喝彩声。他向市长致谢给他调查北京大杂院的方便。①

从老舍的这句唱词看，他还没有从美国式民主的思维中转换过来，尽管回国后，他不断地批评美国没有民主、没有自由，完全是一个金钱、腐化的社会。"别提美国了，一提就是一肚子气！"②不过关于林语堂和胡适他会讲什么呢？大胆地推测一下是不是说他们讨好洋人之类的呢？当然这种推测不好做得过分，老舍口中讲出的恐怕更多是各种具体的"故事"。

信中提到的叶圣陶，据黄裳后来回忆："解放初我到北京，又得与他相见。那时他先后担任了出版总署副署长和教育部副部长，但生活依旧简单寒素，住在一处并不宽敞的旧房子里。见面惊喜，记得当晚就在他家小饮。"③信中还提到时任北京大学西语系教授的诗人、学者冯至，他的《杜甫传》从1946年写起，历时三年多即将完成。"不知平明仍需此稿否？"④那是因为在40年代后期冯至的重要作品都归由巴金担任主编的文化生活出版社出版，如《伍子胥》（1946年版）、《山水》（1947年出

---

① 黄裳：《老舍在北京》，《新北京》第17页。
② 黄裳：《老舍在北京》，《新北京》第14页。
③ 黄裳：《故人书简》，《黄裳文集·春夜卷》，上海书店出版社1998年版，第117页。
④ 黄裳1月9日日记："去沙滩访冯至、费青，长谈，至天色昏黑始辞出。"（《来燕榭文存》第12页）

版)、《十四行集》(1949年版)。平明是巴金兄弟创办,由巴金继续担任总编的一家出版社,但《杜甫传》最终是1952年11月由人民文学出版社出版的,原因有可能是冯至本人担任了1951年3月刚刚成立的人民文学出版社的副总编,近水楼台先得月嘛。顺便多说几句,在巴金所藏的书信中,还有冯至1946年致巴金的短信,谈的也是出书方面的事情(此信河北教育版《冯至全集》未收):

巴金先生:

上月得九月十六日手书,知《伍子胥》已出版,并云托萧乾兄带来十册。萧乾兄在平时,曾翰提及,惟彼云行前兄并未将该书送到。兹请兄将弟应得二十册航邮寄下,如之琳启行有日,托彼带来亦可。因文化生活出版社新出之书在北平一本也见不到。交通阻隔,我们仿佛在两个国度里。此上,即祝

著安

弟冯至上

十月十九日

《山水》后记不想写了,如能付印,请即付印,无后记亦未为不可。①

黄裳信中提到的"潘家"是潘静远(潘齐亮)家,当时

---

① 查《冯至全集》这个后记,他还是于当年冬天写了。

在羊尾巴胡同。①潘是《文汇报》驻北京办事处的记者,黄裳后来这样介绍他:"静远是一位天才去勤奋的记者,活动能量是非凡的。他在北大读书,在这以前就在上海的《周报》上写过一些出色的通讯了。他曾是吴晗的学生,同时也是许多位名教授的学生,他与学生组织的关系就更不必说。他在教授群中活跃得很,无论左、中、右,他都能登堂入室,随时进行各种必要的访问、谈话。""静远在十年动乱中不明不白地死去了。至今我还打听不出他的死因和死法。"②"屠格涅夫全集""法文图书馆"和"酒",那是巴金在1950年1月4日给黄裳的信中所托办的事情。托他买《屠格涅夫全集》的第一册和第六册,因为其他册他已经有了。到法文图书馆也是买书,买普希金的 *Three Tales* 的英俄对照本,Julio Baghy 的世界语小说 *Sur La Sanga Tero*,并说:"前者在里面一间屋靠壁架子上,后者摆在一张靠里的桌子上。"书痴的记忆力令人佩服。"酒"则是"徐承穋希望能替他带两瓶法国教堂的葡萄酒。"巴金给黄裳的这封信现在收在《巴金全集》第24卷中,信的开头就说:"信都收到,颇羡慕你的壮游。我现在的工作是埋头译书。这工作有时也会使人感到厌倦的。"③这话还有其他的信息都显示了在建国初的两年里,

---

① 黄裳1月13日日记:"返旅社。静远来。共移行李至南小街羊尾巴胡同二十七号潘宅。"(《来燕榭文存》第14页)
② 黄裳:《张奚若与邓叔存》,《珠还记幸》修订本,生活·读书·新知三联书店2006年版,第23页。
③ 巴金1950年1月4日致黄裳信,《巴金全集》第24卷,人民文学出版社1994年版,第369页。

巴金仍旧想守住文人的本分：办出版社印书，自己翻译书。当然这个想法后来被现实打破了。

二、这个人是不能不看的

"在玉华台请客一次"，具体时间是1月11日，"自府委部长至大学教授，济济一堂"，那天吃饭还有谁去了呢？① 从写老舍的文章中，可知有吴晗，在吴晗的引荐下，黄裳得以出入清华园拜访教授们。在怀念吴晗的文章中，他谈到了当时的情况：

> 新中国成立的第一年，我有机会到北京去，又与他相见。当时他是清华大学的负责人，又是北京市的副市长。我来到清华园西院十二号作客，他还住在这所旧居里。房子空落落的，书架上没有书，只放着两瓶朋友送的汾酒。中饭时他打开了酒瓶，不知怎么一来，两人竟把两瓶汾酒喝光了。乘着酒兴出去挨家访问。从不同主人接待我们的不同反应，可以清楚地感觉到当时清华园里的政治气氛与不同

---

① 黄裳1月11日日记："晨九时到市政府，与辰伯长谈至十时许辞出。即去玉华台。中午客纷纷至。有叶圣陶、马叙伦、吴晗、罗隆基、邵力子、钱端升、费青、老舍、罗常培、冯至、闻家驷、许德珩、向达、宦乡、樊弘、曾昭抡等，群贤毕至，真盛会也。吃酒不少。"后来写的按语中，黄裳称："报馆宴会名单，系我与浦二姐、静远等商议决定。"（《来燕榭文存》第13页）

金色的阳光照耀着"新北京"

的政治态度。醉醺醺的吴晗带了一个新闻记者的到来,曾经使那个留着长胡子的蒋家王朝的御用哲学家忐忑不安。他请我们坐在书斋里,首先指给我看的是一张装在镜框里的领导人写给他的回信,接着就告诉我,他不久就要下乡参加土改去了。二十多年以后听说哲学家已经化为"梁效"的顾问时,我立即想起了那次访问的奇特有趣的场景而不禁微笑了,好像一道疑难的数学命题终于获得了解答。自然,在访问中更多的是对我们的热情的接待。那一次我看到了张奚若、梁思成和睡在病床上的林徽音、邓以蛰……。特别不能忘记的是当天深夜吴晗还带我去看了清华的一位美国教授温特。时间已经很晚了,可是吴晗说,"这个人是不能不看的,一定要去看看!"[①]

此行中对于吴晗的印象,黄裳1997年10月20日致李辉的信中还有补充:

> 吴晗解放后,的确逐渐变了。一九四九年我到北京,吴晗约我去清华园,住在他家,两人喝完一瓶汾酒,然后带我夜访诸名教授。冯友兰接待他的神情犹在目前。吴晗当时是管清华的,宛如接收大员。当然,

---

[①] 黄裳:《过去的足迹》,《黄裳文集·珠还卷》第334—335页。

他对张奚若、梁思成……还是老朋友。①

在吴晗带他所见的教授中，给黄裳印象深刻的是冯友兰。三年前，黄裳就采访过冯友兰，1947年1月16日《文汇报》刊登的前一日所写的《怀冯友兰先生》所记印象是："冯先生穿了白布裤褂，三绺美髯，手摇折扇，飘潇出尘，有如一位有道之士。"通篇文章虽未表示明显的倾向，但褒贬已含文字之中，作者对冯的"超然"显然持嘲讽的态度：

> 冯先生的悠然的姿态，不慌不忙的语气，可怕的炎暑也因之而失色了。他回答着关于内战，政治，一连串的问题，总是不即不离的几句不着边际的话。我们问到他教授的行程问题，他把这些完全付托了能与主席直接谈话的傅斯年先生。而且说国家待我们不薄，

---

① 黄裳1997年10月20日致李辉信，《来燕榭书札》，大象出版社2004年版，第172页。1月16日日记黄裳记道：

> 清晨即起。与静远到故宫门前乘清华校车去清华园。九时许到。先去西园十二号，吴辰伯先生在家。坐谈终朝。吃葡萄酒。午饭吃山西杏花村汾酒不少。
>
> 饭后去看梁思成先生，谈他的新北京计划。四时许访张奚若先生，大谈京戏。移时金岳霖、邓叔存俱来，仍坐谈。奚老兴致奇佳，大谈掌故。如北平解放之与邓、傅，又新国旗之形成、金箍棒等，皆秘史也。
>
> 七时在吴宅饭。又饮酒不少。饭后出去。与辰伯先生访冯友兰、吴景超等。已夜深。辰伯说，有一人不可不见，乃又到美教授温特家，长谈。十时返寓，即寝于西园十二号，

飞机原有要用，教授本该避嫌的。①

1950年，在清华重逢冯友兰，黄裳还不忘三年前相见的印象，并特别提到了他的胡子："这是一位中国'正统派'的哲学家的代表人物。他的著作和他的行径似乎跟他那山羊胡子是不可分割的。不过四十多岁，却早已留起了挺漂亮的胡子了，衬着那件大褂，就正是一个标准的'师表'姿态。"②于是黄裳联想到冯友兰的老乡诸葛亮，说冯也有做帝王师的梦想，而其哲学自然成为为封建帝王服务的"宝贝"了。但1950年这次冯友兰可没有三年前那么悠然了。"这样的一位哲学家，在最近发表《一年学习的总结》的文章以后，下乡去参加土改工作去了。"冯友兰报名参加土改上了当时报纸的新闻。黄裳文章中说是群众的力量"打垮了他的自信，打掉了他的威风——这都是知识分子的包袱"，他给毛泽东写信，希望能给他一个改过自新的机会，毛泽东马上回信了，"告诉他知识分子的改造是得慢慢来的，欢迎他努力学习。他很感动，碰见朋友就拿出这封信给人看。……（他）承认了过去的自己的立场是地主阶级的立场，自己的作风是个人主义和英雄主义的作风……"③改造来改造去的冯友兰晚年在《三松堂自序》中对自己所走过的道路做了彻底的反省，黄裳非常关注这本书，在致友人的信中还特地提

---

① 黄裳：《怀冯友兰先生》，《来燕榭集外文钞》，作家出版社2006年版，第307页。
② 黄裳：《知识分子的改造》，初收《新北京》第5—6页，现收《来燕榭集外文钞》第425页。
③ 黄裳：《知识分子的改造》，《来燕榭集外文钞》第426页。

了一笔。"《三松堂》一书确是有趣之书,人民日报有介绍,当是公论。但恐看来不顺眼者尚必有人。此前在汉口黄鹤楼笔会遇宗璞,谈及此书,她也没有多谈下去。我先在沪汉船上谈了的。"①

与冯友兰同列在黄裳这篇《知识分子的改造》题下的是社会学家吴景超,对于吴的描写比冯更具体、形象,许多细节耐人咀嚼,黄裳称他是"书斋里面的社会学者",虽然过去反苏却并不亲国民党:

> 这一次在清华看到吴景超,又是在清华的极漂亮的图书馆的地下室的社会科学研究室中,这是一间间的小房间。推门进去,一位瘦长戴着深度眼镜穿着大衣的人在堆满了洋书的台旁边站了起来。这就是他,他用纤长而白的手指将桌上的一架小型打字机推开,关上了满满装着的卡片箱,坐了下来……
>
> 我们的谈话还是先从读书谈起,他随手从座位旁边的小木书架上抽出了两本红布面精装的英文本马克思的《资本论》,他说这还是在《新路》没有出版以前从美国买来的。还给我看了书里夹着的发票。……他还指给我看书里面用红铅笔画的择要和附注的意见。②

---

① 黄裳1985年5月22日致范用信,《来燕榭书札》第132页。
② 黄裳:《知识分子的改造》,《来燕榭集外文钞》第427页。

他检讨自己过去对苏联的偏见是荒谬的,并详细说:"拿资本主义已经发展到将近崩溃阶段的美国的产量跟建国期中的苏联来比较,根本是不公平的,存有偏见的。"① 现在他是清华上大课的教授,这种大课有三千多人上,连扩音机都用六七个,他讲的题目有两个:国家与革命,社会主义与新民主主义革命。"第一次大课讲完,同学还没有反应,党团有过批评。这种批评,如果不是经过半年多来的修养,是一定会感到不舒服的。他的看法转变了,要公开批评,在第二次大会开始以前,先找个党团里理论基础比较好的人来批评,他接受了批评,修改了讲演,这样,他觉得多少好一些。"② 不用说,这个课讲得如履薄冰战战兢兢。

而吴晗说"不能不去看看"的温特教授,当时已经六十岁了,但看上去只有四十岁的样子,仍旧独身一人,苦恼他的是没有人选他的课了。"现在,同学们更没有多少人要选什么西洋文学了。这个整个大学教程的问题,也使他的情绪受着打击。"在那群情激昂的年代里,西洋文学属于革命性不强的资产阶级文学,受到冷落是可想而知的。"我想,除了美国人这一点以外,在中国的知识分子中间,有些从前曾尽力于进步事业的人,现在多少也有着温特的烦恼吧。为什么呢,为了自己的个人主义、英雄主义,和受不了一点点伤害的小资产阶级的感情。新的社会,总有一天会使这批人强健起来,高兴起来,打起精神来!"③

---

① 黄裳:《知识分子的改造》,《来燕榭集外文钞》第428页。
② 黄裳:《知识分子的改造》,《来燕榭集外文钞》第428页。
③ 黄裳:《温特》,初收《新北京》,现收《黄裳文集·锦帆卷》,上海书店出版社1998年版,第539页。

还有一位教授虽然不乏选课者，但他觉得学生们的心思都不在这上面，同样感到失望，那就是大名鼎鼎的钱锺书，但他的话显然不合时宜，还有一些类似的东西在黄裳的"新北京"专栏中都没有写，三十年后黄裳回忆说："例如我去访问梁思成、林徽音，在他们住宅的晒满了阳光的客厅里坐了好半日，听梁思成谈古建筑，谈北平解放的故事……那时林已病得很厉害了，一直睡在一只小沙发上，也没有说几句话。就在那只沙发后面的墙上，挂着一张她盛年时所照的着色照片，真是一位非常非常美丽的少妇，无论如何也不能使发相信就是睡在沙发上的那个人。""那天在他们那里还遇到了金岳霖教授，冬天，还在室内戴着一副绿色的打网球时用的遮阳，给我留下的印象很深，他似乎连一句话也没有说过。"[①] 黄裳对钱锺书的造访也是在晚上，钱锺书是他在清华名教授中唯一的一位熟人，不用吴晗陪着，主人对意外的来访非常高兴，也谈兴大起，黄裳记忆中的钱家是这样的：

> 他和杨绛两位住着一所教授住宅，他俩也坐在客厅里，好像没有生火，也许是火炉不旺，只觉得冷得很，整个客厅没有任何家具，越发显得空落落的。中间放了一只挺讲究的西餐长台，另外就是两把椅子。此外，没有了。长台上堆着两叠外文书和用蓝布硬套装着的线装书，都是从清华图书馆借来的。他们夫妇就静静

---

① 黄裳：《槐聚词人》，《榆下说书》，生活·读书·新知三联书店1998年版，第226、227页。

地对坐在长台两端读书。①

三十年后,黄裳记不得当晚"快谈"的具体内容了,只记得那天晚上差不多是钱锺书一个人在谈笑。次日,黄裳又碰到过钱一次,后来钱又进城回访过他,所谓"三晤"也。钱还曾拖他向赵家璧讨《围城》的稿费,此书销路甚好,但作者一文钱的稿费还没有拿到呢。为什么在黄裳的系列报道中连钱锺书的一个名字都没有出现呢?他们谈话的内容还是有些"不宜"的,钱锺书抱怨开会太多,学生对文学没有兴趣。在黄裳回沪后即收到1月31日钱给他的信,要他下笔谨慎:

> 北来得三晤,真大喜也。弟诗情文思,皆如废井。归途忽获一联奉赠。(略)幸赏其贴切浑成,而恕其唐突也。如有报道,于弟乞稍留余地。兄笔挟风霜,可爱亦复可畏。(如开会多、学生于文学少兴趣等语请略)赵家璧君处乞为弟一促,谢谢。即上裳兄文几。徐、高二公均候。弟钱锺书再拜。内人同叩。

这封信抄录在黄裳《槐聚词人——一篇积压了30年的报道》中,原信中略去的一联,作者在文章中只给出了一半:"遍求善本痴婆子"。那是钱锺书听说他到琉璃厂,只买了一小册抄本的《痴婆子传》所给出的上半联,那么这个"幸赏其贴切浑成,而恕其唐突也"的下半联是什么呢?此文发表几个月后,黄裳

---

① 黄裳:《槐聚词人》,《榆下说书》第227页。

与钱锺书重逢,钱锺书还对此耿耿于怀!"他首先提起我四个多月前发表的一篇《槐聚词人》……他指出我记忆中的一个失误。在他俩住的那间冷清清的大房间里,确有一只讲究的西餐长台,但椅子是没有的。他说,那只不过是两只竖摆着的木箱。同时他还对我没有全文发表那首得意的诗表示了'不满'。"①但黄裳当时并没有公布下联的意思。公布这个下联"难得佳人甜姐儿"是在后来的一篇文章中,但却未做解释。倒是李辉在一篇文章中说得更为具体了:

> 在认识黄裳之前,关于这个笔名的来历我听过一个有趣的说法。说是年轻的容鼎昌,很欣赏当时走红的女明星、素有"甜姐儿"之称的黄宗英,堪称黄的"追星族",于是,便取"黄的衣裳"之义,选择了这样一个笔名。青少年时期的趣闻,长留在朋友笑谈中。黄裳本人在一篇文章中提到过,钱锺书曾为他写过一联:遍求善本痴婆子,难得佳人甜姐儿(《断简零篇室摭忆》)。可见他的这段"追星记"在当时文化圈是广为人知的。②

2003年1月15日黄裳致李辉的信,谈及他阅读李辉文章的印象时说:"这是一篇精心结撰的美文,是你第一个揭出了

---

① 黄裳:《槐聚词人——一篇积压了30年的报道》,《黄裳文集·锦帆卷》第499页。
② 李辉:《看那风流款款而行——黄裳印象》,《来燕榭书札》第2页。

我年轻时的梦影,借钱锺书给我的信中的几句话,'不为锦被之遮,偏效罗帏之启','窃有憾焉'。但既成的事实,自有揭露之一日,也就无'憾'了。"①

清华园里,费孝通的形象大概也是我们今天的人想象不到的,黄裳的文字随同也解释了吴景超所上的"大课"是怎么回事:

> 费孝通先生推着一部脚踏车,在园中走来走去。这位名教授,现在是清华的事实上的校务负责人之一,他忙极了,作文章得抽空几百字几百字地凑。他陪我去看了"大课堂委员会"的办公处,大房子里,同学、先生,一起忙着,墙上贴着高高的统计表,写着计划程序和总结资料,几千人的大课,教员、工友、同学在一起听讲的大课,真是史无前例的。而这个大课的任务是改造这些知识分子,使"神仙"还"俗"。②

三、现在的戏,那太贫乏了

清华园中黄裳还拜访了张奚若,并在他家里见到了邓叔存(以蛰),大家所谈的话题是旧戏。"张奚若先生叹息他再也不要听现在的戏,那太贫乏了。"③旧戏改造是这一时期报刊

---

① 黄裳 2003 年 1 月 15 日致李辉信,《来燕榭书札》第 183 页。
② 黄裳:《三入清华园》,《新北京》第 53 页。
③ 黄裳:《谈戏》,《新北京》第 36 页。

讨论的重点，写过《旧戏新谈》的黄裳到北京自然要过足戏瘾，但又不能忘了自己记者的身份，下笔自然是很有分寸的，《新北京》的十篇文章中写戏的占了好几篇，其中有《渔夫恨及其他》《谈戏》，还有采访北京人民艺术剧院的两篇文章《一支文化队伍》《瞻望新歌剧》，黄裳认为京剧面临三个问题："（一）怎样接受旧的？（二）怎样创作新的？（三）在过渡时期中，为了供应市场的需要，怎样修改一些旧戏在目前上演？"①问题提得都切中时弊，以"取其精华，去其糟粕"为原则的"戏改"似乎也没有什么不对，问题在操作过程中，"革命"的思想常常僵化地处理了一切，戏剧改革中的过火之处也常常有之，啼笑皆非的地方也不少。比如，当时就有人以反对封建礼节为名主张在舞台上废止跪拜，照此下去好多传统的剧就没法演了。张奚若、邓叔存两位先生一定也谈到了戏剧改革的现状，"他（张奚若）这些议论、见解，我在《新北京》里记下了一部分。有一些忘记了，有些是由于顾忌不敢写下来。这些意见，在当时和以后一段长时期里，看来都是'惊世骇俗'的，可是今天回忆起来，却是大胆而正确的艺术评论。"②在黄裳后来发表的1950年1月8日日记中曾记与张奚若谈话内容："张告今夜怀仁堂有招待戏，唯'戏提调'不佳，如梅之《别姬》甚劣，而不得不观之类是也。谭富英有老毛病，然在毛主席前必不敢懈怠，亦可称赞。谈到程研秋，说简直像妖怪，面如雪盆，身如

---

① 黄裳：《渔夫恨及其他》，《新北京》第31页。
② 黄裳：《张奚若与邓叔存》，《珠还记幸》，生活·新知·读书三联书店1985年版，第9页。

五十三加仑汽油桶，俱可发噱。又称此种招待戏为'招待戏'。"①许多文章中写不出来的感受，在私人通信中却无所顾忌地说了出来，给巴金和萧珊的信中这段是无比真实的："晚上去听尚小云，新戏，大概不灵，谭富英打渔杀家公堂一段，大讲新词，连他自己也脸红了。妙甚。"同样的话在公开发表的文章中却大有保留，这里摘录谈尚小云的新戏《墨黛》和谭富英改编后的《打渔杀家》（改后名《渔夫恨》）两段：

> 《墨黛》是新编的一出戏，演一段元代的历史故事。是述说被奸臣所害的一个大臣的女儿，怎样经过无尽的艰险，终于投奔到人民的义师里，因而得到了活路，更由于人民的力量，杀除了贪污不法的官吏，打倒了反动的政权复了仇。
>
> 这戏在卖座上很成功，可以看得出观众是喜欢新戏，而且也乐于接受新戏的。观众的尺度放得很宽，给了创作者以很大的勇气，这是很好的现象。这前面的路是够宽阔的，也够艰难的，可是观众肯跟了走，即使路上有崎岖、有荆棘，还是加以原谅的。
>
> 这种戏在北京能得到相当的成功是值得注意的。因为这是一个最守绳墨、旧的印象最深的观众最多的城市。②

---

① 黄裳：《凤城一月记》，《来燕榭文存》第9页。
② 黄裳：《渔夫恨及其他》，《新北京》第31页。

> 《渔夫恨》是《打渔杀家》的新名。我觉得这出戏在京戏里不愧为"经典著作",而且说起意识来,也可以说是最正确的一出了吧?这里的修改,只是添上了头尾,中间的一段还是照旧。
>
> ……
>
> 中间的修改,是萧恩到公堂一场改为明场,"让我问他几句!"挨了四十大板,也如实地描写出来。不过不知如何,我第二次听《渔夫恨》,这一场就还是老路的暗场。
>
> 关于修改的问题,这里不预备多谈。不过像"谭派正宗"的谭富英,改了他祖上传下来的"秘本",而且也报名参加了学习,却是值得称赞的。他还不够炉火纯青,不过他还年青,是正统派而有改造的心,如果加以适当的帮助,我想是不难有所成就的吧![1]

这次到北京,黄裳也一定去看望了梅兰芳,因为他曾说过:"五十年代每次到北京,总要去看梅先生。那时他住在护国寺街,是一所中型的四合院,听说过去是什么王府的马号。"[2] 还说梅家厨师的手艺和梅先生关于戏剧的精彩谈话同样让他留恋。但在《新北京》里并没有提到他拜访梅兰芳的事情,更不知道他们谈了什么,否则也很有意思,因为在《谈戏》一文中,黄裳有一节专门谈的"男扮女"的问题。

---

[1] 黄裳:《渔夫恨及其他》,《新北京》第32页。
[2] 黄裳:《东单日记续篇》,《珠还记幸》,生活·读书·新知三联书店1985年版,第514页。

四、老君堂的阴暗静寂

这次进京，黄裳还去拜访了俞平伯，后来回忆："一九五〇年顷，我到老君堂的俞宅去过一次，至今仍留下那棵大树和在它覆盖下的书屋阴暗静寂的印象。我向他约稿，撺掇他把旧作《红楼梦辨》重新改写。接下去就在我编的报纸副刊上陆续发表了后来收入《红楼梦研究》的开头几章。实在无从想到竟然惹起了那样的一场是非！"① 还随同柯灵去拜访过茅盾："第二次看见茅盾先生是一九五〇年一月二十七日的晚上，在北京东四头条他的寓中。这次是陪柯灵一起去的。柯灵正打算把《腐蚀》改编为电影，去听取他的意见。在他那舒适但不免有些冷清的小楼下面的客厅里谈了一会。柯灵把他的意见随手记在带去的一本《腐蚀》的封面上。这次谈话的时间也很短。"也去看了郑振铎和赵万里，都和书有关。这两位回沪后，写入了《京尘琐录》中，为《新北京》的最后一篇。郑振铎时任国家文物局局长，在团城办公，黄裳去看他时刚从上海南京回来，"是为了去接收整理一批南方的图书馆与博物院。他的兴致好极了，忙得要命"。他们谈起了私人藏书的问题，为国家聚书的郑疾呼私人藏书之风不可长了，由国家藏才是造福人民和社会。此话也看出他单纯的性格。在北京图书馆的赵万里处，黄裳倒可以消除没有机会拜访傅增湘的遗憾，因为他的藏书刚刚运到北

---

① 黄裳：《槐痕》，《珠还记幸》，生活·读书·新知三联书店1985年版，第245页。

京图书馆，他得以一观。

五十六年前的旧事残留在记忆和文字中大概就这么多，其中所提到的人几乎都已成为古人，但怀想他们的风貌仍让人唏嘘不已。交游本也是文人活动极其重要的一部分，哪怕没有记入文字中也是大家谈论不尽风雅之事，更何况 1950 年又是翻天覆地的大变化中的一年，知识分子的不同情态则更可玩味。

2006 年 5 月 24 日下午于复旦四舍

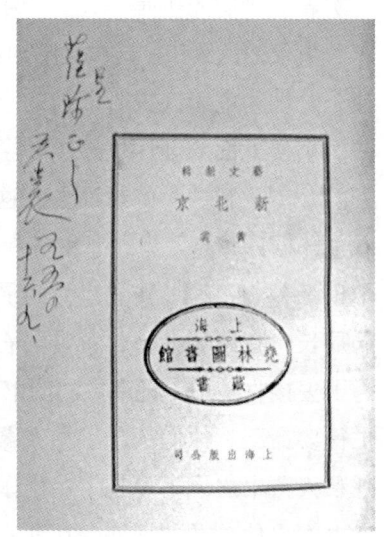

黄裳赠给萧珊的《新北京》

金色的阳光照耀着"新北京"

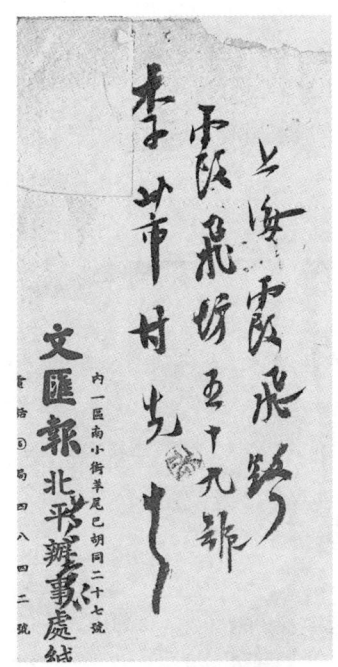

黄裳1950年1月14日写给巴金和萧珊的信

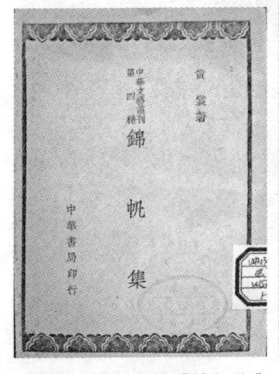
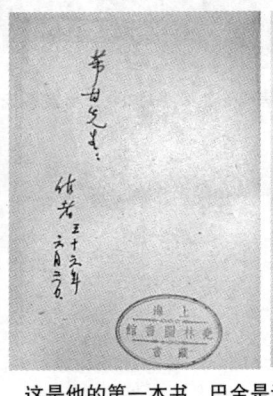
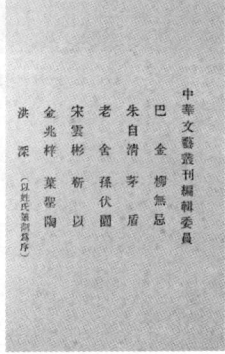

黄裳赠给巴金的《锦帆集》，这是他的第一本书，巴金是该丛书编委并推荐该书出版

本书作者2003年4月10日与黄裳先生摄于黄家

西子湖畔的十年之约
——巴金和师陀

一、十年后在这里见面吧

师陀（1910—1988），原名王长简，最初以"芦焚"笔名踏入文坛并引起关注，后因发现有人冒用这个名字发表文章，遂告别"芦焚"而改用"师陀"。对于这两个笔名，他曾解释"芦焚"是英文"暴徒"的音译，而师陀的"陀显然是'高地'，也许可以解释作'小丘陵'。因此，我所'师'的其实是高地或小丘陵，表示胸无大志"[1]。这是一个很有个性的人，提起他，我首先想到的还不是他风格独特的作品，而是与朋友间的两个故事：一个是他与卞之琳的传奇经历，一个是巴金、卞之琳、师陀三个人的深情之约。

前一个故事卞之琳在《话旧成独白：追念师陀》[2]讲过：话说1937年，卞诗人与王小说家看了萧乾写的雁荡山游记之后，游兴大发也要到山上去住住。不想这一住就住到中日两国军队"打起来了"，想从海路返回上海不可能了，只好到台州乘长

---

[1] 师陀1980年12月3日致刘增杰信，《师陀全集》第8卷，河南大学出版社2004年版，第6、7页。

[2] 此文收《卞之琳文集》中卷，安徽教育出版社2002年版。

途汽车经绍兴、杭州回沪。可是,就在战火烧到上海的这一天,两个人又突发豪兴(有什么办法,谁叫他们年轻呢?!)要去鲁迅的故乡看看。非常时期,中途有保安队检查,看这两人不像本地商贩,便警惕起来,要严加盘查。果然!在卞诗人的箱子里发现一个小红绸签条,有两组数码,这还了得?一定是特务的什么联络暗号,捉将回去讨赏也。到县公安局又搜查又盘查,越来越可疑,诗人和小说家有口难辩。所幸,天降两位文学爱好者,他们发现箱中手稿上署着"芦焚"的名字,证明完全是误会,恰其中一人好像与县太爷沾亲带故,他们出来证明,证明奏效,该县的秘书长还出面道歉。读者是上帝,勤奋总有酬劳啊——此乃颠扑不破之真理。这是8月13日的事情。

一夜无话,脱险之后估计两人兴味索然,不想再去游览了,次日乘车去杭州。在车站卞诗人买了份《绍兴日报》,足以载入史册的一个细节出现了,他赫然发现该报最后一版一条新闻赫然写着:新昌昨日抓到卞之琳王长简两名汉奸!半个世纪后,卞诗人说:"我空羡芦焚用笔名行世占了便宜,自己感到窝囊,趁大家不注意这些微末小事,就把报纸捏成一团,从车窗里扔掉了……"该是揭开谜底的时候了,卞诗人箱子里搜出的"密电码"到底是什么?是他不知哪年在上海吴良材眼镜店配镜架留下的包装纸,两组数字一组是价码,一组是货号!

另一个故事是垂暮之年的巴金叙述的①,还是1937年,大约是6月吧,师陀、卞之琳出游雁荡山,巴金为他们送行,来

---

① 见巴金《西湖之梦——写给端端》,《再思录》增订本,广西师范大学出版社2004年版。

到杭州。分别的前一天，他们三个人在天香楼吃饭，席间巴金讲到从日本报纸上读到的故事：两位好友被迫分开，临行相约十年后某日某时在一个地方会见。十年后，一个朋友去赴约了，左等右等不见人来，突然一个送电报的人叫了他的名字，接过电报见上面写着："我生病，不能来东京践约，请原谅。请写信来，告诉我你的地址，我仍是孤零零的一个人。"听了故事，师陀当即笑着说："我们也订个约，十年后在这里见面吧。"巴金说："好，就在杭州天香楼，菜单也有了：鱼头豆腐、龙井虾仁、东坡肉、西湖鱼……"十年很快就过去了，抗战结束，内战又开始，时局乱人心纷扰。那时，卞之琳从英国回来在天津，师陀在教书，巴金忙着编书校书。人到中年，他们谁都没有兴致去践约了。不过，友情仍在，巴金显然也无法忘记这个故事，然而，等他再一次提起当年玩笑似的"约定"时，他已是垂暮之年，三个人中，师陀已不在人世。

二、四十年中我大概算得上是和他见面最多的人

在朋友圈中，师陀算是巴金认识比较晚的一位。1935年11月，巴金从日本回来三个月之后，重返北平三座门大街14号，有一天师陀来找靳以，进门就说："听说巴金来了。"靳以答了个"是"字却没给他们介绍话题就转到别处了，偏偏师陀和巴金都是腼腆的人，坐在桌子后面看杂志的巴金不习惯站起来自报家门，师陀也不好意思主动去打招呼，跟靳以谈完稿子就匆匆走了。两个人居然在北平相见不相识，直到次年在上海才开始往来。

相识虽晚，巴金对于师陀的帮助却不少，师陀后来说："要说对我进入文坛帮助最大的人，那是巴金，他不但出过我许多书，对我私人生活方面也很关心。"①此言非虚，经巴金之手在文化生活出版社出版的师陀的作品就有《谷》《里门拾记》《野鸟集》《马兰》《大马戏团》《上海手札》《无名氏》等数部，占了师陀1949年前创作的大部分。巴金在编辑《文丛》杂志时不惜篇幅推出师陀的小说，第一卷的前四期中，期期有师陀的小说，简直是开了小说专栏。除了文学友谊外，两个人的私交也不错，师陀的夫人陈婉芬回忆：

> 师陀原来跟巴金、卞之琳他们三个是结拜的好朋友，经常在一起。他们都是跑出来的。那时候巴金人长得漂亮，又出了名，哎呀，好多女孩子追他呀，都给他寄照片，他不知道哪一个好了，就去问师陀。师陀看了看，就说这个大眼睛的看着不错。就是萧珊。萧珊很感激师陀，哎呀，当时我们两家的关系真是好得很。每年初一，我们第一个到的就是巴金家里，巴金也在等我们，大老远萧珊就出来了，大声说"哎呀，我们王家的儿子来拜年来了"。我们总是玩一天，每年初一都是。②

---

① 师陀1980年12月31日致刘增杰信，《师陀全集》第8卷第13页。
② 王鹏飞：《记忆中的身影——与陈婉芬女士谈师陀》，《师陀全集》第8卷566页。

这段话是在师陀去世之后说的，一些细节未必属实，比如看照片这样的故事，虽然细节生动但却不大符合巴金的性格，陈婉芬是在二十多年后才与师陀相识结婚的，当年的事没有经历过，最多听师陀转述，而添油加醋恐怕是小说家的拿手好戏，但两家的关系很好倒并不夸张，在目前保存下来的书简中，有一封是萧珊的"请柬"：

师陀同志：
　　我们刊物出来了，你大约也看到。封面还不错。但我今天写这信，不是为了拉稿，请你放心。上次说过请你来喝酒，我们决定十月二日晚上请你便餐，没有什么菜，反正是喝酒，你也不在乎菜，不过有油氽花生给你下酒。欢迎你来。
　　祝
节日好

　　　　　　　　　　　　　　　　萧珊
　　　　　　　　　　　　　　　　九月卅日

文如其人，萧珊快人快语，没有菜的"请客"反映当年朋友间交往的不拘俗套。这封信写于1959年，信中提到的"我们刊物出来了"是指《文艺月报》1959年10月号起改名为《上海文学》，萧珊虽是这个杂志的义工，四处拉稿，劲头很大。冰心晚年还记得萧珊在信中"威胁"她：稿子再不寄来我就上吊了！师陀大约也被逼得够呛，萧珊赶紧为他解除顾虑，在信里首先告诉他这不是"拉稿"的鸿门宴。由此可见：师陀的作品此后出现在《上海文学》上都与萧珊大有关系，改刊这期有历史小说《西门豹的遭遇》，后来又有散文《红旗渠》（1961年第3期）、《南湾》（1961年第5期）、独幕剧《伐竹记》（1962年第5期）等。

20世纪80年代初，师陀家搬到武康路280弄35号2楼[①]，距巴金家只有几步路，两人来往更为方便了。师陀说："除去抗战中他去内地，四十年中我大概算得上是和他见面最多的人。他认识的人很多，其中有他的朋友，间或有一两位由朋友而变为路人的人；但是不管对什么人，不管是朋友或是由朋友变为路人的人，他从来不曾在背后讲他们的坏话。你也许认为他是个糊涂人，老好人，其实他认识人是很深刻的，他本人是个极善良的人，他希望所有的人都善良，至少变为善良。古人说：下可以陪卑田院小儿，上可以陪玉皇大帝。这个比喻用在巴金身上可能比较恰当，却又侮辱了巴金，须知人创造出来的玉皇大帝，毕竟太反动了。人们往往用海洋形容广大，但海洋较之巴金的器度究竟有边际。"[②]——不同寻常的"器度"，这是师陀对巴金的评价，也是朋友们对巴金的共同印象。

作为可以信任的朋友，在抗战胜利后和50年代初的一段时间内，特别是师陀不在上海期间，巴金甚至成了他的代理人，为他结算版税并寄给他，以解燃眉之急。他们的通信也能够看出当时文人的生活状况。

　　开明版税单至今尚未送来。这次据我估计大约只

[①] 师陀是1981年7月底到1987年8月上旬住在武康路，之后搬到吴兴路，直至去世。
[②] 师陀：《为巴金获得"但丁奖"而作》，《师陀全集》第3卷第553页。

有七八百元。今天在文化生活社为你借支了一千元，由交通银行汇上，请查收。开明版税取到后，即可以汇上。一千元还不够买一条三炮台香烟。物价这样涨法，版税算法可得改了。我在文化生活社讲了好几次。①

今天汇上贰万贰千元请查收。内计文生版税金贰万一千一百三十三元，开明版税八百四十二元。开明的八百四十二元是星期六取到的。文生的，今天拿到。近况如何？家宝已离沪。各友都好。②

在后一封信上，后面还附有详细的账单。在一个动荡的时代中，文学显然成为生活中的奢侈品，卖文为生的作家们也将经历艰苦的生活，巴金自己在那几年里也遭遇过：

我一向靠稿费生活，当时蒋介石政权的法币不断贬值，每天在打折扣，市场上可买的东西很少，钞票存起来，不论存在银行或者存在家里，不到几天就变得一文不值。起初我和萧珊眼睁睁看着钞票化成乌有，后来也学会到林森路去买卖"大头"，把钞票换成银元，要购买东西时再把银元换成钞票。我上街总要注意烟纸店门口挂的银元（"大头"）牌价。在那些日子要活下去的确不是容易的事。③

---

① 巴金致师陀残简，写信时间为1948年底至1949年初。
② 巴金1949年2月14日致师陀信。
③ 巴金：《怀念均正兄》，《巴金全集》第16卷，人民文学出版社1991年版，第519页。

师陀给巴金的信中还不断地报道着河南等地的情况："此间物价据原比上海低，自上海涨后，大批土产被商人收买，反正（而）比上海贵起来。只有米比较便宜。"①生活困难的情形在解放初并没有根本改观："下乡的结果还难预料，靠得住的据我想恐怕只有吃糠、山芋叶、柳树叶等，那当然是义不容辞了。此地书很便宜，前天有人看见一部通鉴，只卖四五百元人民币一斤。这是一般价钱，从解放起，每天不知有多少论斤称给买旧纸的，出路是拿去包东西，作纸炮。说起来恸心。如果有人肯收，以这个价钱，即使把开封存的全部有用的书买下来，也只用很少一点钱就办到了，可是没有人问。我前天买了一点，价钱比较贵，才一千六百元一斤。本来还想买下去，可是没有钱，马上又要下乡，只有等从乡下回来再说了。就是买的那一百多斤书也还是借的钱。请你从存款中提出二十五万，汇给……"②后来又一信催款："劳尊夫人的驾，请赶快汇出。因为此地人都穷的很，段君是借的公款，到时还不出恐不大好。"③

文化生活出版社是文人办的出版社，文人也没有因为办了出版社就成了商人，这从它的一些运作的方式上可以看出："对作者则是不买稿，实行版税制，保护作者著作权和长远利益。书稿印出按书的定价百分之十五付给作者版税。一年分两次结账，照销售清单售出多少，结付多少。决不拖欠。……如生活上遇到困难，可以预支版税，或按月领取一定的生活费，俟书

---

① 师陀1947年6月1日致巴金信。
② 师陀1950年4月15日致巴金信。
③ 师陀1950年4月27日致巴金信。

稿印出销售后再逐步扣还。最早这么办的有胡风，抗战后期在重庆的曹禺、沙汀也享受过这样的待遇。"[1]一个经济实力并不雄厚的小出版社也可能成为一个个文人的"家"，它聚拢了文人们的心，出版社的人情味儿，文人间的相濡以沫，这些在"公事公办"、动辄以法律的名义对簿公堂的今天似乎是不可想象的。

三、文章写不长，写的没有生气

与那个时代的大部分知识分子一样，1949年以后师陀以极大的热情投入到新社会建设和自我改造中。1950年，他曾跟河南文联的人到许昌参加过土改；1952年10月又到山东莒县爱国村吕鸿宾农业合作社深入生活，一直到1955年才回到上海，此后还到东北等地参观过，总之，他希望自己站在第一线，并就自己所熟悉的农村生活写出好的作品来。但是，如其他"老作家"一样，他的写作也陷在泥潭中，这从他给萧珊的信中可以看出："稿子是早写好了，看来看去，越看越感到瘸脚，没有法子，只好马马虎虎改一下，硬着头皮寄出去。假使不能用，请仍寄还我，等写了比较好点的再寄来。看起来我要做新闻记者，还真得好好学习几年才行！"[2]老作家们"换笔"写"新人新事"，总是给人热情高涨、力不从心的感觉。不仅是萧珊催的写稿，而且在生活的第一线，师陀自己也有压力，他当然也想写出更

---

[1] 李济生：《文化生活出版社始末》，李济生编著《巴金与文化生活出版社》，上海文艺出版社2003年版，第42页。
[2] 师陀1960年10月3日致萧珊信。

多的好作品，否则去体验什么生活？他写信给巴金，也坦诚地向老朋友诉说自己的创作困惑：

> 我原说过向记者学习，但是写的结果，远不如记者。因为知识差，抓不住关键问题，同时也没有他们那种耐性。他们写一篇稿子光采访材料就要好几天，往往是集体干，写了又来对证材料，又要当地领导提意见，一改再改。我光凭印象，随便谈谈，当然不行了。这不是替自己开脱的话，其实即便多花点时间，自己单干，看问题不尖锐，写了也不一定有用。在豫东时写了四篇，都不好，有一篇寄给《上海文学》，萧珊和魏老看过后退了回来，都提出很宝贵的意见，特别是萧珊的意见比较具体，可以帮助我改进。①

尺有所短，寸有所长，小说家"向记者学习"去报道生活显然施展不开拳脚，更何况那个时代的记者都带着"精神"下去写作，方向明确，思想正确，这些哪是师陀之辈从报上得一点精神的余唾所能跟得上的？他说"看问题不尖锐"，倒是点中了穴位。那么，在以前，也没有人强调看问题尖锐与否，为什么他写起来就得心应手呢？一是没有逼着自己"硬"写，所写都是自己想写甚至是非写不可的；二是现在头脑中有"框框儿"，什么能写，什么不能写，该怎么写，有了统一要求，不敢越雷池一步。比如，在下面一封信谈到的小说，似乎没有一

---

① 师陀1960年12月16日致巴金信。

个重大的"有意义"的主题撑着师陀就不敢动笔。可是,无端地扣个大帽子又违背生活的真实,这令他左右为难:

> 因为想有所作为,结果毫无成就,又未立刻奉覆,实在无颜对江东父老。本来想按老巴的意思写一篇春节的小说,春节的气象是有,贴对联、休息、吃饺子,苦无其他内容可以往里头安排。如果写年初一开荒、打院墙、栽树,这应(样)写虽也勉强过得去,可是不真实。农民劳动一年,是很需要休息的,尽管他们过去年初一什么劳动都干过,今年却不同了。因此想来想去,这小说写不成,还是等候几天,写篇散文吧。[1]

对此,巴金有鼓励也有建议、批评:"你说你写得慢,你每天平均两千上下,其实你比我写得快。我平均每天只能写一千多字。""我读过你的《保加利亚散记》觉得写得不错,特别是文字。这两篇的确干巴巴,一点油水也没有。不能说'精练'或'简洁'。我倒想说,作者太吝啬了。我劝你写慢点,不要性急。多看看,多弄一点材料,慢慢消化一番之后,再来动笔,一定好得多。因为你写的那些'新人新事'到处都有,谁都见过好些,你简简单单地写下来,不会打动读者的心,读者会说,他们见到的比这些更强。"[2]在后来的信中,师陀再次大倒苦水也诚恳地找原因:

---

[1] 师陀1961年3月15日致萧珊信。
[2] 巴金1960年11月1日致师陀信。

>文章写不长，写的没有生气，主要在知道的太少了，了解的不深入，缺乏具体材料。……材料不足写不长，也可以写的有生气，那需要时间酝酿。比仿新乡地区林县正修红旗渠，很值得写一篇，去看了两天，两手空空。现在写起来了，但是琐碎，该突出的地方架空，应有尽有，不感动人。没有材料，也不可能再专门跑去补充材料。补救的办法，只好再仔细考虑一下，把文章的层次分分清楚，压缩一点，再加一点想像，向所谓"技巧"讨救兵了。这当然不可能写像样，背景大、需要丰富的内容支持它，耍笔头贫嘴决不能掩饰内容空虚，即使有耐性的人看着也许会有点兴致，毕竟是等而下之的玩艺儿，不足以哄瞒大雅。①

将来要写"十七年文学史"的时候，一定要把这封信引上去，它详细描述了一个作家绞尽脑汁要写好作品的窘态。我们没有理由低估师陀的才华，获得《大公报》文艺奖金的时候，他也不过二十五六岁的毛头小伙子。夏志清的《中国现代小说史》中，设专章评价的小说家不过十人，师陀就位居其一，名列张爱玲、钱锺书之后，被认为是抗战后期重要小说家。夏氏评价他早期作品"文笔典雅，饶有诗意"；评价其《结婚》为"一部真正出色的小说"②。不过，他的才华在盛年缺乏充分施展的机会，

---

① 师陀1961年1月7日致巴金信。
② 夏志清：《中国现代小说史》，香港中文大学出版社2001年版，第393、399页。

甚至，他的创作热情还屡遭打击。1949年11月3日师陀的长篇小说《历史无情》在《文汇报》的"笔会"上开始连载，转过年3月左右，在丰村主编的《人民文化报》上刊登了《一群苏北青年的公开信》，信上指责小说中所写的仆人爱上了主人的事情，事关阶级立场，像鲁迅说焦大是不会爱上林妹妹一样。从苏北解放区的来信虽然小事一桩，给报社的压力却不小！当初邀约连载的师陀两位老朋友：《文汇报》的副主编柯灵、"笔会"主编唐弢当着师陀面慌忙商量对策，柯灵说："没有办法，只好腰斩！"连载只得草草收场了，于1950年4月10日结束。该书单行本于1951年3月由上海出版公司出版后，起初还有好评文章，不久就遭到痛批，师陀还记得那个刻薄题目："师陀念弥陀"①。没有人考察过刚刚进入"新中国"就发生这样的事情会给师陀的心理上带来怎样的打击，多年后巴金还记得此事并认为："对他是不公平的。"②

在现在保存下来的书信中，有巴金给师陀的一封短简，没有客套，上来就是："师陀：《曹操的故事》似乎可以多写点，有些地方还可以发挥一下。"③也许是受了朋友的鼓励，也许历史题材的东西束缚比较少，容易发挥，写得自由，反倒曲折表现出小说家的个性，于是有了《伐竹记》，有了《西门豹》。师陀正兴致勃勃地准备写一组以春秋战国人物为题材的小喜剧时，万万没有料到写历史居然还有"影射"的罪名，这次，他

---

① 详见师陀《从〈三个小人物〉到〈历史无情〉》，《师陀全集》第8卷第303页。
② 巴金：《西湖之梦——写给端端》，《再思录》增订本第64页。
③ 巴金1959年4月12日致师陀信。

是踏入一个地雷阵。不光是他，不少作家都因此遭到批判甚至家破人亡，像吴晗的《海瑞罢官》这样妇孺皆知、妇孺皆批的历史剧就不说了，在1964年沉钟社元老陈翔鹤的两个短篇小说《陶渊明写挽歌》《广陵散》已经被定性为"毒草"；田老大（汉）的《关汉卿》受到连声称赞的同时也埋下他"文化大革命"中被迫害致死的祸根。师陀也在劫难逃，他的《伐竹记》"本来这个本子是反对大男子主义，可是居然让'四人帮'看出来我是为了配合蒋介石反攻大陆而写的……它发表时，《上海文学》编辑部就缺乏信心，到处请人提意见。结果请到姚文元，姚文元说，他们写这种东西，都是别有用心的。……当时，张春桥也要让我到作协大会上去检讨。可我实在不知道我有什么错，所以我就是不检讨"[①]。师陀在《上海文学》1959年第10期上发表《西门豹的故事》，黄佐临看好，认为可以改成剧本，于是师陀在当年年底改出《西门豹》的初稿，经上海戏剧学院的一些人提出意见后，又改出第二稿，此时已经是1962年春了。接下来《伐竹记》莫名其妙挨批让师陀噤若寒蝉，稿子给了《剧本》杂志又要了回来。"文化大革命"时，这个没有发表和公演的剧本照样成为他的一桩罪状（直到1979年《收获》第4期此剧本才见天日）。这样动辄得咎的创作，作家怎么可能写得有"生气"？那一代作家所承受的各种压力恐怕是今天那些在舒适的客厅里大谈骨气和独立人格的高士们所难以想象的。

---

① 师陀：《师陀谈他的生平和作品》，《师陀全集》第8卷第402页。

四、请你自己认真考虑一下

师陀的政治热情似乎没有受到挫伤,1966年4月下旬,因血压高在华东疗养院休养的他,于一日凌晨竟然给巴金写了封长信,信的末尾非常郑重地向巴金谈起入党问题:

>另外一个问题,本来我在上海就想向你提出,但是想到你可能当作一句普通话,不加考虑,说过就忘记了,所以现在写在这里,希望你认真考虑一下。本来你好几年前已具备入党条件,当时你自称过惯了自由散漫的生活,怕给党带来不良影响,自己又怕太受拘束。你说这话是诚恳的,我完全相信。可是根据你近几年来的工作与活动,事实证明并不自由散漫,你接受党的命令工作活动,尽可能参加各种会议,有什么必要老留在党外呢?请你自己认真考虑一下,和萧珊商量一下。天还没有亮,不过我眼睛模糊,不能多写了。[①]

在那个时代,像巴金这样的"旧知识分子"被接纳入党,那是个人的无上光荣,至少证明了"改造"的成绩已经被认可。他们的共同朋友靳以在1959年被批准为党员,当时靳以激动不已,给很多朋友写信报告消息。巴金的入党问题,上层人士或许早有考虑,一切要待"时机成熟",师陀的这封信还是让人

---

① 师陀1966年4月24日致巴金信。

感到有些——怎么说好呢？——哑然失笑，因为他本人根本都不是党员，居然还要大模大样地去动员巴金入党。从巴金的回信中，我们也不难看出师陀的天真来——注意啊，这是什么时候了？山雨欲来风满楼，二十多天后著名的"五一六通知"就要发表了，史无前例的"文化大革命"已经揭开序幕，难道师陀就没有一点觉察？对此形势，巴金显然已经感到紧张了：

> 你这次提到组织问题，你在病中还想到我的事情，还关心我的进步，很感谢你的好意。不过说实话，我目前实在不够条件。根据今天的标准，像我这样一个资产阶级的知识分子，只有认真接受改造，在兴无灭资的斗争中做出一点成绩以后，才有资格谈别的。这次的文化大革命是一个考验。我要是能过好这一关，要是能有较好的表现，我可能要考虑组织的问题。我脑子里资产阶级的东西太多了，这些年也在进行思想斗争，也在改，但是改得太慢。以后得加倍努力。①

"这次的文化大革命是一个考验"，这句话仿佛一个预言，多年以后，留在巴金的记忆中另一个镜头就是：在巨鹿路作家协会资料室前的草地上，造反派头头在训斥他们这群作家，头头走了大家垂头丧气散去，在师陀身旁的巴金顺口劝他："要好好保重啊！"师陀痛苦地回答："你要我拿什么来保重啊？！

---

① 巴金1966年5月6日致师陀信。

你自己……"①

五、受到"排挤"

"文化大革命"结束后,师陀的旧作又可以重印了,他也得到相应的评价,然而,浏览他晚年的那些书信,我觉得他并不心安,相反内心中很寂寞。与很多作家大不相同,在创作上,师陀似乎并没有焕发第二次青春,他晚年的文字多为回忆,创作量并不大,甚至都不能与年高多病的巴金相比,生命中有些东西流走了便永远也抓不回来了,一个小说家精力最旺盛的时光错过了也是不再有的。在晚年书信中,他还不时提到巴金:"前天下午去看过他,他身体很不好,主要是精神疲倦。而一个人一旦出了'名',总不断有人拜访,大家全想从他那里挖出些宝贝,他的死活是不管的。"②"巴金住的虽然很近,我因杂事缠手,春节后不曾去过。他身体似乎还好,精神欠佳,我劝他去杭州休养,他讲宾馆太贵,以地位言,他是可以不付费用的,自己又坚持不肯。"③

在1982年10月24日的日记中则写道:"劝他辞去上海文联和作协主席,因原作协党组分为两派,均想利用他做招牌也。"④在给胡乔木的一封像是告状的信也涉及巴金,说"上海开文代会的结果:吴某事先给巴金找得一位代理人,他在其

---

① 巴金:《怀念师陀》,《再思录》,作家出版社2011年版,第41页。
② 师陀1981年8月4日致沙汀信,《师陀全集》第8卷第47页。
③ 师陀1986年4月2日致沙汀信,《师陀全集》第8卷第72页。
④ 师陀1982年10月24日日记,《师陀全集》第8卷第231页。

中一派中给自己找到一位代理人"①云云。吴某，当是主政上海作协的吴强吧，晚年的师陀甚为关心这些"人事"上的事情，颇有些不甘寂寞，特别是他感觉："我从去年下半年起，在作协上海分会就受排挤……"证据是全国作协选举理事时自己被从候选人名单中调整掉了。胡乔木曾为师陀的《无望村的馆主》写过序言，他们两个人算是有私交了，这里所议论的文坛是非不是一言可以道尽，我感兴趣的是这些议论可以看出师陀的敏感和被冷落得太久了，他的心态已有些失衡。1982年，他不是还劝过巴金辞职吗？到1985年，距离他的生命终点也只剩下三年了，还有不少写作和研究计划没有实现呢，怎么就为区区理事而大动肝火呢？——这也是人之常情吧？

六、谁先死，就该谁写怀念文章

2004年10月的一天，我去巴金的故乡成都，还没有走出机场的大厅，接到了李小林老师的一个电话，说她找到了巴老的一篇《怀念师陀》的未完稿。我立即想到巴金先生在《西湖之梦》中所写的："我为他的后半生感到惋惜，也为自己珍贵时间的浪费深感痛苦。后来他突然地死去是一桩意外的事故。我要写一篇怀念文章，开了头却没有写下去。"②那么这就是那篇开了头的文章吧？

这篇《怀念师陀》仅仅写了两部分，开头就是：

---

① 师陀1985年9月25日致胡乔木信，《师陀全集》第8卷第80页。
② 巴金：《西湖之梦——写给端端》，《再思录》增订本第65页。

有一天师陀跟我开玩笑,他说:"谁先死,就该谁写怀念文章。"我比他早生几年,很可能先离人世,师陀是难得的文章家,读到他的怀念文章也是一种幸福,只是我和他之间已经隔了一个世界,即使他实践了诺言,我也担心不容易理解他的感情。却万想不到写文章的不是他,是我。拿起笔我的手指发抖,不单是由于我的病(帕金森氏综合症),更因为我害怕我写不出我应该写的东西。①

那天双流机场人很少,大厅中空荡荡的,拿着电话,听着小林老师复述着这样的文章的开头,我沉默良久。他们曾经在西子湖畔有过十年之约,像玩笑一样过去了;而这个生死之约,巴金却艰难地履行着,尽管遗憾地并没有完全实现,但他没有食言。于是,我想起了他们年轻时候讲过的故事,想到了东京桥头的那封急急送来的电报:上面写着:"我生病,不能来东京践约,请原谅。请写信来,告诉我你的地址,我仍是孤零零的一个人。"

唉,那一代人的友情啊……

2007年5月4日零点四十分

---

① 巴金:《怀念师陀》,《再思录》第36页。

散文诗《健全》手迹

芦焚（师陀）1937年夏于上海

巴金与师陀1962年摄于巴金寓所，摄影者为萧珊

萧珊 1959 年 9 月 30 日致师陀信手迹

师陀 1950 年 4 月 1 日致巴金信手迹

《江湖集》第 5 版版税通知单，右旁竖行字为巴金所书

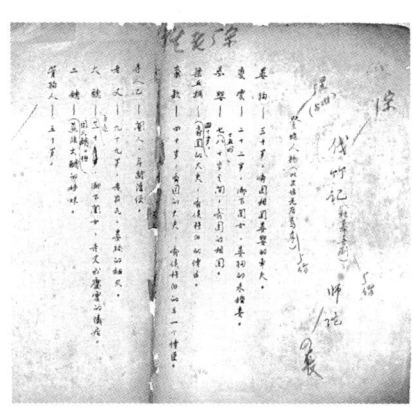

师陀《伐竹记》手稿

师陀 1965 年摄于书房

巴金1966年5月6日致师陀信手迹

夫人陈婉芬绘师陀漫画像

巴金和师陀，1985年摄于巴金寓所

西子湖畔的十年之约

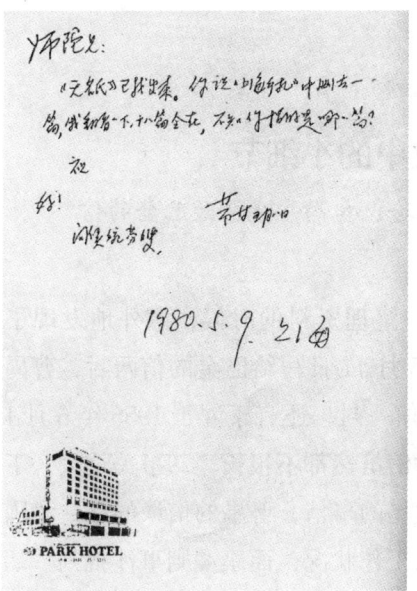

巴金1980年5月9日致师陀信件手迹

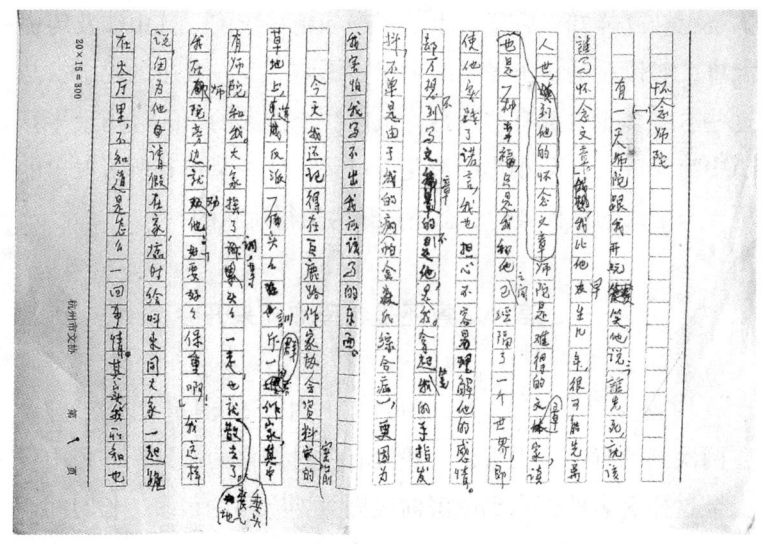

巴金《怀念师陀》手稿第一页

大历史中的小细节
——关于新发现的丁玲、曹禺、康濯致巴金的信

巴金先生的亲属最近在整理资料的时候，意外地发现了丁玲于1952年1月7日和5月11日写给巴金的信两封，曹禺1950年3月21日致巴金的信一封，还有康濯于1955年6月1日致巴金的信一封。这四封信虽然都不很长，却事关重大，丁玲的信谈的是巴金到朝鲜战场的事情，曹禺的信谈的是共和国建立初期知识分子的生活和工作状况，而康濯则事涉批判"胡风集团"……把它们联在一起，又能看出在一个新的时代中，围绕巴金这样知识分子的生活状态和精神氛围，其中涉及历史大事，对以后的历史发展产生重要影响。身在其中的巴金，与这些事多多少少都有些瓜葛，虽然一个作家的个人经历最多算历史海洋中的一朵小小的浪花，可是，从一朵浪花所折射出的历史与个人的种种微妙心态还是颇为值得玩味的。

一、言外之意还是希望你能来开会

1952年3月至10月，1953年8月至1954年1月，巴金曾两次到朝鲜前线去采访，我没有做过严格的统计，印象中像巴金这样著名的作家到朝鲜前线做短期慰问的很多，长时间而且还是两次入朝采访的似乎并不多。巴金后来曾说，"两次入

朝对我的后半生有大的影响"①，这并非虚言。几年前我曾经写过一篇《朝鲜的梦——巴金在1952》②，试图追踪巴金两次入朝的心迹，我的基本看法是：两次入朝是巴金后半生一个重要的转折点，它是一个自由作家与新政权相互磨合、相互协调的标志，具体到巴金个人而言，两次入朝使得他的生活方式发生了彻底的改变。

走上文学创作道路之后，巴金基本上过的是一个自由作家的独立生活，他不喜欢抛头露面，很少参加社会活动，写书、办出版社出书等等，他都恪守一个知识分子的本分。虽然抗战的时候他也曾居于中华全国文艺界抗敌协会理事之列，但仅限于少数的文化活动。这种状况在新中国成立初期他还是谨慎地保持着，尽管他出席了一次文代会，出席了中国人民政治协商会议，出席了一些上海的政治文化活动，并作为第二届世界保卫和平大会的中国代表团成员出访华沙，但是，从主观愿望上，他仍想继续过去的书斋生活。这从曹禺1950年3月21日致巴金的一封信中便可见一斑：

芾甘：

　　健吾来信，告知你病了，已经割治，不知最近病况若何，我们非常惦念。大约不十分重，这类病很多人有，只在老年人痛苦些。你的身体素来结实，经了

---

① 巴金：《致树基（代跋）》，《巴金全集》第20卷，人民文学出版社1993年版，第707页。
② 收拙著《另一个巴金》，大象出版社2002年版。

割治，多养息几天，不立刻工作，一定很快恢复健康。能提笔，写几个字给我。不然，请蕴珍告诉我们你的近状。

前两天，翰笙谈起你没能来参加文教会，因为太忙，言外之意还是希望你能来开会。就来一次北京吧！我想，你病愈后，再遇开会，无妨来一趟，住在我家里，开销自然不大。文教会虽然没有经常事要办，主持人总是盼望你能到场的。

我每天是开会忙，还没有工夫写戏。我连续收到你主编的译作丛书，不知销路如何。听说最近文艺书不容卖，老舍先生的版税简直没有多少，他大感困难。你现在生活如何，版税情形还好吧？

关于你，我只偶然在《小说》上看见你开座谈会时的几句话，报上偶尔报到你在华东文教会上的职务，其余便不知了，有工夫，我们真该写写信了！

祝好

问蕴珍和小妹好。

家宝

二十一日

曹禺的这封信，首先是问病的。据巴金同时期给田一文的信可知，他是因为小肠气住院开刀的："我因小肠气三月三日进医院开刀，二十二日出院，又在家里睡了三个星期，到现在身体还未复原。最近七八天我可以下床走动，但还是觉得吃力，精神也很差。……从三月起我什么事都不能做，只有躺在床上看看书。照现在的情形看来，我还得休养两个月。"①巴金身体一向不错，这场病却来得厉害，当年4月底他说仍未康复："我的身体仍未复原。一时也难好好休养。最近恐怕还得去北京开会。我因病，两个月没做事了。从北京回来又得埋头译书了。"②

接下来，恐怕才是这封信的重点："前两天，翰笙谈起你没能来参加文教会，因为太忙，言外之意还是希望你能来开会。就来一次北京吧！……文教会虽然没有经常事要办，主持人总是盼望你能到场的。"督促巴金去北京开会。信上提到的"文教会"，是指政务院文化教育委员会。从它的功能和人员组成看，它是中央人民政府政务院很重要的一个部门。它是根据1949年9月27日中国人民政治协商会议第一届全体会议通过的《中华人民共和国中央人民政府组织法》第十八条的规定而设立的，负责指导当时的文化部、教育部、卫生部、科学院、新闻总署和出版总署的工作，可以对这些部门及所属机关颁发决议和命令，并审查其执行情况。1949年10月19日中央人民政府委员会第三次会议通过文教委员会人选。主任由郭沫若担任，副主任4人，分别是马叙伦、陈伯达、陆定一、沈雁冰，委员最初有42人，他们是周扬、丁燮林、钱俊瑞、韦悫、李德全、贺诚、苏井观、李四光、陶孟和、竺可桢、胡乔木、胡愈之、徐特立、柳亚子、张东荪、费孝通、吴晗、刘清扬、潘光旦、李达、符定一、沈志远、陈此生、蒋南翔、沈兹九、谢邦定、欧阳予倩、

---

① 巴金1950年4月10日致田一文信，《巴金全集》第22卷，人民文学出版社1993年版，第275页。

② 巴金1950年4月30日致田一文信,《巴金全集》第22卷第276—277页。

丁玲、田汉、阳翰笙、巴金、钱三强、陈鹤琴、江恒源、李步青、艾思奇、翦伯赞、侯外庐、钱端升、曾昭森、雷洁琼、沈体兰（后又增加6人，即舒庆春[老舍]、曾昭抡、任鸿隽、叶恭绰、吴有训、冯乃超）。委员会的秘书长最初是胡乔木（1949年12月4日至1952年11月15日），后由钱俊瑞（1953年至1954年9月）接任；担任副秘书长的有阳翰笙、冯乃超、邵荃麟（1950年12月26日至1954年9月）、范长江（1953年至1954年9月）、刘墉如（1953年1月14日至1954年9月）。曹禺的信中谈到阳翰笙，作为副秘书长，是具体主其事者之一。巴金位列最初的42位委员之一，这恐怕是一个责任重大的职务，因为成员构成看，这里面有各部部长、政务院负责文化方面的领导人，再加上部分作家、学者等社会知名人士。巴金因为生病不能与会，主其事者关注他，希望他能够参与社会活动，他的老朋友曹禺关心这个事情，不希望他封闭在书斋中"埋头译书"。

当然，接下来曹禺也抱怨，社会工作太忙，甚至，他们连通信都顾不上。他也关心巴金的版税情况，因为巴金是没有工资的，要靠版税养家糊口。他希望得到老朋友更多消息，"《小说》上看见你开座谈会时的几句话"，指巴金当年1月4日出席柳青《种谷记》座谈会上的发言，会议的发言记录刊登在《小说》月刊的第3卷第5期上。"报上偶尔报到你在华东文教会上的职务"，是指巴金被人名为华东军政委员会文化教育委员会委员，同时被任命为委员的共有58人……曹禺说这些话，固然是对老朋友的挂念，但是，总是能给人嫌巴金不够"活跃"的感觉。反正，整个社会气氛都是在催促巴金"走出来"。

二、我鲁莽地把你的名字列在调集作家的名单之内

到朝鲜访问、体验生活,这么大的事,巴金又是怎么"走出来"的呢?是他主动报名参加的,还是组织上动员他去的?在晚年巴金曾做过这样的解释:"一九五二年一、二月我在上海接到家宝的信,他说丁玲要他动员我参加全国文联组织的赴朝创作组,我征求过萧珊的意见,她同意我去朝鲜,便给家宝回了信,过了春节我就去北京报到。"① 那么说在丁玲第一封信之前,还有曹禺的动员信了?可惜,我们未能找到此信,也未找到巴金给曹禺的回信。幸好,丁玲这一封非常关键的信还在,它已经足以说明一些问题了。丁玲1952年1月7日致巴金的信,是这样写的:

巴金同志:

这封信要写要写的拖了许久了。我自从整风以来就想着怎样能抽出一批能创作的同志去进行生活与创作。这种思想也同乔木同志所给我们的指示是一样的。现在准备调集一批人去朝鲜,工厂。曹禺也尽力把他拖出行政的岗位,艾芜也是这样。同时我也希望你能摆脱一些事务工作而专致力於创作。你过去的作品,虽说在思想上还有所不够,但却是有热情的,和感人的,我以为你如果能获得些新生活,对群众的感情有

---

① 巴金:《致树基(代跋)》,《巴金全集》第20卷第708页。

些新体会，那是可以写出新鲜的作品来的，这是我们今天人民所国家所需要的。因此我极希望你能抽出一段时间来，如果不能去朝鲜，则去工厂也可。因此我鲁莽的把你的名字列在调集作家的名单之内，这种希望和鲁莽我以为可以得到你的谅解的。你是否能设法来满足我们的希望呢？祝新年好！

> 丁玲
> 七日

作家走出来感受新的生活、歌颂新社会，是大势所趋，这也是知识分子思想改造的一部分。1951年11月24日胡乔木在北京文艺界整风学习动员大会上有一个题为《文艺工作者为什么要改造思想？》的讲话[①]，他认为当时的文艺界人士资产阶级、小资产阶级思想严重，首要任务进行文艺工作者的思想改造，确立工人阶级的思想领导。组织作家到农村、工厂、朝鲜战场是当时思想改造的一个重要环节。如丁玲信上所说："现在准备调集一批人去朝鲜，工厂。曹禺也尽力把他拖出行政的岗位，艾芜也是这样。同时我也希望你能摆脱一些事务工作而专致力于创作。"前面已经有了很好的铺垫，大的形势也讲了，说巴金的作品"思想上还有所不够"，似乎是轻描淡写、一笔带过的一句话，可别忘了作品中的"思想"问题可是当时作家压倒一切的大问题，说得严重一点，有思想问题的作家随时都有被剥夺写作权利的可能。巴金没

---

① 后刊于1951年《文艺报》第5卷第4期。

有被抛弃,而是在可争取的作家之列,还可以改造好,为国家和人民做出贡献,路摆在你面前,就看你怎么去选择了。"鲁莽的把你的名字列在调集作家的名单之内","你是否能设法来满足我们的希望呢?"这等于是将巴金一军:你到底答不答应呢?

　　巴金不会读不懂丁玲的意思,为参与到这个国家的建设中和为人民服务也是他的心愿,至于选择什么样的方式来尽力,他可能有自己的想法,然而丁玲的来信却使他别无选择。我们要特别注意:丁玲在信中说"来满足我们的希望",不是"我",不是哪个人,是"我们",是一批人和一个组织的意志,不容巴金拒绝。巴金虽然做出了决定,参加了赴朝创作组,但是他的内心极其复杂,他在北京集中学习的一个月中写给萧珊的信件中说:"我的确想家,我真不愿意离开'家',离开你们。"[①]一本厚厚的《家书》中并没有太多情意绵绵的话,唯有这一时期的信件,巴金向萧珊不断地倾诉内心的犹疑。我想他并非是害怕战火危及生命,在抗战中巴金"身经百炸",对战争他一点也不陌生,他所担心的是自己对新生活的不适应,或者说改变了的生活方式,新的生活究竟是什么样子他比较茫然。"你想想,我现在做的都是我不习惯而且不会做的事,那么你也会把这点小脾气改了。"[②] 不习惯和不会做的事情还要去做,巴金的心理压力该有多么大!

---

① 巴金1952年2月18日致萧珊信,《巴金全集》第23卷,人民文学出版社1993年版,第296页。
② 巴金1952年2月28日致萧珊信,《巴金全集》第23卷第304页。

三、大家都说作家应该到生活中去

巴金跨出了书斋，也跨出了后半生十分关键的一步。像他这样享有盛名的作家，在世人所关注的朝鲜战场上奔走，写下热情洋溢的文字，可以想象会激起多么大的反响。他的言行很快就得到肯定，于是，就有了丁玲1952年5月11日肯定其成绩的第二封信：

巴金同志：

　　来信及稿收到了。已发表两篇，想已见到。你的文章很有感情，在国内有不少反响，大家都说作家应该到生活中去，有些人则对你很羡慕。祝你胜利。

　　我因回国后有些杂事，所以复信较迟，请原谅！关于你们在前方供给的问题，衣服等，我已与陈沂刘白羽同志商量，现决由刘到前方后与前方同志商量，如不行时，他当拍电回来。田间来，亦请其带一点烟，慰问大家。这次你们走，后方是寄予很大希望的。望你转告一些你可以遇见的，或联络的人，能先写些短篇来是非常欢迎的。

　　你的稿费我要报社寄到上海去了。我想你在前方对于人民币也许没有用处。

　　敬礼！

丁玲

十一日

"你的文章很有感情,在国内有不少反响,大家都说作家应该到生活中去,有些人则对你很羡慕。祝你胜利。"还有不断地鼓励:"这次你们走,后方是寄于很大希望的。望你转告一些你可以遇见的,或联络的人,能先写些短篇来是非常欢迎的。"不知读者是否体味得到,丁玲的这两封信的口气虽然极其客气,但是总不大像一个作家同行之间的通信,也不像一个在1930年代就熟悉的老朋友间的交谈,而是多少带着点"官腔"的。是的,丁玲的确不是一个普通的作家,此时,她有中宣部文艺处处长、作协党组书记、副主席、《文艺报》主编等显赫头衔在肩,她的《太阳照在桑干河上》还于1951年获得了斯大林文学奖,这在以苏联马首是瞻的年代中可是一个无上的荣誉。

丁玲在这之前还曾在讲话中颇为严厉地批评过巴金作品的思想倾向,认为巴金作品中的那种革命:"上无领导,下无群众,中间只有几个又像朋友、又像爱人的人在一起革命,也革不出一个名堂来。""巴金的作品,叫我们革命,起过好的影响,但他的革命既不要领导,又不要群众,是空想的,跟他过去的作品去走是永远不会使人更向前走,今天的巴金,他自己也就正在要纠正他的不实际的思想作风。"[①]这是公开的讲话,私下里丁玲还有另外的一面,在另外两封致巴金的信中,她对这些话也做了很多解释:"我有一篇讲演为了应群众的要求,谈了冰心和你的作品,不知看见没有,我对你的作品的分析是很不够的。将来有机会还想在(再)谈市侩文学,和低级趣味

---

① 丁玲:《在前进的道路上——关于读文学书的问题》,《丁玲全集》第7卷,河北人民出版社2001年版,第119、120—121页。

中再谈到。因为我觉得你的文章所触到的社会问题虽不够深刻，但却没有市侩味道，迎合低级趣味的东西，而是有理想的，有热情的，写作的态度也是较严肃的。我希望你还写下去，我鼓励你写下去，一个作家长期对人生有着透视是不容易的，这不是下几天乡就可以获得的。你若是愿意走动走动我欢迎你来北京，或者由我们送你到东北去看看。或者你先写点知识份（分）子，在转变中在改造中的知识份（分）子。我以为这还是可以写得很好的，而且也还是有用的！"①"上月我曾有一篇文章又提到你，这篇文章不知你看过没有？名字叫《跨到新的时代来》。这里有点疏忽，我想将来再找机会写篇文章弥补。我个人觉得你的文章是好的，起了桥梁的作用，是起进步的作用的。即使在现在也还有它的作用的。因为中国的读者层是很好的。而你的读者也还有许多许多。但我以为很多读者满足于你过去的作品的思想水平，那就是不够的了。但这也不是重要的事，我们今天还应该有你的作品，而且分析你的作品的社会意义。还应该鼓励你写新的作品，用你的新的作品去提高你的读者。我的确是这样的想，而且诚恳的希望你。"②苦苦相劝与热诚希望，甚至连巴金还写什么题材都替他考虑到了。

在这么热情的鼓励下，巴金"向前走"，最终取得新政权的更大的信任。他换掉那支写惯黑暗和痛苦的笔，开始歌唱新社会光明和幸福，从出发点来讲，或许没有什么错，问题是作

---

① 丁玲1950年×月9日致巴金信，上海巴金文学研究会整理《写给巴金》，大象出版社2008年版，第53—54页。
② 丁玲1950年10月21日丁玲致巴金信，《写给巴金》第54—55页。

家的创作能够靠别人"安排"来进行吗?放下熟悉的题材不去写而去写自己力所不能的事情,除了精神可嘉之外,在创作上究竟有没有提高或收获?这些问题或教训巴金晚年在《随想录》里都有反思,回望这段历史,我们也不应轻易忽略。由此来看丁玲的这两封信,对巴金思想研究乃至对于研究中国知识分子是如何进入新时代的价值是不言而喻的。

四、我们想冒昧地动手作点小修改

新时期复出文坛后,巴金最重要的创作就是《随想录》,这一百五十篇随想的最后一篇是长文《怀念胡风》。巴金带着沉痛的心情写下这篇文章,在文中,他承担了"向着井口投掷石头"的一份历史责任。平心而论,在胡风事件中,巴金并没有什么太过分的举动,只是跟形势、随大流写过几篇批判文章,主持过几次批判会而已。事隔三十年,对此事他还不能释怀,除了内心严格道德律令在起作用之外,足见胡风事件对一个知识分子精神刺激之深。

在《怀念胡风》中,巴金谈到路翎和自己那篇《谈别有用心的〈洼地上的"战役"〉》:"运动开始,人们劝说我写表态的批判文章。我不想写,也不会写,实在写不出来。有人来催稿,态度不很客气,我说我慢慢写篇文章谈路翎的《洼地上的"战役"》吧。""在批判胡风集团的时候,我被迫参加斗争,实在写不出成篇的文章,就挑选了《洼地战役》作为枪靶,批评的根据便是那条志愿军和当地居民不许谈恋爱的禁令。稿子写成寄给《人民文学》,我自己感到一点轻松。形势在变化,运动在发展,我的文章在刊物上发表了,似乎面目全非,我看到一些我自己也没有想到的政治术语,更不知道自己哪里来的权利随意给人戴上'反革命'的帽子!看得出有些句子是临时匆匆忙忙地加上去的。……我写的是思想批判的文章,现在却是声讨'反革命集团'的时候,倘使不加增改就把文章照原样发表,我便会成为批判的对象,说是有意为'反革命分子'开脱。《人民文学》编者对我文章的增改倒是给我帮了大忙,否则我会遇到不小的麻烦。"①事情很清楚,巴金本想限定在"思想批判"中谈问题,可是形势变化已经不容这样,只好上纲上线到"反革命"了,而且这一切还是编者匆忙代他做的。在大浪滔天的形势下,每个人的艰难处境可以想象。

问题是巴金说别人改了他的文章,大家现在也查不到原稿,巴金说的事情究竟存不存在?一些怀疑巴金的"忏悔"不够真诚的人据此又可大做文章了。如今,康濯1955年6月1日给巴金的信的发现,则可以作为最直接的证据证明巴金的回忆是可靠的:

巴金同志:

寄来的批评《洼地上的"战役"》的文章收到了。很感谢你。你写得很细致、很具体,因而有说服力。文章本身同时也是一篇动人的散文。我们看了都很高兴。但因为目前正在紧张的揭露和粉碎胡风反革命集

---

① 巴金:《怀念胡风》,《巴金全集》第16卷,人民文学出版社1991年版,第743、744页。

团的阶段，我们考虑着目前似应更多地发表从政治上揭发和批判的文章；这样一来，你这篇文章估计最近一期（六月十五日出版的）不一定能有篇幅发表。我们正设法争取文章更早和读者见面，不过，在万一的情况下，也许要拖一期。请你原谅。

另外，文章中对路翎小说分析得很好，只是根据现在的情况来看，分析后所指出的根源只谈到是"小资产阶级"，这怕应稍加修改。其余还有个别段落稍有重复，也打算略作删节。但因往返费事，不打算再寄给你了。我们想冒昧地动手作点小修改，发表前再把清样寄你看。希能允许我们这样作。

即致

敬礼

康濯

六、一

替一位大作家改稿子，为增加批判的力量，这种事情也算是新发明吧。多年后，康濯在回忆文章中也不能忘记此事："再一情况是大家谈到反胡风的形势，认为从文艺思想批判发展到政治批判，很快会急转直下。有一批原来准备发表的稿件，比如巴金同志批判胡风的文章，刚收到不久，当然应该发表；但现在问题性质变了，巴金同志文章中的口气也就非修改不可了。而退回去请作者本人修改也来不及，恐怕只好我们代为修改，同时向作者写信表示歉意了。"他还纠正了巴金记忆的一个小错误:"巴金同志的确是十分真诚的。只是这里讲的有一点有出入,就是他这篇文章原来是寄给我们《文艺报》的,当时由于批判胡风的主要责任在《文艺报》,因此我们组织的文章也比较多,后来第一批材料发表以后,《人民日报》来不及组织多少表态文章,我们曾经给了《人民日报》一批知名人士的稿件,同时也给了《人民文学》几篇稿子,巴金同志这篇文章就是我们转给《人民文学》的。转去以前,的确由我们改了下,并由我写了一封信向巴金同志说明和表示歉意。巴金同志还回了信。"①

形势逼人,巴金岂能不同意?在6月8日回信中他说:"文章迟发表,没有关系。我当初想用这篇文章参战,后来出国开会,拖了将近三个月,刚写好,情况已大变,文章也失去作用了。你们删改,这是对读者负责的表示,我当然同意,请不必客气。"②编辑部将题目《谈别有用心的〈洼地上的"战役"〉》改成了《谈〈洼地上的"战役"〉的反动性》;文章的最后两段某些上纲上线的话也明显是后来加上去的。修改巴金的文章,在康濯也是不得已的事情,这种"通天"大案,文人们只能是一个随风飘转的小角色。信中一直在强调形势变了,我们不妨看看当时的形势:新中国成立后关于胡风文艺思想的批判其实从1952年就开始了,到1954年胡风的"三十万言书"的送出达到高潮,不过,这段时间还是局限在思想领域中开展的,事情的变化是在1955

---

① 康濯:《〈文艺报〉与胡风冤案》,牛汉、邓九平主编《六月雪——记忆中的反右派运动》,经济日报出版社1998年版,第76、106页。
② 巴金1955年6月8日致康濯信,《巴金全集》第24卷,人民文学出版社1994年版,第436页。

年舒芜将胡风等一批朋友的信件上缴以后，毛泽东将《关于胡风小集团的一些材料》改为《关于胡风反党集团的一些材料》，并相应修改了按语，5月13日《人民日报》发表了这批材料，三天后胡风就被捕，接下来在5月24日与6月10日相继公布第二、三批材料，胡风又由"反党集团"变成了"反革命集团"，罪名不断升级，酿成一大冤案。据康濯的信可知，写信时已经是大家在揭批"反革命集团"的阶段了，再谈什么思想问题自然不合时宜了，于是被修改后巴金的文章中有"用颠倒黑白的办法来达到反革命宣传的目的——这就是路翎的《洼地上的'战役'》"这样的话就不奇怪了。

巴金的这篇文章所署的写作日期是"1955年5月底"，我怀疑这个日期也是被修改过的，此文的主体部分至少是写于第一批材料公布之前，那就是5月上旬，甚至更早一点。康濯6月1日给巴金的信中说赶不上第六期发稿了，实际上这个稿子第八期才刊登出来。在这之间的两期《人民文学》慌手慌脚地组织了很多表态文章。六月号的在"提高警惕，揭露胡风"的大标题下，发表了刘白羽、周立波等15人的文章；七月号是在"坚决肃清胡风集团和一切暗藏的反革命分子"的大标题下，发表了夏衍、袁水拍等13人的文章。只要看看这些文章的题目就知道火药味是多么得浓：《胡风——最阴险的敌人》《清洗胡风，惩办胡风》《对敌人仁慈就是对人民残酷》……到第八期才谈到具体的问题，这就有了巴金的谈路翎小说、臧克家谈胡风反革命集团的诗、霍松林批判阿垅的诗歌理论等文章。

再多说一句，《人民文学》第四期，发表过陈涌批判路翎创作的文章：《〈财主底女儿们〉的思想倾向》；第五期，还是陈涌撰文《我们从〈洼地上的'战役'〉里看到了什么》，认为路翎的小说歪曲了现实，宣扬了资产阶级的个人主义思想……不知道巴金在写文章时是不是参考过陈涌的这些文章？

五、往事不会消散

历史如同巨浪挟裹着一切翻滚奔腾，置身其中的尘芥常常身不由己随波逐流，这也正是所谓的"大势所趋"，但在大历史中也有诸多小细节在提醒我们历史不是一个平面，在追寻历史的时候，看到大势也要注意到细部的复杂；同时，也正如巴金在谈到胡风事件时所说的："往事不会消散，那些回忆聚在一起，将成为一口铜铸就的警钟，我们必须牢牢记住这个惨痛的教训。"记住教训的恐怕不仅仅是这些当事者，还有我们这些后来人吧，而这些不断发现的史料则正是"往事不会消散"的证据。

2004 年 11 月 5 日于国年路

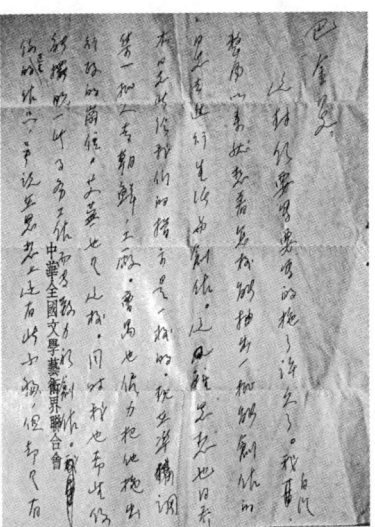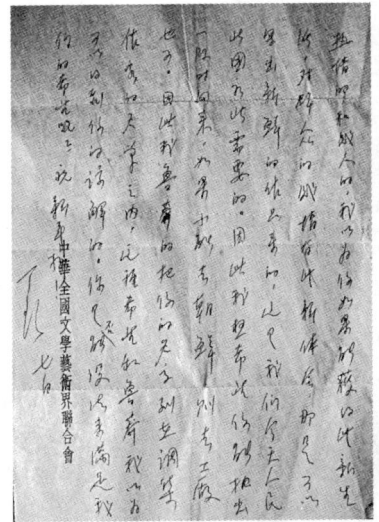

丁玲1952年1月7日致巴金信

1952年春巴金摄于朝鲜战地

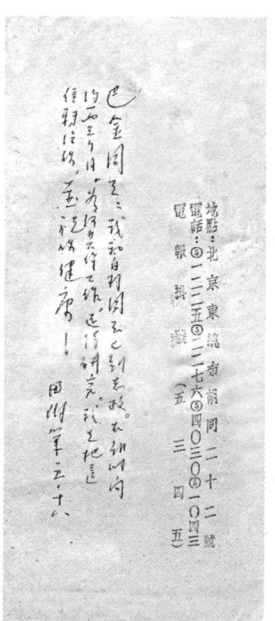

丁玲致巴金书信信封，信封后面有诗人田间的附言："巴金同志：我和白羽同志已到志政。在朝时间约两三个月。如何具体工作，还待研究。我先把这信转给你，并祝你健康！"

1983年5月26日丁玲看望巴金，摄于巴金寓所。前排自左至右为：吴强、丁玲、巴金、陈明

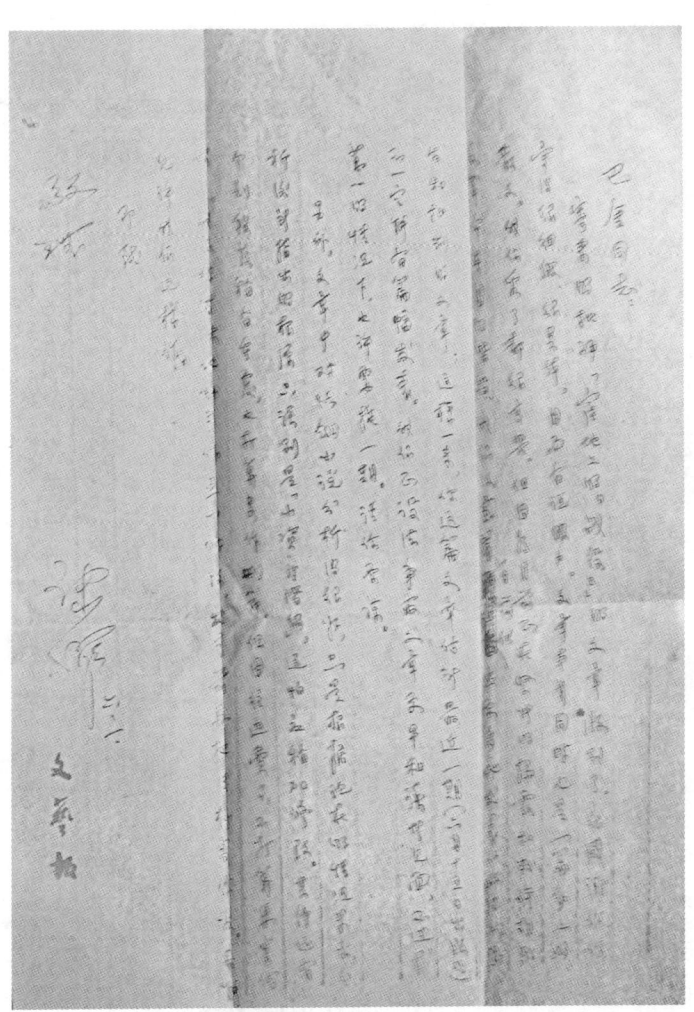

康濯1955年6月1日致巴金信

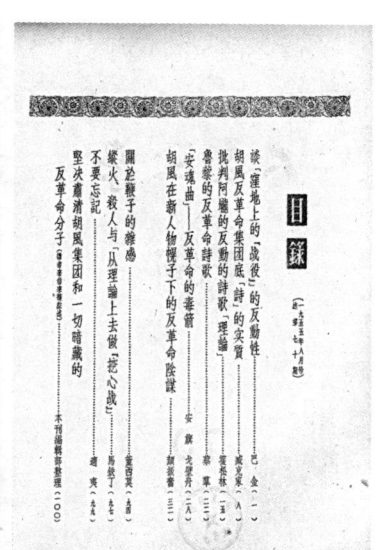

巴金1955年在《人民文学》八月号上发表的《谈〈洼地上的"战役"〉的反动性》一文

巴金与法斯特事件

——从巴金给李济生的信说起

1986年下半年,风烛残年的巴金抱病完成四十万字的《随想录》,如释重负。从1927年从事文学创作到1986年,算来他从事文学活动已有六十年。当年年底,上海文艺出版社为纪念他的文学生涯六十年,决定出版《巴金六十年文选》,五十五万字的书稿放到巴金面前。在文坛上闯荡六十年,赢得众多读者的喜爱,出版这样一本书,作为纪念和总结,对于很多作家来说,这都是倍感欣慰的一件事情。然而,巴金的心情却很沉重,1986年12月5日,他提笔给该书的编者之一、他的弟弟李济生写了一封信,这封信后来以《给李济生的信(代跋)》为题收入书中。在信中,他首先表示不愿意出版这样一本书,甚至认为:"为了这个,我准备再到油锅里经受一次煎熬,接受读者严肃的批判。"① 怎么会如此严肃和沉痛?他要"在这里讲一件事,讲一篇文章,那就是《法斯特的悲剧》",他希望此文和随后发表的"检讨复信"能够收入书中。② 事隔多年,一位写下千万言的老作家对他的一篇小文章耿耿于怀,这又是

---

① 巴金:《给李济生的信(代跋)》,《巴金六十年文选》,上海文艺出版社1986年版,第853页。

② 巴金:《给李济生的信(代跋)》,《巴金六十年文选》第854页。

为什么呢?

一、法斯特,何许人也

美国作家霍华德·法斯特,今天知道他的人恐怕越来越少,市面上也几乎找不到他的书。好在《中国大百科全书·外国文学Ⅰ》中有他的词条:

> 法斯特·H.(Howard Fast 1914—),美国作家。1914年11月11日生于纽约一个犹太工人家庭,曾做过伐木工人、工厂运货员和图书馆服务员。1942年参加美国共产党。1945年作为战地记者去欧洲采访。1949年曾被选为世界和平理事会理事。1953年获得苏联"加强国际和平"斯大林奖金。1955年11月开始担任《工人日报》的专栏作家。他于1933年开始发表作品,处女作是《两个溪谷》。1937年小说《孩子们》问世后,才有了一些声誉。他的长篇小说有《最后的边疆》(1941)、《没有被征服的人》(1942)、《公民潘恩》(1943)、《自由之路》(1944)、《美国人》(1946)、《斯巴达克思》(1952)、《萨柯和樊塞蒂的受难》(1953)等,这些作品描写历史上美国人民的革命运动,暴露了资本主义社会的黑暗,反映了美国进步人士的斗争。其中以历史小说较为成功。
>
> 1957年2月,他通过《纽约时报》公开宣布脱离美共。他的《赤裸裸的上帝》(1957)一书,叙述了

他参加美共的"复杂心理"和"幻想"的破灭,对苏共与美共进行了抨击。近年来著有长篇小说三部曲《移民》(1977)、《第二代》(1978)和《权势》(1979)等。(欧阳基)①

法斯特于2003年3月12日去世。一周后,《中华读书报》曾刊出短讯,这样介绍:

> 著名的美国左派作家、中国电影观众熟悉的影片《斯巴达克思》的小说作者霍华德·法斯特(Howard Fast),因年老体衰,3月12日在康涅狄格州格林威治镇的家中去世,享年88岁。
>
> 法斯特1944—1957年间参加美国共产党,1950年麦卡锡主义横行时拒绝与臭名昭著的非美活动委员会合作,因而受到政治迫害,入狱3个月,且列入黑名单多年,他的著作被强令从图书馆的书架上取下。
>
> 然而同期,法斯特在国外被视为英雄人物,智利诗人聂鲁达曾将诗作题献给他,大画家毕加索也向他表示敬意。1953年,法斯特获得了斯大林国际和平奖,但4年后苏军入侵匈牙利,法斯特公开撰文批评,并退出美共以示抗议。
>
> 法斯特的小说很早便在中国翻译出版,其作品以

---

① 法斯特词条,见《中国大百科全书·外国文学Ⅰ》,中国大百科全书出版社1982年版,第298页。

别具政治隐喻的历史小说为主,其中最有名的当属《斯巴达克思》(Spartacus),后被改编成同名电影,由大导演库布里克执导、柯克·道格拉斯主演,在中国也早有公映。记得以前看港人影评,还将法斯特的姓名连音带意地译作"侯活快氏"。

《斯巴达克思》显然以古罗马的残暴统治影射麦卡锡时代美国政治的黑暗。法斯特的其他小说还包括《移民》(The Immigrants)和《自由之路》(Freedom Road),其作品在全球的销量高达8000万册。

尽管退出了美国共产党,但法斯特的左翼思想和信仰终生未改。1990年,他在其回忆录《赤化》(Being Red)中写道:"我在党内看到了野心、狭隘和仇恨,也看到了爱与奉献,以及非凡的勇气和诚实,还有我所知道的一些最高贵的人。"①

以上两则介绍基本上将法斯特的个人经历、思想转变和创作情况交代清楚了。需要补充的信息还有:今天提到美国作家,人们所见的是福克纳、海明威、斯坦贝克、塞林格、索尔·贝娄等人,大概没有几个人会想到法斯特,可是在1940年代末和1950年代上半期,法斯特的作品在中国翻译和出版却远胜于上面提到的那些大作家,就当时在中国的影响而言,他也要超过同时代很多美国作家。对于作家而言,作品才是硬通货,看法

---

① 王胡:《美国著名左派作家〈斯巴达克思〉作者法斯特去世》,《中华读书报》2003年3月19日。

斯特作品的中译本种类和数量，便可以直观地了解他在中国的影响。据我的粗略统计，那一时期，他被译介过来的作品至少有如下这些：

《公民潘恩》（傅又信译，吕叔湘校，世界知识社1949年版）

《自由之路》（范之龙译，文化工作社1950年版）

《最后的边疆》（蔡慧、陈松雪、李文俊译，新文艺出版社1952年版）

《文学与现实》（树生、芳信译，文艺翻译出版社1952年版）

《美国人》（法斯特选集之二，许汝祉译，文化工作社1952年版）

《美国的皮克斯基尔》（黄星圻、郭开兰译，光明书局1953年版）

《斯巴达克思》（法斯特选集之四，叶维之、施咸荣译，文化工作社1953年版）

《奴隶起义》（即《斯巴达克思》）（法斯特选集，叶维之、施咸荣译，上海文艺联合出版社1953年版）

《自由之路》（法斯特选集，范之龙译，上海文艺联合出版社1954年版）

《没有被征服的人》（蔡慧、李文俊、陈松雪译，平明出版社1953年版）

《都会一角》（徐汝椿、陈良廷译，平明出版社1953年版）

《孩子》（徐汝椿、陈良廷译，平明出版社1954年版）

《海盗与将军》（徐汝椿、陈良廷译，平明出版社1954年版）

《光明列车》（余上沅译，泥土社1954年版）

《公民汤姆·潘恩》（徐汝椿、陈良廷译，平明出版社

1954年版)

《知识分子为争取和平而斗争》(方应旸译,新文艺出版社1951年版)

《孕育在自由中》(蔡慧译,新文艺出版社1953年版)

《萨柯和樊塞蒂的受难》(冯亦代、杜维中译,作家出版社1956年版)

《赛拉斯·丁伯曼》(竹衍译,作家出版社1957年版)

另外,《译文》杂志1954年9月号曾刊载法斯特的小说《傻瑞典佬》(李文俊译),并配有苏联罗曼诺娃写的作家研究《霍华德·法斯特》(何如译)。

几家出版社在当时集中出版法斯特作品(其中平明出版社的主持人是巴金)并非偶然,从世界大势而言,第二次世界大战后冷战开始,法斯特等左派作家以维护世界和平为旗帜,站在劳工一面,抗议美国政府所作所为,这当然受到苏、中等社会主义阵营的极大欢迎。从中国的形势而言,朝鲜战争加剧国内反美宣传,法斯特是现成的从"敌人"的心脏中杀出来的作家,他的重要作品在短时间内几乎都有中译本,由此成为热门作家倒也理所当然。后来,时势大变,时隔多年,1980年代法斯特的作品又出现在中国,大略情况如下:

《移民》(邝启漳、彭嘉树译,漓江出版社1981年版)

《第二代》(彭嘉树译,漓江出版社1986年版)

《生根》(邝启漳译,漓江出版社1986年版)

《斯巴达克斯》(叶维之、施咸荣译,"外国通俗文库",漓江出版社1988年版)

《好莱坞巨子麦克斯》(王汉梁译,"外国通俗历史小说

丛书",北方文艺出版社1988年版）

《银色帝国的梦》（吴越译，文化艺术出版社1989年版）

《蓓娜》（张慧倩译，南海出版公司1991年版）

漓江出版社出版法斯特的"移民三部曲"（《移民》《第二代》《生根》），从封面装帧上看，我们即可明白，这个时代翻译和出版法斯特已经不是奔着这个作家的艺术和思想去的，而是仅凭小说的内容，法斯特无意中又赶上中国出版的一个浪潮：通俗文学热。其他几部书的出版也佐证了这一点，它们被收入"外国通俗文库""外国通俗历史小说丛书"这类丛书中。而进入1990年代后，法斯特很快便在中国图书市场上销声匿迹，近年来，出版社曾大量重印过去的老译本，美国文学的翻译热度一直居高不下，介绍美国历史、文化的各类读物也多如牛毛，未见他的书新译或重印。

上述介绍中，曾说1953年法斯特获得了斯大林国际和平奖，这是法斯特的成就为社会主义阵营所承认的一个标志，也是较有影响的一件事情。中国的《世界知识》1954年第2期，在"一九五三年'加强国际和平'斯大林国际奖金得奖人之二"的标题下，发表翻译家李文俊的文章《霍华德·法斯特》比较全面地介绍了法斯特的人生经历、主要作品和社会斗争。文中介绍：法斯特著有十三部重要的长篇小说、四部儿童读物和一部叙述犹太人历史的书。他写小说，也写诗、政论和文艺理论，他的才能是多方面的。作者评价："法斯特的小说都是建立在进步力量争取人类的尊严、自由和进步这样一个主题上的。他的书都具有强烈的现实意义。他认为我们这个时代进步文学的职责便是用令人信服的艺术形象去描绘历史的动力——人民的伟大。"在谈到法斯特与美国政府等"反动势力"的斗争时，作者评价："在这些斗争中，法斯特所表现的英雄气概和乐观主义精神更是值得我们钦佩的。"文章最后还声讨美国政府对法斯特的迫害，不过，"全世界都知道法斯特是人民的美国的象征，他的作品在很多国家都有译本，受到了各国广大群众的很大的欢迎。"总之，法斯特是作为一个正面形象被宣传的。

由李文俊来写这篇文章，也不是偶然，他曾与两位同学合译过法斯特的两部小说，在回忆录中，他谈道：

> 有较长一段时间学校没有复课，我们便凑在一起看看外文书刊，跑跑书店。我们从《苏维埃文学》上知道了美共作家 Howard Fast 的名字，CH 又从旧书店里买到了法斯特的几本原文书，包括 The Last Frontier 与 The Unvanquished。我们先把《最后的边疆》译出，投给新文艺出版社。过了一段时间，出版社来信约我们去谈谈，CH 与我去过，由一位叫王勉（后来知道他即是文章写得很老辣的鲲西）的编辑接待。他的写字桌置放在高一些的台阶上，因此有点儿像是法官。他告诉我们说译稿可以留下考虑。总之，我觉得好像没有费多大周章，这本书就出版了。①

他们三个人，很快又译出法斯特的另一部小说《没有被征服的》，这本书在巴金主持的平明出版社出版：

---

① 李文俊：《天凉好个秋》，上海书店出版社2007年版，第152页。

巴金与法斯特事件

《没有被征服的》这本书我们给了平明出版社出版。后来知道负责审稿的是萧珊发现的人才祝庆英女士，这是她工作后所编的第一部稿子。我后来认识了她。多年之后，我又在北京认识了汝龙先生。出我们那本书时，他正在平明编辑部工作，不知审读过我们的幼稚译文否。当时，他已经译了不少书，是位有名的翻译家了。几年后，他在《译文》编辑部参加学习，我才认识了他。真是"山不转水转"，人生何处不相逢啊。①

他们的翻译，是自发的，而不是有人组织的，看来法斯特的小说在那个时代颇受欢迎。不仅在中国，在西方，法斯特当时影响也很大。聂鲁达1950年6月所写的《献给法斯特》一诗，开头便满怀激情地写道："我向被囚禁的霍华德·法斯特致辞。/我拥抱你，同志！敬礼！——我说，——/我底弟兄！"诗中充满这样的赞美的词句：

> 今天，霍华德·法斯特走进了牢狱。
> 他底书对于我们像是熊熊的火焰
> 真实地反映出整个美利坚底生活。
> 他描写黑人英雄，
> 队长和那些道路，
> 贫苦的人们和城市。

---

① 李文俊：《天凉好个秋》第155页。

> 今天，他走进牢狱，和他同在一起的
> 还有十二位同样著名的人士。
> 我曾经在西班牙看见的深厚的积雪
> 正降临在他底头上；在他底周围，环绕着同样的
> 阴霾、黑夜与鲜血。①

在美国本土，法斯特在左翼人士和工运人士中，法斯特也是一面旗帜。鲍勃·迪伦的女友、艺术家苏西·罗托洛，父母都是美共的党员，属于红色家庭的"红尿布婴儿"，在十五六岁时，她的阅读中，法斯特的书曾占有一席之地，法斯特转向后的观点也带领着她们反思当时的共产主义运动，她在回忆录中写道：

> 在那种白色恐怖的气氛下，"红尿布婴儿"如我是不合适提出对苏联和斯大林主义的疑问的，因为一种"受围心态"正紧揪着我们的父母。当左派作家霍华德·法斯特（Howard Fast）退党后，他旋即被谴责为叛徒和机会主义者。霍华德写过反映古罗马奴隶起义的小说《斯巴达克斯》，它后来被翻拍成好莱坞电影，由柯克·道格拉斯主演，而我爱读的儿童书《托尼和美妙的门》也是他写的。当时居然有左派认为，霍华德再也写不出好作品了，因为他已不再信仰斯大林主

---

① 聂鲁达：《献给法斯特》，方应旸译，《知识分子为争取和平而斗争》，新文艺出版社1951年版，第5页。

义。这真是太荒谬了。大概就是从那时起，我对父母的信仰产生了怀疑。①

二、"一个可耻的叛徒"

谈论法斯特，无法绕开1957年他撰文批评苏联并退出美国共产党的"叛变"行为，这一举动，在当年，遭到来自社会主义阵营的猛烈批判。1957年9月16日，时任中宣部副部长的周扬在中国作协党组扩大会议上有个讲话，后来整理、补充成文，以《文艺战线上的一场大辩论》为题发表，此文有为前一阶段文艺界的"反右"斗争做结论、定调子的意味。文章的第一部分是对国际、国内形势的评估，周扬说："最近一两年来国际国内经历了一系列重大的不平常的事件。"谈到国际形势时，他举了一个具体例子就是法斯特的"叛变"：

> 国内外的反动派总是要寻找一切机会向社会主义发动进攻。每当共产党内纠正错误、整顿作风、进行公开的批评和自我批评的时候，反动派便以为他们进攻的时机到来了。帝国主义者利用苏联共产党第二十次代表大会对斯大林的批判，在国际上掀起了一股反苏反共的逆流。这个反动浪潮的高峰，就是匈牙利事件。如何对待匈牙利事件，成了测量一个人是否真正

---

① [美]苏西·罗托罗：《放任自流的时光》，陈震译，光明日报出版社2017年版，第53页。

的共产主义者、真正的革命家的重要标准。全世界绝大多数的共产主义者，在这个严重关头表现了他们对于国际共产主义运动的忠诚和坚定，他们是经得起风险的。但是也有不少的人经不起考验。他们在思想上发生了混乱，政治上动摇了，其中少数的人公开叛变。这种现象在西方进步知识界的一部分人中表现得很突出。美国作家霍华德·法斯特就是一个可耻的叛徒。他在叛党声明中诉说"我毕生建立起来的信仰完全粉碎了"。这是古往今来一切叛徒的忏悔口吻。显然，他粉碎了的只是披在他身上的一层薄薄的马克思主义的外衣，并不是什么社会主义的真正信仰；他的灵魂深处浸透了资产阶级自由主义的腐朽思想。这样的人退出了工人阶级的队伍，不是坏事，而是好事。①

"可耻的叛徒"，这是中国文艺界领导人当时对法斯特的定性，在此文的后面，他还将法斯特的问题与"大右派"冯雪峰的问题联系起来，放在一起讨论："无论是外国的法斯特，或是我国的冯雪峰，都把艺术的真实性和政治的正确性对立起来，似乎一个作家如果有一个正确的政治立场，就不可能在艺术上保持真实了。法斯特叛党以后就宣布他今后再'不能按照"正确"的来写作'。他要求在政治上犯错误的权利。冯雪峰也劝告作家不要首先考虑政治上正确或错误的问题。……"②

---

① 周扬：《文艺战线上的一场大辩论》，《文艺报》1958年第5期。
② 周扬：《文艺战线上的一场大辩论》。

半个多世纪后，经历和参与过当年外交风云的资中筠在回忆录谈起此时的国际背景，也提到"法斯特"，它可能有助于我们理解法斯特"叛变"的大背景："苏联出兵匈牙利，引起国际一片反对声。左派内部发生分裂，不少西方共产党员退党，其中著名的如美共知名作家法斯特等。各国共产党的不同立场在'世和'内部也表现出来。法国人仍紧跟苏联，意大利和英国人表现一定的独立倾向，强调要照顾本国人民的情绪。尽管英共在本国力量很小，在'世和'内部还是有一定发言权。中国人在匈牙利问题上力挺苏联，唯恐苏联妥协倒退（事实上是中共说服苏联出兵的）。于是在1956年至1957年的几次会议上，中国代表的争论对象主要是意大利代表，苏联代表反而成为和事佬。""1956年以后'冷战'双方攻守之势开始易位。大批左倾的西方知识分子从失望到幻灭，有的退出，有的转到反面。著名美国作家法斯特宣布退出美共就是标志之一。就是还留在'和运'内部的欧洲左派人士，对苏联也不那么言听计从了，因此苏共领导也意识到要改变策略和语调，更加强调要团结西方中立的和平主义人士……"[①] 由此可见，法斯特的"叛变"绝不是孤立事件，同时，它对社会主义阵营的影响也不可低估，那么，中国和苏联展开对他的猛烈批判也是顺理成章的。

在周扬发表他的讲话之前，1957年8月11日出版的《文艺报》1957年第19号已经发表诗人邹荻帆的文章《法斯特叛党了》。邹荻帆的这篇文章，千言万语就是一句话，谴责法斯

---

① 资中筠：《蜉蝣天地话沧桑：九十自述》，香港牛津大学出版社2019年版，第237、255页。

特的叛变行为、"反党立场":"从法斯特的这些态度上,难道还不清楚吗?在一些巨大的问题上,他不只没有站在党的一方面,实际上是站在敌人一方面进行攻击国际共产主义,攻击苏联共产党。"邹荻帆驳斥了法斯特很多具体的观点,最后以"永别了,法斯特先生"与法斯特划清界限:"法斯特的事件,擦亮了我们的眼睛。让我们清楚地看到了这位'党员作家'与党的关系。他把党的扩大党内民主,看成无政府主义的民主,疯狂地攻击党的组织。他借口反对教条主义,而进行反党活动。他在波匈事件发生时,帝国主义者掀起了反共、反人民的浪潮,他不是站在党的立场维护国际共产主义的庄严使命,而是退出战斗的行列,发表反党的声明。他的劳动的产品,实际上作为向党进攻的资本。当然,在这暴风骤雨的海洋上,失败的不是共产党,不是真正的共产党人。真正的共产党人将如高尔基所歌颂的海燕一样,在风暴前飞得快,唱得更响。而驾着个人主义的一叶扁舟的法斯特,却可耻的在波浪中埋葬。"[1]杂文家徐懋庸也撰文,引用鲁迅对左翼作家的告诫讽刺法斯特:"在资本主义包围仍然存在,帝国主义者千方百计派遣特务,到社会主义国家内部去进行颠覆活动的现在,他幻想在社会主义国家内就应该放弃镇压,废除死刑,对一切人讲自由和人道,根本取消无产阶级专政,这也实在太浪漫谛克了。"[2]

[1] 邹荻帆:《法斯特叛党了》,《文艺报》1957年第19号。
[2] 徐懋庸:《从卓别麟谈到法斯特和鲁迅》,《徐懋庸杂文集》,生活·读书·新知三联书店1983年版,第718页。该书文末注释"原载《中国青年》1957年第7期",但是我在该期《中国青年》上未查到此文,最初刊出处待考。

转过年，对法斯特系统的批判密集又升级，不过，内容和语言都大同小异，无非是谴责和讨伐，也包括一些咒骂。在主要刊物上，有这样的一些文章刊出：石棱中《法斯特决定的是自己的末路》，文中认为："关于法斯特：作为一个写过'美国的毕克斯基尔'的人，我对他曾经有过敬意；但是当法斯特成为一个无耻的叛徒时，我对他有的只能是憎恶。"①《译文》1958年5月号刊载苏联作家鲍理斯·伊萨柯夫《法斯特的两次自白》（译自苏联《外国文学》1958年第2期），文中说："法斯特断言，促使他退出党的原因是对斯大林个人崇拜的批判和苏联国内法制的遭受破坏。我们是把苏共二十次代表大会的决议看作社会主义制度富有生气和力量的明证的；我们不怕谈到自己的即或是最严重的错误，为的是以后不让我们或别人重犯；……"并预言法斯特："那些指挥着反苏宣传的人们很快就会对他失去新奇之感。到那时候，他就将被所有的人遗忘。"译文编辑部还编印《法斯特叛党言行批判》一书（内部资料，1957年12月印），供大家批判用。

《文学研究》1958年第4期（1958年12月25日出版）上有朱虹《从法斯特的小说看法斯特的本来面目》一文，文中分析了"法斯特思想上走上了一条从维护资产阶级民主自由到今天公开向社会主义开火的道路"，认为："我们正要在许多地方把法斯特的作品跟法斯特本人，连人带书，一脚踢开。"朱虹后来回忆："1953年分到研究所时我才20岁，只会英文，中文不好很自卑。我到了研究所，第一个任务就是研究美国的

---

① 石棱中：《法斯特决定的是自己的末路》，《人民文学》1958年第2期。

进步作家霍华德·法斯特。我写了一篇报告，从写作上批判法斯特怎么次。当时卞先生说，你这篇文章没法发表。别人都吹捧，你说得一钱不值。我说那就不发表。没想到三年之后，法斯特发表声明退党，卞先生高兴了，就拿了我的破稿子对编辑说，我的学生三年前就批判这个作家。当时我在乡下参加劳动锻炼，卞先生就按编辑的要求，自己动手增加了政治批判的内容，后来发表了。人们开玩笑，说我是'三年早知道'。"①很显然，政治风向决定学者的观点和立场，这不是幽默故事。

三、"呸！叛徒法斯特！"

《文艺报》1958年第8期（1958年4月26日出版）上刊发一组批判法斯特的文章，从作者名头看，算是重头文章。周扬点名法斯特的《文艺战线上的一场大辩论》发表在《文艺报》1958年第5期，后续刊出的批判文章显然是精心组织的，这是对周扬讲话精神的具体贯彻。②这组文章有一个醒目的通栏大标题：呸！叛徒法斯特！标题下面有编者按，控诉法斯特"罪行"，又讲了为什么要"呸"他，语言充满战斗性：

---

① 舒晋瑜采写：《朱虹：我吃亏在英文比中文好》，《中华读书报》2018年2月28日，第18版。

② 在周扬的讲话之后，1957年11月18日毛泽东在莫斯科共产党和工人党代表会议上的讲话中曾说："西方擦黑我们的脸的目的，依我看，主要是想'整'各国共产党。在这一方面，他们也达到了一部分目的。例如美国的法斯特，共产主义的可耻的叛徒，就跑出党去了。"（《在莫斯科共产党和工人党代表会议上的讲话》，《毛泽东文集》第7卷第322页，人民出版社1999年6月版）。

美国作家霍华德·法斯特,原是美国共产党党员。1956年帝国主义者利用社会主义阵营某些暂时的困难和缺点,掀起了一阵反苏反共的逆流。法斯特没有起来捍卫工人阶级事业,却被吓得丧魂落魄,投到敌人方面去了。从此,他自绝于工人阶级,成了工人阶级的叛徒。和一切叛徒一样,他扯下了自己的身上那一层薄薄的马克思主义外衣,接二连三地向敌人发表声明,肆无忌惮地辱骂共产党,辱骂社会主义,辱骂苏联,充当了帝国主义的代言人。工人阶级内部的一小撮动摇分子,终于叛变出去,露出了自己的真面目;对我们来说,这不是坏事,而是好事。

霍华德·法斯特这个名字,现在成了一个肮脏的字眼。各国工人阶级同声唾弃他:"呸!叛徒法斯特!"

……

我国知识界的整风运动正在深入展开。……看了法斯特这个反面例子,有助于他们进一步认识资产阶级个人主义、唯心主义的危险性和危害性,从而坚定他们摆脱这些思想束缚的决心。

这个专辑共有六篇文章,中国作家(诗人)的三篇,作者分别是巴金、曹禺、袁水拍;翻译文章两篇:苏联《文学报》上格里巴乔夫《法斯特是修正主义的讴歌者》、美国工人作家菲力普·包诺斯基《临阵脱逃》;后面还附一篇林文编写的综述《法斯特叛党经过及各国进步文学界对他的批判》。当期《文艺报》正文只有43个页面,这组文章占了16个页面,超过三分之一的篇幅。三篇中国作家的文章，作者排序是巴金、曹禺、袁水拍，大概是根据三个人的文坛地位和资历排列的，三个人都是当时影响力很大的作家，除此之外，他们都拥有显赫的头衔和社会职务，如此一个外国作家，法斯特虽然谈不上是"一枝独秀"，却也是被另眼相看的。

巴金在《法斯特的悲剧》一文中，认为法斯特的"叛党""这是一般知识分子的悲剧"，原因是他心中有个"伟大的自己"，从而不能把感情完全溶化在群众的感情里面，以致走向反动。他还按照时文的经典做法，对美国的民主进行批判。在批判的同时，巴金还有不少"惋惜"，他说："我们从此失去了一个诚实的作家。自然他以后还可能写出更多的作品，但是他不会写出像过去那样激动人心的诚实的作品了。这的确是值得惋惜的。"通篇读来，巴金上纲上线的批判，不过是这样的话："霍华德·法斯特的悲剧是一般像他这样的知识分子的不可避免的悲剧。他始终没有能够把自己的感情完全溶化在群众的感情里面，在集体的解放中去追求个人的自由。他不能够放弃个人的特殊的地位。他过分地重视自己，突出自己，甚至为他自己设下一个自我陶醉、自我扩张、自我宣传的罗网。"这些话也不是他自己在"反右"运动中批判知识分子常用这些套话。在这些套话中，巴金还是埋伏了一点点自己的想法，他把法斯特当作一位有才华的作家，惋惜他"精神上的自杀"：

> 我并不怀疑法斯特过去的诚实，我也不认为法斯特最初发出他那"痛苦的哭声"时就有坏的动机。他

过去为他的思想和言行吃过苦，受过迫害，坐过牢，受过抵制，后来也在国外得到很高的荣誉和全世界千万读者的敬爱。这并不是一件容易的事，也不是每个人都做得到的。但是他怎么能够在短短的一年多的时间内毁掉了自己十几年艰苦忘我的劳动所造成的一切，而且一点也不顾惜呢！……可是到了去年十一月他就在新著《赤裸裸的上帝》中写下他最大的诽谤："共产党是一个监狱"，为美国的"民主"生活作公开的宣传了。这简直是精神上的自杀！

正是这种惋惜，使巴金在文章最后还劝法斯特"回头是岸"，"这是最后的机会了"。

曹禺没有像巴金那样文绉绉地讲"悲剧"，他紧扣题义，文章的题目是《斥叛徒法斯特》，义正词严地来了三条："第一，法斯特不是他自封的那样'神明'，共产主义运动并不因他的背叛就停止了波澜壮阔的发展"；"第二，是个脓疮就该挖掉，隐藏在革命内部的敌人，就不如放在光天化日下让大家瞧瞧"；"第三，法斯特的叛党，告诉我们，修正主义和资产阶级个人主义，是共产党员最大的敌人"。同样，曹禺也对"美国民主"进行无情的批判，以揭穿法斯特的谎言。对于法斯特，他不抱幻想，而是斥之为像法斯特这样的人"永远不能明了我们文艺阵营里钢铁一般的团结和高度的民主，正如蛆虫不能理解阳光下还有干净的世界。"袁水拍的文章《11年前的往事》，则将时间拉回11年前，将法斯特与受美国政府迫害的"好莱坞十君子"对比，写到他们中的一些人是怎么"坚持战斗"的,"但是,一边是庄严的战斗,一边是荒淫和无耻的勾当。曾经假冒为善、窃取进步群众对他的信任的法斯特,竟然背叛了真理,背叛了组织。这个无耻的家伙……""疾风知劲草,有投机变节的墙头草,也有高洁坚贞的兰草。我们唾弃前者。我们尊敬后者……"

  翻开他们那一辈作家的文集,我们不难发现他们几乎都写过这种文章,国内和国际上的政治事件、社会动向都需要他们站出来表态。曹禺1958年9月初版的《迎春集》里就收了不少,看题目就明白了:《在幸福的祖国的天空下》《原子弹下的日本妇女》《埃及,我们定要支援你》《胡风,你的主子是谁?》《吴祖光向我们摸出刀来了》。① 袁水拍1959年3月初版的《文艺札记》里也有:《为社会主义纪元的四十诞辰而欢呼》《徐懋庸肆意歪曲毛主席"在延安文艺座谈会上的讲话"》《慌了手脚的蒋帮宣传员们》《阶级教育的生动的一课》《反对冯雪峰的文艺路线》《反对法西斯的血腥的民族歧视政策》。② 不用列举,巴金的这类文章并不少,还有郭沫若、茅盾、老舍……大凡当时活跃一点的作家,恐怕都写过,在他们这不仅是写作,也是政治任务。毫无疑问,这样的文章基本上都是一些"正确"的套话集合,倘若有价值的话,它们的价值不是从"文学",而是从"宣传"上来论定的。做宣传,作家自然是上佳人选,或者说,文学的社会作用便是这样被长久地误解。然而,在当时能够承担这样光荣的政治任务的,必然是得到信任之人。作

---

① 见曹禺《迎春集》,北京出版社1958年版。
② 见袁水拍《文艺札记》,北京出版社1959年版。

家本人没有理由也不会拒绝这种"光荣"。谈到这篇《法斯特的悲剧》，巴金后来说："我推不掉，而且反右斗争当时刚刚结束，我也不敢拒绝接受任务。"为完成任务，他"根据一些借来的资料，照自己的看法，也揣摩别人的心思，勉强写了一篇，交出去了"①。

四、单纯，天真，多余的希冀

在以往，或者是在大多数情况下，这类表态性质的批判文字发表后，作者就算完成任务，接下来还要投入到新的"战斗"中去。谁知这一次却节外生枝，问题出在巴金那篇文章上：文章发表后，《文艺报》接连收到一些读者的来信，对巴金的观点提出质疑。——我相信《文艺报》编者的政治素质，他们能把巴金的文章登出来，而且排在三人中的第一位，虽然不足以证明，他们特别欣赏巴金的观点，也说明他们认为巴金的文章是没有问题的，至少他们没有看出问题来。然而，在那个年代，读者的"觉悟"要比编者高，关键是读者代表着"人民群众"，这就不可怠慢，更不能忽视。

对于读者和读者意见的重视，是经过各种运动，特别是反右之后，走向"大跃进"时代，各个刊物要调整的主要方向。《文艺报》时任主编张光年说："既然我们的耳目不周，力量不够，就应当向读者寻求支援，吸引广大读者参加我们的工作。我们曾经这样做过，收到了好的效果。那是在国内

---

① 巴金：《给李济生的信（代跋）》，《巴金六十年文选》第854页。

外修正主义妖风大作,苏联文学被抹上一脸污泥的时候,我们趁纪念十月革命40周年的机会,发动了群众,让工人、店员、战士、学生、工程师、战斗英雄、劳动模范们站出来讲话。创作也好,评论也好,对新作品的鼓励也好,对反动思想的批判也好,读者都是我们强有力的后援。经过反右派斗争,我们的读者也受到锻炼,一支强大的文艺后备军已经形成了,问题是我们肯不肯正确地运用这个力量。"①1958年3月13日,首都14个文艺刊物负责人集会讨论文艺刊物"大跃进"规划时,"《文艺报》张光年说:《文艺报》的中心工作是一面浇花,一面锄草:浇花要勤,锄草要透。我们的浇花工作做得特别不够,今后准备调配力量加强这方面的工作。《文艺报》准备从三个方面来建立文学评论队伍:一、《人民日报》联合组织一些评论家多讨论、评介作品;二、逐步加强和扩大现有青年评论员的队伍;三、向读者开门,吸引读者来参加讨论作品,从中发现新生力量。"②这些都体现了要加强"读者"在文艺作品评论中发言权的倾向。

说到做到,当期《文艺报》便开设"读者讨论会"栏目,文艺报编辑部有《向读者提出三点要求》作为开栏话,在开栏语中,编辑部检讨以往"前怕狼,后怕虎,保守思想","大跃进,大字报,大鸣大放,大整大改,使我们受到深刻的教育。

---

① 张光年的发言,见《为文学艺术大跃进扫清道路——座谈周扬同志的文章〈文艺战线上的一场大辩论〉》,《文艺报》1958年第6期(1958年3月26日出版)。

② 《扬帆鼓浪 力争上游——文学界大跃进座谈会综合报道》,《文艺报》1958年第6期。

其中的一条，就是使我们认识到这种不敢向读者开门的思想，真是危险得很；再这样下去，就会完全脱离群众，读者就会不理我们了。"① 由此，他们提出了稿件需求的三项要求：需要关于新创作的短评或读后感；希望读者能就本刊发表的重要论文或重要讨论写出自己的感想和意见；希望读者对当前的文艺工作、文艺创作随时提出自己的意见和要求。这一期"读者讨论会"的主题，是对于《再批判》一组文章的意见，接下来有：《关于文风问题的讨论》（第7期）、《对于话剧〈红色风暴〉和〈二七风暴〉的讨论》（第8期）、《对影片〈护士日记〉和小说〈浮沉〉的意见》（第9期）、《"欢呼新事物，发扬创造性"的讨论》（第10期），到第11期就是《对〈法斯特的悲剧〉一文的意见》。这一期的《文艺报》（1958年第11期，1958年6月11日出版）头题是社论《插红旗，放百花》，这篇社论主要是探讨"阵地"在谁手中的问题，它说："有些地方长期插的是资产阶级的白旗，工人阶级还没有占领这些阵地。有些地方插的是假红旗，太阳一照就现出了原形。""必须插遍无产阶级的红旗，才能大放社会主义的香花"，因此，要"拔白旗，插红旗"。这也等于宣布在知识界一场"拔白旗"已经开始，几个月后，巴金有幸成为被拔的一面"白旗"。

《文艺报》"读者讨论会"栏目中，以"对《法斯特的悲剧》一文的意见"中刊出的"读者意见"时，"拔白旗"运动中的"巴金作品讨论"尚未开始，这反而更加证明《文艺报》读者的敏锐。这个讨论刊出三篇读者意见和《巴金同志来信》。北京师

---

① 文艺报编辑部：《向读者提出三点要求》，《文艺报》1958年第6期。

大卫生科化验员那铁林和护士孙建华认为"以下几个问题我们的看法与巴金先生不同"：法斯特的叛变是否值得惋惜？怎样看待法斯特的过去？法斯特为什么要叛变？由此，"我们要问巴金先生这是什么立场，什么情感？"河南省工人疗养院的读者邝栖霞很简短，却又特别有力量，她上来就问："像法斯特这些背叛人民的敌人还会忽然良心发现而重新回到人民的怀抱里来？会吗？"接着是义正词严的判决："历史证明：叛徒的命运，或者是死于人民的铁掌之下，得到了正义的惩罚；或者是被葬送在其一心孝敬的主子之手。这就是生活的铁则，也就是叛徒法斯特之流的悲惨下场。"最后，告诫巴金：他希望法斯特"回头是岸！这是最后的机会了"，这是"多余的希冀和毋须有的惋惜之辞"。华中师范学院中文系学生谢介龙在《〈法斯特的悲剧〉一文错误——写给巴金同志的一封信》认为巴金的文章有"不少错误"，诸如，替法斯特惋惜，认为他有才华和"诚实"，劝法斯特"回头是岸"。他质问：

> 我们真不相信您会是这样的在政治上单纯和天真！法斯特的叛党和叛人民已经不是什么"错误"的问题了，而是已经成了工人阶级的叛徒了。"错"的概念意味着是人民内部矛盾，而"叛徒"的概念呢？显然，是意味着敌我矛盾。为什么您会敌我矛盾、大是大非都还弄不清楚呢！我们不明白。您居然还认为法斯特会认识错误而后悔、会有勇气承认错误。这个只有您和您所指的那"好些人"才会是这样想。我们是做梦也没有这样想过。……卑鄙和下流到了

极点的叛徒法斯特,这个为资产阶级老爷先生们所豢养和宠爱的叭儿狗,正得意洋洋地躺在他们的裤脚下,舔着他们的皮靴,疯狂地吠着"反苏""反共"的谰言。因此,您最后向法斯特"大声提醒",祈祷他"魂兮归来"!我认为这大可不必,叛徒法斯特已经没有灵魂了,他的灵魂上了"西天",这种"招魂"可以休矣!

这位读者还毫不客气地说:"当我读完后,发觉您的文章,远不及曹禺同志和袁水拍同志的文章那样带劲。是您的写作技巧不高明吗?比曹禺同志和袁水拍同志差吗?都不是的,而是您文章的思想内容的问题。"谈到"思想内容",恐怕是那个时代中令作家瑟瑟发抖的一个问题。群众的眼睛是雪亮的,仔细比较一下,巴金的文章的确是"思想认识不深刻",巴金是把法斯特当作一个"人"来分析他是怎样误入歧途,而"叛徒"在当时的语境中则是十恶不赦的名称,他没有权利享受理解和惋惜。巴金的文章战斗性不强,言辞间的惋惜之情,又有替法斯特开脱的感觉。更危险的是他居然认为法斯特过去是一个诚实的作家,对法斯特的"现在"和"过去"来了个一分为二,他就看不到当时的逻辑,要黑就一抹黑。这一点,曹禺就不是这么看的,他不仅对法斯特全盘否定,而且还揭露法斯特之前是怎样以卑劣手段混进革命队伍的。

巴金更大的问题是在文章中竟然流露出对法斯特的某种好感,巴金是一位真诚的作家,哪怕奉命出演时,内心的真诚也时有流露。巴金主持的平明出版社推出过数本法斯特的作品,这足以看出巴金对法斯特作品的认同。在法斯特的小说中，还有一部《萨柯和樊塞蒂的受难》，恐怕更加深了巴金对法斯特的好感。熟悉巴金历史的人都会知道萨柯与樊塞蒂二人对于巴金思想发展的意义。1927年，当美国的地方法院要判处他们死刑时，年轻的巴金在巴黎参与了世界性的营救行动，这件事激发了巴金内心的热血激情，他的小说处女作《灭亡》的创作即与此有关。此后，巴金一直关注此事，他翻译了樊塞蒂的自传，还以此事为背景写过《我的眼泪》《电椅》等纪实性的小说，并把樊塞蒂称为"吾师"。法斯特的小说为这二人申冤，一定会在巴金心中唤起共同的感情。1953年11月5日巴金在朝鲜战地日记中还曾留下"晚看法斯特小说很受感动"的记录①，虽然不能确定是哪一部小说令巴金"很受感动"，但是，他对法斯特的好感以至惋惜，显然都不是没有缘由的。所以在文章中有这样的语句：

> 好些人对法斯特选择了这样的一条路感到惋惜。我也是这些人中间的一个。我读过法斯特写的好几本书。我并不认为那些书是杰作，法斯特也不是什么伟大的天才。不过我曾经相信写那些书的人是一个诚实的作家。汤姆·潘恩、乔治·华盛顿、阿尔格尔德、萨柯与樊塞蒂都是些诚实的人。法斯特选择他们做他的小说的主人公，而且也用了朴素的笔

---

① 巴金当日日记，《巴金全集》第25卷，人民文学出版社1993年版，第126页。

调来描写这些诚实的人。他的主人公都不是脱离人民独往独来的人。乔治·华盛顿只有"在为他所领导的人民的需要而服务的时候",才成为伟大的领袖。汤姆·潘恩为革命奔走,贫苦到死,从来没有想到自己。阿尔格尔德复查支加哥草市场的案件,为劳动运动的烈士们雪冤,他经过了激烈的内心斗争,终于放弃个人的打算去追求真理。两个意大利工人萨柯与樊塞蒂死于美国民主招牌掩护下合法的谋杀。他们正是依靠着全世界劳动人民的援助,才能够在死囚牢中支持了七年,最后勇敢地死在电椅上。这些人一生所走的道路跟法斯特今天所走的路是不同的,而且是相反的。

这种好感哪怕仅仅是一点点,还是逃不过读者的火眼金睛,以致批评他"在政治上单纯和天真"。事已至此,编者不敢怠慢,否则下次就轮到有人质问编者的立场哪去了。于是,当年的第11期《文艺报》上,编者选发三封读者来信,还有巴金致编者的一封短信。巴金在信中说:

编辑同志:

来信收到。七篇文章已经读过,现在全部寄还,谢谢你们。读者们的意见使我受到了一次教育。我写那篇文章时,翻了一下材料,多少受了点阿普塞卡的文章和波列伏依给法斯特的信的影响。但是他们的东西是在去年上半年写成的。时间差了那么久。而且我希望法斯特"回头",劝他不要继续走更反动的路,要他改过自新,我只着眼在一个作家的堕落,却忽略了这是一个共产党员叛党的重大事件。所以读者们的批评是有理由的。

此致

敬礼

巴金

1958 年 5 月 19 日

"读者的意见使我受到了一次教育","我只着眼在一个作家的堕落,却忽略了这是一个共产党员叛党的重大事件。所以读者们的批评是有理由的"。二十八年后,巴金是这样描述当时的心态:"我不甘心认错,但不表态又不行,害怕事情闹大下不了台,弄到身败名裂,甚至家破人亡。所以连忙'下跪求饶',只求平安无事。"①

"读者来信"是特定语境下办刊的一个非常微妙的手段,正如"发动群众"在政治活动中所起到的作用一样。这里的"读者",可见又不可见,是单数又是复数,是办刊人可以根据自己的意图来选择和舍弃的。但是,它的效果和力量却又无比强大,特别是在强调群众为主体的前提下,读者意见有着不容置疑、不可讨论的强大作用。吊诡的是,在大多数情况下,他们都是非专业性的——如质疑巴金文章的几位读者,没有见一个人提到法斯特的具体作品,尽管法斯特的作品翻译成中文的是那么

---

① 巴金:《给李济生的信(代跋)》,《巴金六十年文选》第 854—855 页。

多。从文字中能够看出，他们对法斯特的了解仅仅限于读过《文艺报》上面的那组批判文章，其中谢介龙坦承："我对法斯特不了解"——文学艺术等问题都是具有专业基础和积累的，然而以非专业性对专业能够无往而不胜，他们手中的法宝是政治正确、立场坚定、方向明确。不同于署名的辩论文章（当然，这样的文章也可以组织和操控），"读者来信"也有具体署名，但是写信者经常有着非常明确的阶层和群体意识，他们不是代表个人，而是代表某一阶层在发言，编者选择也正是如此。古斯塔夫·勒庞在对大众心理时认为"群体"有这样几个很鲜明的特征：不容讨论的专横武断[①]，自觉的个性消失[②]，易为暗示

---

① 斯塔夫·勒庞的原话是："群体不善推理，却急于采取行动。它们目前的组织赋予它们巨大的力量。我们目睹其诞生的那些教条，很快也会具有旧式教条的威力，也就是说，不容讨论的专横武断的力量。"见古斯塔夫·勒庞《乌合之众：大众心理研究》，冯克利译，中央编译出版社2005年版，第4页。

② 斯塔夫·勒庞的原话是："聚集成群的人，他们的感情和思想全都转到同一个方向，他们自觉的个性消失了，形成了一种集体心理。""对何为真理何为谬误不容怀疑，另一方面，又清楚地意识到自己的强大，群体便给自己的理想和偏执赋予了专横的性质。个人可以接受矛盾，进行讨论，群体是绝对不会这样做的。在公众集会上，演说者哪怕做出最轻微的反驳，立刻就会招来怒吼和粗野的叫骂。在一片嘘声和驱逐声中，演说者很快就会败下阵来。"见《乌合之众：大众心理研究》第11—12、36页。

者操控①，极端轻信②。"读者来信"在那个时代的语境就具有这样的作用和破坏力，固然，听取和重视读者的声音没有错误，但是，把它作为一种特殊的手段以群众运动的方式解决文学艺术等专业问题，从历史的发展来看，它所起到的作用是非建设性的，特别是这种方式最后演化成某种极端，变成"大字报"的时候，它的破坏作用就更为明显了。有的学者曾反思大字报在"文化大革命"中的作用，他认为："制造舆论，扩大声势；矛头向上，煽动造反；壮己声势，压制对手；断章取义，派斗利器；罗织罪名，组织围攻；揭发阴私，侮辱人格；传播流言，助长错误；泄露机密，损害国家。至于'大鸣'、'大放'、'大辩论'，在'文化大革命'中，实际上已演变为大批判、大揪斗、大体罚。这些都是极其粗暴的破坏民主、践踏民主的行为，而却冠以'大民主'的称号，实在是极大的讽刺。"他还引用了

---

① 斯塔夫·勒庞的原话是："通过不同的过程，个人可以被带入一种完全失去人格意识的状态，他对使自己失去人格意识的暗示者惟命是从，会做出一些同他的性格和习惯极为矛盾的举动。最为细致的观察似乎已经证实，长时间融入群体行动的个人，不久就会发现——或是因为在群体发挥催眠影响的作用下，或是由于一些我们无从知道的原因——自己进入一种特殊状态，它类似于被催眠的人在催眠师的操纵下进入的迷幻状态。被催眠者的大脑活动被麻痹了，他变成了自己脊椎神经中受催眠师随意支配的一切无意识活动的奴隶。有意识的人格消失得无影无踪，意志和辨别力也不复存在。一切感情和思想都受着催眠师的左右。"见《乌合之众：大众心理研究》第17页。

② 古斯塔夫·勒庞的原话是："群体永远漫游在无意识的领地，会随时听命于一切暗示，表现出对理性的影响无动于衷的生物所特有的激情，它们失去了一切批判能力，除了极端轻信外再无别的可能。"见《乌合之众：大众心理研究》第24页。

邓小平对此的评价："现在把历史的经验总结一下，不能不承认，这个'四大'的做法，作为一个整体来看，从来没有产生积极的作用。"①

事实也如此，巴金心里不服，也不敢申辩，只有"下跪求饶"。

五、"为了保全自己，我只好不说真话"

即便"下跪求饶"也不能"平安无事"，革命群众还要"痛打落水狗"。6月11日，徐景贤在《文汇报》上发表《法斯特是万人唾弃的叛徒——和巴金再次商榷》，文章认为："现在巴金同志却在文章里抽象地谈论法斯特过去的'诚实'，赞美他的作品，歌颂他的战斗史，而不从阶级观点去分析法斯特一贯以来在思想上、立场上的局限性，指明他的世界观的缺陷，其结果是会造成读者对法斯特的模糊认识的。"《文艺报》刊发读者意见，那是因为前文发表在该刊上，有此回应尚属正常吧，此事与《文汇报》原本无关，它竟然刊文批评，这说明事情的影响在扩大，已经演变成一成不大不小的"事件"了。徐景贤后来成为上海滩炙手可热的人物，人称"徐老三"，意思是他乃仅次于张春桥、姚文元的三把手。巴金在《随想录》中控诉"文化大革命"，是对历史的反思，并不追究个人恩怨，批评某事很少提到具体哪一个人的名字，可是他却提到"……徐某某禁

---

① 席宣、金春明：《"文化大革命"简史》，中央党史出版社2006年版，第335页；其中引用的邓小平的话，出自《邓小平文选》第2卷，第257页。

止我写作的十年"，并认为："这一伙人中间的任何一个都是四十年代的督学所望尘莫及的。"①可见，徐景贤对他伤害之深。

三天之后，6月14日的《文汇报》上又发表余定的《巴金同志捏造了一个错误的口号》，一年前的旧账又翻了出来。在1957年作协会上，巴金曾"讲到上海人艺参加全国话剧会演的节目没有得到好评，我说对于剧本的艺术的估价应当交给群众去考验，不要有少数领导同志凭个人的好恶来决定。"②由此巴金说了句"文艺应当交还给人民"，这就是那个所谓的"错误口号"，余定认为："从那口号里我们便可以明了……巴金同志认为现在的文艺不为人民所有，而是为党所有的。""所谓'把文艺还给人民'……一句话，就是要求党不要来过问文艺，要求取消党对文艺的领导和监督。"一个具体场合中的发言被推定到这样的抽象原则和政治立场上，批评者的这种文风和逻辑颇具时代特色。从网上，我查到，余定是余仁凯的笔名，他还有一个笔名是凯枫，江苏宜兴人，1931年出生。1950年以后，历任中共中央华东局青委宣传部干事、中央团校华东分校教研室研究院、新文艺出版社以及上海文艺出版社编辑。曾编选过《胡也频选集》等。他的这篇文章不知道是奉命而作，还是自己拍案而起，虽然是断章取义、强词夺理，可是，上纲上线到这个地步，被批评者已经毫无讨论、说理和反驳的余地了，巴金已被吓得惊慌失措。"我这一次真是慌了手足，以为要对我怎样了，

---

① 巴金：《把心交给读者》，《巴金全集》第16卷，人民文学出版社1991年版，第46、47页。

② 巴金：《给〈文汇报〉编辑部的信》，《巴金全集》第19卷，人民文学出版社1993年版，第25页。

不假思索就拿起了笔连忙写了一封给《文汇报》编辑部的信，承认自己的错误，再一次表示愿意接受改造……我并不承认'回头是岸'的说法有什么不对，但是为了保全自己，我只好不说真话，我只好多说假话。昧着良心说谎，对我来说，已经不是可悲、可耻的事了。"①为保全自己舍弃尊严，这种趋利避害的心理，恐怕是人之本能。试想一下，巴金当时如果选择反抗的话，又是什么结果？他的反驳文章可能根本发表不出来，如果侥幸发表出来，只能成为下一轮被攻击的靶子，事情因此会越闹越大，身败名裂，经过反胡风、"反右"等运动后，这样的例子不难找，巴金和很多人一定很熟悉这种结果，才不得不选择检讨、屈服。

巴金给《文汇报》的这封信比《文艺报》的短简要长多了，它已是一份检讨书了。巴金不光检讨这一件事情，而是彻底否定以前所有的独立思考行为："解放以来我写过不少的文章，也说过不少错误的话。""甚至在大鸣大放以前我也发表过一些错误的言论……（我）自以为是一切都是从个人的一点狭隘的见闻或经验出发，为了顾全面子甚至强不知以为知，这早已脱离了政治，丧失了立场了。"巴金坦诚地谈到自己的困惑："反对旧的，我自以为还懂得一点，在我过去的作品里，我多少也作过这一类的工作；建设新的，我就不知道应该怎么办了。""文艺战线上两条道路的斗争，经过几次学习我大致也懂得一点，但是碰到实际的问题或具体的作品时，我就把握不住了。"那些"思想"，不是以自己生活中认识总结出来的，而是别人灌输到脑子里去，再到具体实践中当然是不甚了了。在以往，巴

---

① 巴金：《给李济生的信（代跋）》，《巴金六十年文选》第855页。

金没有弄明白,有些事情,不需要他去"把握"什么,也不需要他"思考"什么,他只要当一个忠实的传声筒听命于人就行了。经历了"法斯特事件",他才得到"教育":"我一直主张文艺为政治服务。所以我一直认为思想领导、政治领导是必需的。""我今后能不能做出一些好事,还要看自己改造得好不好。""我耳边老是有一个声音说:'加紧改造'。这是自己心里话,我决心改造自己。"①

　　巴金不是凭空担心,"反右"惊魂甫定,他一定预感到什么。一个值得注意的信号,就是作家出版社编辑部编的《斥叛徒法斯特》(作家出版社1958年版)一书,该书《出版说明》中说:"一年来,我国人民热烈地投入了整风运动和反右斗争,粉碎了国内右派分子的猖狂进攻,同时也丝毫没有忽视国际上一切修正主义者和反动派的活动。我们的文艺工作者一听到法斯特叛党的消息,立刻就投入了战斗……现在我们从这些刊物里选了曹禺同志等的六篇文章,辑成专册,以便广大读者更全面地认识这个叛徒的反动本质,并从法斯特叛党事件吸取教训,进一步认识资产阶级个人主义、自由主义和唯心主义的危险性和危害性。"该书收曹禺、袁水拍文,以及苏联鲍里斯·伊萨柯夫《法斯特的两次自由》、格里巴乔夫《法斯特是修正主义的讴歌者》、美国菲力浦·包诺斯基《临阵逃脱》、林文《法斯特叛党经过及各国进步文学界对他的批判》等文。值得注意的是,同样发

---

① 巴金:《给〈文汇报〉编辑部的信》,初刊1958年6月14日《文汇报》,后收《巴金全集》第19卷,以上引文分别见第23、27、24、26、25、28页。

表在《文艺报》上，曹、袁二文，两篇译文和综述均收，唯独不收巴金的文章，这岂不是更加坐实巴金的文章有问题吗？这些都在无形中增加了巴金的心理压力。事实证明他的预感完全正确，四个月后，长达一年的"巴金作品讨论"气势汹汹地揭幕了。打头的是姚文元的《论巴金小说〈灭亡〉中的无政府主义思想》（《中国青年》1958年第19期），接下来北京师范大学中文系、武汉大学中文系等都成立了"巴金创作研究小组"，一篇篇文章正在推出，报刊上发表的这些名为"讨论"的文章，题目都是这样的：他们到底欣赏巴金作品的一些什么，巴金在《灭亡》里鼓吹了什么东西，我们从巴金的《家》里得到了什么……① 在20世纪五六十年代，巴金经风历雨，一直是小心翼翼、如履薄冰，在他的思想和内心变化中，让他有"致命一击"之感的转折点，就是法斯特事件。后来他回忆：

> 我的朋友中作为"右派"受到批判的人已经不少了。据说我在一九五七年"漏了网"，五八年几次受批判，特别是在第四季度所谓"拔白旗"运动中被姚文元一伙人揪住不放，在三个刊物里讨论了整整三个月。我内心相当紧张，看不清楚当前的形势，从鸣放突然"转化"为"反右"，仿佛给我当头一棒，打得我头昏眼花，浑身打战。五八年因为一篇批评法斯特的文章我主动地写过两次检查。为了庆祝建国十周年，

---

① 关于"巴金作品讨论"详情，可参见周立民《热情的赞歌与沉痛的悲歌》一文，收《另一个巴金》，大象出版社2002年版。

人民文学出版社约我编辑《巴金选集》。责任编辑看了全稿,还希望我写一篇表态的"前言""后记"。我不想写,却又不能不写。在《文艺报》上发表的《法斯特的悲剧》记忆犹新。我战战兢兢,仿佛大祸就要临头,一方面挖空心思用自责的文字保护自己,另一方面又小心翼翼不让自己的怨气在字里行间流露。①

从此之后,巴金变得更加谨慎,从而更进一步地丧失"自我"。法斯特事件把巴金逼进了死角:光"揣摩别人的意思"已经不行了,不但要完全贯彻别人的意思,连语言形式都不容许是你自己的。多年后,他写道:"今天看来,我写法斯特的'悲剧',其实是在批判我自己。我的'悲剧'是别人把我当做工具,我也甘心做工具。而法斯特呢,他是作家,如此而已。"多少年了,转了那么大一圈,经历了那么多事情,巴金又转了回去,他再一次确认:法斯特是一位作家。这是黑色幽默,还是一把辛酸泪?在他晚年的著作《随想录》中有就很多关于当年的反思,可以说是一个知识分子心路历程的样本库:

> 倘使有人问我错误在哪里,我也讲不清楚。但是没有人以为我不错。我的错误多着呢!反对"有啥吃啥",替美国作家法斯特"开脱",主张"独立思考",要求创作自由等等、等等。同情的人暗中替我担心,对我没有好感的人忙着准备批判的文章。第二年下半

---

① 巴金:《给李济生的信(代跋)》,《巴金六十年文选》第855页。

年就开始了以姚文元为主力的"拔白旗"的"巴金作品讨论"。"讨论"在三四种期刊上进行了半年,虽然没有能把我打翻在地,但是我那一点点"独立思考"却给磨得干干净净。

要澄清混乱的思想,首先就要肃清我们自己身上的奴性。大家都肯独立思考,就不会让人踏在自己身上走过去。大家都能明辨是非,就不会让长官随意点名训斥。①

法斯特事件虽然不是像胡风冤案、"反右"运动那样牵涉很多人,影响面特别广,然而,历史的垃圾更需要认真清理,特别是法斯特事件,它也有着自己的特点:"反右"运动是自上而下引起的,上面号召,下面响应,甚至有不少人还是被动地响应。可是,法斯特事件后来的发展是群众的"自觉",读者的"觉悟"和"敏感"成功地维护了他们接受的教育和观念。在他们的自觉维护中,让人感到一种可怕的力量:他们已经不仅是某些教条的接受者,而且还是自觉维护者;他们不仅是受害者,而且极有可能会成为有力的加害者。不仅在当时,就是历史烟云消散之后,很多人并不认为自己是受害人和加害者,如果要追究历史责任,他们可以轻松地将一切推给历史、推给"错误的政治路线",个人充其量就是一个个"随大流者"而已。法不责众,每个人良心上也没有债务,这才是应该特别注意的。

回过头来,再看这三位批判者的命运:巴金起初是批判者,

---

① 巴金:《究竟属于谁?》,《巴金全集》第16卷第255、256页。

很快就成了被批判者，背着沉重的心理包袱，一面积极表现，一面也无法阻挡走向深渊的命运。袁水拍，批判法斯特，只是他在这之前和之后工作的一个环节，这样的文章，他写得多了。他后来在中宣部文艺处处长的位置上赶上"文化大革命"，很快被打入另册；然而，在"文化大革命"后期，又被任命为文化部副部长，对于诗人而言，这是交了"好运"吗？非也，很快，"文化大革命"结束，他又因执行了错误的路线被审查，袁鹰说："而当冬尽春来，国家和个人都步入光明坦途时，他已被病魔缠绕，力不从心。那几年，他的思想情绪中，希冀和欢愉、沮丧和愧悔兼而有之。仿佛一株曾是绿叶葱茏的大树，被雷霆和害虫侵蚀了枝干，几乎濒于凋残。虽然重睹春光，满心想尽力重绽新蕾，但已身心交瘁，不复有当年的豪气和锐气了。"①他的老部下曾有这样的描述和评价：

> 解放前他写诗、编刊等是业余的，解放后他调入党报，又到中央宣传部主管文艺，身负重任。谨慎持重，自不待言，同时也显得拘谨呆板，勉力做他并不擅长的行政领导工作……记得水拍曾长期在胡乔木手下工作，对乔木同志的指示、讲话，他几乎奉若神明，我见过他开会做记录的那些小本子，一页页密密麻麻地记录下乔木的讲话，几乎做到一字不漏，传达时也一字不易、原原本本。在文艺处水拍主持的会议总是

---

① 袁鹰：《袁水拍诗歌选·后记》，《袁水拍诗歌选》，人民文学出版社1985年版，第457页。

上传下达、贯彻执行，少有他个人的见解，更不用说异议。……青年水拍才高笔健、意气风发，及壮又身居高位，他的勤恳忠诚当然成就了很多业绩；然而世路并不平坦，一旦错误路线占了上风，一个不善独立思考、不敢顶风抗压的"老实人"，不栽跟斗、不陷泥淖，几乎是不可能的。十年动乱末期水拍的"荣升"文化部副部长导致新一轮悲剧也就势所必然。海外的朋友谓："卿本佳人，奈何从贼！"是惋惜、是责备，更是深知其人的体谅。①

曹禺的后半生都在努力，要写出一部像《雷雨》《日出》那样的杰作来，然而，终究未能如愿。他一边忙忙碌碌，似乎乐此不疲，一边又在焦虑、自责，他在一则日记中曾写下这样的话：

> 十时许到巴金家。巴老说："现在一个作家要给自己下结论的时候到了。写点东西，留给后代人看。""写了登不出，放几年也无所谓。"
>
> 我每见巴金，必有所得。我一向无思想，随风倒，上面说什么，便说什么，而且顺着嘴乱讲。不知真理在何处。
>
> 一定要独立思索，不能随风倒，那是卑鄙的、恶

---

① 吕启祥：《诗人的陨落——我所认识的袁水拍》，《社会科学论坛》2010年第7期。

劣的行为。

既错了，便不要再折磨自己，想起没完。让过去成为过去，自己清醒些！今后，不再上当。少说，错误少些。

但写作却要从自己心里想写的，写下去，不说违心话。写评论，不夸张；写散文，应说真话。自己真感到的再写，更不要，为了文字的漂亮，为表现虚伪的激情。那样写出以后，自己看了，就会觉得丑的灵魂在自己心目中，在众人的眼睛中，表现得更"丑"，自己会痛苦万状。

不要为自己一生所犯的各种错误、缺点、失当的地方，就反复思念、后悔、痛苦得没有止境。"君子坦荡荡，小人常戚戚！"这要自己常常想想。[①]

对于以往自己批判过的朋友，他也表示过歉意："对于他（指吴祖光——引者），我要多说几句。我是对不起他的，当然，还有一些朋友。在反右时，我写了批判他的文章。那时，我对党组织的话是没有怀疑的。叫我写，我就写，还以为是不顾私情了。不管这些客观原因吧，文章终究是我写的。一想起这些，我真是愧对这些老朋友了。现在看，从批判《武训传》开始，一个运动到一个运动，总是让知识分子批判知识分子，这是一个十分让人痛心的历史教训。今后，再不能这样了。在'文

[①] 曹禺1981年10月19日日记，《没有说完的话》，山东友谊出版社1998年版，第32、33页。

化大革命'中,我躺在牛棚中,才从自己被批判被打倒的经历中,深切地体验到这些。"① 这段话中,有一句话特别沉痛:"总是让知识分子批判知识分子,这是一个十分让人痛心的历史教训。"但愿所有的历史教训,永远归于历史。

2019年12月21日凌晨至2020年5月5日夜改旧文
6月21日凌晨定稿

《巴金六十年文选》书影

巴金和冰心(前排右一、右二)等中国作家1958年10月在塔什干出席亚非作家会议

---

① 曹禺1982年3月29日接受田本相采访的谈话,《曹禺访谈录》,百花文艺出版社2010年版,第80页。

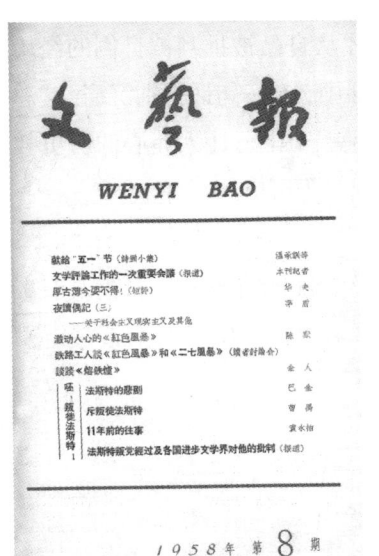
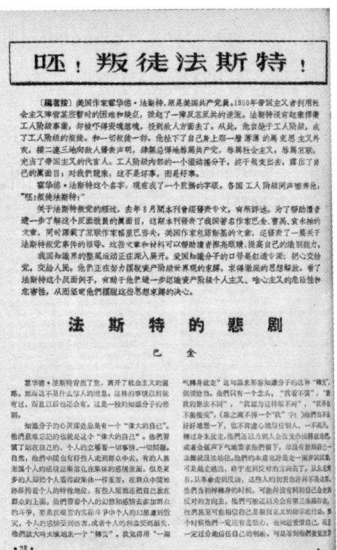

巴金在《文艺报》1958年第8期发表《法斯特的悲剧》一文

1958年，巴金在街头散发传单

法斯特：《萨柯和樊塞蒂的受难》，冯亦代、杜维中译，作家出版社1956年版

法斯特两种著作的中文译本书影

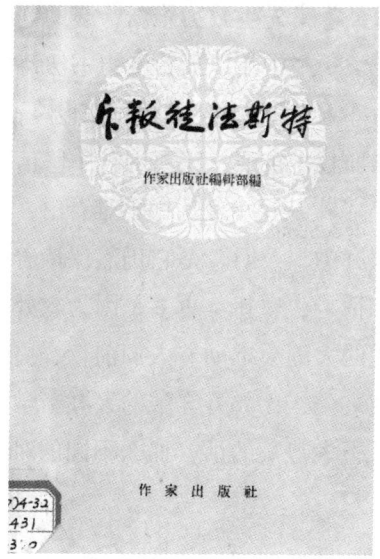

目次

| 斥叛徒法斯特………………………曹 禺（1） |
| 十一年前的往事…………………………袁水拍（13） |
| 法斯特的两次自白……（苏联）鲍里斯·伊萨柯夫（19） |
| 法斯特是修正主义的颂歌者 |
| …………………（苏联）格里巴乔夫（42） |
| 临阵脱逃…………（美国）菲力浦·包诺斯基（54） |
| 法斯特叛党经过及各国进步文学界 |
| 对他的批判…………………………林 文（61） |

《斥叛徒法斯特》一书书影和目录

你们将同春天一道来临
——时代大潮之外的方令孺

一、我能为你分点忧愁吗

女诗人方令孺出身于桐城名门,其父方守敦,"字常季,号槃君,安徽桐城人。先生之父方宗诚,字存之,号柏堂,清季理学家,有《柏堂全书》行世。先生之兄方守彝,字伦叔,号赍初,清末民初诗人,有《网旧闻斋调刁集》行世。先生幼承父兄之教,壮年追随同乡先辈吴挚甫先生致力维新,襄助创办安徽省最早的新式学堂桐城中学……中年以后,专力书法诗学,热心乡邦文教,奖掖后进,为一方人望。晚年痛愤日寇侵略,赞颂学生爱国运动,支持子弟参加救亡抗战,流离困苦中坚信中国必胜,而未及见,赍志以没。"[①]从这个经历中不难看出,方令孺生活在一个亦新亦旧的家庭中,"旧"是它仍然保持着中国传统的士大夫的生活习惯和情趣,"新"更多是因为它处在一个新旧交替的时代中,时代的大潮会推动着人们前行,更何况开明的知识分子还能得风气之先,比如方守敬的兴办新学等等。如果我们假定有所谓"天下大势"的话,那么不同的时

---

① 《凌寒吟稿·出版说明》,方守敦《凌寒吟稿》,舒芜编,黄山书社1999年版。

间段里，这个"大势"也有着不同的重心，其中的佼佼者往往是潮头的引领者，而更多人则是顺应者。当然，也会有一部分人处在潮流之外。这么说，可能过于简单了，那么不妨补充说，人的一生可能也在这几个角色之间转换，人们常说的"时来运转"，大约就是占据高地赶上潮头了。归根结底，人难以真正处在时代之外，然而确也有世界仿佛独自上演着热闹的戏，而孤单的个人寂寞地躲在一边连一个看客的座位都轮不上的时候。

对方令孺来说，前半生跋涉在时代大潮中，而后半生则像是被抛在这之外。早年她接受新文化思潮的影响，反抗不幸福的婚姻羁绊，面对更广阔的世界和人生要"做一个真实的人"，在1923年毅然将两岁的女儿留在婆家，带着八岁的女儿到美国求学。一到美国丈夫就与她分居，她以一名"新女性"独立自主的姿态承受着生活、学业的压力以及受人歧视的屈辱。1929年回国后，她与新月社的徐志摩、闻一多、陈梦家等交往密切，与凌叔华、林徽因并称新月社的"三女杰"。虽然新文学提倡日久，但女作家和诗人还寥寥可数，说她是当年的风流人物似不为过。后来，她任教青岛大学、复旦大学，在当年也属于凤毛麟角的女教授之一。方令孺的政治取向也能够看出她走在时代潮头的风姿，比如她支持几个侄子和自己的子女参加共产党，比如她敢于挺身而出去看望被软禁在南京的丁玲，并且直言不讳地说："我叫方令孺，是特别来看你的。我不是国民党，也不是共产党。我非常同情你的遭遇，我很喜欢你的小说。我想你在这里一定太寂寞，我能为你分点忧愁吗？有什么事我能帮助你吗？"起初丁玲还不敢随便相信这样一个人，后来却成了推心置腹的朋友，1936年和党组织联系还曾将方家作为组织与她通信的联络点。① 抗日战争爆发后，方令孺感到："我确是觉得大时代给我心有一种新的悸动，新的颤栗，新的要求。过去几年止水似的生活，到此完全给推倒，翻动。现在再也不容许我停顿，悠闲，和沉迷在往古艺神的怀抱里。现在我睁开眼，看的是人，活生生各种形态的人生，各种坚毅与穷苦的面孔。"② 在抗战后期，作为民主教授，方令孺支持学生运动、支持争民主争自由要求，并且政治态度越来越鲜明，以致被国民党特务列入需要注意的黑名单中。

1949年上海解放后，方令孺和众多知识分子一样，表现出难得的兴奋和快乐，她说："这不是梦，是真真实实的好日子来了，我心里的快活，是有生以来所没有感到的，是这样透明的快乐，没有一点渣滓。"③ 她以这种心态和热情积极地投入到各项社会活动中，她担任上海市妇联副主席，到老区访问，下市郊土改，去朝鲜战地慰问，她也是"文化大革命"前历届全国人大代表。她的热情似乎放散在新中国的蓬勃气象中，而人的变化也让你全然忘记她是名门贵媛、新月诗人。巴金印象很深刻的一件事情是1951年夏天他们在老区访问：

一九五一年第三季度我和靳以还有令孺大姐三个人参加了老根据地访问团华东分团，一起去过沂蒙山

---

① 见丁玲：《魍魉世界——南京囚居回忆》，《丁玲全集》第10卷，河北人民出版社2001年版，第64页。
② 方令孺：《信》，《方令孺散文选集》，上海文艺出版社1982年版，第16页。
③ 方令孺：《一封家书》，《方令孺散文选集》第80页。

区。后来我们又到苏北的扬州和盐城……解放后她不再彷徨、苦闷；虽然吃力，她始终慢慢地在改造的道路上前进。我还记得我们在山东乡下访问时，她和一位女同志住在农民家里，旁边放着一副空棺材，她也能愉快地住几天。①

当时复旦大学中文系的学生吴中杰也谈了他对方令孺的印象：

> 复旦的四位代表开完人代会回来时，曾在登辉堂作过传达。记得陈建功先生在介绍苏联代表团时，怎么也说不清楚苏联部长会议主席的名字，布——布——布——布了好久，还是把布尔加宁说成是布加尔宁，引得哄堂大笑。他长年沉浸在数学的世界里，对现实社会实在过于隔膜。方先生则以抒情的语调描写他们怎样见到毛主席，抒发她对于大会的感受，处处洋溢着诗意。……
>
> 那时方先生的确还写"感动派"的诗。记得苏联第一颗人造卫星上天时，方先生听到广播，很是激动，马上写了一首颂诗，报上发表，电台播送。但是我更喜欢她写的一些散文。以前出版的散文集《信》，很有特色，不必说了，就在我读书时，她还在《人民文

---

① 巴金：《怀念方令孺大姐》，《随想录》合订本，读书·生活·新知三联书店1987年版2004年印本，第268页。

学》上发表过一篇《山阴道上》,很是优美。我把我的看法跟她说了,她也表示赞成。她说:"《山阴道上》我是花了很多心思写成的,而这首写卫星上天的诗,则是坐在摇椅里听到广播,一激动就写下来了。"①

"唱吧,亲爱的,/哪个时代有我们今天欢喜!/千千万万喜爱你们,/为了将来,为了新世纪。"②出自方令孺笔下的这样的诗句已经与她早期的诗歌迥然不同了,然而又与那个时代的所有人写的诗都没有什么不同。

二、真静啊,我觉得真舒服

方令孺在家中行九,新月诗人方玮德是她的侄子,称她为"九姑",长此以往,这成了文坛对她的普遍称谓。"九姑"这个名字也可以看出她为人的大气、豪爽,深得朋友信任和尊重的一面。与方令孺有过接触的人无不称道她热情、侠义、重友情等性格。巴金说:"她是一个十分善良的人。"③丁玲说她是"有着一颗美丽的心灵的知识分子","是一个诚实大方的人","是一个有非常美丽灵魂的人"④。赵清阁则认为作

---

① 吴中杰:《复旦的新月——记余上沅和方令孺先生》,《海上学人》,广西师范大学出版社2005年版,第87—88页。
② 方令孺:《给杭嘉湖夏令营少先队员们》,《方令孺散文选集》第143页。
③ 巴金:《怀念方令孺大姐》,《随想录》合订本第267页。
④ 丁玲:《魍魉世界——南京囚居回忆》,《丁玲全集》第10卷第65—66页。

为长辈的方令孺"纯真得宛如年轻人"①,罗荪说:"九姑给我第一印象,是一个热情、坦率而又真诚的长者。她比我大十五岁,却是一位富有赤子之心的老大姐……"②而吴中杰的回忆恰恰是用生活细节来印证了上述说法:

> 方先生好客,只要她一回上海,徐汇村她家的客厅里就不断来客人。有教师,有同学,有文科的,有理科的,还有外面来的作家。听消息,谈诗文,总是非常热闹。所以,她虽然独居,倒也并不寂寞。听说在美国时,她的客厅也就是一个文学沙龙。方先生对学生很好。我是她的课代表,后来她又做我的毕业论文指导老师,所以对我特别关照。她怕学生生活太清苦,常要保姆烧一罐红烧肉,叫我去吃。其实那时学生的伙食标准很高,我们已吃得相当满意了。但我那时毕竟年轻,正在长身体阶段,胃口特好,每次去都把一罐肉吃得所剩无几。方先生看我吃得起劲,也非常高兴。③

而在1940年,方令孺曾将梁实秋比作"梨花":"余则拟其为梨花,以其淡泊风流有类孟东野。唯梨花命薄……"④但

---

① 赵清阁:《明月伴诗魂》,《长相忆》,学林出版社1999年版,第18页。
② 罗荪:《方令孺散文选集·序》,《方令孺散文选集》第11页。
③ 吴中杰:《复旦的新月——记方令孺先生》,《海上学人》第88页。
④ 转引自梁实秋:《方令孺其人》,《梁实秋文集》第3卷,鹭江出版社2002年版,第500页。

读方令孺早年的诗却能够感受到她自己有梨花的淡泊、高标逸韵，甚至有些寒气包裹在花蕾中。陈梦家编的《新月诗选》中曾选了她两首诗，其中《诗一首》中写道："爱，只把我当一块石头，/不要再献给我：/百合花的温柔，/香火的热，/长河一道的泪流。//看，那山冈上一匹小犊/临着白的世界；/不要说它愚碌，/它只默然/严守着它的静穆。"陈梦家评价这首诗："令孺的《诗一首》是一道清幽的生命的河的流响，她是有着如此严肃的神采，这单纯印象的素描，是一首不经见的佳作。"[①]在作者的内心中，是希望守着这静穆，还是获得炽热的爱呢？恐怕是非常矛盾的。在另外一首《灵奇》中也何尝不是如此？既然"小小的翅膀上系着我的希望，/信心的坚实和生命的永恒"，那么就应该有一个光明的获得，至少不会怀疑这个信念，然而接下去的却是："可是这灵奇的迹，灵奇的光，/在我的惊喜中我正想抱紧你，/我摸索到这黑夜，这黑夜的静，/神怪的寒风冷透我的胸膛。"这种矛盾或许交织在方令孺的性格内部和生命本身。

一面心如赤子、炽热如火，一面惆怅百结、避世脱俗。1930年左右在青岛大学任教的时候，她一方面与杨振声、闻一多、梁实秋、陈仲起、刘康甫、邓仲纯等人觥筹交错，吟唱抒怀，尽管并不善饮，每饮都面红耳赤却总是兴致不减，这群人被戏称为"酒中八仙"。可是另外一面，据梁实秋的回忆，她喜欢独来独往，不善与人交往，常着黑色旗袍，不施粉黛，总带着

[①] 陈梦家：《新月诗选·序言》，《新月诗选》，解放军文艺出版社2000年版，第9页。

淡淡的哀愁。或独居斗室，或一人独行。那种与男人在一起喝酒的豪爽似乎全然不见了。这个方令孺在消灭了个人的"不健康"情感的一个集体的20世纪五六十年代仍然存在着，最好的证明就是最近刚刚整理出来的这批近八十封的方令孺致巴金和萧珊的书信。

最初从巴金先生的亲属手中接过这批书信时，我首先意识到方令孺公开出版的文字并不多，这批信完全可以当作她的作品，这是一个知识分子的内心自白：她坦诚地向巴金夫妇倾吐着内心，描绘着生活的细节，些许欢喜，些许哀愁，无不形诸笔端，邮寄给异地的友人。诗人的文笔毕竟不凡，优美又精练，完全是一篇篇绝妙的小品文。而当我整理这些用钢笔、毛笔写在不同信笺上的书信时，我意识到这是一份珍贵的存真，在热火朝天、群情激昂的时代中，这些文字让我们看到了在时代潮流之外的知识分子的真实生活形态和内心变化：方令孺不断学习，急于融进那个热火朝天的时代，然而却总是融不进去，这种徒劳加重了她内心的焦虑；被抛在时代潮流的外边，反过来又不断地加重着她的孤寂。更何况，在内心深处，本来就有隐衷。

她的个人生活并不如她为人处世那么明朗乐观，19岁她就奉家族之命嫁给了南京大银行家陈卓甫之子陈平甫，结婚后发现双方志趣完全不合，同去美国后等于被丈夫抛弃，回国后双方没有离婚，丈夫在外面已有侧室……这样的生活对于一个刚刚开始灿烂生活的女子来说是多么浓重的阴影啊。丈夫去世后，她一直独居，在杭州的岁月里，也只是和保姆在一起生活。然而这些特殊的经历无处诉说，新时代更不是诉说个人哀愁的时候。她与巴金夫妇的通信始于到杭州就任浙江省文联主席之后，而方令孺那种强烈的被抛在时代之外的感觉也正是从这个时候开始加重的。至少她自己也感到吃力了，觉得为这个时代贡献不出什么了，甚至诚恐诚惶地不知该做什么了。

到杭州担任浙江省文联主席并非她主动选择。据高松年最近在文章中披露："那年，因'反右'而受牵连，原浙江省文联主席宋云彬被撤职，省委要物色一位新的主席。当时的省委书记林乎加知道时在上海复旦大学当教授的方令孺就是肖文的母亲，而且是国内有名望的党员知识分子、著名的作家，就认定这是一位任文联主席的合适人选。所以，在组织调动的同时，也要肖文先与方令孺作些沟通。从方令孺这边说，她之所以最终愿意离开她所住惯了上海来到浙江，除了身为党员要服从组织调动之外，确实也有要与女儿相聚一起、以补偿以前对女儿关照不够的因素在起作用。"① 去跟亲人相会，但却要离开上海这边很多朋友，这种顾虑也曾对巴金等友人表露过："忽然听说她要给调到杭州担任浙江省文联主席，她自己下不了决心。我当面问她，她说在复旦大学她有不少熟人，在杭州除了女儿女婿外，单位里都是生人，前任文联主席又是犯了错误给撤职的。换一个新环境她有些害怕。我相信她会去杭州，用不着我给她打气，我也不曾到复旦宿舍去看她。"②

顾虑归顾虑，1957年她还是按照组织的要求来到了杭州就职。这里的环境的确不是很乐观，尤其是刚刚经过"反右"的风暴，人们个个噤若寒蝉。她的前任是资深的民主人士宋云彬，

---

① 高松年：《一个纯真善良的人》，《江南》2006年第4期。
② 巴金：《怀念方令孺大姐》；《随想录》合订本第269页。

看看他因何获罪成为右派就知道方令孺的工作环境之险恶。宋云彬的右派言行主要有这么几条：一是，他认为省领导对文艺工作领导无方。"省委领导同志不懂文艺，不重视文艺，把省文联看作文工团"；"浙江号称文物之邦，在文学创作方面的成绩就不如内蒙古"。第二是他对粗暴地对待文物的行为不满，多加干涉，触犯某些领导干部。第三是主张创作自由，反对过多行政干涉。第四是对某些领导对待知识分子"尊重有余，信任不足"的做法有意见。[①] 在浙江的"反右"中，被视为鲁迅的弟子的新四军干部黄源也难逃此劫，连陈毅都保不了他，这样的环境让方令孺又怎能放开手脚做工作呢？

　　一方面，是她的谨慎，识大体；另一方面也可能恰恰是领导们需要方令孺来是不做什么实际事情，只要不再惹是生非就算阿弥陀佛了。看方令孺在杭州的工作的确也找不出更多具体的内容，不外乎开会学习、迎来送往、参观发言之类的。如1963年5月26日给萧珊的信上说到的"忙"就是参加政治学习："因为身体总不太好，又忙于开会，所以没有给你写信。我也想你们正开始学习五反，一定也忙。我们还没有学，正预备传达北京会议的精神。"1964年8月26日致巴金信："收到后一封信的时候我刚下山，是文联打电话叫我回来参加学习的。我是上星期六下午回来，星期日听了一天的报告，星期一就到文联开会。""八月十号下晚，杭州开了个万人大会，支持越南，反对美帝，我也下山参加了，会后还参加游行示威。第二天我

---

① 陈修良：《宋云彬先生与他的民主言论》，《红尘冷眼：一个文化名人笔下的中国三十年》，山西人民出版社2002年版。

到新华书店内部买了两部《南方来信》带到山上送给医生护士,大家抢着看。我自己也留一部。"1965年2月1日致萧珊信:"这几天都忙着招待柬埔寨客人,三个柬埔寨的作家代表由王汶石陪了来的。这几个人都还容易接近,我没有陪他们玩。只是接送请吃饭,其中有个名叫孙苏伦的,说话有风趣,爱笑。昨天下午乘飞机到广州去了。"又说:"刚才文化系统开了个祝贺春节的大会,只在主席台坐了五分钟,推出一人致贺辞,就大家看电影,我看了一半回家来写信给你。"1966年2月9日致巴金、萧珊信:"从今天起我就参加省委宣传部召开的学习讨论会,学习毛主席著作,上下午都开,所以要紧张几天。就是今天一天我都觉得非常严肃,非常重要。这对我尤其重要,因为我不懂的太多了,因此思索起来也觉艰苦些,但学习一次,怎会长进一点。"至于更实际的工作似乎并不多:

> 黄山回来已一个月零十天。好像已经多少日子了。回来以后总有点事要做。听了几次省委的大报告,听了很有益,省委对于文联工作有些安排,把陈陇叶克都调到作协来,预备另找一座房子,成立一个领导机构,先把作协办好,然后逐渐把各协工作领导起来。但我看愿望是愿望,人力还上困难。陈陇现在住在医院,俞仲武也在医院,叶克多病不大能工作,你看,事情是不大好做的。我已不像以前那样急,宣传部商部长也教我不要急,能做出多少事就做多少。我也就宽心等待,反正什么事一个人总做不起来,大家合作才成,等着吧。现在也有些活动,例如开过几个会研

究工作，陆续的（地）开些各种创作座谈会等等。我自己不个个会参加。①

我近来的工作是：林淡秋同志召开了一个会议，谈谈编杂志的事，安排一些工作，他对我很宽，不叫我做具体工作，有事出出面而已。这样决定了，以后我就好处了。②

没有更多具体的工作真的可以过着神仙般的日子了，更何况方令孺所住的杭州灵隐路白乐桥27号，在西湖的景区内，环境清幽，适于过着隐士般的生活。在给巴金夫妇的信中，她也以诗人的生花妙笔多次写到自己的居住环境：

> 这时候是夜晚十点半钟，在上海还是很早呢，但是在这里却静得像一切都秉（屏）住呼吸一样，悄悄地，一动也不动。没有虫声也没有鸟声连惯常叫得脆嫩的小猫头鹰的声音也没有了。有天晚上还听见墙外夜里出来的野羊叫，今晚也没出来。因为窗子关着，窗外的小溪呜咽的声音也没有听见，真静啊，我觉得真舒服！我现在完全习惯这环境了，很喜欢我的家，一天东摸摸西看看，一点也不觉得寂寞。我心里饱餐着很多温暖的友情，它滋养着我，使我思想丰富，宽

---

① 方令孺1961年11月29日致巴金信。
② 方令孺1964年4月24日致巴金、萧珊信。

阔，远大，高尚，反正一切好字眼都可以用上。你看，我多快活。①

今天天气好，晴，太阳不大，真有诱人出游的样子。你们今年要来了吗？来信没提？因为前几天大雨，溪流大涨，灵隐寺前的泉水从石上流下像瀑布似的好看。我昨天下晚一人散步到瀑布前坐了好久，空气里有樟木香。……现在快中午，我就出去发信，再散步到瀑布前。过几天水小了，就看不到了。②

方令孺也写过诗描述白乐桥生活，基本上是写实的：

灯　火

"九里松前白乐桥"，棕榈修竹傍溪娇。
红楼灯火相望暖，会罢归来笑语豪。

采　茶

群儿嬉戏小溪旁，溪水潺潺春意长。
薄履单衫青竹篓，轻风吹送绿茶香。③

---

① 方令孺1961年11月29日致萧珊信。
② 方令孺1966年3月23日致萧珊信。
③ 方令孺：《咏白乐桥》，刊1962年10月21日《浙江日报》，现收《方令孺散文选集》，上海文艺出版社1982年版，第152页。

关于采茶，在1965年5月12日致巴金、萧珊的信中也曾谈及过："有一天早上我出去散步，在茶丛中和一群中学生一道采茶，这工作看似容易可不简单，我采了两把腰就酸了。但得到一种劳动的愉快。"这样的生活不也是很愉快吗？简直称得上神仙般的逍遥。

三、可惜就是太寂寞一点

与这种清闲生活一同到达的是寂寞和多病。或者说后两者是互为因果的，因为寂寞的心境，身体和精神就难以好起来，而生病和精神的寂寥则加重了寂寞无助的心境。在方令孺的信中是没完没了的身体不好，是夹杂在字缝中间的寂寞。大约每一年，她都有生病的时候，而所有的病归结到一点都会引起精神上的不愉快，心境的低沉。

1959年，"我在医院住久了反而觉得软弱起来，近来心里不太能耐下去了。预备最近到莫干山去度过这酷热的夏天，以后就要跑跑了。"①

1960年，"我身体觉得比在上海好，饮食照常不多不少，就是睡眠不好，还是要有药帮助，所以常觉头昏。"②

1964年，"我本来应在上月廿三号就到上海去参加华东话剧会演观摩，因身体不大好，腰腹痛，不能去。现在好些了，预备本月中旬前仍去一趟，这是我的工作任务，同时也去看看

---

① 方令孺1959年7月16日致巴金信。
② 方令孺1960年9月18日致巴金、萧珊信。

您们。"①

　　1965年，"您说您同萧珊一天到晚很难得有安静的时间，大约客人多的原（缘）故，这与我正相反，我居的地方僻静，人非常少，寂寞极了。入春来我身体又不好，心里常常难受不知何故，有时也有活动，例如不久之前招待过三个柬埔寨三位作家，是王汶石陪来的，我送、接，请吃饭……"②"我身体很不好，病就在心里难过，肝功能是好的，就是人缺少精神，夜眠不大好，睡四五个钟头就算不错了。现在住在医院检查，昨天照了心电图，也看不出什么，还要查治几天。"③"此刻是早晨七时廿分，昨晚我吃了眠尔通睡得好，今天精神也好些，我就是常常睡眠不足，影响精神不好。"④

　　方令孺自己心里也非常清楚，她的病实在是在心里，尤其是远离朋友和亲人的寂寞。她说过："我在杭州一切都好，就是寂寞一点，所以有时候就拿起笔墨找人谈。"⑤从她一封封给朋友的信中，不断地盼望着朋友的聚会以及对儿女和第三代每一件事情的留心上，可以看出这种寂寞与周遭的环境影响多大。青山绿水养心悦性，但也触动她更丰富的内心情感，她无法粗糙起来，情感变得细如发丝，这对于精神上肯定是不利的。所以1960年萧珊在上海见她的时候，医生甚至认为她有精神分裂症的前兆。"那一天我刚巧去看九姑，她现在除了她的病，

---

①　方令孺1964年1月1日致萧珊信。
②　方令孺1965年2月20日致巴金信。
③　方令孺1965年3月20日致萧珊信。
④　方令孺1965年7月17日致萧珊信。
⑤　方令孺1964年6月15日致巴金信。

什么都不感兴趣。那天我还遇到杭州文联的女同志，据她告诉我，医生说九姑患的是忧郁症和幼稚病，也就是精神分裂症的初期。一去看她，她就不让我走，那天我到九点钟才回家吃饭。昨天又去看她，杨永直已给她定好东湖招待所的房间，她一再说要我去接她出医院，完全像一个孩子！"①

多年来，子女都不在身边，她一直和一个照顾她生活的远亲秀珍生活在一起，而她的内心却无比需要这方面的安慰和温暖。子女的事情也无时无刻不令她牵肠挂肚："我想你一定会原谅我没有等着送你上车就到莫干山去看女儿和外孙等去了。因为那天有便车，如果不去，就不知哪天才得去！你看我虽然终日欢笑，但一想到女儿和外孙的病，我心里发愁。他们现仍在治疗中，见好了。"②"临临在新年时就让她妈妈接回上海了，从那以后我就是一个人，冬夜就只有炉火为伴，幸而我已习惯了，也能过得去！现在只盼春天快快来。杨柳绿了，桃花开了的时候，你们也要来玩了。"③"伯悌（就是陈庆纹）就在丁西林夫妇走后第三天到杭州，我原是很高兴，那（哪）知她身体也不好，有冠状动脉硬化现象，这里正值黄梅天要到，她心中闷得难过，所以十五号就又要回北京了，我心里又添了心事。"④用文字向朋友倾诉自己的内心，焦急地等待朋友的来信，在这个唯恐不热闹的生活氛围中，反映出的是一位作家生活的清寂，

---

① 萧珊1960年5月24日致巴金信，《家书》，浙江文艺出版社1994年版，第323页。
② 方令孺1961年6月20日致萧珊信。
③ 方令孺1963年2月9日致萧珊信。
④ 方令孺1965年6月6日致萧珊信。

这种清寂甚至使她要抓住朋友的手不放了,给萧珊的许多信件都表达出这种强烈的内心诉求:"你有工作,有朋友,有家人团聚,生活是丰富的,但也盼不要忘记我,如果寄我三言两语,我是说不尽的感激与安慰!"①

很多时候,她进入了非常自我的世界中,她需要的只是一个倾诉者和倾听者,给巴金夫妇的信中这样的语句比比皆是:

> 山上极静,这时桂花盛开,芬芳之气,到处扬(洋)溢,可惜就是太寂寞一点。您们的信来,真是极大的喜慰。我好像回过蕴珍同志的信,我并且因为蕴珍不来信而感到惆怅。我收到蕴珍同志寄到北山街的信。好了,今后我希望您们常有信来。……我常常想上海的朋友们,我回来还没有写过信给罗荪同志,见时请代问候他夫妇。我决心把病治好。秋后蕴珍如有空能来杭州玩玩就更好了。邮局就要送信来,我这信就给他带去。②

> 我出院已一星期,家里凉多了。此刻是晚上九点钟,我坐在明亮的灯下开着电风扇,四周静寂,惟小溪流水玲玲作响,外面风吹着大树萧萧,觉得很舒服安静。我很想你,倘若你我身边一定充满了笑声。昨晚我看契可夫的小说集。这集的序言上有句话说契可

---

① 方令孺 1965 年 1 月 10 日致萧珊信。
② 方令孺 1960 年 9 月 18 日致巴金、萧珊信。

夫最喜欢充满欢笑和活动的生活。我大为感动。我也是喜欢充满欢笑和活动的生活！①

你看我的感情有些依靠你了！不来信我就想念，感到寂寞；一来信，我立刻就欢喜起来，痛快起来，就像鼻子本来塞着，忽然吸了一口薄荷，呼吸畅通起来。从你的信里，我接触到些老朋友，好像听到他们说话，得到关怀，感觉安慰！不知何故我近来觉得非常寂寞，我细细分析，大概还是因为去年夏天太美太热闹，今昔一比就觉得寂寞了，你说呢？②

这种寂寞的真正原因是清闲，而别人都在热火朝天地忙着，方令孺更有一种被抛在时代大潮外面的焦虑心理。在通信中，提到朋友们的"忙"，方令孺不免有被丢下来的孤单和掩饰不住的羡慕和渴望。

林默涵同志来，也叫我多休息，可是教（叫）我要多写诗。我不急，有诗兴的时候就写写。我很想把我有些日记中所记的短小笔记，和感怀整理出来，我自己看看，有些也像个散文诗的样子。巴金同志，你那样勤恳创作的精神感动了我，我也觉得一天到晚不写点东西就有些惭愧似的。但是又不像你那样坚定用

---

① 方令孺1961年6月20日致萧珊信。
② 方令孺1962年7月10日致萧珊信。

功。不过还是不要急,永远保持心情舒畅,就是保养的好办法。①

在这样透明的秋天,桂花香四溢的时候,你们没有来玩,真是可惜。本来吗,在国庆节后有不少客人要南来,巴金同志还忙着呢,为我们国家做重要工作,我也不应当埋怨!冰心曾说也许要陪日本和尚来杭,届时你们能来吗,不过陪和尚玩也没意思。②

我这里没有举行什么运动,但这几天的报纸已够使我心潮汹涌,很想写点东西,但究竟因为没有到过越南,写起来就不那样亲切了。

您的手臂常酸痛,使我很难过,您是否可以少做点锻炼?到医院去做做理疗。真是,您为什么要跌呢?您睡觉吃饭想都好。您说您同萧珊一天到晚很难得有安静的时间,大约客人多的原(缘)故,这与我正相反,我居的地方僻静,人非常少,寂寞极了。入春来我身体又不好,心里常常难受不知何故……③

巴金同志给《文艺报》写的社论可写好了?我们

---

① 方令孺1961年11月29日致巴金信。
② 方令孺1963年10月7日致巴金、萧珊信。
③ 方令孺1965年2月20日致巴金信。

你们将同春天一道来临

正处在全世界革命大风暴时期，我多想做风暴中的海燕啊！你们会懂得我的心情。有一天早上我出去散步，在茶丛中和一群中学生一道采茶，这工作看似容易可不简单，我采了两把腰就酸了。但得到一种劳动的愉快。①

巴金同志最近又在写什么？你的工作怎样，忙吗？陈同生同志来信说去参加四清。任干罗荪，都在厂里，杜宣也在写，峻青也在写，人人都有工作，柯灵同志及国荣同志身体不大好，但也在构思，所以一个人没工作专门玩也无味，必需又工作又有玩的时候。上海的好处就是熟朋友谈得来的朋友多，有风趣的人多，所以你们生活是比我有意思多了。我的生活是很严肃的，有时想笑笑就开收音机听相声，笑一笑，有时电筒，我都给我认为可以给他看的人看了，看到的人都啧啧称赞。巴金同志给我的毛泽东全集更是使见者称羡，对我有更大的益处。这封信是抽空写的，所以很零（凌）乱。盼你和巴金同志有空来信，收到你们信，就像你们来访一样？春天来不来呢？②

收到你的信多高兴啊！你是我和许多朋友中间的一根丝带，从你的信里我可以知道他们的健康和工作

---

① 方令孺1965年5月12日致巴金信。
② 方令孺1966年2月19日致萧珊信。

情况。他们多忙啊，杜宣有信来但恐是在突然接到出国的任务之前写的，所以没有说到。峻青正在忙于写焦裕禄，而且他还到兰考去了一趟，他身体本也不大好呢。芦芒已写了八百行诗歌颂焦裕禄。真是，都在为革命文学在意气风发。巴金同志《重访十七度线》在三期《人民文学》读了。你也在为看稿忙，还不忘给我写信。……①

这些在个人书信中的内心倾吐明白无误地显示了她站在时代大潮外面的焦虑。"当然在这沸腾的岁月里，为革命写作是更重要。几时闲点，不热的时候，来休息下，玩玩。"②朋友们都忙着在写作，自己无法与他们一道工作，希望与朋友相聚又不好打扰他们的工作，只好在一旁干着急。她不想做个旁观者，别忘了，她还是党员呢！而巴金却不是党员。方令孺的这种尴尬是非常有代表性的，是那个时代一批知识分子的共同焦虑。现今的论者习惯于夸大那个时代的人物如何与所生活的时代的不合作。最有利的证据就是他们是沉默的，比如沈从文不写作了，改去研究文物了。我知道这种夸大要表达的是研究者隐微的用意，从写文章的角度来说，这未必不是篇好文章，但是对于人生和历史本身来讲，则不能不说是有意的"歪曲"，因为种种现实境况并非那一代知识分子真实所愿。这种文章也容易树立一个对立面，即那些像枝头的喜鹊那样在报刊上不断发表文章

---

① 方令孺1966年3月23日致萧珊信。
② 方令孺1966年3月23日致萧珊信。

的人甚至被目为"沦落"等等。我倒不是觉得这两类人就毫无差别，但如果能够深入到众多个案中去，特别是有机会接触到像方令孺的书信这些非公开的文字时，你会发现那个时代的绝大多数的知识分子都有一个共同的愿望：希望融合到最火热的时代中去。其实，不惟那个时代的，在今天也何尝不是如此？

可是人在时代的洪流中，如同波涛翻滚的大河里的一颗细沙，究竟能有多少力量来决定自己的行程呢？更多的不是被一种莫名其妙的洪流推着走吗？真正的分别是在这里，有的人被推到了时代的风口浪尖，比如巴金、老舍、靳以，他们都是方令孺无比羡慕的大忙人，他们想不忙都不行，想不表态也都不行。对于这种"恩惠"，他们自己也很珍惜，很兴奋。靳以经过多年的努力终于被批准入党后，曾兴奋地给多位朋友写信，信上所谈的内容都是这样的："让我告诉你一个你非常关心的消息，我已经上海市委批准为预备党员了！作协支部开了两个半天的会，对我帮助很大。想你也为我高兴，并望对我多加批评。我们除开是二十年的好友以外，我们又是好同志。""你的信使我热泪满眶，我知道不该这样易于激动，可是到时候自己也不能制止自己……我要求组织对我严格，不能让我背着包袱入党。我要丢开生活过的五十岁，从一岁开始。"[①] 对于新生的国家，绝大多数知识分子也都是抱着极其良好的愿望的，毕竟一百年来战乱的纷扰结束了，相对于国民党的腐败统治，新生政权的活力和气象太明显了，但问题是有的人想在最前沿表达自己的

---

① 靳以致方令孺信，转引自方令孺《青春常在》，《方令孺散文选集》第125—126页。

欢呼和喜悦也得不到这样的机会，他们得不到信任。沈从文最初就是这样的，连首次文代会都没有让他参加，等于是告诉他：你没有了写作的权利。后来情况有所改变，1953年第二次文代会，他是以工艺美术界代表的身份出席，可最高领袖在接见时要他"再写几年小说"，于是各种鲜花就不断抛来，胡乔木给他写信表示愿意为他重返文学工作岗位做出安排，严文井出面约他写历史人物小说，并欲安排他归队当专业作家。经过权衡，沈从文认为"我的政治水平又低，怕写不好，有负党的希望"，谢绝了这番好意。三年后，沈从文被增选为全国政协特邀委员，在会上的发言中，他改变了态度，表示要用"荒废已久的笔，来讴歌赞美新的时代"。以后曾屡次构思写中短篇小说、写以革命烈士为题材的长篇小说，但都没有成功，沈从文终于还是没有捡起他的生花妙笔。①

老舍和巴金是另外一种情况，他们是被鼓励写作的，但是他们写来写去，写的是什么呢？与自己内心的真实距离有多少呢？老舍曾经试图努力表达自己的心迹，他写了《茶馆》，这无疑是他最好的戏，可不但没有得到赞赏反而受到连篇累牍的指责，看来只有写那些不疼不痒的东西才最安全。至少巴金在很长一段时间可能就有这样的想法：这些文章是上面派下来的任务，光荣的任务，那只好义不容辞地去完成它。后来他反思这一时期的道路，清醒又非常痛心地谈道：

---

① 沈从文的情况请参见沈虎雏编《沈从文年表简编》，《沈从文全集》附卷，北岳文艺出版社2003年版。

解放初期，我不过四十出头，正当壮年，总想写出点东西来，但总是写不好。可以说，我在十七年中，没有写出一篇使自己满意的作品，我写不好自己不熟习的生活。茅盾在解放后不是没有从事过创作，他也尝试过，甚至写电影剧本，但没有成功。曹禺写《明朗的天》效果也不好，大家都知道的。刚去世的师陀，解放初期写作劲头很高，但他的长篇连载被一家报纸腰斩；另外一篇小说题目叫《写信》，是他下生活后写的，我看了还不错，但别人对它不满，说描写农村青年给志愿军写信时态度不严肃。看来写作总是以写自己熟悉的题材为好，写不熟悉的生活总没有办法写好。①

巴金的反思其实也道出了作家的"失语"现象，面对着这样的生活和时代，作家有感情要表达却找不到表达的语言了，要么像巴金这样以无力的言辞来表达，要么像沈从文无"言"表达。据说，沈从文对一些新的名词总是不掌握，或者似是而非，他写的交代之类的文章经常由此而受到批评，这我们就理解了为什么他想写小说也写不出来了，首先还不是对自己创作要求严格的问题，而是作家找不到语言了。在易代之际，过渡和转换期的人物都面临着这样的窘境。也有人说"文化大革命"

---

① 巴金：《作家靠读者养活——关于传记及某些文艺现象与徐开垒的谈话》，《巴金全集》第14卷，人民文学出版社1986年版，第488、489页。

的时候批斗冰心,冰心叙述一件事情时候说:"报馆"如何如何,这本是很习惯的说法,但立即受训斥,说这是资产阶级的名词,无产阶级不能再叫"报馆",失语之后熟悉的事物都变得陌生,让你笨拙得不知该如何表达。

一句话,方令孺也不想做这个时代的旁观者,她也很努力的,散文选中也有不少这样的文章:《母亲的话》《热爱祖国的人》《寄》《像鲜花一样的姊妹们》《爱生命就爱孩子》《最欢乐的一天早上》《给尼罗河边的姊妹们》……和这个时代的八股文一样,热情高涨,甚至可以说情感真挚,却空洞无物,是失语者的文字。"我多想做风暴中的海燕啊!"她多么想摆脱这种困境,但却做不到。

四、又想温习我们同游的情景

多年来一个人生活,方令孺似乎找到了排解寂寞的方式。她写诗,作画,读书,听收音机,一个人去游山玩水享受诗意美景也算优哉优哉了。对此,她在书信中也多有描述:"我仍在山上,现在秋高气爽,山上特别清丽,我还在此留连,等天冷就回去。大约下个月初就要回去了。我在山上看书,做手工,散步,都很好。就是睡眠还不很好。盼即来信。我告诉你,我现在还在学画山水。"[①] "再请你代问郭信和同志,郭绍虞先生校对的《沧浪诗话》在何处买,请她代买一部请你带来,钱请你代付了,来这儿一道还你。我现在对写旧诗非常有兴趣,

---

① 方令孺1960年10月20日致萧珊信。

已写了七首,其中有一首较长的七古是在狮子林看日出时写的。"[1]"今晚我很闲,下午买了一册石涛画集,一册罗两峰画集,我一边开开无线电听刘淑芳唱拉丁、古巴歌曲,一边披览画册,心境很恬静。歌声歇了,我就提笔写这几个字给你。"[2]"就是你们走后的一天,我又为了急于锻炼身体,再又想温习我们同游的情景,我一早就坐公共汽车到植物园(你说是这次看的最精彩的地方),我去了,又看看那些花,走走那些路,在亭子上坐坐,又跑到医院去拿药,又坐公共汽车到灵隐下来(去的时候是走到不莲亭,有一站路比去灵隐远)。下午五点多,又出去散步,刚出大门,又遇到文联一个人来了,是个好青年,我很高兴,又同他到灵隐冷泉亭坐谈到六点多,觉得冷,才送他去了我回来。"[3]"这时候正是下晚,满耳滴滴答答的雨声和溪声,无尽寂寞的黄昏啊,我也正在一个人这屋里走走那屋里走走,因为看书看多了,头又有些昏。这时候你的信来,就像你自己来了一样,我把你的信左看右看,恨不得你再说多些。"[4]这种生活和这样的"小资产阶级"情感,在五六十年代显然是属于非典型的,哪怕是许多知识分子一直没有脱离过去的生活习惯,但这种生活显然也是当时的主流话语所排斥的,它们只能属于私人的范畴和出现于私人文字中。

当时,最让方令孺盼望、向往和为之回味不已的是朋友相聚,她在写给巴金夫妇的信中几乎都是欢迎他们来玩的呼唤,

---

[1] 方令孺1961年8月14日致萧珊信。
[2] 方令孺1963年2月9日致萧珊信。
[3] 方令孺1965年4月17日致巴金信。
[4] 方令孺1965年5月13日致萧珊信。

是你们什么时候来玩的追问,是上次相聚多么欢乐的回味,写这些文字时,方令孺的心是飞翔的,笔也变得无比轻松、欢快。巴金跟方令孺交往的深入也正是在60年代的每个春天的欢聚中建立起来的。巴金说:"六十年代中从六〇年到六六年我每年都到杭州,但是我已经没有登山的兴趣了。我也无心寻找故人的脚迹。头一年我常常一个人租船游湖,或者泡一杯茶在湖滨坐一两个小时,在西湖我开始感到了寂寞。后来的几年我就拉萧珊同去,有时还有二三朋友同行,不再是美丽的风景吸引着我,我们只是为了报答一位朋友的友情。一连几年都是方令孺大姐在杭州车站迎接我们,过四五天仍然是她在月台上挥手送我们回上海。每年清明前后不去杭州,我总感觉到好像缺少了什么。同方令孺大姐在一起,我们也只是谈一些彼此的近况,去几处走不厌的地方(例如灵隐、虎跑或者九溪吧),喝两杯用泉水沏的清茶。谈谈、走走、坐坐,过得十分平淡,现在回想起来,也没有什么值得提说的事情,但是我确实感到了友情的温暖。"① 杭州是巴金家的后花园,他来到这里享受友情的温暖,也可以抛开在上海无穷无尽的事务,摆脱那种烦劳的心境,所以西湖边上留下了他不尽的回忆。方令孺也曾兴奋地说:"现在就盼着春天来,你们将同春天一道来临,再好好聚一聚。"②

而当巴金他们离去,方令孺却在文字中逐一回味相聚的每个细节:

---

① 巴金:《怀念方令孺大姐》,《随想录》合订本第267页。
② 方令孺1965年1月10日致萧珊信。

端午节那天巴金同志和任幹同志在我这里过节,先在我书房里吃茶,后来又到灵隐去吃茶,下午六点到我家来吃晚饭,饭后坐在我廊下谈天喝茶,看我园中的大树,高入云霄,巴金同志说这棵树特别高大,但看来很年青。确是,这棵树像山一样,早上我睡在床上就看见他,虽然离我窗户很远,但是树梢好像俯临我窗前,向室中探望。晚上我若一人坐在廊下,那大而又高又密的黑影,严肃,威武,盛气凌人,不像早晨那样和蔼可爱了。①

在巴金的日记中,也多有他们相聚时光的记载:

1961年12月1日 九点后和萧珊同去平湖秋月喝茶,十一点乘船去湖心亭小坐,然后到岳坟,进岳庙参观菊展。十二点半步行回杭州饭店。午饭后午睡到三点。九姑来,同去西泠印社饮茶。四点后乘九姑车去灵隐。五点半前步行到白乐桥廿七号九姑家。在她家晚饭。谷斯范来,在九姑的客厅里坐了许久,九点五十分乘车回旅馆。

12月2日 和萧珊在饭店门前湖边散步,等候九姑。九姑五十分来,同去岳坟雇船到三潭印月,在茶亭坐了将近一小时。十二点和九姑、萧珊回到杭州饭店,即去餐厅午饭。饭后付清账款已一点钟,交际处

---

① 方令孺1965年4月17日致萧珊信。

张同志来送行。九姑和张同志送我们到城站。我们乘福沪直快返沪，一点四十分开车……火车开行时，九姑在月台挥手，眼圈已经红了，我们也感到依恋。①

1963年5月6日 四点九姑派车来接我们去灵隐，在灵隐冷泉厅喝茶聊天，非常愉快。五点一刻到九姑的住所坐了半个多钟头，又在院子里和门前屋后徘徊了一会……饭后又到湖边和旧大厅散步看湖景……离开大华饭店已经三年，景物依旧，心情更好，我很高兴地回想起三年前那些愉快的日子。九点半以后郭小川来。我们送走了九姑，又和小川在湖畔风雨亭内望月谈天，谈到十一点一刻光景。②

1965年4月11日 九点后九姑来，约我们去海棠园参观，然后同去平湖秋月，在那里坐船去三潭印月喝茶，十一点半后回到岳坟，九姑坐车回家。……三点后九姑来约我们同去植物园游览，看见各种松树、桃花、樱花，五点半左右回杭州饭店。③

大概令他们印象深刻的还有方令孺与巴金全家的两次出游，一次是1961年夏天在黄山，另一次是1962年1月春节的时候在海南和广州过节。两次都是巴金先行，萧珊受邀带孩子与他们汇合的，而这个促动的因素都是方令孺。1961年8月14

---

① 巴金1961年12月1、2日日记，《巴金全集》第25卷，人民文学出版社1993年版，第190页。
② 巴金1963年5月6日日记，《巴金全集》第25卷第238页。
③ 巴金1965年4月11日日记，《巴金全集》第25卷第504—505页。

日方令孺致信萧珊力促她上黄山："巴金同志转来的信收到了，听说你不来很失望！但今早巴金对我说你也许还是带着孩子们来，我说搭班车很苦，他说锻炼锻炼也好，我心中大喜。几时来？天气较前凉些了，你来吧，黄山真是不可不看，不可不登，我觉得一个人登过一次黄山就等于成了一次仙。"方令孺后来多次提到这一年的夏天"我过得最好的一个夏天"①。当大家都离开黄山，各奔东西的时候，方令孺又感到很怅惘："你们好！想不到我是最后一个送客松！本来我的车该昨天到，可以和任干同志一道走，因前几天雨天，路不好走，车子要迟点来。我也不急，这样好的天气，多住几天也好。秋天，山川特别显得明亮，再经过这几天大雨一洗，更清洁，对面桃花山上好多树叶都红了，从山上流下好几股瀑布，曲折倾泻而下，满谷喧声，使人不感寂寞。寄去我和秦怡同照的相片收到否？深恨你们在这里的时候，没有大家在一起照个相！明年再照吧。"②而与巴金一起到海南岛，在广州过了个热闹的春节也是她所难忘的。后来她写信给萧珊说："今天是旧历除夕，我又想起我们在广州过年的事情，那年除夕夜里你给我一大瓶花，深情厚意，令人难忘。昨晚我睡不着，就想些近年来令人欣慰的事情，就慢慢睡着了。"③当年她是这样要求萧珊到广东的：

刚才巴金同志说已写信问你和孩子可来？我听了

---

① 方令孺1961年9月14日致巴金、萧珊信。
② 方令孺1961年10月6日致巴金、萧珊信。
③ 方令孺1965年2月1日致萧珊信。

> 真高兴。希望你们来。你们来吧，我们又可再在一道玩玩，我也很想小林小棠，想看看小棠做滑稽像（相）。来吧，我真想你们来。
>
> ……
>
> 今天晚上我很累了，不能多写。这封信是专为要你们来而写的。①

这两次出游真让方令孺兴奋不已，在广州见过他们的记者谷苇说她"说得最多、最起劲、最'逸兴遄飞'"，"她的记忆力真是惊人的好，背诵起别人的诗句来，总是那么地准确无讹，而且一经她的朗诵，就那么地富有感情色彩。"②她还作诗助兴，其中能够看到呼朋引伴的那种热闹的气氛，如"朋辈相呼观日出，披衣急起当窗立"③；"策杖呼朋笑语酣，竟将诗句赠黄山。群众万叠随云涌，浩渺烟波送夕阳。"④

一个很明显的感觉，她的这些诗都是非常个人化的，而她笔下的朋友的聚会也可以算是那个时代的另类生活：朋友们作诗赋词彼此酬答，要知道在那个时代做骚客雅士可是与"时代精神"大相悖谬的，但他们似乎不管这些，仍自顾自地玩个不亦乐乎。辞别黄山，杜宣赋诗《留别九姑、任幹同志》："惆怅明朝又远行，举杯无语共微吟。今夜同看山上月，明年再踏

---

① 方令孺1962年1月15日致萧珊信。
② 谷苇：《记巴金》，上海书店出版社1993年版，第10—11页。
③ 方令孺：《狮子林观日出》，《方令孺散文选集》第147页。
④ 方令孺：《黄山杂咏·文殊院观落日》，《方令孺散文选集》第145—146页。

六桥春。"再看他们的生活:

> 自从你们走后,秦怡、任老干、杜老宣天天陪我玩,我们上了一次虎头岩,在洞里(也就是虎口里)坐了好半天,又下去看井,投了几个石子到井里,只看见汩汩水珠冒上来,想必这井很深。秦怡真是有趣,每晚对我们讲故事、笑话、旅行见闻,可丰富呢。我有时一个人,想到她说的笑话,我就自己大笑起来,这次机会以后,她会留下许多好玩的故事够我想的。(特别是教会我唱洪湖水)(更特别,叫我想的是她这个人)

> 他们还互取别号:方令孺——黄山老母;秦怡——翠微公主;杜宣——紫云道人。"任幹没有别名,我叫他采药童子。"①

这种生活有点《红楼梦》中大观园的味道。另外一封短简谈到和卞之琳一起在杭州游玩,文字犹如明人笔记:

> 之琳在这里玩了两天,谈天的时候到(倒)是多些。我们上了一趟城隍(?)山,这天正是旧八月十八,观潮的日子,山上人多极了,这是我到杭州来第一次看到这么多游人,且都是劳苦大众,也夹杂一些穿得好的游客,我们坐在山石上远看钱塘江,看见一线潮水。最有趣的是看见许多大大小小的儿童,他们闹啊,打啊,我夹在中间为他们排难解纷,满有趣。和之琳

---

① 方令孺 1961 年 9 月 14 日致巴金、萧珊信。

在一起吃了两次鱼头豆腐，华侨饭店的做得不好，楼外楼的鱼头新鲜美味，一盘足有大脸盆那样大，之琳、陈学昭、我，三个人拼命的吃都吃不完，以后你们来，一定要请你们去尝尝。①

最初读方令孺的信，看到这些文人们的个人生活时，我略略有些惊讶，因为在印象中，1960年代应当是一个很集体和政治化的年代，如此丰富的日常生活，如此幽雅和闲情逸致的生活好像不属于这个时代。预想代替不了生活本身，他们就是这样生活过的。但转念又一想，我未免少见多怪了，哪个时代人们没有日常生活？这本来就是人生存的最基本的组成部分，是再紧张的形势也无法改变的，尽管这个时代的主流意识形态一再暗示人们：个人的生活是不值得提倡的，但是失去了个人的日常生活，生命肯定是虚空的。

五、因为我不懂的太多了

这种愉快的记忆很快就要被纷乱的现实割断了，1966年的年初已经是山雨欲来风满楼了，上海关于《海瑞罢官》的座谈会接连召开，姚文元评《海瑞罢官》的文章向来被认为是"文化大革命"发动的信号。这一年有一种"最后的欢乐"的意味，作为记忆中的事件，自1月19日至2月7日方令孺在上海度过了一个热闹的春节，更热闹的是她在这里度过了自己的七十大

---

① 方令孺1963年10月7日致巴金、萧珊信。

寿，巴金1966年1月19日当天的日记：

> 六点陈同生夫妇来看九姑，他们送我和萧珊先去文化俱乐部，过半个小时杜宣夫妇、罗荪夫妇、杨永直夫妇和九姑都来了。今天是九姑的七十岁生日，我和萧珊同罗荪夫妇请她吃晚饭，同生另有约会，但最后也赶来了。九点前分两批去东湖招待所，又在九姑房内坐了一会，同罗荪夫妇坐作协车回家，已过十点。①

后来他又回忆：

> 一九六六年年初她来上海，同上海的亲友们一起欢度了她的七十大庆。这一次我们和她无忧无虑地相聚了几天。我还兴奋地说十年后要到西湖庆祝她的八十生日。其实说无忧无虑，也得打个折扣，因为上海的作家已经开始学习姚文元的《评新编历史剧〈海瑞罢官〉》。我每个星期六下午要去文艺会堂参加学习会，有一回姚文元眉飞色舞地鼓励大家"畅所欲言"，看见他口沫四溅，手舞足蹈，我觉得我的上空乌云正在聚拢，一阵暴雨就要倾注下来。九姑虽然在上海待得不久，可是她主动地要求参加我们的学习会。我笑着夸她"学习积极"。她说她来"取经"，回去也可

---

① 巴金1966年1月19日日记，《巴金全集》第26卷，人民文学出版社1994年版，第10页。

能要搞同样的学习,我才看出来她也有点紧张。这年清明前后我和萧珊并没有去西湖看望九姑,她已经和几个同事匆匆赶去北京开会。形势越来越紧,连萧珊也参加了"四清"工作队到铜厂去了。①

这期间的形势从方令孺的书信中已经可以看出端倪。她沉浸在个人世界的日子即将结束:

> 从今天起我就参加省委宣传部召开的学习讨论会,学习毛主席著作,上下午都开,所以要紧张几天。就是今天一天我都觉得非常严肃,非常重要。这对我尤其重要,因为我不懂的太多了,因此思索起来也觉艰苦些,但学习一次,怎会长进一点。②

> 刚回来后的几天,确是如你所说,一松下来,就觉得累。休息以后,现在又觉得恢复了。我又参加学习了。要看的文章,就是报上的就够忙,还要紧紧学毛主席著作,才能提高鉴别能力。要求鉴别是非,就一定改造自己的非无产阶级立场观点。所以学习很忙。我想你们一定也是这样。也是因为忙,所以没来信。③

---

① 巴金:《怀念方令孺大姐》,《随想录》合订本第272页。
② 方令孺1966年2月9日致巴金、萧珊信。
③ 方令孺1966年5月17日致巴金信。

方令孺是4月1日到上海，后去北京开会的。会议期间还给巴金来了一封信，其中谈到了严峻的形势："来到北京已十一天了。从五号起，天天开会。白羽同志做了一个报告，讲会议的精神，是他领导这会议的进行。再就是李季同志领导。这会开得明确，有系统，以毛主席思想为指导。学习认真，人人有非改造资产阶级世界观不可的认识。这也可以说我们在活学活用毛主席思想。"①

4月28日，方令孺回到上海，又有几天朋友小聚的欢乐时光，关于这次相聚，巴金说："九姑从北京回来，仍然经过上海，我记得她在招待所住了三几天，我还听见她夸奖萧珊参加工作队有了很大的进步。她不曾谈起在北京开会的情况。但是连郭老也公开表示他的著作应当全部烧毁，他本人愿意到生活里去滚一身泥巴。因此一位写诗的朋友也诚恳地劝我表态，我接着就在学习会上承认我写的全是毒草。这样完全否定了自己，我并不感到痛苦，反而感到轻松，心想总可以混过一些时候了。一个接一个的运动仿佛把人的脑子磨炼得非常敏感，其实它反倒给磨得十分迟钝。那几个月我的精神状态和思想感情就是这样。我好像十分害怕，又仿佛毫不在乎。我到北站送九姑上车，朝着缓缓移动的车厢内的长姐似的和善面颜不住地摇手，我没有想到这是我最后一次看见她，但是我有一种感觉：我们没有雨具，怎么挡得住可能落下的倾盆大雨！'我们'不单是指我，不单是指九姑，还

---

① 方令孺1966年4月14日致巴金信。

有许多同命运的人。"① 这一刻是 1966 年 5 月 5 日 11 时 25 分。此后，他们再没有相见的机会了，此后，相见的朋友也是物是人非。这是方令孺给萧珊的最后一封信：

> 这是一个伟大的文化大革命时代，在国内，在国际都是一样。斗争越强，伟大的毛主席思想的光辉越灿烂。我们都以万分愉快的心情投入这个革命。全国都是一样。
>
> 你可看见《人民日报》6.17 登载河北省临西县一个公社大队党支部书记吕玉兰一篇文章题名"十个为什么"么？这是一个多么坚强的人，我读了启发极大，所以我介绍给你，我想你已看过了。我实在喜欢这篇文章。要学习。你学习的一定比我更多了。再一个毛泽东思想伟大胜利，就是改革了考试升学制度，这对于培养无产阶级革命的下一代有深远的历史意义，我想小林小棠一定对这欢呼。②

两个多月后，巴金还有一次到杭州的机会。那是 7 月 26 日，"我去参加前面提到过的亚非作家'湖上大联欢'。我从北京到武汉再转到杭州，分三路参观的亚非作家们将在杭州会合。作为中国代表团的副团长的我和一些工作同志先去西湖，同当地的作家进行联系。我以为九姑会出来接待远方的客人，可是

---

① 巴金：《怀念方令孺大姐》，《随想录》合订本第 272 页。
② 方令孺 1966 年 6 月 23 日致萧珊信。

在这里连一个文联或者作协分会的熟人也看不到。说是都有问题，都不能出来。我不敢往下问，害怕会听到更可怕的消息，反正有一位省文化局长就可以体现我们灿烂的文化了。离开杭州的前夕，一位菲律宾诗人问我为什么在这山清水秀、风景如画的地方看不到诗人和作家？我吞吞吐吐，答不出来。回到上海，送走了外宾，我自己也受到围攻，不能出来了。"① 因为这个会巴金的劫难比其他朋友来得晚了一点。

此后，巴金与方令孺之间的信息主要是通过女儿李小林夫妇来完成的。女儿和同学们一起出去串联，经过杭州，去看望方令孺，九姑还借给她零用钱。大约在1967年十月"造反派"在上海作协分会旧址批斗前市委宣传部长石西民，巴金也给揪去陪斗。在会上杭州来的"造反派"发言要石西民交代将方令孺拉进党内的"罪行"……据高松年介绍，方令孺后来也被下放到干校，1971年正式退休。1974年巴金的女婿祝鸿生到杭州工作，两家又算恢复了来往。

> 她仍然住在原来的地方，只是屋子减少了，只剩了一间。她已经七十八岁，她的女婿死了，女儿身体又不好，很少有人理她。她很寂寞，有时盼望我女婿去陪她打扑克。她给我来过信，可是我的问题并未彻底解决，不便经常给她去信。……
>
> 一九七六年九月底，我女儿、女婿回上海过国庆，我问起九姑的情况，我女儿说她患肺炎住在医院里，

---

① 巴金：《怀念方令孺大姐》，《随想录》合订本第273页。

他们去看过她,她已经认不出他们。节后他们回到杭州就给我寄来方令孺同志追悼会报道的剪报,原来我们谈论她的时候,她已经不在人间。"①

现在保存下来的这批信件中最后一封是祝贺李小林生孩子的:"前天小钟来告诉我你平安生产了,得了一个可爱的女儿,我听了心里非常高兴。有个孩子家里要热闹多了,你父亲一定很喜欢,九姑妈也一定很喜欢,是第三代人了。你可看过《茹尔宾一家》这本小说,其中有一段是说老祖父得了一个第三代的孩子,还鸣枪报喜,我是个老年人,所以很能体会这件事的可喜。"② 信中透出的还是一种寂寞。

方令孺是9月30日逝世的,10月5日举行了追悼会,10月6日《浙江日报》刊出的讣告称:"她自一九三〇年以来,一直从事文学创作和教育工作。……对同志热情诚恳,勤勤恳恳地为人民服务。她的逝世是我党的一个损失,我们深感悲痛。"一周后,1976年10月13日巴金在致李小林、祝鸿生信中写道:"大大逝世,想不到这样快,而且就在你们回沪的时候!否则你们还可以替我送个花圈,去向她的遗体告别。"③

---

① 巴金:《怀念方令孺大姐》,《随想录》合订本第274页。
② 方令孺1974年7月9日致李小林信。
③ 巴金1976年10月13日巴金致李小林、祝鸿生信,《巴金全集》第24卷,人民文学出版社1994年版,第177页。

六、九姑的眼圈已经红了

1981年4月初,在一个多雨的清明时节,巴金又来到了西湖。隔着湖面,眺望桃红柳绿的白堤,往昔的情景浮现在眼前:

> 十六年前也是在这个时候,我和萧珊买了回上海的车票,动身去车站之前,匆匆赶到白堤走了一大段路,为了看一树桃花和一株杨柳的美景,桃花和杨柳都比现在的高大得多。树让挖掉了,又给种起来,它们仍然长得好。可是萧珊,她不会再走上白堤了。[1]

巴金提到的那天是1965年4月12日,当日的日记曾这样记下:"六点前起。揭开窗帷,外面一片灰色,地上倒是干的。过一阵拉开窗帷,饭店门前马路已经全湿了。六点半同萧珊冒雨到湖滨散步,沿着白堤走去,快到断桥才折回来,还坐了一路公共汽车(七路)。八点吃早饭。八点半前九姑同秀珍来,我们坐她的车到车站。车开动时我们向九姑、秀珍挥手,九姑的眼圈已经红了。"[2] 1963年5月8日的日记也曾留下夫妻间和朋友间美好的记忆:

---

[1] 巴金:《怀念方令孺大姐》,《随想录》合订本第266页。
[2] 巴金1965年4月12日日记,《巴金全集》第25卷第506页。

回家已过五点钟,大雨初止。本来打算坐船到平湖秋月喝茶,白羽和九姑的兴致尤其好。可是我们到了岳坟,才知道船工已回家休息。我们在湖滨休息了半小时光景。七点九姑请我们在三楼吃西餐。八点前九姑乘车返家,我们送她上车,并在门前散步二、三十分钟。九点和沙汀到苏堤散步,月色甚佳,水平如镜,我们又到风雨亭闲坐聊天。一直聊到十点二十分钟,还不忍离开湖滨。回到房间,萧珊已睡了,便唤醒她,同到廊上望月。①

再也不会有"同到廊上望月"的时光了,想到爱妻巴金自然忘不了每次迎他们到杭州的方令孺,在他们的交往中,方令孺和萧珊也结下真挚的友谊,在书信的片言只语中,方令孺也让我们看到一个在朋友中坦率、活泼有感染力的萧珊:

我们都称赞你的信和你的为人(不是说谎),我们说你的信写得语言简练而含意丰厚,我们说这就像你为人的风格。②

今天早上金近陪一位团中央的女同志来看我,说四月预备在杭州开一个全国性的儿童文学会议,大家谈得很高兴,这时你的信也来了,好像是你亲自来了

---

① 巴金1963年5月8日日记,《巴金全集》第25卷第238—240页。
② 方令孺1961年9月14日致萧珊、巴金信。

一样,我就把你介绍给我的客人,并介绍了你译的《屠格涅夫短篇小说集》。

……

这张照片,使我回想在黄山每天或隔几天到你们紫云楼上去时的情景。真的,这照片上你们这样笑谜谜(眯眯)地站在那里,真像是迎接我时候的那样。我喜欢这张照片。①

收到你的信多高兴啊!你是我和许多朋友中间的一根丝带,从你的信里我可以知道他们的健康和工作情况。②

因为受迫害,萧珊于1972年8月13日抛下她的友人远去。如今巴金先生也驾鹤西去,然而,在留存下来的文字中,他们这一代人的面孔依旧那么生动。如今巴金先生所保存的方令孺的书信有近八十封,那么同样巴金和萧珊给方令孺的信件也不会少于这个数量吧?它们在哪里呢?如他们的友谊历经岁月侵蚀不会磨灭一样,我盼望这些书信也有浮出水面的一天。

2006年8月16日午间　沪上酷暑挥汗时
12月14日改定

---

① 方令孺1962年1月7日致萧珊信。
② 方令孺1966年3月23日致萧珊信。

 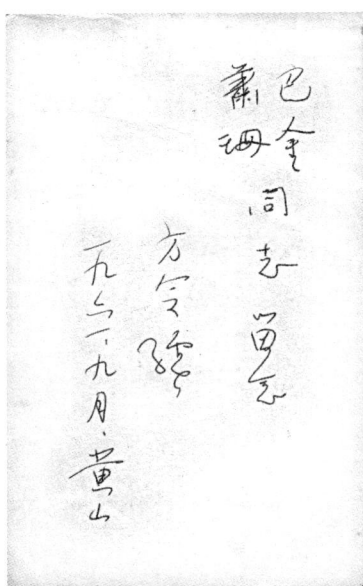

方令孺赠给巴金、萧珊的照片，照片背面为其手书

方令孺等人在嘉兴烟雨楼

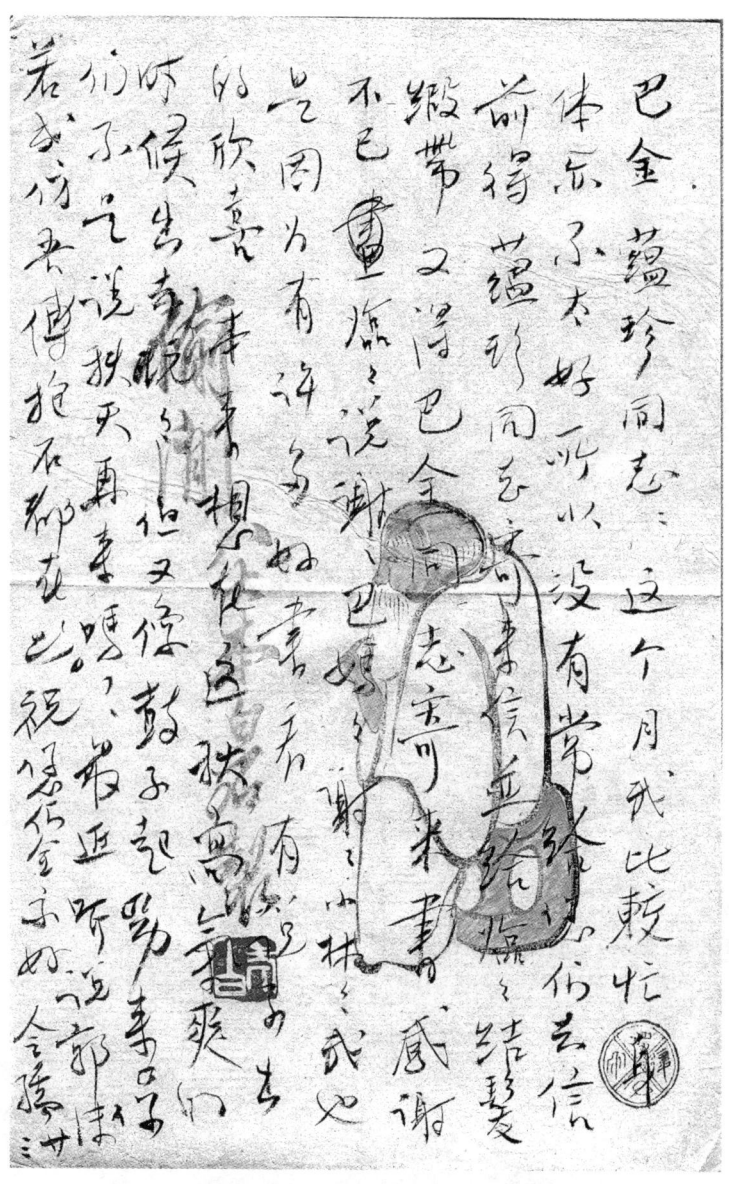

巴金蕴珍同志：这个月我比较忙，体亦不太好，所以没有常给你们去信，前得蕴珍同志来信并给你们结婚煅带又赠巴金同志寄来书不已重复多谢巴金同志是因为有许多如意春有波的欣喜慶祝想您这秋高气爽的时候出去玩玩但又得鼓起勁来工子吧听说郁华听说我们不久送秋天再来看苏我们去传抱不郁在此祝健你金永如含矫三

方令孺 1962 年 10 月 23 日致巴金、萧珊信

| 巴金书信中的历史枝叶

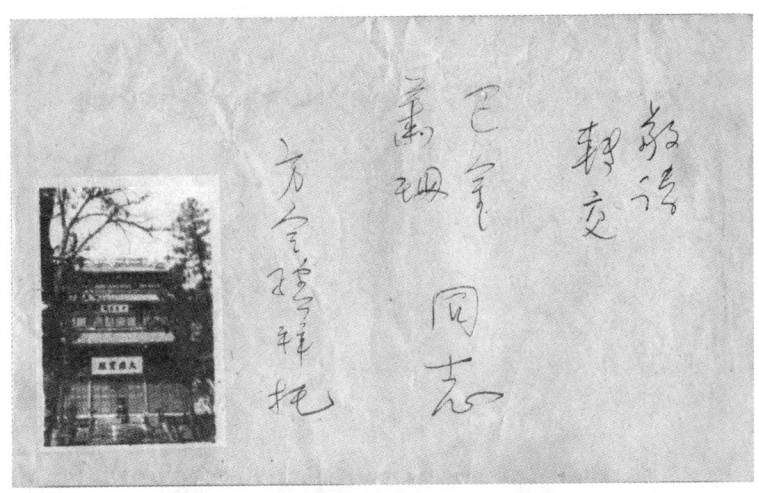

方令孺1963年10月7日致巴金、萧珊信

你们将同春天一道来临

方令孺 1966 年 6 月 23 日致巴金、萧珊信

《方令孺散文选集》书影

方令孺在黄山

君子之交
——谈巴金与林风眠的交往

有个故事流传很广,查查网络,到处都是,主要情节是:"文化大革命"结束后,林风眠在叶剑英的帮助下被批准出国探亲,探望分隔了二十多年的妻女。他被允许带走三十四幅旧作,而更多带不走的画全部赠送给亲友。吴冠中收到的是《芦塘》和《归雁》,巴金收到的是《鹭鸶图》。提到这幅画,不少文章还特别交代:这幅画至今仍挂在上海武康路113号巴金故居的客厅中……有一次,我在故居还碰到过一个导游十分动情地对着这幅画向游客讲这个"传奇"。不过,经验告诉我,历史常常是在这种绘声绘色的解说中变得模糊不清,近年来,在"讲好故事"的大标题下,很多地方,不但善于造假景点,而且善于编故事。我们可能都有一种迷信,以为历史一定要惊心动魄、充满传奇,而实际上,多的倒是平平常常的人情物理。

1977年林风眠去海外前散画的事情不假,然而,挂在巴金故居客厅这幅《鹭鸶图》并不是那年的事情。可能很多人并没有注意画上的题款:"巴金先生正画,一九六四年沪。"已经很清楚,此画作于1964年。查巴金日记,1964年2月11日,巴金寄林风眠、贺天健散文集《倾吐不尽的感情》各一册;2月18日,又复林风眠信。我不知道这是不是答谢两位画家向他赠画。接下来，4月22日，巴金的日记写到挂画："八点左右金焰来，帮忙我们挂上贺天健和林风眠的画。"也就是说，这幅画在1964年春天，就已经挂在巴金的客厅中。它历经"文化大革命"劫难，没有被毁掉，真是幸运。据巴金的家人介绍，当时他们在林风眠的画前装了一幅印刷的毛泽东诗词手迹，才保住了它。

我查了几种林风眠的传记和相关资料，都不曾提到他与巴金的交往；而从巴金这方面，也没有资料可以证实两人何时开始订交。林风眠长巴金四岁，他们算是同时代人，从人生交集上看，两个人都去法国留过学，不过林风眠早于巴金，巴金1927年到达法国时，林风眠已经于一年前回国了。看他们在法国交往的人，相互交集也不多。那么，会是抗战后期，在重庆？说不定。目前可以肯定的是，1951年林风眠移居上海后，两个人在社会、文化活动中有了碰面的机会。林风眠曾是美协上海分会的副主席、上海市政协委员，而巴金也担任过美协所属的上海市文联主席，市里政协、人大开会甚至对外的文化活动中，两个人都能碰面。比如，1977年9月24日，他们就在锦江饭店14楼一同陪同韩素音晚宴，并同车回家，"王一平、杨英、林风眠、沈柔坚、张云骋在那里等候。今天王一平举行晚宴招待韩素音，宴会结束，客人走后，我们又闲谈了一阵。外办派车送我和林回家（林住南昌路，下月即将去巴西探亲）。"（巴金当天日记）

在行前，林风眠另有画作赠给巴金，大概正是这幅画被当作现在挂在客厅里的《鹭鸶图》，以讹传讹。随这幅赠画，还有一封短笺：

巴金同志：

　　嘱画送上一幅，请指正、留念为感，即致敬礼！

　　　　　　　　　　　　林风眠
　　　　　　　　　1977 年 10 月 4 日

　　信是写在普通信纸上，几个字占满全纸，"林风眠"三个字是竖写下来的，字迹狂放，或许能看出他如释重负、一吐为快的感觉。信和画就是用挂号信一起寄的，信封的下面署着他的名址：南昌路 53 号林风眠。意想不到的是，在巴金先生留下的文献中，我居然还发现，他写给林风眠信的底稿，是收到画后的致谢信：

风眠同志：

　　画收到，十分感谢。另封寄上拙著一册，请查收。这是过时的旧作，请您留作纪念吧。敬祝旅途平安。
　　　此致
　　敬礼
　　　　　　　　　　　　　　巴金
　　　　　　　　　　　　　十月九日

　　巴金 10 月 10 日的日记，记有"复林风眠信"，寄赠林风眠的书是《巴金文集》第 14 卷精装本。10 月 19 日，林风眠离开上海，画和书是两位朋友的道别纪念。

　　很显然，巴金与林风眠不属于那种交往密切的朋友，不然，在两位大师的资料中，不至于只能检索到这么多踪迹。郑重《画未了：林风眠传》中说，上海文化界人士，林风眠交往较多的是傅雷、马思聪、马国亮等人。①那么，两个人不过是开会碰碰面的点头之交？我也不倾向于这样看。历史研究中，资料提供出来的史实是有限的，而我们能接触到的资料则更有限。具体到两个人的交往，熟悉林风眠性格的人想一想，林先生可是一个随便送画给人的人？他居然在不同时间段里送给巴金两幅画。有人说林风眠"在画上从不写上款"，唯有周恩来去世时，他画了一幅画，题有"敬献给周公。风眠"②，然而，给巴金的这幅画明明也是有题款的，这都在提醒我们，两个人的交谊并不一般。还有一个有力的证据是，1979年10月13日，巴金日记："林风眠自巴黎寄来画展目录一份。"那是阔别半个多世纪之后，林风眠回到他的艺术受孕地，当年9月21日至10月28日，林风眠画展在巴黎塞尔努西东方博物馆展出，这是一个老学生的"汇报演出"，其间的活动也很多，故交新朋，昔年的回忆，一定让林风眠心潮起伏。然而，就在这个时候，他却没有忘记给远在上海的巴金寄上一份画展目录，而且巴金又非画界中人，我只能解释，巴金在林风眠的心中有着特殊的位置，或许，他们言浅交深，正属于"君子之交淡如水"的那种。

我还进一步猜测，十四卷的《巴金文集》，巴金为什么偏偏赠给林风眠最后这一卷？这一卷收录长篇小说《寒夜》和创作回忆录《谈自己的创作》，前者写的是抗战后期的重庆生活，后者有巴金谈到他在法国生活和创作的回忆，这里有两个人共

---

① 郑重：《画未了：林风眠传》，中华书局2016年版，第212页。
② 郑重：《画未了：林风眠传》，中华书局2016年版，第265页。

同的情感记忆,谁说这不是两人交往的心理基础呢?从性格来看,两人虽然都是各自领域中的重量级人物,却都不是那种长袖善舞交际场中人,性格都偏沉默,这或许倒让两个人惺惺相惜,一直保持着多年的君子之交。有人提到过:周恩来是林风眠留法时期的同学,然而,后来周恩来到上海,林风眠总是远远地躲着,直到有一次在上海市政协会议上,周恩来发现了他,两个人才拥抱叙旧。①而巴金,黄裳曾写过:"有人认为,巴金当了好几届政协副主席,又当了多年作家协会主席,就认为他当了官。其实我觉得他对当官毫无兴趣。……平常闲谈,也从不涉及官场。在我的记忆中,只记得他曾提起周扬曾劝他入党,也就是闲谈中的一句话,没有深论。他多次去北京,也会见过高端政要,他都没有细说,只有胡耀邦请他吃饭,他说得较详,也有兴趣。"②在创作上,他们都是"五四"之子,也有很多共同语言。1929年,林风眠创作过一幅油画《人类的痛苦》,据说戴季陶看后说:"杭州艺专画的画在人的心灵方面杀人放火,引人到十八层地狱,是十分可怕的。"1931年前后,蒋介石也曾看过这幅画,陪同他看的正是画家本人,蒋问这画什么意思时,林风眠答:"表现人类的痛苦。"蒋不满说:"青天白日之下,哪有这么痛苦的人?"③巴金的那些小说,表达的不也正是"人类的痛苦"和对黑暗的控诉?

---

① 见谷流、彭飞编著:《林风眠谈艺录》,河南美术出版社1999年版,第16页。
② 黄裳:《伤逝——怀念巴金老人》,《来燕榭文存》,生活·读书·新知三联书店2009年版,第88页。
③ 郎绍君:《林风眠》,河北教育出版社2002年版,第57、59页。

再回到这幅《鹭鸶图》上，这应当是林风眠炉火纯青之作，鹭鸶线条流畅，下笔快如闪电；芦苇摇摇欲动，若带清风；远处的水和云若隐若现，淡远又有层次，整个画面中西融合，以简洁胜繁复，此处无声胜有声。巴金故居开馆后，我曾请专业机构复制此画，一次次样画与原画对比，发现不是这处色彩浓了，就是那处层次没有出来，让我深深体会到，大师的笔墨不简单！谈到《秋鹭》等这样一批作品，林风眠回忆：

> 多年前，我住在杭州西湖，有一个时期老是发风疹病，医生和家人要我天天去散步，我就天天午后一个人到苏堤上，来回走一次，当时正是秋季，走来走去，走了三四个月，饱看了西湖的景色，在夕照的湖面上，南北山峰的倒影，因时间的不同，风晴雨雾的变化，它的美丽，对我来说，是看不完的。有时在平静的湖面上一群山鸟低低飞过水面的芦苇，这些画面，深入在我脑海里，但是我当时并没有想画它。解放后我住在上海，偶然想起杜甫的一句诗"渚清沙白鸟飞回"，但这诗的景象是我在内地旅行时看见渚清沙白的景象而联想到这诗的，因此我开始作这类的画。画起来有时像在湖上，有时像在平坦的江上，后来发展到各种不同的背景而表达不同的意境。①

看《鹭鸶图》，我感受的不仅仅是"渚清沙白"，笔墨有

---

① 林风眠：《抒情·传神及其他》，《文汇报》1962年1月5日。

些浓重、浑浊，又能感到忧郁的迷茫和沉重的萧瑟，对此，我不能不联系到画作创作的年代和作者的心境。虽然，越来越多人认识到林风眠艺术的非凡之处，例如漫画家米谷就大赞：林风眠的画"像一杯杯醇香的葡萄酒"，叫人"陶醉于美好的艺术享受与想象中"，"像艺术万宝箱中的一颗碧玉，也像百花园里的一朵奇花"[1]。然而，就在林风眠创作《鹭鸶图》这一年，同一杂志又刊文《为什么陶醉》[2]，认为林风眠的意趣与时代和人民格格不入，杂志社不得不检讨，认为发表赞扬林风眠的文章是有错误的，"曾经引起读者的不满和指责"……黑云压城，一介文人、画家，在时代的疾风中，弱是的确弱的，可是，就像那画中的芦苇，再大的风要折断他们也不是那么容易的吧？他们有自己的信仰和坚持，林风眠如此，巴金也是。为此，面对这幅画的时候，我常常觉得"渚清沙白鸟飞回"，是一种难得的意境，有抒情，有释放，同时也有对我们的教益。

2017年2月26日晚于竹笑居

---

[1] 米谷：《我爱林风眠》，《美术》1961年第5期。
[2] 石崇明：《为什么陶醉》，《美术》1964年第4期。

| 君子之交 |

林风眠1964年赠送给巴金的《鹭鸶图》

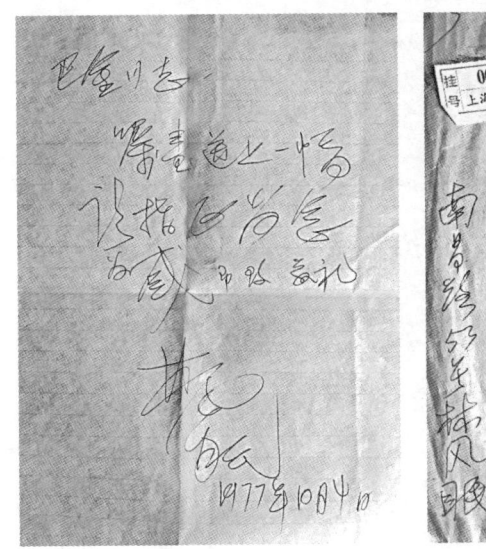
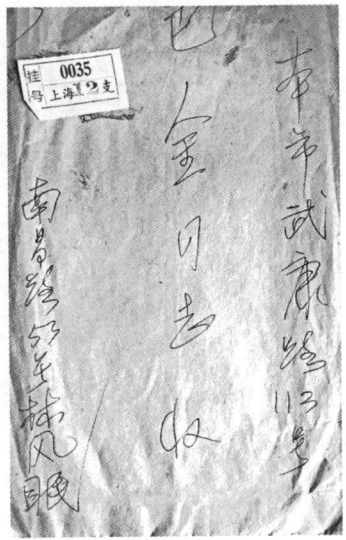

林风眠1977年10月4日致巴金的信

红叶小鸟（林风眠绘）

芦乡渔趣图（林风眠绘）

他是一位容易跟人接近的同志
——巴金与王匡交往琐记

1962年5月9日,巴金在上海第二次文代会上作了题为"作家的勇气和责任心"的发言,它倾吐了一个作家几年来的内心积郁:

> 谁又不怕挨整呢?谁又愿意因为一篇文章招来一顿痛击呢?许多人(我也在内)只好小心翼翼,不论说话作文,宁愿多说别人说过若干遍的话,而且尽可能说得全面,即使谈一个小问题,也要加上大段的头尾,要面面俱到,叫人抓不到辫子,不管文章有没有作用,只求平平安安地过关。①

这是巴金为了捍卫一个作家的尊严而发出的呼喊,它也道出当时许多作家和艺术家的心声。因此,立即引起共鸣。瞿白音、丰子恺、黄佐临等在接下来的发言中从不同角度对巴金的发言进行了呼应。可是,并不是所有人都喜欢这样的发言和文艺界的民主气氛,时任中共上海市委宣传部部长的张春桥在大会召

---

① 巴金:《作家的勇气和责任心》,《巴金全集》第19卷,人民文学出版社1993年版,第188页。

开时曾到过一次会场，坐了片刻不久就离去了。闭幕式时千名代表等着柯庆施、石西民、张春桥来合影，而且是上午就说好的，却突然不来了。后来还曾隐隐约约地传出组织会议的宣传部副部长陈其五犯了错误的消息。当年7月，巴金即将率团赴日出席第八届禁止原子弹氢弹、禁止核战争世界大会，在北京集中时，柯庆施还曾查问过巴金的发言在《上海文学》发表以及被美联社转载的事情。在以后的岁月里，这篇发言也成了巴金更大的包袱和新的罪名，让他受害无穷。

令人意想不到的是远在南国的《羊城晚报》，却于当年6月21日发表文章《读〈作家的勇气和责任心〉》，热情洋溢地支持巴金的发言。作者直言不讳地说："这是一篇充满激情的好文章。""我不是作家，过去也不是巴金同志的读者，可是我也完全为他这段真挚动人的自白所震撼了，而且每读一遍，都有'感同身受'的感觉。""巴金同志的文章，不但会鼓起作家的勇气和责任心；而且也有助于鼓起我们广大的劳动人民的勇气和责任心。"这篇文章作者署名"尚吟"，那么，"尚吟"究竟是谁呢？他是《羊城晚报》的创办者、时任中共中央中南局宣传部部长的王匡。王匡是思想宣传部门的一位领导，可是，他的思想却比当时某些人要开放得多，而且能够提笔为文，表达自己的观点，表示对巴金的公开支持，这是难能可贵的稀见声音。

文化界的很多人，现在恐怕已经不熟悉王匡这个人了。他1917年8月出生于广东省东莞县虎门的一个小村，读中学时即参加抗日救亡运动。1938年初，进入延安抗日军政大学学习，并加入中国共产党。随后即在延安从事教育、文化工作。1944

他是一位容易跟人接近的同志

年底，以随军记者身份随八路军359旅南下支队进入中原解放区，解放战争期间，他在新华社任职，1949年9月随部队南下，10月任广州军管会文教接管委员会新闻出版处副处长（后任处长），1950年1月至1952年7月，任新华社华南分社社长；1952年7月至1955年6月，任中共中央华南分局宣传部副部长兼南方日报社社长。1955年6月至1956年6月，任华南分局委员、宣传部部长。1956年6月至1962年6月，任广东省委委员、宣传部部长（后任常委、候补书记）。1962年6月至1966年10月，任中共中央中南局委员、宣传部部长……从这份简历中可以看出，王匡是一位经历丰富的老革命，据说，陶铸主政广东时，十分信任和倚重王匡，尤其是在文字工作方面，他的很多讲话稿、文章都送王匡修改、补充和润色。陶铸的秘书还曾写过这样的故事：

1955年7月，华南分局撤销，改设中共广东省委，王匡同志任省委常委兼宣传部长。有件小事，给我留下深刻印象。王匡同志经常要写文章，总是在夜晚进行，又往往通宵达旦，而当时省委常委会多数在上午召开，王匡同志因深夜工作早上需要休息，所以不得不请假缺席，而常委会议讨论的问题有许多都是事关全省的重大问题，又与宣传工作有关。陶铸同志见王匡不在就问我们，王匡同志为什么没有来我们回答是他请了假，一般情况下陶铸同志就不再询问了。但有时事关重大，陶铸同志就让我们打电话去催王匡同志一定要回来。我们就只好打电话给王匡同志，接到电话后,他匆匆起床,早餐也顾不上吃便急急忙忙赶来开会了。这种时情况在我印象中最少有二三次。①

难怪王匡后来把自己的书斋定名为"长明斋",还有《长明斋诗文丛录》(花城出版社 1994 年版)出版,虽然身处领导岗位,他也是一位笔耕不辍的文人。书斋长明,诗文不断。他与红线女、关山月、秦牧等文学艺术界的人士也有着长久的、广泛的交往。他与巴金的交往,也是其中一例。

我不能确定"老延安"王匡与长期生活在上海的巴金是怎么相识的,大约是在 1949 年以后的开会和工作中两个人才有接触的吧?根据现有的文字记载,1961 年初夏,两个人同在杭州疗养是加深相互了解的重要契机。当时,他们和上海作家任幹都住在花港招待所,浙江省文联主席方令孺作为地主也常常来看他们。6 月初,巴金夫人萧珊邀请靳以夫人陶肃琼一起带着孩子来到杭州,这里更加热闹了。王匡是一个非常热情、随和的人,孩子们都非常喜欢他,巴金的女儿李小林至今还记得王匡与任幹打乒乓球的情景。在巴金给妻子的信中,还记下了萧珊和孩子回上海后巴金与王匡等人在杭州的活动情况:同去邮局寄书,又约了任幹坐船到岳庙喝茶,三个人又从苏堤散步回招待所。傍晚时分,王匡又请巴金和任幹到花港喝茶。6 月 6 日上午,他们又一同坐船到湖滨旧书店去逛。巴金一生喜欢杭州,我想除了为这里的湖光山色所吸引之外,1949 年以后大概

---

① 关相生:《悼念王匡同志》,虎门镇人民政府编《春风时节忆王匡》,广东人民出版社 2009 年版,第 68 页。

他是一位容易跟人接近的同志

只有在此才会有一刻忙里偷闲的轻快，才会恢复一个文人的本性：与朋友同游同乐、高谈阔论。所以，对当晚王匡要返回广州，巴金依依不舍，他和任幹送王匡到车站，回到花港招待所想起一起的时光和这个人，巴金在信中对妻子说："我和他相见虽晚，可是对他很有好感。这两天上楼下楼经过他住过的房间，常常想念他。他是一位容易跟人接近的同志。"①

这次分别时，王匡邀请巴金一家去广州过冬。恰巧1962年初，全国人大组织视察团到广州视察，视察过后承王匡的盛情相邀，巴金一家在广州过了一次难忘的春节。1962年1月14日，巴金到达广州，"我刚到宾馆，王匡同志来谈了一阵。他还要请我十二点钟饮茶。他谈起邀请你和孩子们来这里过春节。我现在转达他的盛意。请你考虑一下。只要把家里事情安排好，走一趟也有意思。"② 接到巴金的信，萧珊很高兴，她还是在抗战的烽火中到过广州，二十多年过去了，旧地重游一定兴味无穷。她给巴金的回信中写道："广州两信都收到，刚才又见到海南岛的来信，好像我闻到潮润的海风，多好，能在海南岛的椰子树林里散步。我跟孩子们谈起你的打算，孩子们来广州的热心还不如我强，我来广州时不过比小林稍大，隔了二十余年，我多么想看看广州的变化！所以说我决定来，坐廿九日来广州的通车，卅一日便可以到广州了。我们结婚后还没有在外面过春节，这似乎不可思议，但一定别有风味。"孩子们的寒假即将到来，

---

① 巴金1961年6月8日致萧珊信，《家书》，浙江文艺出版社1994年版，第477页。
② 巴金1962年1月14日致萧珊信，《家书》第495页。

对于广州之行也充满盼望,"刚才拿到你信时,两个孩子齐声问:'爸爸要不要我们去?'他们怕万一爸爸改变主意了。"①

就这样,萧珊带着子女于1月31日到达广州,在车上萧珊还担心巴金外出视察没有人来照顾他们,谁知热情的王匡在车站等着,"火车将达广州车站时,心里倒有点不安,万一巴先生不在,我们将往何处去?羊城宾馆会不会接待我们?但一到车站,王匡同志在招手,非常感动。晚上他爱人田蔚同志来看我们,也给我一个和蔼可亲的印象。"第二天,巴金一行就从海南岛回到了广州,"一点四十分我带孩子们在飞机场上接到老巴、方九姑,高兴极了。孩子们各挽老巴的手,回宾馆后,老巴打开他的宝藏,椰子壳、贝壳等。大谈海南岛之丰富。可是时间关系无法去海南岛了。希望以后有机会能亲眼见见热带景物,在海边拾拾贝壳。"②2月3日,茅盾、夏衍、杜宣等人也来到广州,加上与巴金同行的方令孺,那一年的花城春节可以算是作家的聚会了。在广州的日子里,巴金一家参观了文化公园、黄花岗、红花岗烈士陵园、出口商品陈列馆、越秀公园、广州农民讲习所;去了从化温泉,到了佛山市,参观了流溪河水电站。2月11日,他们来到了新会,为这里翠绿的林木、温暖宜人的气候而兴奋,萧珊在日记中写道:"沿途都是南方树木,葵树成林(为我向所未见),芭蕉结果,还有一片叫情思的竹林(这竹子金黄色间以绿条),一切都充满生气,尽眼望去翠

---

① 萧珊1962年1月23日致巴金信,《家书》第499页。
② 萧珊1962年2月4日日记,《萧珊文存》,上海人民出版社2009年版,第62页。

绿一片,哪象是春节以后的几天!今天天气尤其热,我仅穿一件绸衬衣,鼻上还在冒汗,游泳池里还有人在游水。"[1]那一次,萧珊还看到了巴金在近三十年前写过的《小鸟的天堂》:"'小鸟天堂'为老巴29年前写过篇散文而命名。真是小鸟天堂,千万只白鸟(有夜鹤、白鹤二种,傍晚夜鹤飞去,白鹤回来,交换居住)聚集在榕树林中,说'林',其实榕树只有一棵,经过三百年,榕树枝干生根,变成密林,远远望去,只见葱翠一片。我们划小舟绕天堂一周(这岛约十三亩),浓密得望不到泥地。小鸟群起飞翔,似乎在欢迎29年前曾来欣赏过它们的旧交。"[2]

那是一个难忘的春节,2月4日除夕那天,巴金全家去逛了闻名的广州花市。"下午看花市,人山人海,广州市民爱花。每人从花市出来,手执一花,面露笑容,真所谓拈花而笑。我们购金桔一盆,盆上有成熟肥大金桔十余个,金灿灿充满喜吉之意。临回来时又设法买到三枝塑料花,粉红、白色相间娇嫩可爱。人居客中都忘记过年之事,看广州市民热闹情况,想起今天是除夕了。"在当天的日记中,萧珊特别记了一笔:"今天是我和老巴结婚后第一次带孩子们在外面过年。"[3]巴金在1949年以后,开会、出访、考察甚多,每年都有几个月在外面奔波,最长的时候近一年,全家一同出游,除了较近的杭州之外,只有屈指可数的这么几次:1960年在北戴河,1961年在黄山,

---

[1] 萧珊1962年2月11日日记,《萧珊文存》第64页。
[2] 萧珊1962年2月11日日记,《萧珊文存》第64页。
[3] 萧珊1962年2月11日日记,《萧珊文存》第62页。

1962年在广州……在一个山雨欲来风满楼的岁月中，对于这个家庭来说真是机会难得、长久难忘。那么，对于幕后的推动者和热情的邀请者王匡，他们心底怎没有感谢？巴金在当年3月13日的《羊城晚报》上发表长文《喜悦和感激》，文章的最后，他说："我要向我在这一个月中见过面的新旧友人道一声谢，问一声好。"虽然，没有直接提王匡的名字，但我想在那个春夜里写这篇文章，回忆在广州的日日夜夜的时候，巴金的面前一定不时浮现王匡的面影。

从那以后，他们的交往更为密切了，开会时的见面，相互间的通信，有新书出版巴金也不忘寄赠。在目前留下的文献中，我们不时能够看到王匡的名字。比如，1963年底中国作家代表团访问日本，回到国内后代表团在从化总结工作，接待他们的又是王匡。巴金1963年12月8日的日记："九点后同车去从化。十一点到达。我和谢、严三人住翠溪（我住一二号房），马、许、安和周住竹庄。见到夏公和王匡。十二点吃中饭。……五点一刻后会议结束，送马、许、安出去，见到王匡和魏伯在散步，六点半同他们到湖滨大楼，对外文协招待全团吃晚饭，有狗肉名菜，由王匡夫妇作主人，齐燕铭、夏、魏、周、吴作陪。八点回翠溪。夏、王、田、严、谢在我房里闲谈到十点。"12月9日日记："八点一刻早饭。在院子里同谢、严、王、田、夏闲谈。十点同谢、严、齐、夏乘大轿车去从化县城赶墟。……（晚）八点三刻王匡来，谈了将近一小时，也谈到他访问阿尔及利亚的印象。"12月10日日记："齐燕铭、王匡、夏公已先到。饭后大家在桌上闲谈，文井忽然谈起在香港等签证心烦打'麻将'的事，王匡便找人拿了一副'麻将'来。钢鸣也来了，大家轮流玩了一阵,到九点半结束。"12月12日的日记:"饭后,王匡的秘书孔同志(送来冬天西瓜两个)和萧殷先后来。七点二十全团送我到车站……"①这又是他们难得的相聚时光,王匡仍是热情周到的主人。

　　1964年3月28日,巴金夫妇还在上海接待过王匡:"五点半王匡来,谈到七点前,和萧珊陪王匡去衡山饭店十四楼,我们请王匡在那里吃西餐。八点半后我们送王匡到东湖招待所。在他的房里又谈了好一阵。"②当年4月20日,他们在上海又一次相聚:"十点半得王匡电话,即同萧珊去东湖招待所访王匡,他请我们在东湖吃午饭,饭后又谈到两点,谈得很愉快。"③1977年5月,中央决定由王匡主持国家出版局工作,随后被正式任命为国家出版局党组书记、局长。王匡调到北京,1978年2—3月巴金到京开会,他们又重逢了,3月9日的日记中巴金曾记:"上午刘北汜、王匡、家宝先后来。"④3月18日,"八点同小林搭一二路车去甘家口看内部电影《舞会的小提琴》,见到萧乾夫妇、许磊然、孙可中、王匡诸位。"⑤

　　在这期间,巴金还为老友萧乾的住房问题找过王匡帮忙。萧乾夫妇的工作单位是人民文学出版社,国家出版局是他的主管单位。1978年3月13日萧乾致信巴金,说他的房子问题发

---

① 巴金当日日记,《巴金全集》第25卷,人民文学出版社1993年版,第330—331页。
② 巴金当日日记,《巴金全集》第25卷第364页。
③ 巴金当日日记,《巴金全集》第25卷第373页。
④ 巴金当日日记,《巴金全集》第26卷第220页。
⑤ 巴金当日日记,《巴金全集》第26卷第223页。

生了极其不利的变化,答应给的房子不给了,并且推出出版局范围之外,让他们自己找北京市解决。"我为此急得已犯了病……最后,我们想,既然你那么关心我们这件事,又已同王匡同志谈了,他的表示又是那么好……你可否附一封恳托的信转给王匡同志?原来分给我们的那套房子可能还没被抢去,如果王匡同志过问一下,也许还可能给我们。"①3月15日夜,巴金给王匡写了信,把文洁若的信转了过去,同日在给萧乾、文洁若的信上巴金说:"不用急,我相信你们的房子问题一定可以解决。我也要不断地向上面反映情况。现在就照你们的意思,写封信给王匡同志,并把洁若的信附去。这是正当的要求,不是讲情,走后门。"②4月28日,巴金再次致信萧乾:"我关心的还是你们的房子问题。真正解决了,你们能安心工作,我才放心。"③5月17日巴金给萧乾写信:"想不到你的房子还没有落实下来。王匡同志最近回广州,本月七日他过上海返京来找我。不巧我同小林去杭州,没有见着。今天我给他寄去一信,请他再催一下。我本月二十五参加文联扩大会议。会期不长,可能见着,也可能见不着。但你房子的事情,我一定要帮忙解决,让你们两位多为国家做点工作。"④这次未遇的拜访,王匡还给巴金留下一封短简:

---

① 萧乾1978年3月13日致巴金信,《俩老头儿》,中国工人出版社2005年版,第125页。
② 巴金1978年3月15日致萧乾、文洁若信,《俩老头儿》第126页。
③ 巴金1978年4月28日致萧乾信,《俩老头儿》第127页。
④ 巴金1978年5月17日致萧乾信,《俩老头儿》第128页。

他是一位容易跟人接近的同志

巴金同志：

　　我和田蔚前来看你，不巧，你们到杭州去了。我们因事得赶回北京，明天便走了，估计月中你会去开理事会，到时请给我个电话（862020）。

　　再见

　　　　　　　　　　　　王匡
　　　　　　　　　　　　五月七日

　　当年5月22日在北京参加全国人大常委会期间，巴金又给王匡打了电话，为的还是萧乾房子的事情，可惜王匡不在家。当年7月，王匡就调任新华社香港分社了，不知道萧乾的房子问题是否是在他的过问下解决的，但这件事发生在几位老朋友间的事情，倒也是拨乱反正时期国家进程大波澜中的小插曲。

　　王匡任职国家出版局时间不长，仅有一年多时间，有两件事情却影响深远。一件事情是推动和落实了1981年版《鲁迅全集》的出版工作。第二件事在当时很轰动，那就是调动全国出版、印刷力量，集中重印新中国成立以来出版的35种中外文学著作，主要有：五四以来现当代文学10种，有郭沫若、茅盾、巴金、曹禺的代表作，以及《红旗谱》《铁道游击队》等；中国古典文学9种，有《唐诗选》《宋词选》《古文观止》《东周列国志》《儒林外史》《官场现形记》等；外国古典文学16种，有《悲惨世界》《高老头》《欧也妮·葛朗台》《安娜·卡列尼娜》《牛虻》《一千零一夜》，以及契诃夫、莫泊桑、莎士比亚、易卜生等大家的作品选集等。这些"封资修"在"文化大革命"中惨遭"囚禁"，一朝重见天日，得到了读者的热烈欢迎，新华书店门外掀起通宵达旦排队抢购的热潮，代购这些作品也成为一时间朋友间通信的主要内容。据说当时纸张缺乏，王匡请示了上层领导，调用了中央储备的将来印刷《毛泽东全集》的纸张才解决了这一问题。在开禁的10种现代文学名著中，有巴金的《家》，据人民文学出版社王海波女士介绍：由于长期的文化禁锢，造成了"书荒"，使得读者的阅读需求猛然增大。为了满足这种需求，《家》和其他一些中外文学名著一样，都增大了印量。1977年，《家》的印数是56000册，1978年增加到100000册，1979年至少又加印了100000册。1981年10月，《家》出版第3版，简体，横排，巴老在这一版书前新写了《关于〈激流〉》，当年的印量达到250500册，创下作品出版以来年印量之最……两位老朋友以各自的方式在为中国的文化事业的复苏、繁荣尽职尽力。

调任新华社香港分社社长后，王匡与巴金仍有来往，他曾经邀请巴金访问香港，巴金因为写作繁忙未能成行（巴金1984年访问香港时候，王匡已经离任），从巴金保存的一封信却能够看出，王匡对老朋友的关心丝毫未减：

巴金同志：

　　此次上海之行，能见到你，很是高兴！看来你的精神很好，出乎我的所料。不过，还要多加注意，免至再出问题。

　　兹托便人——是位科学家、眼科教授，给带来壹小盒糖，我知道，老头子往往同小孩子是一样的。

　　你的选集，拿回广州家里，大家高兴地抢来看。

于此，还得向你表示感谢。

小林各人均好。

王匡于北京
八月三十日

这封信写于 1980 年代初，从信中可以看出，王匡一定还记得巴金喜欢吃糖，"我知道，老头子往往同小孩子是一样的。"仿佛是在开玩笑，又好像是道出了实情，只有老朋友间才会有这样亲切的"交谈"。

2009 年 4 月 4 日于上海

附记：

在王匡的诗文集中，有一首作于 1985 年的《杭州怀萧珊并寄巴金》，其中可见他们当年的行迹和王匡对巴金夫妇的感情，现照录如下：

1961 年 6 月，与巴金同志一家小住杭州花港之招待所，时巴金正写援朝回忆录，晨必信步苏堤，龙井茶一杯。回首前尘，不胜感慨！

此来花港不观鱼，
回首音容廿载余。
堤柳依稀西子貌，
湖山无恙故人殊。

沉吟笔下三千里,(原注:系指朝鲜半岛)

挥洒毫端数万书。

事至今忘未了,

任从风雨趁茶墟。

(1985年5月9日)①

巴金1960年代摄于寓所书房

王匡摄于1992年7月

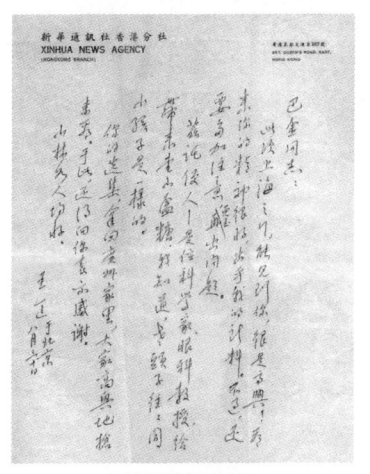

王匡致巴金信

---

① 王匡:《杭州怀萧珊并寄巴金》,《长明斋诗文丛录》,花城出版社1994年版,第582—583页。

他是一位容易跟人接近的同志

巴金 1961 年摄于杭州云栖

1962 年 1 月巴金摄于海南岛

王匡《长明斋诗文丛录》（花城出版社1994年版）

王匡书龚自珍诗

他是一位容易跟人接近的同志

巴金同志：

我和田蔚前来看你，不巧，你们到杭州去了。我们因事得赶回北京，明天便走了。估计月中你会来开理事会，到时请给我个电话（862020）。

再见！

王匡 五月七日

王匡1978年5月7日致巴金信

王匡家乡编辑的王匡纪念文集《春风时节忆王匡》（广东人民出版社2009年版）

金坚玉洁的友情
——冰心与巴金往来书信读札

一、恕我不称他为"巴老"

"我把你给我的信都用一个盒子装起来存着,因为你一辈子只讲真话,我知道你对我的情谊,也句句是真话。"这是冰心写给巴金与20世纪研讨会的贺词,那是1994年的春天,北京全城飘着柳絮的季节。

我当时还是一名大学二年级的学生,在那个名流云集的会上,很多在文学史上读到的名字都变成活生生的人站在面前,可以想象我的激动与兴奋。印象中,冰心的贺词是在一个富丽堂皇的酒店中宣读的,作为文学的老祖母和巴金先生的朋友,她的分量不用多说,然而冰心的表述方式与其他前辈似乎不一样。比如曹禺给这次大会的题词:"你是光,你是热,你是二十世纪的良心!"很多人都是用这样的字句评价巴金,而冰心在这么隆重的大会上,居然这么轻松地从巴金给她的信谈起,如同拉家常,然而老太太马上点到了巴金晚年最看重的"真话",又把它与他们非同寻常的友情联系起来,寥寥数语,举重若轻,又亲切自然,真是不简单!

我还记得冰心曾幽默地说:"我和巴金——恕我不称他为

'巴老'，因为他比我还小几岁，我一直拿他当弟弟看待……"①
有时候，老大姐还会给巴金下"命令"：

巴金：
　　北京166中的前身是我母校贝满女子中学，现在是男女合校，高考成绩是北京中学上等（我是名誉校长）。九四年是他们一百三十周年，要你题词，托我转上，请你无论如何说一句话，寄我转就可以。我近来身体不太好。吴青明年七月才回来，寄爱！
　　　　　　　　　　冰心
　　　　　　十二、廿七、一九九三

　　"无论如何说一句话"，没有条件可讲，义不容辞啊！了解巴金情况的人都知道，巴金从1980年代初患上帕金森氏症之后，执笔无力，写字困难；更不愿意做名人去题词，所以题词、开会之类的事情早在禁绝之列，这些冰心当然很清楚，他们在信中还曾交流过做"名人"的烦恼，当时的文坛，恐怕只有冰心的资历和地位才可以这样让巴金写字，而且连句客套话也不用。而巴金不但乖乖地写了，而且还得回信检讨："很想多写几个字，手指动不了，请原谅，写不下去了。"②对冰心而言，这面是她的"母校"，那面是她的"老弟"，都是一家人，才

---

① 冰心：《贺叶巴两位》，《文汇报》1984年2月29日。
② 巴金1994年1月1日致冰心信，《收获》2012年第5期。本文以下引用巴金与冰心来往书信，如果没有标明具体出处者，皆出自该刊。

有这样的"命令",而且,从这样的短信中,我们不难看到两人关系之密切,才"无论如何"都得写!——只有老大姐才能说这样的话。

二十多年过去了,如今当我坐在上海巴金的"家"(巴金故居)中读着两位世纪老人长达半个多世纪的通信时,常常为两位老人真挚的友情和忧国忧民的胸怀所打动。这些信件的一部分最近发表在曾担任主编的《收获》杂志上(2012年第5期),有相当一批信是首次整理发表。他们的通信和友谊都经历了漫长的岁月,现存的第一封信是1937年4月9日冰心写给巴金的,当时正是彼此风华正茂时,冰心在欧洲多国旅行,巴金在国内办刊物写文章,老大姐的信的开头就表扬他们这群朋友:"得来信和《文丛》,十分喜慰。知道你和靳以不断的在努力,尤为兴奋。萧乾的文章,越写越好了,应该传令嘉奖。"这批信的最后两封是98岁的冰心用颤抖的手写下的:

巴金老弟:
　　我想念你,多保重!

冰心
1997年2月22日

94岁的巴金三个多月后的回信:

冰心大姊:
　　我也很想念您!

巴金
九七年六月十一日

为香港回归欢呼！

这些没有任何修饰的字句常常会产生让你热泪盈眶的力量，不能不感慨虽岁月流逝但也埋没不了人间相知的真情。

二、你只管挑，你要的我都给你

印象中，冰心和巴金是性格和气质完全不同的人。冰心出生在一个和睦的大家庭中，童年充满了温馨的记忆；而巴金则父母早亡，记忆中总有挥不去大家庭各房间钩心斗角的阴影。冰心是大家闺秀，娴雅、清秀，而巴金则是热血青年，热情、激愤。冰心似乎一直在高校、学者名流的圈子里转，而巴金是不曾担任公职的自由文人。哪怕在晚年，冰心更为快乐、达观，巴金还是在紧张地战斗、不失时机地忧郁……很难想象，他们能够成为那么要好的朋友。

这次发表的书信中，有两封很有意思地显示了两个人性格和气质的差异：

我总是怀念着你，老朋友不多了，知心人尤其少，我常梦见你，前几夜梦见你到北京来，我带你到我的一间"宝库"里，里面收藏着许多古玩、玉器，我说："你只管挑，你要的我都给你。"我一边说一边指点给你看。你说："我喜欢绿色的东西。"我送了你一只大绿色宝石花瓶，还有一只高脚绿玉盘，到此梦就醒了，我好笑，我哪里有一间"宝库"？你也好久没到北京来了。①

送绿色宝石花瓶和高脚绿玉盘给巴金,这是老太太的情趣。可是,巴金根本不接老大姐的这个茬,"大煞风景"地谈起他心中的忧虑:

> 我天天做梦,而且多做怪梦。可是从未见到"宝库",对宝石更无兴趣。只有几次同您出国访问,至今不忘,仿佛一场醒不了的好梦。我们不能见面,有话也无法畅谈,幸而我们能做梦,您还可以制造"宝库",我也能等待您给我的高脚绿玉盘。我已在医院住了五个月,不会太久了。过了八月,总可以回家休息。我还想,能做梦就能写书,要是您我各写一本小书,那有多好!②

大姐知道这位老弟的性格,甚至说过"你在忧郁的时候,实在是你最舒适的时候"③,所以她也不恼,反而来开导他:

> 我觉得你的悲观心理,和你从小长大的封建家庭有关,你已经闯出来了,为什么还总是忧郁?我想这也与萧珊早逝有关,人最怕的是孤独。我以为你应该

---

① 冰心 1989 年 7 月 21 日致巴金信。
② 巴金 1989 年 7 月 27 日致冰心信。
③ 冰心 1992 年 4 月 15 日致巴金信。

多接近年轻人。我和你的身世不同,从小就在融乐的家庭空气之中,就学时也一帆风顺,老了仍有许多年轻朋友,他(她)也发牢骚,但是这牢骚是向前看的。就年纪而论,老的也熬不过小的。我对国家的将来一点都不悲观。就像北京连日下雪,又总是春阴,我总认为不久太阳出来,就是百花齐放了,这是酿花天气。我记得小时,十二三岁吧,曾做过一首七绝,是老师出的题目,大概是"春晴"吧,我写了"酿花天气雨新晴,蛱蝶翻飞鸟弄声,且喜春池高一尺,晓来荡桨觉船轻",我劝你还是多往轻快处想。①

巴金坦诚地说:"我还在想悲观的问题。我感谢您的好意,但是我以为您对我的'悲观'有误解。我悲观,因为我有病不能工作,写字动不了笔,写字不像字。我悲观,因为我计划做的事大半成为空话,想写的文章写不出来……我最大的痛苦就是言行不一致,我想向托尔斯泰学习,可是只能做到:通过受苦净化自己。"②"我身体不好,生活杂乱,总是无法摆脱一些无聊事情,想做的事做不了,却有不少人缠住你让你做自己不愿做的事。人老了,来日无多,时间可贵,偏偏有人在这个时候麻烦你,干扰你,让你做买空卖空的'名人',我实在痛苦。别人说我忧郁,我佩服您,您会讲,嬉笑怒骂,全讲出来,痛快之至,别人拿您也没有办法。我常常不愿伤人,结果只有

---

① 冰心1990年3月2日致巴金信。
② 巴金1990年3月31日致冰心信。

委屈自己。我的生活中充满矛盾,也充满烦恼。我说我一直在为消灭矛盾而奋斗,可是我不够坚强,我的奋斗没有用,这成了一句空话。"① 只有相知的人才会这样敞开心扉,写此信时,两个人已是文坛重镇,一言一行都被人传播和报道着,然而在这里他们这么坦诚地剖白内心,分析自己的性格,这些言辞恐怕是他们公开发表的文章中很难读到的。

巴金不是一个话多的人,但在老大姐的面前却总是滔滔不绝。冰心印象深刻的是他们1980年春天共同出访日本:

> 在一个没有活动节目的晚上,小林、吴青和一些年轻的团员们都去东京街上游逛。招待所里只剩下我们两个。我记得那晚在客厅里,他滔滔不绝地和我谈到午夜,我忘了他谈的什么,是他的身世遭遇?还是中日友好?总之,到夜里12点,那些年轻人还没有回来,我就催他说:"巴金,我困了,时间不早了,你这几天也很累,该休息了。"他才回屋去睡觉。②

冰心还清楚地记得第一次见巴金的印象:"我认识巴金是在三十年代初期,记得是在一个初夏的早晨,他同靳以一起来看我。那时我们都很年轻,我又比他们大几岁,便把他们当作小弟弟看待,谈起话来都很随便而自然。靳以很健谈,热情而

---

① 巴金1991年6月20日致冰心信。
② 冰心:《一位最可爱可佩的作家》,《冰心文集》第6卷,上海文艺出版社1993年版,第326页。

活泼。巴金就比较沉默，腼腆而稍带些忧郁，那时我已经读到他的早期一些作品了，我深深地了解他。"[1] 为何前后变化这么大？不是巴金的性格改变了，而是两个人随着交往友谊加深了，所以才成为无话不谈的好朋友。

三、您晚年这一段生活照亮了您全生

晚年的巴金和冰心，他们的存在对于中国文坛别有意义。他们经历了20世纪中国文学几乎每个重要的关口：从"五四"到"文化大革命"乃至新时期文坛复苏。不仅如此，在晚年都再次焕发了青春的光彩，巴金有《随想录》，冰心有一批烫手的文章，最重要的是他们总是义无反顾地站在了思想解放的最前沿，用自己衰老却又无比坚定的身躯为中国文学的探索和发展遮风挡雨。就像余华最近在谈话中讲的，《收获》要不是巴金担任主编，他的《活着》根本发表不出来。

他们的友情正是建立在认同彼此的追求和信念上，建立在相互欣赏和鼓励中。巴金曾说："别人都喜欢往低处跑，您仍然站在高处，一下子就显得您高了！这是比出来的，大家亲眼所见。晚霞似火，您晚年这一段生活照亮了您全生。有了您的真实生活，我这小序才不是空头文章，我写，因为我要向您学。许多人战战兢兢抱头摇尾的时候，您挺胸直立，这种英雄气概，这种人格的力量，我永远忘记不了！我也真想您！"[2] "我因

---

[1] 冰心：《他还在不停地写作》，《冰心文集》第6卷第618页。
[2] 巴金1990年7月27日致冰心信。

为有您这样一位大姊感到骄傲,因为您给中国知识分子争了光,我也觉得有了光彩。近九十岁的人了,您还写出叫人感到'烫手'的文章,使人尝到'辣味'的作品,您为什么?还不是为了我们国家的繁荣昌盛……还不是替受苦受难的人争取较公平的待遇……"①

冰心也不断地诉说对她这位老弟的欣赏:"告诉你一件事,我已将你写在《关于男人》之中了(将载《中国作家》)!我从前写的都是已故的人,现在我想我已八十八岁,也是'行将就火',若不趁我还有一口气,不把几个我敬爱的男人写出来,等死了就来不及了。不过写了你以后,再写什么人就费斟酌了。"②冰心这篇文章的题目就叫《一位最可爱可佩的作家》,人常说冰心很孤傲,特别是年轻的时候,然而从现在她与巴金早年的通信中就可以看出对巴金的看重,她说:"原本'全集',是为北新而作(内有北新字样),重印当然可以,移开明后,可否请你在原序之外,再作一序?几个字就得,我请人作序,还是第一次,请你同意吧!"③到晚年,"一位最可爱可佩的作家",这是对巴金的极高评价,她文中说:"为什么我把可爱放在可佩的前头?因为我爱他就像爱我自己的亲弟弟们一样——我的孩子们都叫他巴金舅舅。"在通信中,冰心也说过:"你真是著作等身,而且一辈子自食其力,这是我们这一辈人里,没有一个做到的!从这两件事来说,使我不但爱你

---

① 巴金1988年11月30日致冰心信。
② 冰心1989年2月11日致巴金信。
③ 冰心1940年12月20日致巴金信。

这个老弟，而且敬你这位老弟了。"① "昨天晚上清理一些信件，忽然感到如今没有什么人我能以衷心敬爱的！你不要以为敬字太重了，其实就是佩服的意思；你的为人做事，特别在感情方面，显得慎重。我就喜欢你这一点。"②

这不是相互吹捧，这是心心相通，他们相互激励、相互安慰，有着超越私人友谊的情感，那就是对国家、民族前途的关心、忧心，对哺育他们的"五四"精神的捍卫和坚持，只有这样的精神相通才会有长久的友谊，才会有"金坚玉洁的友情"③。巴金躺在病床上曾给冰心写下这样的话：

> 躺在病床上，每天总有四五小时不能闭眼，我忘不了我们这个多灾多难的国家，更忘不了我们那么多忠厚勤劳的人民。怎么办呢？我还能够为他们做点什么呢？我始终丢不开他们。时间不多了，我总得做点什么吧。反来复去，好像床上有无数根针，我总是安静不下来。每天都受到这样的折磨，我多么盼望看见远方的亮光。而屋子里却是一片灰暗。我们的光明在什么地方？我不断地问自己。朋友们都在摇头叹息。但是我不能失去信心，我没有失去信心。④

---

① 冰心 1990 年 5 月 17 日致巴金信。
② 冰心 1991 年 5 月 29 日致巴金信。
③ 此语转引自巴金 1991 年 12 月 5 日致冰心信，巴金信中说："今天吴殿熙同志又给我送来您的礼物，来得意外，我太高兴了。为了您那句话：金坚玉洁的友情。"（《巴金全集》第 22 卷第 420 页）。
④ 巴金 1989 年 12 月 20 日致冰心信。

冰心的回信说：

你说的"自寻烦恼"和不断想到的许多事，我和你一样，常常忧虑，但是我们虽然老了，我们国家还有百千万的年轻人，他们也和我们一样地在思考，在忧虑。我们前途的亮光，就在这里，不是一片灰暗！你一定要乐观起来，我也要说"你的存在就是一种力量"，而且你的力量比我大得多！我们大家努力吧。千万保重。①

巴金说：

昨天我听早晨六点半中央台的广播《拜金主义要不得》，一天都不舒服。把文化和教育同经济对立起来，既可笑又可悲……把做生意和骗钱等同起来，不知道要把炎黄子孙引到哪里去！但我是赞成改革的。②

冰心坚定地表示：

说真话，我不怕，人家从我这里，无"权"可"夺"，无"官"可"罢"，无"级"可"降"，无"薪"可"罚"。我只是一个小小老太姑！③

---

① 冰心 1989 年 12 月 29 日致巴金信。
② 巴金 1993 年 4 月 9 日致冰心信。
③ 冰心 1991 年 11 月 20 日致巴金信。

两个人的晚年，无论名声、地位，还是金钱都不缺，然而，他们却为国家忧虑，关切着社会的每一个变化，这完全超越了个人的利益和需求。多少年来，在我耳闻目睹的前辈言行中，常常让我自惭形秽，那就是我们为自己考虑得太多了，反而失去了自我；而前辈们超越了自我，反而让我们看到了一个个高大鲜明的自我。冰心和巴金的声音，是"文化大革命"后中国知识分子所发出弥足珍贵的知识分子之声。知识分子的声音并不是局限在自己的专业领域，而是具有更普遍的关注范围，关注的是整个社会、民众的利益和期待。他们在晚年的作品中表达出鲜明的"五四"气质和"五四"精神：强调不做奴隶，而做一个独立的个人；呼吁"科学"与"民主"；强调五四时期启蒙、开民智思想，从而强调对知识的尊重，对童心的爱护，对违背人性的教育方法的批评；呼唤"爱"与"美"，强调崇高的"理想"……正是在这一点上，人们才把中国知识分子"良知"这样的尊称奉送给他们。

我有一个感觉：近年来的文学作品从文字技术上似乎不比前辈们差，自负的作家们甚至认为早就超过了前辈了，但却总也难以达到前辈作家的影响力和认可度，这当然与时间、机缘等因素有关，但当代作家的精神格局狭小，让他们在前辈面前不能不气短。或许《收获》发表这批信件也在提醒我们：一个真正的知识分子究竟应该是什么样子？

2012年9月20日上午

| 巴金书信中的历史枝叶

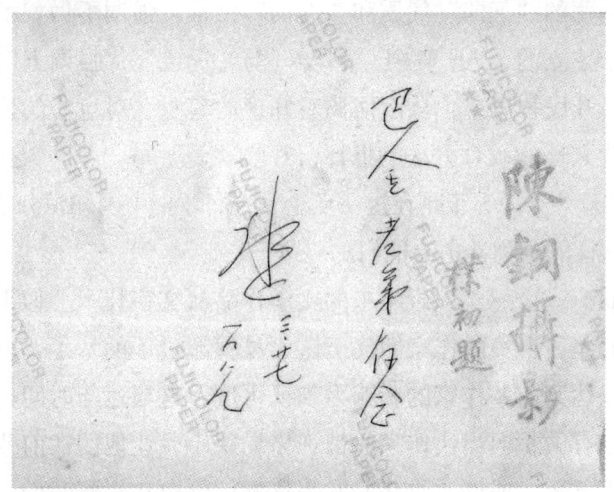

1989年3月27日，冰心送给巴金的相片，背面系冰心题词

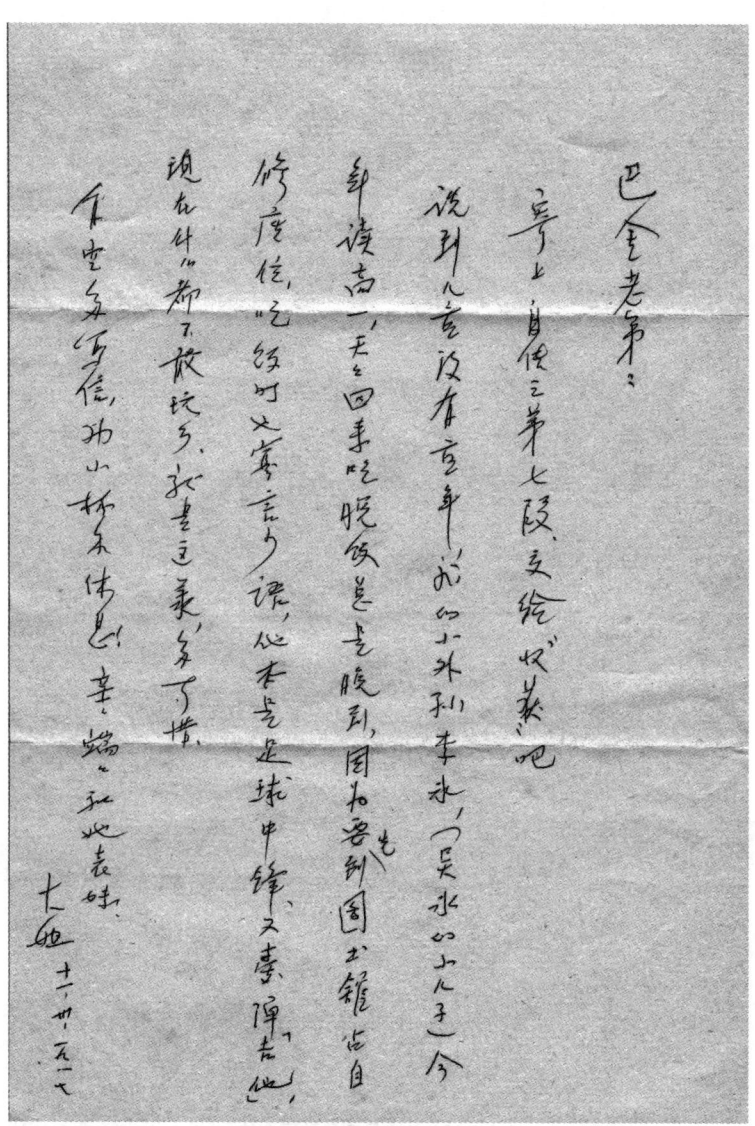

冰心 1987 年 11 月 30 日致巴金信

冰心 1990 年 3 月 2 日致巴金信

金坚玉洁的友情

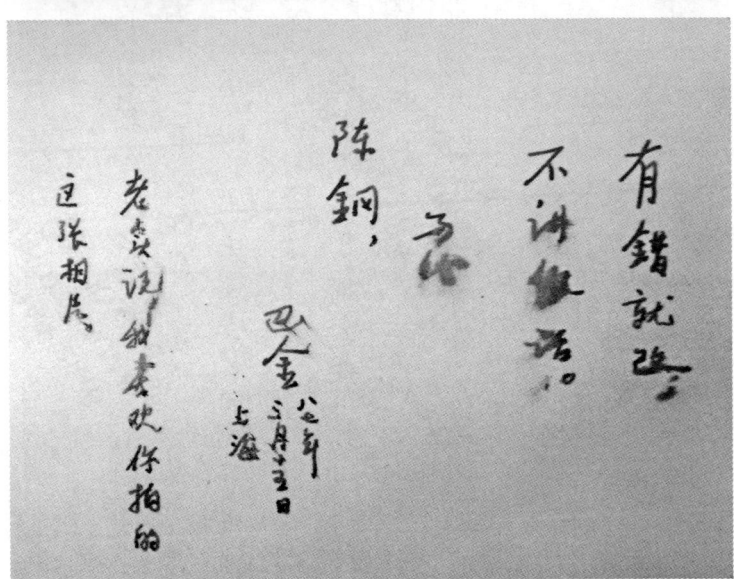

巴金1987年在冰心外孙陈钢为他拍摄的照片背面题词

| 巴金书信中的历史枝叶

冰心 1992 年 5 月 22 日
致巴金信

金坚玉洁的友情

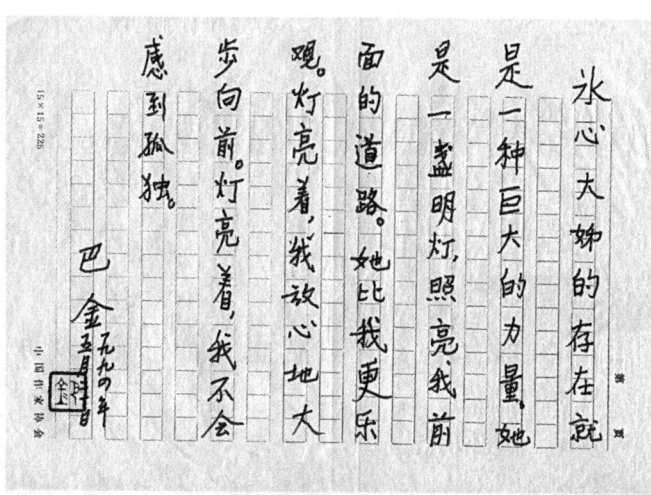

巴金 1994 年的题词

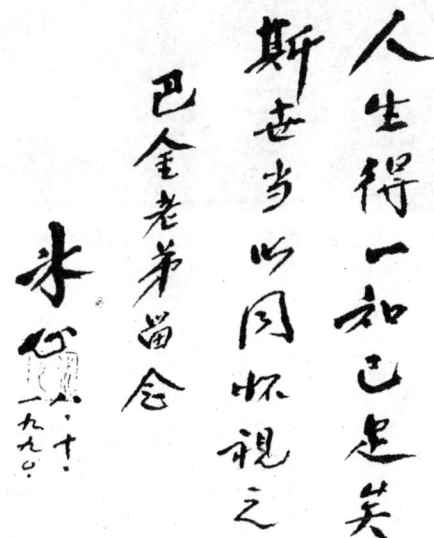

冰心 1990 年书赠巴金

1980年春,巴金和冰心同访日本,这是在机场作别日本朋友时摄

巴公精神甚好,斗志如昔日
——黄裳书信中的巴金

小引:巴金与黄裳交往述略

黄裳与巴金是有着长达六十年交谊的老友,他们的订交缘于巴金的三哥李尧林,黄裳是李尧林在天津南开中学教书时的学生,抗战期间到上海后,他们二人也常有过往。1942年冬天,黄裳就是带着李尧林写给巴金的信到重庆文化生活出版社的,但巴金去桂林了,而1944年夏天黄裳到桂林时,巴金偏偏又到贵阳了。两访未遇,可他们的交往却开始了,黄裳在文章中说:"就是我这样一个一直没有见过面的年轻人,两年中间不断地把幼稚的习作寄给他,他都给我找地方发表。……他还细心地为行踪无定的作者保存文稿,汇集成册,随时留意寻找结集出版的机会……对于一个青年作者来说,这该是怎样的鼓舞、激励,带来的又是怎样的欣喜呵!"[①]这批文章后来被巴金推荐给中华书局结集出版,这就是黄裳的第一个作品集《锦帆集》。现在保存下来的巴金1945年2月17日致黄裳的信说的就是这件事:

---

① 黄裳:《锦帆集·后记》,《黄裳文集·锦帆卷》,上海书店出版社1998年版,第82页。黄裳在2005年写的《伤逝——怀念巴金老人》一文中说他是1942年冬在重庆见到巴金的,与他自己的前说矛盾,据现有资料看显然前说更准确。

"最近有个机会，可以给您的集子找个出版处。中华书局今年打算编印一套文学丛刊，我被邀作编辑委员之一，等到事情定了，我总可以介绍一两部稿子去。您的集子如何编法，用什么书名，均请在寄回《断片》时告诉我。"① 至当年8月17日的信已经通知黄裳《锦帆集》已经代为编好并送书局，而余稿和后来的稿子，则又编成《锦帆集外》，收入巴金主编的"文学丛刊"中，由文化生活出版社出版。几十年后，黄裳感慨道："现在手头还保留部分《集外》原稿，是付排以后还给我的。每篇都是他亲手批的版样，还把文章中每一个'里'字都细心地改为'裏'字，重描了许多印刷模糊的字迹。原稿并不值得保留，但编者留下的批改手迹则是珍贵的见证，说明他在编定这一百多部'文学丛刊'时付出了多少精力。"②

1945年的初春，黄裳在重庆民国路的文化生活出版社第一次见到了巴金，次年夏天回到上海，他就成了霞飞坊59号巴金家中的常客，从此也开始了他们一个甲子的比较密切的交往。自20世纪70年代末期，黄裳曾有数篇文章记述巴金的写作与生活，评论他的作品。如《关于巴金的事情》《请巴金写字》《记巴金》《思索》《关于〈随想录〉的随想》《琥珀色的绍兴酒》，以至巴金逝世后所写的《伤逝》《书缘小记》等，还有写萧珊的《萧珊的书》。这些文章因系知交所写，并非泛泛印象，而是情真意切，形象生动，议论也往往一语中的，都是研究巴金

---

① 巴金1945年2月17日致黄裳的信，《巴金全集》第24卷，人民文学出版社1994年版，第367—368页。
② 黄裳：《锦帆集·后记》，《黄裳文集·锦帆卷》第83页。

不可多得的资料。2005年10月，巴金去世，年近九旬的黄裳以平静的语调表达了他巨大的悲伤，这篇《伤逝——怀巴金老人》成为悼念巴金文章中写得最好的篇章之一。

黄裳已经印行的书信有大象出版社2004年1月出版的《来燕榭书札》(李辉整理，为其主编大象人物书简文丛之一种)，其中收录了他给黄宗江、周汝昌、杨苡、范用、姜德明、李辉等书信270多封，其中致杨苡、范用、姜德明的信中多有涉及巴金之处，特别是写给同为巴金友人杨苡的86封信中，更是无处不谈巴金，从巴金的生活、写作，到大事小情的议论在这批书信中皆有呈现。姜德明说："我知道他平日常去看望巴金先生，为了怕写信烦扰巴老，有些事托他就近去代询代办，所以从他给我的信中，也能看到有关巴老的某些情况。"[1] 更为值得关注的是，这批信多写于巴金创作《随想录》期间，而《随想录》的创作恰是新时期中国文坛波云诡谲之时，巴金的许多话欲言又止，或者是说得颇有技巧，这样对其背景的揭示可能更有利于理解《随想录》的真意，更能看出它的价值。私人通信中所提供的线索，虽然谈不上系统，但在零星的文字间却有着比公开发表的文字更为直率和真实的细节，正因为如此，才引起了我去勾勒"黄裳书信中的巴金"的兴致。

---

[1] 姜德明：《写在前面》，《来燕榭书札》，大象出版社2004年版，第138页。

一、《随想录》的写作情况

　　《随想录》最初是潘际坰托黄裳向巴金约稿的,巴金也曾托黄裳给潘转过稿,他在1978年12月6日日记中就曾记载:"黄裳来,把《随想录》交给他转潘际坰。"[1]常在巴金身边走动,近水楼台先得月,《随想录》写作过程中的大事小情知之甚多,不免在书信中将一些消息传递给同样关心巴金的人。而且黄裳大概是第一个听到巴金说要把《随想录》当作遗嘱来写的人,随想之十《把心交给读者》中,巴金写道:

> 　　前两天黄裳来访,问起我的《随想录》,他似乎担心我会中途搁笔。我把写好的两节给他看;我还说:"我要继续写下去。我把它当做我的遗嘱写。"他听到"遗嘱"二字,觉得不大吉利,以为我有什么悲观思想或者什么古怪的打算,连忙带笑安慰我说:"不会的,不会的。"看得出他有点感伤,我便向他解释:我还要争取写到八十,争取写出不是一本,而是几本《随想录》。我要把我的真实的思想,还有我心里的话,遗留给我的读者。[2]

---

[1] 巴金1978年12月6日日记,《巴金全集》第26卷,人民文学出版社1994年版,第299页。
[2] 巴金:《把心交给读者》,《随想录》,生活·读书·新知三联书店1987年合订本、2004年重印本,第39页。

巴公精神甚好，斗志如昔日

可以说黄裳是《随想录》写作过程的重要见证人之一，他给友人的书信在无意间记下了这本当代文学名著写作过程中所发生的各种事情，包括《怀念鲁迅先生》被删节、香港的大学生对《随想录》发表不同看法、"清理精神污染"前后文艺界的形势等等。

> 1. 今天遇到巴金，他的随感录也拟在写满三十篇后交港三联印行，如能追随巴金之后印一本书，自然是高兴的。希望不致亏本。（1979年7月6日致范用信，第122页[①]）

按：此信是为《随想录》单行本出版传递消息的。范用当时主管三联书店，《随想录》第一集于1979年8月11日写完第30篇，并附上《后记》。

巴金1979年7月6日日记："黄裳来坐了一会。"（《巴金全集》第26卷，第364页）

> 2. 与巴金闲谈，他非常同意陈登科提出的要搞一个出版法，现在作家有许多权益没有保障，实例甚多，不只是经济问题。这个问题也没法说清。（1979年9月12日致姜德明信，第140页）

---

① 此处页码指《来燕榭书札》页码，以下均同；部分书信集中所署时间有误，本文径直改，不另做说明。

按：巴金1979年9月10日日记："上午黄裳来。"（《巴金全集》第26卷，第351页）

巴金的这个想法在当年8月8日所写的随想二九《纪念雪峰》中曾表述过："作家陈登科在《光明日报》上发表文章主张作者应当享有版权，我同意他这个意见，主要的是发表文章必须得到作者的同意。不能说文章一脱稿，作者就无权过问。"（《随想录》三联版合订本，第121—122页）

3.《随想录》可能十二月初出书，用照片数张，一张是陈蕴珍的，三联准备用纸版在国内印一次，印数不会多的。巴公说南师要转载，他说要等书出以后再办。未十分肯定，系通过魏绍昌来要求的。（1979年12月1日致杨苡信，第60页）

按：国内印数不多，可见《随想录》最初在国内文坛并未引起足够重视。

"南师要转载"指《南京师范学院学报》编辑部1980年1月列为"文教资料简报丛书之三"的《随想录》（第一集）的翻印本。

4. 巴金的《随想录》已出版，他得到一百本精装本，我想你一定有一本的。此书印得漂亮，不但在中国出版物中，在他自己的书中，也是最漂亮的。这使我大有兴趣，也想印几本，至少也挤进一本入这"丛刊"。前两天去看他，谈到你，他还问起你的《咆哮山庄》

何时可出。新年还要见面,当转达你的话。

……

巴金四月一日去日本,仍是作家代表团团长。(1980年小除夕[2月7日]致杨苡信,第76—77页)

按:巴金1980年2月3日日记:"上午黄裳来。"(《巴金全集》第26卷,第409页)

5. 巴公早已到京,四月一日去日本。我接你北京信后即曾和他谈起到你,当然也代你问候,并告她你已意外得到一本《随想录》,他马上笑着说:那我就不再寄了。据我所知,他的书是被莫名其妙的人讨光了的。这里有个捷足先登之特点。我又向香港买了几本,等回来要他签名后送人,其中有你一本。但少待月余耳。

……巴公最近又写了几篇《探索》,还是非常解放,甚可佩服。有《大镜子》一篇,不知看过否?

……

……那篇访沈从文,《羊城晚报》已转载,看过了,巴公也给他讲了几句,但未点名,只是说住在一间小房……

潘际坰已回港,他为《随想录》出了力,是他校的。《开卷》有一本巴金特辑,我只是借来看了一下。很详细的访问记,今天又借到《八方》(二),第一篇又是巴金访问记,尚未看。这些看完都要还,我想法去香港弄两本,如到,当寄上一看。

……

《开卷》巴金专号,有一读者提出,大大批评了一顿《随想录》的封面,说莫名其妙,特别是把巴金签名用了红字,是一种不尊敬云云。可笑得很,我倒觉得够漂亮了,由此可见,巴公在海外地位高,已非我们想象所及。据巴金告我,南师(党校)翻印《随想录》,二万本,他说太多了。此翻印本如出,也给我弄一本,我是收集巴金著作一切版本的。

……

……南京的朋友都极好。巴金最近在《随想录》中讲了《雨花》,说大有希望,因为那里有一群探求者。这事顺便也告诉老叶他们。(只是说江苏省的文学刊物,未提《雨花》,这是我向他吹的。)(1980年3月26日致杨苡信,第66—67页)

按:巴金《随想录》第二集以"探索集"命名,其中直接以"探索"为题的有:《探索》《再谈探索》《探索之三》《探索之四》《灌输与宣传(探索之五)》,黄裳在当时的感觉是"非常解放,甚可佩服",可见《随想录》的思想锐气和作者的勇气,及带给人们的震惊感。关于《大镜子》一篇,黄裳后来在《伤逝》一文中评价:"写得好,是上好的散文,也是上好的杂文。"

替沈从文讲话的文章是指随想三八《再谈探索》:"但直到现在还有人认为只要掩住伤痕不讲,伤痕便可不医自愈,因此不怪自己生疮,却怪别人乱说乱讲。在他们对着一部作品准备拉弦发箭的时候,忽然把文学的作用提得很高。然而一位写了二十多年小说,接着又编写《中国服装史》二十年的老作家到今天还是老两口共用一张小书桌,连一间工作室也没有,在这里文学的作用又大大地降低了。"(《随想录》三联版合订本,第162页)

《开卷》上巴金访问记指刊于1980年3月出版的《开卷》第2卷第8期的《答香港董玉问》,现收《巴金全集》第19卷;《八方》(二)上的访问记是指1980年2月香港出版的《八方文艺丛刊》第二辑中发表的《巴金先生谈过去、现在、将来》,后以"与香港李黎的谈话"为题收《巴金全集》第19卷。

"巴金最近在《随想录》中讲了《雨花》"的文章是《再谈探索》,该文是从1957年南京的"探求者"遭到批判谈起,后补充道:"最近还有一件事,已经有两位作家朋友告诉我:江苏省的文艺刊物大有起色,过两年会大放光芒,那里有一批生力军,就是过去的'探求者'。我希望这两位朋友的看法不错。"(《随想录》三联版合订本,第158页)

6. 潘际坰来信,说你的《记巴金》一文,在《开卷》发表,杂志一本寄我转奉,稿费290H.K,问你如何处理?寄你乎?或存在潘处?请你告我,再转告他。

《雨花》转载《随想录》事,已洽妥否?那几张报用毕仍还我,我有一份全的"大公园",老巴的文章也有一份全的,最好不弄缺。(1980年5月14日致杨苡信,第69页)

按:《随想录》中的文章首发于香港《大公报》,一段时间产生了影响,内地的报刊则纷纷提出转载。

> 7.这两天忙于写稿,是广东的《花城》约的,他们下期是"沈从文特辑";再下一期是"巴金特辑"。巴金已给他们一篇长稿,去日本的报告,也要我写一篇凑数,刚刚赶完。
>
> 今天问巴金,他说已答应《雨花》选载一段《探索》,不知决定选哪一篇。(1980年5月27日致杨苡信,第69页)

按:巴金1980年5月27日日记:"下午萧荀来。黄裳来,给我看他为《花城》写的《探索》。"(《巴金全集》第26卷,第409页)

《花城》"巴金特辑"于1980年第6期推出,巴金的文章是《文学生活五十年》,黄裳文为《思索》。

> 8.今天我抽空去看看巴金,《雨花》转载《随想录》事,我想,不如总题《随想录》,以下分小题也好。何必串成一篇长文乎?如改动,即使是小小改动,也将变成两种版本了。我去问问他。
>
> 刚才看到巴先生,他也同意我的意见,请与老叶联系为盼。又及。晨七时
>
> (1980年6月22日致杨苡信,第77页)

按:巴金1980年6月22日日记:"上午看电视,黄裳来。"

(《巴金全集》第26卷，第412页)

9. 巴公甚好，十二月初到京开会，《随想录》第二册已写完，付印了。（1980年10月24日致杨苡信，第74页）

按：所说"十二月初到京开会"未成行。

10. 巴公在《羊城晚报》发表一文，见到否？香港大学学生在《开卷》上骂他，理由颇为可笑，我没有见到那原文。（1980年11月20日致杨苡信，第98页）

按：香港大学学生的文章是指发表在香港《开卷》1980年第9期上的《我们对巴金〈随想录〉的意见》，大多从文字上批评《随想录》，这一是没有把握住《随想录》作者要表达的重点，更令巴金感到一种压力的是青年学生们对《随想录》中谈"文化大革命"大为不解和横加指责，对此巴金做出很激烈的反应，在《〈探索集〉后记》中予以申辩，该文发表于1980年11月9日《羊城晚报》。其中说：

最近几位香港大学生在《开卷》杂志上就我的《随想录》发表了几篇不同的意见，或者说是严厉的批评吧："忽略了文学技巧""文法上不通顺"等等，等等，迎头一瓢冷水，对我来说是一件好事，它使我头脑清醒。我冷静地想了许久……我不是用文学技巧，只是用作者的精神世界和真实感情打动读者，鼓舞他们前进。我的写作的最高境界、我的理想绝不是完美的技巧，而是高尔基草原故事中的"勇士丹柯"——"他用手抓开自己的胸膛，拿出自己的心来，高高地举在头上。"……

……但是更重要的是，给"十年浩劫"作一个总结。我经历了十年浩劫的全过程，我有责任向后代讲一点真实的感受。大学生责备我在三十篇文章里用了四十七处"四人帮"，他们的天真值得人羡慕。我在"牛棚"的时候，造反派给我戴上"精神贵族"的帽子，我也以"精神贵族"自居，其实这几位香港大学生才是真正高高在上的幸福的"精神贵族"。中国大陆给"四人帮"践踏了十年，千千万万的人遭受迫害，国民经济到了崩溃的边缘，三代人的身上都留着"四人帮"暴行的烙印……难道住在香港和祖国人民就没有血肉相连的关系？试问多谈"四人帮"触犯了什么"技巧"？在今后的"随想"里，我还要用更多的篇幅谈"四人帮"。"四人帮"绝不止是"四个人"，它复杂得多。我也不是一开始就很清楚，甚至到今天我还在探索。（《随想录》三联版合订本，第244—245页）

11. 南京的消息，只是侧面陆续听到一些，一切可以想象得之。我在今年年初曾经对这次风暴作过一个估计，大致不错。没有料到的是竟自出现了《解放军报》的排炮，这样做，是很不策略的，也是一个更快的转折。原想五六月份，各地刊物渐失生气，七八

巴公精神甚好，斗志如昔日

月份，渐转，国庆后又逐渐回升。现在看，过程要快一些了。

巴公精神尚好，他决定不参加一切会议、活动，包括上海作协的大会，这是正确的。《随想录》港版第二册已出，我看到了样书。十日前中央电视台在给他拍一部电视片，我碰上了，临时客串了一场。此片主要在国外发行，目的当然是辟谣。日本共同社已发了批他的电讯，日本记者也已约好时间要来访问他了。至于对他的捐献稿费的议论，却还没有听到过。他对资料馆的事很有兴趣，他常说："我只是拿出点什么，不打算捞进什么，所以心里很平安。"因此也觉得因为种种动机而对他使用种种手法的人十分渺小了。他最近的心情大约就是如此。上海文坛的五花八门也不下于南京，这是一种普遍的社会现象，有共同规律，不过各处演员不同，演技也少有高下而已。

……

最近开的美国文学……会，在上海开完后就去扬州游览，大约就是《译林》请客。梅兰芳之子绍武来访，说他们那里有人说，"怎么，姚文元又放出来了！"妙极，可谓一语破的。（1981年3月17日致杨苡信，第78—79页）

按：《随想录》的写作一直是在保守的思想的压力下进行的，此信就是绝好的证明。当时长官点名要批评巴金的风言风语四处流传。后来巴金在《合订本新记》中曾写下当时的情景：

绝没有想到《随想录》在《大公报》上连载不到十几篇，就有各种各类唧唧喳喳传到我的耳里。有人扬言我在香港发表文章犯了错误；朋友从北京来信说是上海要对我进行批评；还有人在某种场合宣传我坚持"不同政见"。点名批判对我已非新鲜事情，一声勒令不会再使我低头屈膝。我纵然无权无势，也不会一骂就倒，任人宰割。我反复思考，我想不通，既然说是"百家争鸣"，为什么连老病人的有气无力的叹息也容忍不了？有些熟人怀着好意劝我尽早搁笔安心养病。我没有表态。"随想"继续发表，内地报刊经常转载它们，关于我的小道消息也愈传愈多。仿佛有一个大网迎头撒下。我已经没有"脱胎换骨"的机会了，只好站直身子眼睁睁看着网怎样给收紧。网越收越小，快逼得我无路可走了。我就这样给逼着用老人无力的叫喊，用病人间断的叹息，然后用受难者的血泪建立起我的"文化大革命博物馆"来。（《随想录》三联版合订本，第158页）

关于此事，还另有巴金1981年2月16日写给萧乾的信为证，也可以看出巴金的应对态度和勇气：

上个月月底收到洁若写给辛笛的信，谢谢她的关心。点名问题几个月前就传过，说法不一，最近又流传起来。有人替我担心，其实我毫不在乎。这应当是最后一次的考验了。这一年多来我身体不好，很少参加活动,写字吃力,但还是写完了两本小书。我哪里有精力和时间去支持什么人?然而我的《随想录》得罪了谁,才有人一再编造谣言。我不怕什么,也不图什么,反正没有几年可以工作了。(收文洁若《俩老头儿》,中国工人出版社 2005 年版,第 154 页)

萧乾曾为此信做注释:

京中盛传某领导同志在什么大会上点了巴金的名,我们很着急。当时心有余悸,还是由洁若写信去问。

关于"姚文元又放出来了"实际涉及对《苦恋》等一批作品文艺界、意识形态主管部门内部不同声音的争辩。白桦、彭宁的电影文学剧本《苦恋》于《十月》1979 年第 3 期发表后,被拍成电影《太阳和人》,电影送审的过程中引起不同的意见,甚至引起中央高层胡耀邦、邓小平出来表示意见。自 1981 年 4 月起,《解放军报》连续发表文章批判剧本和电影,认为它"不仅违反了四项基本原则,甚至到了实际上否定爱国主义的程度"。《文艺报》也接受上级指示于 1981 年第 19 期发表《论〈苦恋〉的错误倾向》一文。借助这种形势,文艺界一度沉隐的"左"的风气又有抬头,许多批评文章上纲上线大有当年姚文元的文风。关于此事的详情,请参见徐庆全《风雨送春归——新时期文坛思想解放运动记事》(河南大学出版社 2005 年版)中"下篇:《苦恋》风波的前前后后"。该书曾提到在批判《苦恋》中由黄钢等人主持的《时代的报告》杂志曾出版增刊批判《苦恋》,

该增刊在北京沿街叫卖,牧惠曾回忆在中宣部的一次干部会议上,韦君宜发言说:在公共汽车上,人们说,是不是姚文元放出来了?!(见徐著,第360页)

　　对于这种风气和白桦这样的作家,巴金意见非常清楚,在《随想录》中时有表达,比如他在《探索集》中一系列以"探索"为题的文章中反复表明:要创新就得不断探索;探索需要勇气,也需要独立思考;作家不是机器,探索要有独立思考;作品的评判员是读者而不是长官;揭出伤痕的文学比讳疾忌医要好得多。在1981年5月全国优秀中短篇小说、报告文学、新诗评奖大会的书面讲话《文学的激流永远奔腾》中,他更是明确地说:"固然有些作品揭露了我们社会的某些阴暗面,描写了我们的一些缺点,但是作者更着重地写出了主人公对待困难、同缺点作斗争的态度,那种任劳任怨、大公无私的精神境界,那种鞠躬尽瘁、坚定不移的决心。我可以这样说:许多作品都写出了中国人民的心灵美。作为这些人的同胞,我感到自豪。这些作品给了我们以勇气,增强了我们的民族自信心。""中青年作家、诗人已经成了当前文学创作的中坚,成为文学园地中最活跃的成员。他们创作数量多,思想艺术水平也不低,他们跑到前面去了,在我们这些上了年纪的人看来,还有什么比这更令人高兴、令人欣慰的呢?特别是想到我们青年时代所走过的坎坷不平的道路,我深深感到我们更有责任去爱护他们,关怀他们。我自己在青年时代就曾受到鲁迅先生、叶圣陶先生、郑振铎先生、茅盾先生各位前辈的爱护、关怀和帮助。我们都知道,从事文学艺术活动的人很少有一帆风顺的,在漫长的艺术实践、生活实践道路上,总会遇到这样或那样的困难和曲折,因此也就更需要同志式的友爱和鼓励、诚恳温暖的关怀和帮助。粗暴简单的办法,轻蔑指责的态度,不仅会伤害这些正在成长中的中青年作家,也会直接损害我们的文学艺术事业。在这方面,我们是有足够的令人难忘的教训的。我们还是应该坚定不移地按照党的三中全会路线,党的'百花齐放、百家争鸣'的方针,本着对人民负责、对历史负责的态度,正确地处理文学艺术创作中的各种问题,从而促成社会主义文艺不断健康地发展,日益繁荣昌盛。"(《巴金全集》第19卷,第340、341—342页)巴金《随想录》创作时期的各种文字看似平淡,实际上都是有具体所指,也是对当时各种论调的坚定回击和回答,因此就不能孤立地做字面的解读。而他在文坛上的地位和威望使得这些声音尤为有着影响至广的力量。这些话也印证了黄裳的感受:"记得过去谈天时,我曾对新出现的作者文字不讲究、不够洗练、不够纯熟而不满,他立即反驳,为新生力量辩护,像老母鸡保护鸡雏似的。他是新生者的保护者,是前进道路上的领路人。"(《伤逝》)

12. 巴先生回来了,精神很好。我把书给他签名,提到你的一本,他说他要送你一本精装本。

见报,南京师院的《随想录》也出了,请你给我搞两本,其中之一给香港一位研究生,他要这个"版本"。听说"人文"也要出版的。

那几张有《随想录》的报纸,看完给我寄回来。因此间也有朋友要看。(1981年4月28日致杨苡信,第79—80页)

按:"回来"指巴金1981年4月9日到北京参加茅盾追悼大会,21日返回上海。

巴金1981年4月23日日记:"上午辛笛、田地来,黄裳来。"(《巴金全集》第26卷,第452页)1981年4月27日日记:"下午中央电视台来继续拍电视片,约柯灵来,黄裳和姜德明来,折腾了一下午,一直到八点钟。"(《巴金全集》第26卷,第452页)

巴金在《合订本新记》中说:"我不曾中途搁笔,因为我一直得到读者热情的鼓励,我的朋友也不是个个'明哲保身',更多的人给我送来同情和支持。我永远忘不了他们来信中那些像火、像灯一样的句子。"(《随想录》三联版合订本,第Ⅶ页)朋友见传看《随想录》在信中多有记录。

13. 信收到。昨天把寄来的两份东西带给巴先生了。他家里高朋满座,他又把一批外文书捐给图书馆了(北京)。有两个人来看书。巴公精神甚好,老态是老态了,写字越写越小(我是越写越大),但斗志如昔。寄上他的近作几篇,那篇《序跋集》序,妙极。我对他说,一定有许多人看了要头痛,他只是笑笑。大可佩服。……

……

明天晚上电视有巴先生的一日生活,其中我也客串一下,被誉为"最佳配角",但也可能被剪掉,不知你会看到否?(也许要漏过)(1981年6月19日致杨苡信,第82页)

按：巴金1981年6月18日日记："上午峻青陪詹忠效来，北京图书馆李、韩二位来看书，洪荒、陈梦熊来，黄裳来。"（《巴金全集》第26卷，第458页）

关于《序跋集》的序，黄裳在《关于巴金的事情》中评价：

> 他为《序跋集》写的序文中有一节描写"风"的话，我觉得写得好。他写出了某些时期知识分子的精神状态。写法是隐喻性的，这是一种在特定条件下写出真实来的文学方法。他说，当风开始刮起来的时候，"我看见很多人朝着一个方向跑，或者挤成一堆，才知道刮起风来了。""大块噫气"是自然界的风，在社会上，伴随着风起来的则是各种样式的叽叽喳喳，也正是这叽叽喳喳造成了风的声势。这就使人们记起了才过去不久的十年以及十年以前的岁月。人们在这种刮风的季节里过得很久了，积累了经验也留下了后遗症。巴金说他过去在议程很长时期里很怕风，但终于见了世面，而且活了下来，直到今天，他还不能断言从此不怕风，"不过我也绝不是笔记小说里那种随风飘荡的游魂。"（《黄裳文集·珠还卷》，第457—458页）

14. 老潘来京时，《大公报》把巴公的纪念鲁迅文大加删削，凡有涉及"四人帮"处皆斫去，巴公甚怒，《随想录》因此腰斩，真可惜也。编辑竟做出此事（《收获》所发为全文），不可思议。（1981年12月1日致姜德明信，第144页）

按：信中所提到随想七八《怀念鲁迅先生》一文被删事，巴金曾有《"鹰的歌"》一文表示抗议，现收入《随想录》。此事的背景潘际坰在《〈随想录〉发表的前前后后》一文中有记述：

一件就是关于报纸编辑删改巴金《怀念鲁迅先生》一事。当时的背景是这样的：1981年9月，在鲁迅百年诞辰之前，国务院外事办的负责人召集了香港几家报纸的总编辑在北京开了一个会，会上外事部门的负责人对各报总编主编，海外报纸发表关于"文化大革命"的文章太多了，有负面影响，中央既往不咎，可是今后再发生这样的事情，就要打你们屁股了。巴金文章被删不是我值班，当时我正在北京休假，收到《怀念鲁迅先生》的文章清样就转寄副刊课主任，并请他注意文章也在上海《收获》发表。可是回到香港后，我就收到了巴金11月7日信，信上说："贵同事删改《我怀念鲁迅先生》的文章，似乎太不'明智'，鲁迅先生要是'有知'，一定会写一篇杂感来'表扬'他。我的文章并非不可删改，但总得征求我的同意吧，如果一个人'说了算'，那我只好'不写'，请原谅，后代的人会弄清是非的。"看到信后，我大吃一惊。隔了几天社长把我找去，说他到北京开会，胡乔木的秘书特意打电话给他说胡约他见面。一见面胡就说你们《大公报》为什么要删改巴金的文章，如果删应该事先通知他一声，否则就太没道理了。听了这话，我就用洋泾浜英语说了一句：you ask me, me ask who？天哪，这是怎么回事儿，你问我，我问谁呢？乔木批评社长，其实社长也是秉承上面的旨意而办的。后来我才弄清楚，发生此事，主要是总编辑胆小，他怕挨打的，就通知代替我的那位编辑说你们应当把巴金的文章缩短一些。编辑说随便删名家的文章说不过去吧？总编说：你们修改，我看看。他也怕承担删改巴金文章的罪名，就说了这样的话。删改后总编认为是过关了，谁知，巴金很愤怒，毫不客气地说如果这个问题不解决我就不写了。这回最紧张的当然是我了，巴老真的不写了，我怎么向读者交代？黄裳在上海，我对他说，一定要巴老写下去，巴老说有一个条件，要写必须把《鹰的歌》登出来作为抗议，我想了想接受了。结果这一篇发表时有题无文，只是"鹰的歌 巴金"五个字，跟着是下一篇。朋友说你们这是变相"开天窗"。港版《随想录》单行本《真话集》与京版不一样，也是有目无文，直到合订本征得作者同意后，才全文问世。（收陈思和、周立民编《解读巴金》，第127—128页，春风文艺出版社2002年版）

  15. 刚才巴金托我写信便中告诉您，他的随想录完稿，题《真话集》，等最后一篇见报后即贴好寄上。他最近写了一篇谈出版事的文章（也是随想录），《解放日报》发了一次，对国内出书之慢说了两句，问问他，是指人文印《创作回忆录》事，我说，港三联是快的，半年以上吧。（1982年6月致范用信，第129页）

按：《真话集》的后记作于1982年6月8日。

"谈出版事的文章"当指写于1982年5月27日的随想八八《上海文艺出版社三十年》，其中说："不过从著作人的立场看来，出版一本书花费的时间似乎长了一些。一本不到十万字的书稿，我送到一家大出版社快一年半了，还不知道它什么时候可以跟读者见面。这些年同某些出版社打交道，我有一种不应有的感觉，对方好像是衙门。在这方面我有敏感，总觉得不知从什么时候出现了出版官。"（《随想录》三联版合订本，第374页）

16. 昨天下午又去医院，巴先生很好，说说笑笑。前两天胡乔木来看过他，医院头头陪同，汇报治疗情况……可以想象，可得最佳照顾，但亦因此而使医生小心翼翼，还要再挂两三星期才能翻身。他们担不起"风险"。医生说，他是医院里最忙的病人。《真话集》已出版，但精装只送五本，已送光。我说要去买几本，巴先生说多买几本。我想买十本，如他不送你平装，当给你一本精装，但当在半月以后了。他面色很好，精神愉快，确是比在家里休息得好。家中暖气说春节前可装好，但他说，还是在医院过年。佐临也走过来看他，胖得可怕，也老了。（1982年12月26日致杨苡信，第94、95页）

按：胡乔木此次探病似乎有一非常重要的细节，本信中省

略号之处疑为编者删除部分文字,黄裳在《关于巴金的事情》中所写的"大人物"似指胡乔木:

> 有一天正在他的病房里坐着时,有一位"大人物"推门而入了。他是来探病的,交换了几句普通的问答以后,大人物说:"我看你还是好好地休息,以后不要再写了。"说完就告辞出去,仿佛特来看病,就是为了说出这两句"忠告"似的。
>
> 这是我碰巧遇上的一次,他当然还受到过别的人的"忠告",总之不外是希望他"安度晚年"的意思。而这一点,他也早在"随想"中表示了明确的态度。
>
> 看来巴金一再说有人希望他安度晚年,不希望他写《随想录》,多发表议论,并非虚指。同时,这种劝告一方面来自朋友的担心和爱护,另外一方面是厌恶他发出声音者的劝告或警告。(《黄裳文集·珠还卷》,第459页)

17. 巴公又写了几篇随想录了。谈了巫宁坤,未指名,我猜是的。他说秋天可能去杭州住两星期,冬天到广东洗温泉。老打针,精神好起来了。李小棠已结婚,未办庆祝仪式,新夫妇到青岛去了。(1983年8月25日致杨苡信,第97页)

按:巴金1982年11月住院后,至1983年6月末才执笔续写《随想录》,查这段时间写的随想有《愿化泥土》《病中(一)》《汉字改革》《病中(二)》《"掏出一把来"》

《病中(三)》等。信中说"谈了巫宁坤,未指名,我猜是的",具体指哪篇何事不详,查《"掏出一把来"》中有谈,不知交信的"一个朋友"和"另一个做教授的朋友"二者中是否有一人指巫:

> 我有一位有才华、有见识的朋友,他喜欢写长信发议论。后右期间一个朋友把他的信件交给上级,他终于成了"右派"。后来他的"右派"帽子给摘掉了。过了几年发生了"文化大革命",他的另一个做教授的朋友给抄了家,拿走了他的一叠信,并促成他的死亡。所以到今天,还有人不愿写信,不愿保留信件。(《随想录》三联版合订本,第429页)

18. 今天得《大公报》,有巴先生忆李尧林一文,即剪奉一阅,阅后即掷还为感。(1983年中秋日[9月21日]致杨苡信,第97页)

按:指随想一〇二《我的哥哥李尧林》。

19. 信收到。前天去看巴先生,说起"后记"事,他说并不一定算得什么问题。也说了你与萧珊相识还是他介绍的云云。这正是小事一段,盼你不要放在心上。他的身体颇好,说在两个月中要把第五本《随想录》写完,赶紧出书,算是了却一桩心事,可以减少负担。(1986年2月10日致杨苡信,第104页)

20. 《梦萧珊》早已拜读了(《新华文摘》),写得好，当然不免太沉重了些，但实际情况如此，也是理有固然也。

巴先生还好，我七天前去看过他，他什么都知道，包括风言风语。但他总觉得弄不出什么花样来，还是很平静的。他的又一本书《十年一梦》又在人民日报出版社出版了。印四万，他还准备为三联的《随想录》合订本写一篇后记，要"说两句话"。有新华社记者来访，他则以已停笔谢绝了发言。

近来北京笑话甚多，文艺界一般表现尚不坏，像臧克家那样的人物也越来越少。现在只要是内部"调整"，但苦于"才难"，只有几位王朝马汉，也撑不起场面，我想，也请他们为难。（1987年4月14日致杨苡信，第107页）

21. 巴公仍如常。前天去看他，仍注意时局近事，这在一位八十多岁的老人，确是不容易的。但举动、起坐都十分艰难，在旁边看着也难过。他自己也说，快成废物了，听了真不知是什么味道。他写了一篇《后记》或《前言》，五千字，详细谈了《随想录》开始发表后的种种波折，也是感慨系之了。他说不先发表，印在三联的合订本上。（1987年7月20日致姜德明信，第150页）

按：上述为《随想录》所写的前言，是指1987年8月北京三联版《随想录》的《合订本新记》，文末所署完成日期是"一九八七年六月十九日"。

22. 巴公生日我替你买了一只花篮，提前一日送去，辛笛夫妇那天也去了。巴公很好，西湖归来重了几斤，精神也好，他说要写随想录续集，我当然加以鼓动，可见神气不错，还替他买了一部《左传》，说是要查一个典故云。

上次叶至诚来，说《人民文学》合刊号诸位大将出马，而所作不忍卒读云。我是不看这刊物的。只偶翻《中流》，似也无惊心动魄之文。沉寂如此，明年想也如此也。前些时王部长忍之来沪，据说要批王元化等四人，亦无动静。其中一人（刘吉）说，置之不理可也（他是宣传部副部长）。江苏作协亦平安无事，东南半壁默无声息，大概也不是"中枢"所乐闻也。有何新闻，暇时见告一二为盼。（1989年12月12日致杨苡信，第114页）

按：买《左传》查典故，是巴金为写《怀念二叔》一文做准备，在少年时二叔曾为他讲过《左传》。《怀念二叔》（1991年11月5日）中说：

我吃了一惊。在八九年大病之后我总是睡不安稳，也少做梦，就是进入梦境，也恍恍惚惚，脑子并不清楚。这一次却不同，我明明感觉到舒适的夏夜凉风。醒在床上，我还听见二叔的声音，他讲书时常常挂在嘴上的一句话："必讼！"我很激动，一两个小时不能阖眼，我在回忆那些难忘的事情。

我记不起我搁笔有几年了。写字困难，我便开动脑筋，怀旧的思想在活动，眼前出现一张一张亲切的脸。我的确在为自己结帐。我忽然想再翻一下《春秋·左传》。多年不逛书店了，我请友人黄裳替我买来一部有注解的新版本，不厚不薄，一共四册，我拿着翻看，翻过一册又是一册。我忽然停住，低声念了起来："太史书曰：'崔杼弑其君。'崔子杀之。其弟嗣书，而死者二人。其弟又收，乃舍之。南史氏闻太史尽死，执简以往，闻既书矣，乃还。"

我不再往后翻看了，我仿佛又站在二叔的写字台前。熟悉的人，熟悉的事。治学有骨气，做人也有骨气。人说真话，史官记实事，第一个死了，第二个站出来，杀了三个，还有第四、第五……两千五百三十九年前的崔杼懂得这个道理，他便没有让"太史尽死"。(《再思录》增补本，第51页、55页，广西师范大学出版社2004年版)

23. 巴公如恒，身体更好于前，曾数次说要写一本《随想录》续编，我当然加以鼓动，还要我找材料，可见已有腹稿。《文汇》扩大版（原为增刊，北京坚持不许用，只能改今名）只"随笔"一页有趣，可惜每两周才有一次，拉了不少人，但如王蒙，至今不敢用。此间宣传部副部长有电话，说少登"敏感人物"的文章，真可笑也。不知此"敏"字号是否有一单，可使编辑遵守无误也。（1990年1月20日致杨苡信，第116页）

按：巴金在《随想录》之后几次动心要写《再思录》，说明还有很多话要讲，但终因身体和编辑全集等工作而未能如愿，目前出版的《再思录》并非如《随想录》这样是连续写成的。

二、关于文坛的人和事

1. 信早收到，因等巴先生回来迟至今日始复。巴公昨天始归，刚才才去看他，正在"闭门谢客"，不过精神很好。七十多岁的人，开了一个多月的会，仍能保持很好的精神，很不容易，还是有很多话，说起来兴致很好。提起诺贝尔奖事，他说今年已宣布给了别人，又有希腊某名作家主张明年要给他。中国有两个候选人，另一个是茅盾，已有外国记者访问了这两位（许多都是他女儿说的）等……（1979年12月1日致杨苡信，第59—60页）

按："开了一个多月的会"指1979年10月30日至11月16日在京出席中国文学艺术工作者第四次代表大会，11月26日至29日出席五届人大第十二次会议。

巴金1979年12月1日日记："中午午睡。包书，济生来，黄裳来。"（《巴金全集》第26卷，第383页）

关于诺贝尔文学奖一事，巴金1979年3月3日致萧乾的信可见其态度："诺贝尔奖金的事，我也搞不清楚。主要是法国一些汉学家在活动，他们从七五年就搞起，似乎还在搞。我看不那么容易，所以有人说要得奖必须长寿。候选人有的是，也用不着发表演说,只有得了奖才得去瑞典乱讲一通。我怕讲话,因此也为落选暗暗感到高兴。"(《巴金全集》第24卷,第386页)

2. 信及《译林》等都收到,今晨将文件一叠交给巴公,南师的那本也看到了,实在过于寒伧了。那个魏先生实在是个善钻的人物,从不放过替自己做广告的机会。那篇文章比起在《大公报》发表的,减去了有关曹禺和李玉茹的故事。

巴先生说,《开卷》(最近一期)已将你的《访巴金》全文发表了,你一定很高兴。

《雨花》想转载《随想录》事,我向他提了一下,他好像并没有反对的意思。当然还是你写信提一下为好。

那本《开卷》,我还没有看。你看好寄回给我,《开卷》会送你一本的。那个作者董玉,是一位女同志,《读书》的编辑,人很能干,也很正直。(1980年5月2日致杨苡信,第67—68页)

按:巴金1980年5月1日日记:"小华夫妇来,黄裳来。"(《巴金全集》第26卷,第405页)

3. 巴金关于资料馆的建议又提了一下,很好,大约可以促成其成功。如能成功,吾兄鼓吹之功不可没也。(1981年3月17日致姜德明信,第142页)

按：指《人民日报》1981年3月12日发表巴金倡议建立中国现代文学馆的《创作回忆录·后记》，并配发"编者后记"申明倡议得到了茅盾、叶圣陶等老作家响应。

4. 回来第二天即去看巴先生，他也才回来，说是疲倦不堪，但我看和平常一样，精神还是很好，谈天兴致甚好。他这次在京，耀邦同志请吃饭，由贺敬之等陪同前往，谈得很好。巴公仍说明了三年来文艺界形势大好，应加珍惜。胡也赞同的。胡谈了批评问题，说：一，大喝一声；二，留有余地；三，耐心帮助，决不再搞五七年那种事。巴说是啊，损失太大了。……谈话大致如此。周扬已辞去中宣部职务，改任顾问，这样的顾问还有黄镇、张平化。贺敬之很不赞成他辞职，胡主席说，辞就辞罢，周扬夫人坚主他辞职，说这样可以让他多活两年云。

那天曹禺和李玉茹也来了。巴公对曹禺在座谈会上的第二次发言加以批评。说北京很多人都对他有意见，曹禺是满肚皮有苦说不出的样子。巴公劝他把《桥》写完，他好像颇有兴趣。但说，这戏"是"骂国民党的，但看来和今天怎么那么像啊！他怕人家说他"影射"。曹禺给我读了一遍他在此戏前写的一段Motto，是个希腊诗人的诗，大意为"让我自由、自由地看，想，表现自己的意念……"他是很激动的。

……

那几张《随想录》，不要给旁人看，看好还我。

我怀疑第三本能否印出。所以这些是值得保存起来的。可能最近写不下去了。（1981年10月23日致杨苡信，第87—88页）

按：巴金1981年9月率中国笔会代表团出席里昂举行的第45届国际笔会大会，并访问瑞士，10月8日回国，并在北京出席中国作家协会第三届主席团第五次会议。10月13日，中共中央总书记胡耀邦约他与张光年、朱子奇、贺敬之到中南海勤政殿晤谈。

巴金1981年10月13日日记："八点半小杨来接我去人大会堂贵州厅，出席作写主席团会。十点十分结束，即乘贺敬之车去中南海，胡（耀邦）约我和张、朱、贺谈话并吃中饭。十二点一刻后离中南海，返'燕京'休息。"（《巴金全集》第26卷，第465页）

张光年1981年10月13日日记："10时半我和朱子奇、贺敬之陪巴金到中南海勤政殿，受到耀邦同志热情接待。中午盛宴招待（有鱼翅、武昌鱼、鸽蛋汤等，黄酒、啤酒），饭后辞归，上海电视台小组拍了资料片。接谈中间，涉及周扬辞职问题，上海文艺界团结问题，文学资料馆，对坏人坏事开展批评等。"（《文坛回春纪事》第286页，海天出版社1998年版）

巴金对曹禺的劝告早在1979年1月26日随想之六《"毒草病"》中就曾公开提出：

> 我最近写信给曹禺，信内有这样的话："希望你丢开那些杂事，多写几个戏，甚至写一两本小说（因

为你说你想写一本小说)。我记得屠格涅夫患病垂危,在病榻上写信给托尔斯泰,求他不要丢开文学创作,希望他继续写小说。我不是屠格涅夫,你也不是托尔斯泰,我又不曾躺在病床上。但是我要劝你多写,多写你自己多年来想写的东西。你比我有才华,你是一个好的艺术家,我却不是。你得少开会,少写表态文章,多给后人留一点东西,把你心灵中的宝贝全交出来,贡献给我们社会主义祖国。……"

我不想现在就谈曹禺。我只说两三句话,我读了他最近完成的《王昭君》,想了许久,头两场写得多么好,多么深。孙美人这个人物使我想起许多事情。还有他在抗战胜利前不久写过一个戏(《桥》),只写了两幕,后来他去美国"讲学"就搁下了,回来后也没有续写。第二幕闭幕前炼钢炉发生事故,工程师受伤,他写得紧张,生动,我读了一遍,至今还不能忘记,我希望他、我劝他把《桥》写完。(《随想录》三联版合订本,第27页)

5. 你对萧乾的评价,完全正确。我和巴先生也说了我的意见(未如此尖锐),他笑而不答,过了一会说,他给《大公报》写了一篇,说现在有些纪念文章,其实是在吹捧自己,可见他也是明白的,但不说而已。他近来的确衰老,但我看也没有什么,也许是多看见的关系。头脑非常清楚,也无大病,只是伤风之类,只想劝他少工作,但我知道这种劝告是无效的。我自

己深深懂得这一点。(1982年2月18日致杨苡信,第90页)

按:"笑而不答"显出巴金的忠厚,其实私下里对萧乾的通信,他时有劝告:

> 你有才华,有文采,要爱惜,要多写。但要踏踏实实。对自己最好严格些。读者会认识你的。现在有些人喜欢自吹,表现自己,或互相标榜。你的成就应当高于这些人。(巴金1979年约7月15日致萧乾信,《巴金全集》第24卷,第390页)

> 我仍主张你不要再谈叶君健的事。我也不会向朋友谈家璧的事情,眼界宽一点,想得开一点,为什么不好?不要纠缠在这种事情上!(巴金1980年9月19日致萧乾信,《巴金全集》第24卷,第393页)

6.巴公信已整理好,甚慰。如我已离沪,可以带给李瑞珏留给我也好。因我家平常上班,恐无人接待也。辛笛将近期去港(留交徐文绮也可),是去讲学的。

巴公回沪后第二天去看他,精神甚好,疲倦是不免的。他的总之是比前一时期好了。他这次在京去看了叶老、周扬、冰心、沈从文。沈的房子太不像话了。只两小间,东西都无处存放,据说他是研究员,只能住这样的房子。最近他当选为作家协会顾问,据说这个"官"衔,等于副部长级,但何时能换房子,尚不可知。(1985年4月20日致杨苡信,第100页)

按：巴金1985年3月8日至4月10日在北京出席全国政协六届三次会议，并出席中国现代文学馆开馆典礼，看望诸多老友。

7. 今天颇暖，上海春节一直天气甚好。昨天去巴先生那里，早晨没有什么客人，他已能下来不由人扶了。活动进步虽慢但还是明显的。精神是比家里好得多。我又到他家去了一下，房子修了一半，有暖气了。见瑞珏。

……

在京想生活愉快，并听了不少消息，有空写点来听。据说××、×××又在发动"整肃"，罗荪逃到上海来了。发动几次"攻势"都没有发动起来，所以许多人都"苦恼"。人们说，都靠巴老等几位在那里顶着，巴先生笑笑，说："我们是在唱空城计！"真有趣。马克思的辩证法学说真是万古常青的。斗争是不会消失的，无论到什么时候，总会有的，只是形式不同而已。（1986年2月16日致杨苡信，第103页）

8. 信收到，上次在巴先生处，他已告我你将来沪了。他的生日是二十五日，辛笛打电话来说今年他想送一瓶酒，说蛋糕送的人太多也太贵，我想还是送一只蛋糕吧，有一种相当漂亮的。

……

萧乾也是这样的人，当然比王公好一些。他最近出了一本《搬家记》，写的不怎样，但还是敢说话的。

我对他是采取敬鬼神而远之的态度。巴公在《随想录》里也提到他，但未点明。一次在人大会堂见面，萧说："你那本集子里如不收入那篇文章就好了。"指的是参观大寨的文字。小事一件，足以表现其人之精神境界也。……

　　写巴先生，真难。三联约的书不打算写了。近来有人要写巴金传，真是十分狂妄，其结果可想而知。比较熟的人，反而不易下笔，不知道写哪一点好，而能从小见大，更是难。巴先生停笔之后，又写了《收获》的纪念文章。我早就跟他说过，他的笔是停不下来的。这点算是说中了。前些时从四川回来，疲倦得很，连说话都没有力气，但上一次去看他，已恢复。人到底是老了。

　　《雪泥集》巴公已给我一册，是初版。据说现在发表的已全部删去刘君注文。这倒又是一种新版本，可惜我已无收藏版本之兴趣矣。写文章的人总会留下一些给后人研究的缝隙的，不然目前如许"研究者"岂不要失业了？研究就研究吧，可以置之不理的。
（1987年11月15日致杨苡信，第108—109页）

按：《随想录》中提及萧乾处是指随想四九《说真话》：

　　过了几天我出席全国文联的招待会，刚刚散会，我走出人民大会堂二楼东大厅，一位老朋友拉住我的左胳膊，带笑说："要是你的《爝火集》里没有收那篇文章就好了。"他还害怕我不理解,又加了三个字:"姓陈的。"我知道他指的是《大寨行》,我就说:"我是有意保留下来的。"这句话提醒我自己:讲真话并不那么容易!

去年我看《爝火集》清样时,人们就在谈论大寨的事情。我曾经考虑要不要把我那篇文章抽去,后来决定不动它。我坦白地说,我只是想保留一些作品,让它向读者说明我走过什么样的道路。如果说《大寨行》里有假象,那么排在它前面的那些文章,那许多豪言壮语,难道都是真话?(《随想录》三联版合订本,第204页)

《雪泥集》为巴金致杨苡的书信集,北京三联书店1987年5月第1版。关于删去刘君注文,指巴金1979年12月5日致杨苡信中谈:"刘的确讲得不错,我听见不少人这样说。可惜我自己没有听到,据说他认真在考虑问题,看得较深入一些。而且他敢讲,有胆量。"(《雪泥集》第77页,此信收入《巴金全集》第22卷533页的时候,第一句话为:"刘宾雁的确讲得不错")杨苡在《雪泥集》为此加的注释中说:"当时著名作家王西彦、罗荪、刘真、刘宾雁、林斤澜、邓友梅、刘绍棠等应南京师范学院中文系邀请,作了关于现实主义文学的讲座,介绍了各自的创作经验,和对各类文学问题的意见,深受南京大学生与青年文学工作者们欢迎,那些天南京文艺界气氛确实十分活跃。这原是很正常的好事,但是也有各种不同的看法。我把我的感触在给巴金先生信中谈起过。"

注释被删与在1987年1月反对资产阶级自由化中刘宾雁是重点被批判对象有关。

三、与书有关的议论

1. 一年来胡乱写了不少东西，本想选一下，印一本，前两天巴金给我看了《随想录》的样书，觉得印得很漂亮，非常喜欢，但我要印这样开本的书，就容纳不下，只有二法，分开印，仍用小开本，合起印，本子就要大一些。

……

香港翻印国内作者旧作者颇多，锦帆集和集外都有过翻印本，陈凡曾寄我各一册，这种事由自己来做，作得好些，也未始不是一件值得经营的业务。在我自己，除了不可救药的敝帚自珍而外，也实在喜欢把书印得精致一些，还是一种过于奢侈的癖好，无法可想。巴金对他的小书就很满意，我们这样的大国，也实在是应该拿出几本漂亮的书来。前一时期只是用大块金砖式的画集、古董书之类给外国人看，当然也是有意义的工作，但到底效果有限，买得起的人也不多。(1980年2月6日致范用信，第120—121页)

按：巴金1980年2月3日日记："上午黄裳来。"(《巴金全集》第26卷，第393页)

2. 看到夏公的集子和《唐弢书话》，觉得都印得好，毛边尤有趣。今天巴金也说起，"书话"印得很精，三联的这些书，在今天的出版界都是很有特色的。（1980年11月29日致范用信，第127页）

按：巴金1980年11月29日日记："上午黄裳来。"（《巴金全集》第26卷，第433页）

3. 秀玉同志带来书两本及影印件，甚感，已大致看了一下，胡适一本尤有趣，有许多事过去不知道。……巴金也想买一本《胡适晚年谈话录》，此事见到老潘可托他一办，但寄至尊处转为便乎？（1985年1月16日致范用信，第130—131页）

4. 我应人文社之约编一巴金散文选，想在书中收入一些书简，很盼望能在你所藏的一部分中选十封左右。这事请你代选，并适当加点注解，巴公没有意见，他说这些信你是主人，应由你决定。如有整本出书计划也不妨，"选集"也可收入。不知如何？（1985年3月4日致杨苡信，第98页）

5. 《关于巴金》，本来是给《读书》写的。但须先排出样子给巴金看一下（最好是清样）再发，请告小董。

胡适谈话丢在巴金那里，等他回沪，我就取回寄上。（1985年4月4日致范用信，第136—135页）

6. 今天访巴金，取回胡适谈话录，已与寅恪传一并挂号寄上了。

……

访巴金稿,排好后寄我,让他看一遍,今天他说,只要不泄密就行,不知其中有否泄密之处,一笑。(1985年4月12日致范用信,第134—135页)

按:"访巴金稿"指黄裳写的《关于巴金的事情》,刊于《读书》1985年第10期。

7. 今天下午到巴金家,三联的范用与董秀玉也在座。小董把你的信的抄本拿去了。说是马上付排,我没有看,问巴老,他说已看过一遍,并改了注释,这样就好了。至于交曾敏之发表事,巴老说,由你选几篇就好,不要再问他的意见了。小董则希望在出书前发表得少一些。这些情况都转告你了,他们还等你的"前记"。(1985年9月28日致杨苡信,第101页)

按:"你的信"指巴金致杨苡的书信,后由三联书店结集为《雪泥集》出版。

8. 我们所编的那个散文丛刊,因系以书本形式发行的刊物,在禁止之列,我们也不想再争取登记,大概就此完结。未出的一本系人民日报出版社印,尚未问世。因此巴老的信也就不要了,尽可由曾敏之刊用。不过我还要选巴公的散文,其中巴公自选的几封信,请还是留下给我如何？（可先发表。）书名《雪泥集》甚好。让我写封面，当然可以，但想想似乎有些身份不合，怎能在巴公的信集上写字呢？你看如何？反正时间尚早，等有暇弄笔砚时即一写也。范用见过否？（1985年11月10日致杨苡信，第101—102页）

9.《雪泥集》样书不理想，也难怪。听巴公说，前些时董秀玉来，提到此书，认为可以照出，但对你给刘宾雁所加的一段注解加以必要的改动，我想这也算了。你再提出重印……恐已太迟。如真改动，恐将花不少力气，他们目前能否做到，也是问题。我以为只要书出来了，就好。总比拖得无声无息为佳。其他可不计也。（1987年6月26日致杨苡信，第108页）

10. 今年热得厉害，上海如此，南京想更甚。这两天总算好一点，但也还是热。久已不写东西，似乎是处于一种无欲望状态。想想也无聊。巴先生处也不常去，上次看他，知在最热的几天他还是在写信、做事，说是与热斗争。老人身体尚好，可以告慰。四川新出了一本《巴金书简》，他颇不满意，主要的信是写给田一文的，说了不少文生社的事，他说要自己编书信集，其意正在免去旁人代编搞出不合适的东西来。（1988年8月10日致杨苡信，第109—110页）

按：《巴金书简》（初编），四川文艺出版社1987年版。

11. 巴公在港印行之诸文小集，前见样本，印极精致,外有书套,但大批赠书尚未到。此为董秀玉联系台湾出版家合办。巴公说,此出版家为萧珊的亲戚,遂大力支援,亦可贺。(1990年3月14日致姜德明信,第156页)

按:"巴公在港印行之诸文小集"指《巴金译文选集》,共分十册。

12. 巴公译文已到,甚好。此书印得不坏。他大概又是不要稿费,只得书若干部。他说还有一种台湾本。其实就是一种版本。他只是以送书给朋友为乐,真是数十年如一日,至今未改者也。(1990年6月25日致姜德明信,第158页)

13. 今晨访巴老小谈,所询之事,答如次:

一、重庆开明版。

二、《草原故事》再版题记,因与三联关系而删去,今亦不愿更得之矣。

三、《曹禺戏剧集》出版皆在"文学丛刊"中,《蜕变》一种,因配合演出,由重庆商务印书馆印,因当时国民党检查关系,作者曾加了些口号之类,再印时,巴公据原作删去,后曹禺似又据商务本加上了。(此节听不清楚)这也是版本史一掌故,或为校勘家所乐闻乎?

巴公身体甚好,他说要送你一部全集,惜无便人带京,又除数零落无序,记不得哪本已送,哪本未送,殊困扰。(1994年1月3日致姜德明信,第163页)

四、巴金的晚年生活点滴

1. 巴先生前天已离京转法国,据说五月廿日可以回来。你那篇文章写好不曾?那位女记者来看过我,我也帮不了她什么忙,只将《记巴金》借给她了。此人虽有些幼稚,但头脑还清楚,现在这样的记者已不多了。(1979年4月12日致杨苡信,第53页)

2. 巴金四天前回沪,今晨往访,似甚疲倦,长途飞行,减了几斤。我劝他好好休息,但仍需抓紧看赫尔岑书之校样,真是毫无办法。(1979年5月24日致杨苡信,第55页)

按:巴金1979年5月24日日记:"六点后起。七点老钟坐车来,接我和冯岗去华东医院检查身体。十点半结束,同老钟返家。李景福送书来。黄裳来。顾轶伦来。下午章洁思来。看校样。仍感不适。"(《巴金全集》第26卷,第341页)

3. 前两天又去看过巴公。他曾去医院检查身体,闹了一场虚惊,现在总算无事了。他也够寂寞的。(1979年10月21日致杨苡信,第57页)

按:巴金1979年10月21日日记:"上午黄裳来。"(《巴金全集》第26卷,第372页)

4. 信悉。巴金背上之囊肿，前天已刺穿排脓，医生说不是"肿瘤"，如不感染可望不再开刀，渐次消之。他因不能照常工作，感到烦躁。近来常找他去谈天，精神甚佳。今晨又去，曹禺夫妇亦来，谈得高兴。他说，等随想录第三本交稿后，就要开始锻炼了。我把你信中的意思告诉他了，他听了很高兴。

……

南京想已热得很。前些时巴公到杭州休息，我与光耀也赶了去凑热闹，并游富春江。辛笛夫妇亦去，我与王诗人曾在九溪十八涧联吟，各得诗三首，已发表香港《大公报》，算是一桩笑话，亦可见我辈意兴之豪也。（1981年5月23日致杨苡信，第80页）

按：巴金1981年5月21日日记："上午写信，下午黄裳来谈。"（《巴金全集》第26卷，第455页）

5. 今天到巴家去，看见他已大好，背上之囊肿也无脓，只敷纱布并擦普通之药而已。精神亦好。《随想录》第三集《真话集》已写完，即交稿付印。李瑞珏要我给你写信讲一声，以释远念。（1981年6月10日致杨苡信，第81页）

6. 前两天去看巴公，说起你曾给他信，还没有回信，他的确相当忙，来客不断，也还在努力写。"空调"开了一下，把电表烧坏了。现寄上《随想录》新的一篇，影印后连前寄者一起寄回给我好了。（1981年7月8

日致杨苡信,第83页)

按:巴金1981年7月5日日记:"上午国润来,黄裳来,杨振宁来谈了约一个小时……"(《巴金全集》第26卷,第459页)

7. 巴公到莫干山避暑,约十天。前又寄《随想录》一页,想已收到。(1981年8月10日致杨苡信,第84页)

8. 巴公约十五日左右始返沪,他们父女得瑞士邀请,去玩几天。至于其余的团员,则先期回国了。(1981年10月10日致杨苡信,第87页)

9. 巴公近在家不出,编文集十卷(四川出),已将毕,感到疲倦。又老态不免,走路步子奇小,亦无可奈何,正锻炼中。(1982年2月11日致杨苡信,第89页)

10. 巴公这两天回家。精神倒是满好,坐小车也得人抱进去,他为此而苦恼,说争取锻炼后到南边去玩。关于他的文章,你就动手吧,我越想越写不出。(1982年5月14日致杨苡信,第91页)

11. 昨天又去看巴金,近来精神好多了。他谈到叶圣老八十九岁依旧活动时说,"我也看到了希望,也许还有十年可以工作。"这是少有的,他还要我替他找人在园子里栽花。

最近我不得不接受了一个任务,写一本关于巴金的书,这是很难的,但推不掉。从现在起,就在用功积累材料了。真难,有种种难处。但难也有难的味道。

工作就是克服困难。当然也要从你那里得到支持。现在先打一个招呼。

刘北汜的大文,请务必搞一份,写巴金不能不写陈蕴珍。可陈蕴珍怎么写呢?其实,写好了陈蕴珍,就把巴金的大轮廓写出来了。这是一种奇突的设想。不过我只了解陈蕴珍的很少一部分,很少。(1982年7月4日致杨苡信,第92页)

12. 巴先生散文尚未动手,材料也未齐备,他和陈蕴珍的通信也不听到整理如何(由小林整理)。还想收他一点日记,不知能拿到否?他最近检查了身体,一切都好,面色也很好。在整理他过去所译的外国小说,三联预备给他出十本。(1982年8月24日致杨苡信,第93页)

13. 巴先生甚好,我又去过两次。面色红润,比在家时还好,胃口奇佳,又得特别照顾,伙食好得很,此外大量橘子……他说出院时可能变大胖子了。也许三个月至六个月才能出院。家里修房子,装水汀。他说又在手痒了,想写东西,在作操,躺着举手臂,活动手指,明年想到广州,回四川,想大玩一遍。这是好事。

李健吾死,要向他保密。(1982年12月11日致杨苡信,第106页)

按:巴金1982年11月7日在书房摔跤住院直到次年5月14日方出院。

关于李健吾去世事，巴金在随想九九《病中》（二）写道：

我去年十一月七日住进医院时，只知道朋友李健吾高高兴兴地游过四川，又两去西安，身心都不错，说是"练了气功"，得益非小。我也相信这类传说。万想不到半个月后，就在这个月十四日他离开了人世。噩耗没有能传到病房，孩子们封锁了消息，他们以为我受不住这样的打击。我一无所知，几个月中间，我从未把健吾同"死"字连在一起。有一本新作出版，我还躺在病床上写上他的名字，叫人寄往北京。后来有一产供销柯灵来探病，他谈起健吾，问我是否知道健吾的事。我说知道，他去四川跑过不少地方。……（《随想录》三联版合订本，第424页）

14. 巴老又住进华东医院，在做理疗，加上打针，疼痛少差，仍未全好。昨天往探，见他下床穿衣，痛苦非常，使人看了难过。真是老年人的痛苦，无法避免者也。（1983年2月21日致姜德明信，第147页）

15. 巴老处尚未去，昨天他在友谊大厦接待密特朗。想过两天再去看他。你要写的文章，放手写去可也。（1983年5月8日致杨苡信，第95页）

按："接待密特朗"指出席法国总统密特朗主持的法国荣誉军团指挥官勋章授勋仪式。

16. 接长信及照片等，谢谢。为我放大的一张，甚佳，已放在玻璃板下矣。巴公信即寄下为盼。这两天在做准备，预备写《关于巴金的事情》（此题如何？能为想个好题目否？）拖了三年，范用他们已下了爱的美敦书，不能不动笔了。但不知写得好否？近来有点怕作文章，真是糟糕。巴公廿一日到京开政协会，说以后不再去北京了。他复制了三封给你的信给我，已交《万叶丛刊》（由人民日报社印）。三信为四三年四月、四四年一月十五日、四三年二十二日，以上三信不必寄了。你选哪封，告我即可。（1985年3月12日致杨苡信，第99页）

17. 信收到。你的"前记"读过，觉得甚好。没有给巴先生看，他说这本书已完全交给你处理了。不妨给姜德明看，但太长，副刊不易安排也。姜是有点像靳以，发言之多亦似，且同是"天津"人也。

……

"三不主义"未听说起，倒是说今年上半年要把《随想录》写完了。这是好消息。身体好像也好了些。一次我去，他找一本书给我，在书架前来回五次，翻上翻下，灵活得多了。（1986年1月12日致杨苡信，第102页）

18. 巴老甚好，他家里开始烧暖气了，这倒是大好事。（1986年12月8日致杨苡信，第105页）

19. 回沪第三天即巴公生日，我是早晨九时到的，巴公穿了儿子送给他的新衣服已经坐在那里了。我把你的花给了九姑,他们都很高兴。上海冷了一下,他们家还未生火,想到北京人家,觉得如在天上。那天早上没有什么客人来,《收获》的人来了一群,我坐了一会就回去了。这两天忙这忙那,忙着看北京人艺的戏,这种兴致我已久不存在了。(1988年12月3日致杨苡信,第110页)

20. 巴公曾去一看(前天),又较前好转,我看似乎也并无太大变化,心里的郁闷则难免。好在也是司空见惯了。(1989年6月21日致杨苡信,第111页)

按:巴金1989年1月26日在寓所不慎摔跤,造成腰肌扭伤,2月9日住院治疗,历时8个月。

关于巴金这一时期的心情可以参见他1989年3月2日致冰心的信:"一个月前不小心摔了一跤,至今疼痛不堪,对什么事都不感兴趣,只有我们这个多灾多难的国家,紧紧抓住我的心。我佩服您,羡慕您。我看得清楚,为了我们这个国家,您一直在奉献您的一切,我要向您学习。希望您不要把我抛在后面。"(《巴金全集》第22卷,第406页)

前几天到巴老那里去,知道你们又拿到他给沈从文的几封信,想来甚佳。此老于酷暑中仍写信,校书,说是与热奋斗,其乐无穷,大可佩服,想自己是四十年前才有这种经验的了。(1988年8月1日致姜德明信,第154页)

21. 巴公生日前后要给他开一个"回顾展",是上海作协主办的。找到我要写一篇前言,苦思甚久,不知如何下笔。看领导的意思是要强调他的爱国思想,那么别的就只好不提了。你有兴趣写吗?时间还早,如能大笔一挥,那我就解放了。

巴公月底拟回家。前些日子去看他,动作有所改善,医生好像说他的吸收能力不好,医院里的伙食也不高明,也许回来后可以吃得好些。(1989年9月27日致杨苡信,第111—112页)

22. 巴先生已去杭,系住灵隐作家招待所,据说这两天可以回来。你如在二十日左右来,大家可以相见。但去家期近,不免紧张耳。(1989年10月15日致杨苡信,第112页)

按:"回顾展"指巴金文学创作生涯六十年展览,于1989年11月25日在上海展览馆开幕。

23. 巴公的展览前言写好交上,据说市委宣传部尚有意见,我不再过问,请他们改去吧。

……

最近有一事,胡乔木来沪,约我见了一面,长谈。谈西湖,谈周作人,谈《文汇报》,没有什么大事。我说近来少写文章,因无机会出去旅行,他马上转告上海市委宣传部,要给予方便。《文汇报》要我出去跑跑,现初步拟去山东游览一番。天气已凉,不能再迟。也许巴公生日赶不回来,失去见面机会,甚怅怅也。

巴公前些时因服口服青霉素，胃口不佳，精神萎顿，近已复原。我劝他少吃药，多注意营养，他也以为是。（1989年10月30日致杨苡信，第113页）

24. 昨天去巴老处祝寿，人多极，花篮室内放不下，一直摆到院子里，我真怕老人吃力，但精神却极好，说了不少话，有四五个记者围在身边，且有以话筒直抵嘴部者，真是紧张。见兄等所送画幅，小丁所画极佳，际垌、秀玉签名当先代签，巴老也看出不是他们的亲笔。（1989年11月26日致姜德明信，第156页）

25. 从山东回来后参加了巴公的讨论会。去祝寿，今年客人出奇地多，花篮一直摆到花园里。我也是坐了一会就回来了。过几天，又去看了展览，布置得不坏。今年比过八十岁那年还要热闹。你的祝寿电报当天早晨才到。真怕他累坏了。昨天又去，他才从医院回来，说一切如常，精神也很好，这就好。他说译文集就要出书了，这是一套十本，很有意思。我特别喜欢其中的《一个家庭的戏剧》等。（1989年12月13日致杨苡信，第114—115页）

26. 回沪已十日，去看巴老，他到杭州去了。三日返沪，昨日访晤，得知他这次还游了桐庐，在新建的宾馆里住了一夜，游钓台，遇雨，未下船。老人得此畅游，非常难得。三周下来，体重增长一公斤（上次是两公斤），成绩不恶。我把你将向唐弢夫人访问之事说了，他又说起老舍的《骆驼祥子》手稿事，此稿在陶亢德家属手中，索值甚昂，文学馆买不起，这

种东西美国的图书馆是愿出高价的,不禁为新文学史料外流而忧,然亦无可奈何也。(1991年5月7日致姜德明信,第159页)

27. 巴公如常,近出照片集一册,颇佳,四十六元亦殊昂。(1992年5月11日致姜德明信,第161页)

28. 巴公半月前往访,如常,但谈天更困难了。(1993年9月18日致姜德明信,第162页)

29. 巴公今春仍将去杭州,说那里空气好,每去一次,必增体重数斤,此作协接待殊不恶……(1994年3月11日致姜德明信,第164页)

30. 巴老甚好,再一星期可起坐,然后即可返寓。病中仍来客不断,有贵官,有演员(《英雄儿女》中的"王芳""王成"),兄当已见《新民》所报导矣。(1994年12月26日致姜德明信,第165页)

31. 巴老仍在杭州,大概要等秋后才回沪吧。他就怕住医院,这是可以理解的。

已是秋天,连日冷空气来,已是已凉天气,南京想亦同是秋深景色,不知曾到什么地方玩过没有?过两天可能到杭州玩两天,想去看看巴公。(1995年10月5日致杨苡信,第117页)

32. 巴公已赴杭,身体颇好,又将住到秋天了。(1998年5月12日致姜德明信,第147页)

2006年5月30日下午改定于国权路

巴金与黄裳摄于巴金寓所太阳间

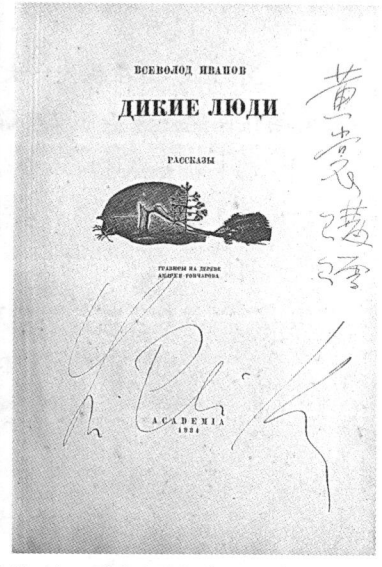

黄裳赠送给巴金的俄文版弗谢沃洛德·伊万诺夫小说集《野蛮人》

巴公精神甚好，斗志如昔日

巴金藏黄裳早年译作两种

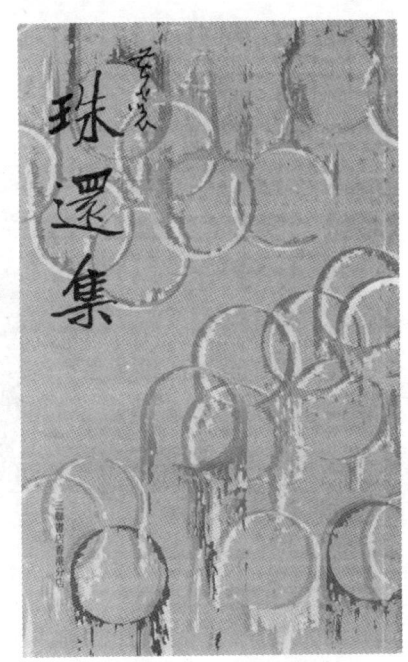

黄裳赠送给巴金的《珠还集》书影

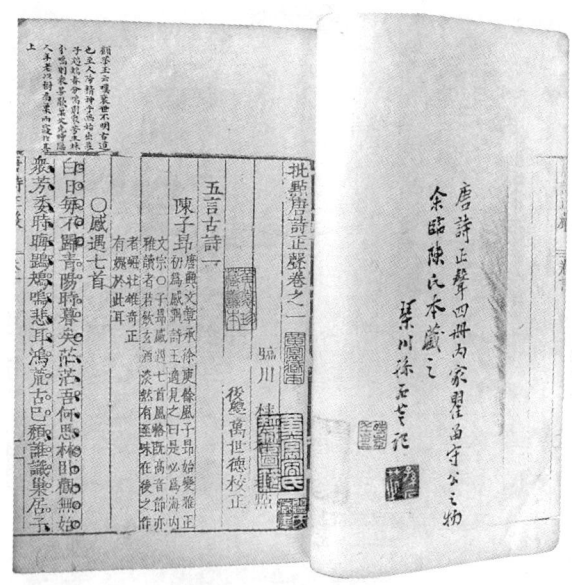

黄裳送给巴金的
《批点唐诗正声》

2010年9月18日黄裳在抄录书中题跋，右为巴金的侄女李国烃

1983年10月,黄源、巴金、黄裳(从左至右)摄于绍兴鲁迅故居的百草园

黄裳赠送给巴金的《金陵五记》书影

黄裳摄于家中

替我问候北京的朋友们
—— 巴金与朋友书札中的北京记忆

1996年10月14日，杭州西子宾馆，北京来的朋友姜德明问巴金先生："您有什么事情要我办？"巴老回答："替我问候北京的朋友们。"他已93岁高龄，不能再去北京，可是，心里却惦记着"北京的朋友们"。那是一个个亲切而又生动的面孔：茅盾、叶圣陶、郑振铎、冰心、沈从文、李健吾、夏衍、老舍、冯至、曹禺、何其芳、臧克家、卞之琳、汝龙、顾均正、王仰晨、黎丁、陈荒煤……巴金的人缘好，朋友圈很大，那些在文学史上耳熟能详的名字大都在这里，我们一口气是报不完的。一个甲子的时间中，巴金无数次来北京，在他的北京（北平）记忆里，朋友无疑占有重要位置。

不能来北京的日子，他与朋友们鱼雁往来，用文字表情达意。年过九十，他们还在通信。1997年6月11日，他用颤抖的手写下短简："冰心大姊：我也很想念您！"斗转星移，如今，那一代人的背影渐渐远去。然而，9月25日，在中国现代文学馆和巴金故居共同主办的"温暖的友情——巴金与朋友往来手札展"的现场，欣赏一封封书信，看到他们相互间亲切的称呼、深情的问候，我仿佛听到他们重逢的笑声、言谈的热情、争论的执着。巴老不能再来北京，就让我们安排一场特殊的"聚会"，用书信展的方式让他们在此相聚，共温北京记忆。而我们，则从这些书信中感受到那么多友情的温暖……

一、有一种牵挂叫清晨三时给你写信

李健吾先生的字龙飞凤舞，字如其人，他是一个激情澎湃、热情似火的人。朋友的事情就是他的事情，朋友的欢乐会带给他更大的欢乐。给巴金的一封长信，是他吃了安眠药还不能入眠而起来写的：

老巴：

　　昨夜采臣来，欢谈许久。他告诉我，有关你的最新的大致情况。我兴奋之余，不能入眠，吃了安眠药，还是在清晨三时醒来，第一件事就是给你写信。他从及人兄那里来，告诉我，入春以来，他的慢性气管炎已好，及人要和他一道来告诉我这个好讯，还是让采臣劝住了。陪他来的，是我一点也不晓得的这么多年就在北京的绍弥——宗融的儿子，这也使我高兴。

　　但是最愉快的，还是你的问题终于到了解决的阶段了。楼上图书室已经打开。钱的事也总会有个水落石出。……粉碎"四人帮"，我们头上的天终于晴朗了……①

---

① 李健吾 1977 年 4 月 26 日致巴金信，《李健吾书信集》，北岳文艺出版社 2017 年版，第 49—50 页。

这封信写于1977年4月26日，正是他们经过浩劫获得"第二次解放"的日子，兴奋之情溢于言表。信中的采臣，是巴金的弟弟，是一位出版人；及人，是翻译契诃夫小说而闻名的汝龙；绍弥，是他们共同的友人作家马宗融、罗淑夫妇的儿子。古人曾有"马上相逢无纸笔，凭君传语报平安"的诗句，音信问候，竹报平安，亲友间借此维系情感的传递。这封信令人感动的是，听到巴金封存的书房开启、存款得以发还的消息，李健吾按捺不住，连安眠药都失效了，以致在凌晨三点起来写信。人的一生中会经历种种风雨，也会有各种收获，然而，最可宝贵的、让内心最为富有的难道不就是这样的惦念和牵挂吗？想千里之外，还有一位朋友如此牵挂你，再大的风再大的雨，又算得了什么？巴金在回信中说，他要把这种友情一直"带到坟墓里去"：

"你三四点钟就起来给我写信，而且又去把消息告诉克家，你比我自己还激动，这说明你的关心。我感谢你的友情。在困难的时候才看到真心。我已习惯于沉默，习惯于冷静，但是我要把我对朋友们的感激的心情带到坟墓里去。"①

李健吾的牵挂不是一时一地，1974年，他听说巴金家添了外孙女，而巴金的存款还封存时，就坐不住了。他联络汝龙等老朋友凑钱给巴金，并让女儿两次给巴金送去，以解燃眉之急。那时很多人是不敢登巴金的家门的，他在给巴金的信中说："带去叁百元，你如若不留下，我就生气了。这先能帮你买药，操

---

① 巴金1977年5月14日致李健吾信，《巴金全集》第23卷，人民文学出版社1993年版，第227页。

操外孙女的心。"① 几年后，巴金在病房里含着泪跟李健吾的女儿重提这"雪中送炭"的情谊，得知李健吾去世后，他一个晚上想的都是李健吾的事情，他称赞这个人有"黄金般的心"。友情是雪中送炭，也可能是和而不同。李健吾所写的巴金"爱情的三部曲"的评论，巴金不同意李健吾的观点，写文章反驳，多少年来，他们争论的文章作为附录一直随着"爱情的三部曲"在印行。彼此坦诚相待，这才是真正的朋友。

二、"我们出去吃个小馆吧"

1977年之后，巴金重来北京开会、访友，兴奋之余也有一种怅然若失的感觉。有一张熟悉的面孔，他再也见不到了。那是老舍。"老舍同志在世的时候，我每次到北京开会，总要去看他，谈了一会，他照例说：'我们出去吃个小馆吧。'他们夫妇便带我到东安市场里一家他们熟悉的饭馆，边吃边谈，愉快地过一两个钟头。"②

这次展览中，有两张老舍邀请巴金吃饭的便条，写于1950年。一张是老舍、王亚平、李伯钊、赵树理等几位北京市文联的负责人联署的："明天中午在全聚德请您吃烤鸭，有梅博士及王瑶卿老人等，务请赏光！"这算正式宴请。另外一张是巴金说的"吃小馆"："会后我预备上琉璃厂，您愿同去否？若

---

① 李健吾1975年9月14日致巴金信，《李健吾书信集》第42页。
② 巴金：《怀念老舍同志》，《巴金全集》第16卷，人民文学出版社1991年版，第160页。

同去，咱们可顺手吃小馆。"当时的东安市场（后改名东风市场）、琉璃厂都是巴金等文人流连之地，约三五好友在那里买书、买文具或其他的小东西，留下了很多难忘的记忆。

在晚年所写的《怀念曹禺》中，巴金念念不忘的是与朋友们一起在北京和上海逛街的幸福时光："我至今怀念那些日子：我们两人一起游豫园，走累了便在湖心亭喝茶，到老饭店吃'糟钵头'；我们在北京逛东风市场，买几根棒冰，边走边吃，随心所欲地闲聊。那时我们头上还没有这么多头衔，身边也少有干扰，脚步似乎还算轻松，我们总以为我们还能做许多事情，那感觉就好像是又回到了三十年代北平三座门大街。"[1] 曹禺的记忆也离不开三座门大街，那是他的《雷雨》和戏剧之梦起飞的地方，也是他与巴金结交的开始："我怀念北平的三座门，你住的简陋的房子。那时，我仅仅是一个不知天高地厚的无名大学生，是你在那里读了《雷雨》的稿件，放在抽屉里近一年的稿子，是你看见这个青年还有可为，促使发表这个剧本。你把我介绍进了文艺界，以后每部稿子，都由你看稿、发表……现在我八十了，提起这初出茅庐的事，我感动不已。"[2]

或许，到了白发苍苍的一天，我们才会体味到，陪伴我们的最珍贵的，不是房子、车子、金钱、地位、名声，而是青年时代的记忆，是大家从青春一起走过来的岁月，是到了一个城市，有几位知心的朋友"照例"跟您说："我们出去吃个小馆吧。"

---

[1] 巴金：《怀念曹禺》，《再思录》，作家出版社2011年版，第120—123页。

[2] 曹禺1990年10月3日致巴金信，《没有说完的话》，山东友谊出版社1998年版，第383—384页。

三、最好少抱怨，多做事；少取巧，多吃苦

每次到北京，只要有时间，巴金必然会到沈从文的家。从沈从文新婚时达子营的家，到后来的东堂子胡同、小羊宜宾胡同，以至在崇文门西大街的沈家，他都去过。

1933年，沈从文结婚，巴金南下，未能赶上婚礼。可是，过了不久，他就拎着一个藤包来到府右街达子营沈家，沈从文把自己的书房让给巴金住：

> 院子小，客厅小，书房也小，然而非常安静，我住得很舒适。正房只有小小的三间，中间那间又是饭厅，我每天去三次就餐，同桌还有别的客人，却让我坐上位，因此感到一点拘束。但是除了这个，我在这里完全自由活动，写文章看书，没有干扰，除非来了客人。①

沈从文在当时给大哥沈云麓的信中带着欢喜的口气说："我们有小书房一，还希望有一常客住下！朋友巴金，住到这里便有了一个多月，还不放他走的。他人也很好，性格极可爱。"②从此，巴金与沈从文一家结下了深厚的友谊，沈家的孩子都记得，

---

① 巴金：《怀念从文》，《再思录》第20—23页。
② 沈从文1933年11月13日致沈云麓信，《沈从文全集》第18卷，北岳文艺出版社2002年版，第194页。

抗战时期在呈贡，"巴老伯"经常上门。半个多世纪，两个人的命运起起伏伏，友谊没有起伏。1949年，沈从文因精神苦闷而自杀，巴金登门安慰。1972年，音信中断六七年，巴金收到沈从文问候的长信。当时巴金的妻子萧珊重病在身，家里也门庭冷落，沈从文那如往昔一样用潇洒的小楷写来的五页长信，给这个家带来很多温暖。巴金写道："我回家休假，萧珊已经病倒，得到北京寄来的长信，她拿着五张信纸反复地看，含着眼泪地说：'还有人记得我们啊！'这对她是多大的安慰！"①

他们一直保持着书信往来，即便是写信都不太方便的时候。1984年2月9日，沈从文大病后所写的第一封信就是给巴金的，他叙述了自己的近况和家里的情况，并说："我左手失灵右手还得用，十个月来却是第一次写这个信，潦草处见意而已，想能原谅。北京今年久旱，因已快一年未下楼，感觉不到窗外在零下十二度是何情形。身体真正转机，想一切得看三月春来以后。希望彼此保重，并祝府中长幼安好。"张兆和附笔说："巴金兄：谢谢你在病中寄来的信和剪报，令我深深感动，从文看后哭了。我们万分珍重你的友情，希望你保重，今年能够见面。"

在这次展览的书信中，这样温暖的细节很多很多，读来常常令人热泪盈眶。徘徊场中，我默默地在想，是什么让这样的友谊在时间的淘洗中永不褪色？巴金在抗战最艰难的年代，用毛笔给沈从文写过一封信，其中有一段话给我很多的启示和教益：

---

① 巴金：《怀念从文》，《再思录》第35页。

我很高兴为几个熟朋友印书,也希望因此逼几个熟朋友多写点东西。对战局我始终抱乐观态度。我相信我们这民族的潜在力量。我也相信正义的胜利。在目前,每个人应该站在自己的岗位努力,最好少抱怨,多做事;少取巧,多吃苦。自己走自己的路,不必管别人讲什么。现在有许多人爱说个人努力是无用的,要等大家觉悟,但等来等去,连自己也糊涂了。说好话的人太多,而做好事的人太少。这是目前的一个不好现象。你那埋头做事的主张,我极赞成,也盼你认真做去。①

"埋头做事",两个人都是这么主张的。沈从文也十分欣赏这样的人,1942年他在《文学运动的重造》一文中,特意称赞巴金等人"在艰苦寂寞生活中从事写作":"既有读者,似乎作者所有人生理想,还可望从作品得到传递机会。因此职业作家中少壮分子,更有不少对文学抱了一种远大憧憬,心怀宏愿与坚信,来在艰苦寂寞生活中从事写作的。非职业作家,更有不少人近中年,尚充满试验兴趣,在个人所信所守观点上,来继续拿笔的。前者举例如茅盾、丁玲、巴金、施蛰存、李健吾、曹禺……后者举例如鲁迅、徐志摩、佩弦、西林、废名……这些作者的眼光,当然不在随同流行趣味制造商品,可是却因为作品可用商品方式分配,引起读者的爱好与敬重,方有许多优

---

① 巴金1942年6月4日致沈从文信,《巴金全集》第24卷,人民文学出版社1994年版,第94—95页。

秀示范作品产生。"① 我突然明白了：友谊，不仅仅是一种感情，还是一种信念，大家共同坚持的信念。在巴金的朋友圈里，那么多朋友，出身、地位、性格、兴趣，每个人都不同，然而，他们能够聚到一起，保持终生的友谊，并用自己的才华书写了一段光辉灿烂的文学史，正是因为他们拥有一种共同的人生信念和理想追求。有了这根牢固的线，任风吹雨打，散了他们也会重新聚在一起。这些优秀的人啊，他们的行为和信念，也必将铸就我们这个民族的文明之魂，给后人以不尽的力量。

2019 年 10 月 7 日于上海

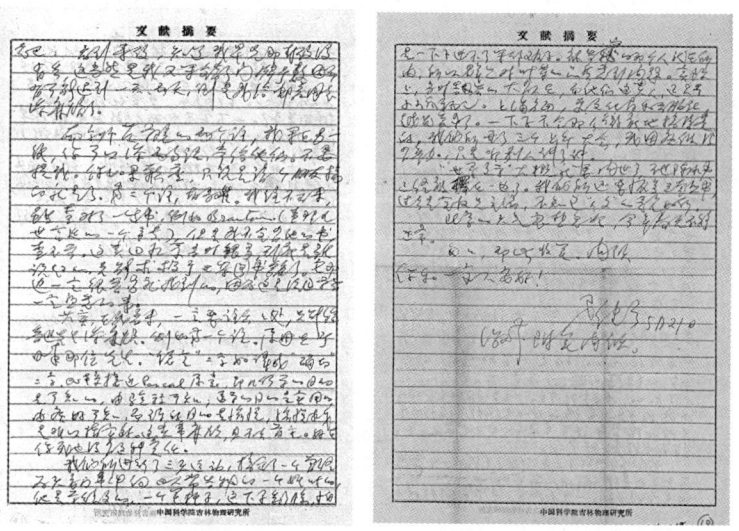

李健吾 1977 年 5 月 21 日致巴金书信

---

① 沈从文：《文学运动的重造》，《沈从文全集》第 17 卷第 291 页。

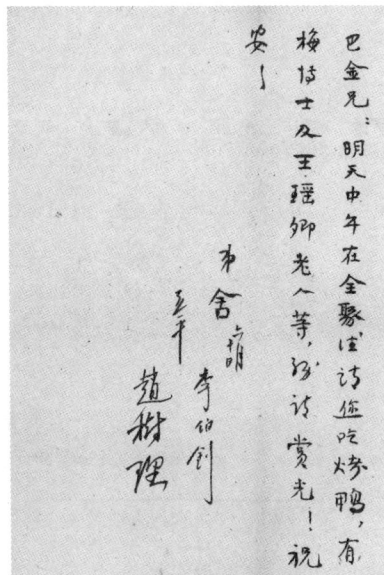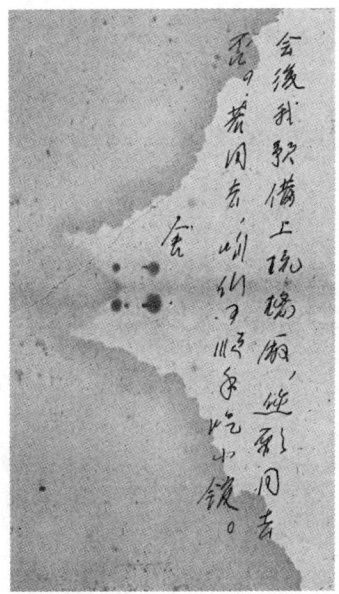

老舍 1950 年 6 月给巴金的便条

1985 年 3 月 28 日，巴金与沈从文在北京相见

| 巴金书信中的历史枝叶

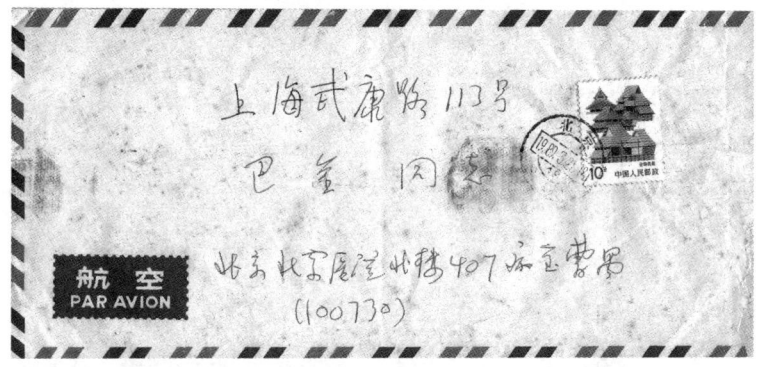

曹禺 1989 年 3 月 21 日致巴金信

替我问候北京的朋友们

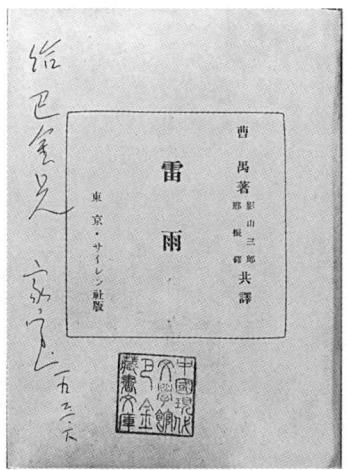

曹禺赠送给巴金的《雷雨》日文本

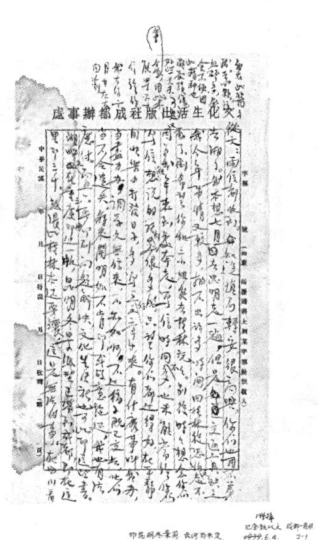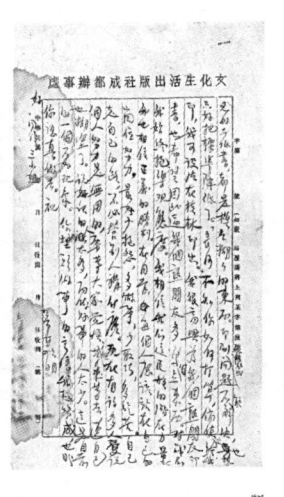

巴金1942年6月4日致沈从文信

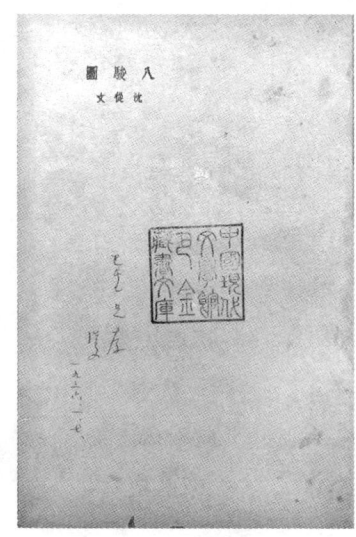

沈从文赠送给巴金的小说集《八骏图》

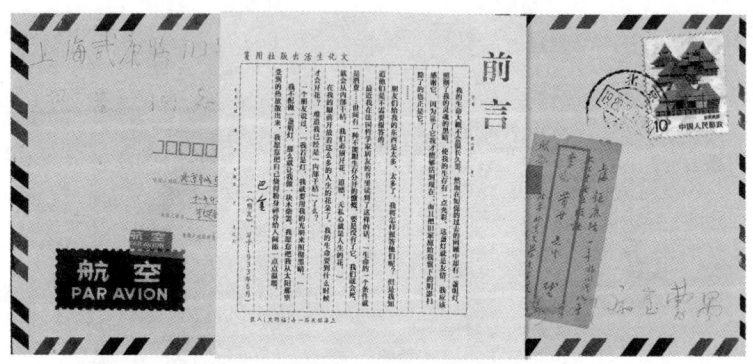

温暖的友情——巴金与友朋往来手札展北京站展览前言板（2019年）

《序跋集》的编辑往事
——从巴金与姜德明的通信谈起

一、把我的《序跋集》献给下一代

花城出版社 1982 年 3 月初版的《序跋集》，是巴金第一次系统地将自己的序跋编辑出版的集子。正如他自己所说："《序跋集》中有一些为别人的著作或译文写的前言、后记还是第一次在我自己的集子里出现。"[①] 最初，巴金答应友人编辑这部书时，可能想象不到，在编辑的过程中，他越来越认真，以至为此集写了三篇序跋，而且都收入《随想录》中，可见，这些都是他认真思考的结果，而不是敷衍之作。对待以往的序跋，巴金有一个时期甚至怀疑，读者并不一定会认真看，因为他自己看书就不太喜欢看这些东西。想不到，编辑《序跋集》，浏览自己从 1928 年到 1981 年五十多年间写下的序跋，他反倒对这本书有了不同的看法，他说："这本书是我文学生活中各个时期的'思想汇报'，也是我在各个时期中写的'交代'。不论长或短，它们都是我向读者讲的真心话。"[②] "《序跋集》是我的真实历史。它又是我心里的话。不隐瞒，不掩饰，不化妆，

[①] 巴金：《序跋集·序》，《序跋集》，花城出版社 1982 年版，第 3 页。
[②] 巴金：《序跋集·序》，《序跋集》第 3 页。

不赖账,把心赤裸裸地掏了出来。不怕幼稚,不怕矛盾,也不怕自己反对自己。"① 以至于他要"把我的《序跋集》献给下一代和再下一代的读者,我非常愿意接受他们的批判。"②

这部书,不是巴金自己要编的,而是"今年年初有一位长住北京的朋友来信动员我编辑这样一本《序跋集》,连书名他也想好了。他说明他这样建议和敦促(他后来还帮忙抄稿,他是一位现代中国文学资料的收藏者),只是为了支持一位广州朋友的工作,这位同志主持一家文艺出版社,不愿向钱看,却想认真出版书刊。北京的朋友爱书如命,也熟悉我国现代文学发展的历史,脑子里贮藏着不少生动的书的故事。他关心书,关心写书的人,当然也关心出版书刊的人,他热心地替广州那家出版社组稿,这是可以理解的。只有对他我才不便用一句话推出门去,他有具体的办法,还可以举出书名,还可以替我搜集稿子。我不曾拒绝,但我也没有答应。我还想慢慢地考虑。"③ 这位"长住北京"又"爱书如命"的朋友,就是姜德明。④

恰好,在整理巴金故居收藏的资料中,我发现一组姜德明给巴金的信,和收在他的《与巴金闲谈》中的巴金的信互相参证,倒是可以还原出这部巴金晚年编辑的重要的作品集从策划、构想到编辑、出版的基本过程。

---

① 巴金:《序跋集·跋》,《序跋集》第542页。
② 巴金:《序跋集·跋》,《序跋集》第543页。
③ 巴金:《序跋集·序》,《序跋集》第2页。
④ 为行文方便,本文提到的前辈,都不加"先生"等敬称了。

二、仿效您当年的创造和经验

巴金在此书的序跋中,感谢三位亲友的帮忙,第一位是姜德明,第二位是帮忙抄录大部分稿件的李国煣,第三位是出版此书的"广州朋友"苏晨。从这批书信中,我们也能够看出姜德明在此书编辑、出版中所发挥的重要作用。最初提出编辑设想的是姜德明,1980年12月29日他致信巴金:

巴金同志:

　　祝您在新的一年里健康愉快。

　　广东人民出版社的副社长苏晨,也是《花城》的主编,您见过吧?他是一位有见识的出版家。现在把文艺部分移出,成立花城出版社,任社长,想有所作为。我跟他讲了您当年编小丛书的事,建议他编印一套"花城小文库"。没想到他竟约我来先为他们开列第一套十本的选题,邀我来编,并想一次出齐。我想这套小文库每本最好不过三四万字,第一辑请您支持一本。我设想请茅公、圣翁、萧乾、黄裳等各支持一本,还想请林淡秋、袁鹰也参加。您可否支援一本篇幅无多的小册子?我甚至想如果近作要出"随想录"或"近作"(四川)而不能提供,您完全可以编一本"序跋文集",把您几十年来为自己的著译或为他人写的前言后记"全部收入",再写篇新序,您看如何?望能支持。当然,如愿提供另外一本稿子也可以。

苏晨同志还将抓住高行健,也作为特约编辑,帮助组稿、约稿,等等。

我也是无事生非,想促进这位热心的出版家成其好事。当然也想仿效您当年的创造和经验,连封面都想划一起来。(当然最好也有青年作者的)您有何高见?望不吝赐教。我一向以为您不仅是文学家、翻译家,也是一位出版家。

是不是"小文库"就不收翻译了?可以收散文、随笔和小说。您的"烽火小丛书"还收了木刻和诗,是不是就算了。我甚至想连已故作家的一些(无机会出版的)小书也放入,未知妥否?

此信可能干扰您的精神,想到您当年对出版工作的热心,我就斗胆地来求援了。

匆匆,致礼!

姜德明
十二、廿九

此信不仅道出"花城文库"最初的编辑构想,也点出姜德明提议编辑这套丛书之所本:巴老当年主持文化生活出版社编辑的丛书。——这个话题可以延伸到文化生活出版社的"当代影响"上。花城出版社在这之后,还曾选印过部分巴金主编的"文学丛刊"中的书,不知道此举最初是谁提出,这也是文生社影响的当代延续。如果把话题扯得再远一点,沈昌文先生在他的回忆中曾提到,他做三联书店总经理时,从老前辈那里得到的一个很重要的教导就是"学巴金":"另一方面的启发来自范用,他对西学不感兴趣,可是他提出来让我们学巴金。巴老当年主持文化生活出版社和平明出版社的时候,出了不少好书。范用讲这个话的时候,他太太在场。老太太叫丁仙宝,她一听就激动起来了。平时家里来客人的时候,她向来不说话的,只给我们倒茶做饭。我老是在他们家吃饭,很少听她说话。可老太太这次激动了,她说自己当年读巴金翻译的屠格涅夫的《门槛》是如何如何的激动,如何更加坚定参加革命的决心,等等。这样,我们就做起了外国的老书。"① 三联书店后来干脆以巴金当年主编的丛书名"文化生活译丛"(当年叫"文化生活丛刊")来做这件事情,这都能看出巴金的出版理想和作风在当代的风流余韵。

　　回到"花城文库"来,这套书有统一格局的装帧设计,设计者是大名鼎鼎的曹辛之。书名用的是手绘的美术字,封面底色纸上是高高昂起的两朵小花。封面书名之上,是丛书名"花城文库",书脊上也标的丛书名,而封底上角,则有一朵小花型的丛书标志。封面的用纸也较好,在封面里衬一个稍微硬一点的纸壳,这种本子版权页上称为"半精装"。我非常喜欢这素雅又不失活泼的装帧,加上入选丛书的作者都是文坛大家和风头正健的作家,这套丛书算得上是1980年代文学丛书中的精品。由于未见整个丛书总目,我只能把能够找到的都买了,下面是我手头有的书目:

---

① 沈昌文口述、张冠生整理:《知道》,花城出版社2008年版,第122—123页。

叶圣陶：《日记三抄》1982/1

巴金：《序跋集》1982/3

孙犁：《耕堂散文》1982/10

艾青：《艾青谈诗》1983/12

茅盾：《见闻杂记》1984/2

杨石：《春草集》1984/8

老舍：《老舍序跋集》1984/10

蒋子龙：《一个工厂秘书的日记》1984/10

王蒙等著：《夜的眼及其他》1985/3

王西彦：《书和生活》1985/3

秦牧：《花城》1985/4

冰心：《闲情》1988/2

萧乾：《断层扫描》1988/4

从出版时间看，这套书，最早一本出版于1982年1月，最迟的是1980年代末。姜德明在1981年1月9日巴金给他的信上曾加过一个注释，谈到这套书启动时的情况："广东花城出版社的苏晨同志来京约稿，想出版一套老作家的散文丛书，让我代他联系叶圣陶、茅盾、老舍、巴金，并由我主编。我婉辞主编的名义，也拒受任何报酬，答应负责联系。我替巴老考虑，建议他编一本散见各处的'序跋集'。后来这四本书先后编入'花城文库'得以出版。"[1] 除了这四位的书稿，其他与姜德明是否有关系不得而知，上信中提到高行健，也许王蒙、蒋子龙这些人的稿子是高拉来的。

---

[1] 姜德明：《与巴金闲谈》第115页。

巴金对姜德明的这个提议很快就有回复:"《序跋集》的设法(想)是可行的。但估计编起来可能有七八九万字,而且收集起来也费时,因此还不能决定。"① 简言之:肯定这个选题;字数可能超过预想;操作起来费时,尚有顾虑。1981年1月28日致出版社负责人苏晨的信上说:"我最近身体不好。短期内不能多做工作,《序跋集》我答应给'花城'。不过要等到我的健康恢复,才能动手编辑。"②

在接下来的通信中,姜德明解除了巴老的顾虑,并表示巴老没有时间和精力,他愿意代抄部分书稿,并很快就投入实际工作:

巴金同志:

知近来因赶写创作回忆录而欠安,甚以为念,希保重。

《序跋集》字数十万左右亦可,是长条型本,我上次说的四万字左右可能太死了。这本书,我一定帮花城出版社定下来,再去找茅公和圣翁。如果您方便,请即计划起来,我可以帮您找书,好在我手头也有一些书。我不同意他们用我编辑的名义。我只是赞助而已。如果您要有书,或复制,或购存,只要留一张收据,出版社当可报销。当然,您可以慢慢动手,待身体稍好时再开始。我拟请出版社给您一封公函,以示郑重。

---

① 巴金1981年1月9日致姜德明信,《与巴金闲谈》,香港文汇出版社2010年版,第115页。

② 巴金1981年1月28日致苏晨信,《一粒麦子落地——巴金研究集刊卷二》,上海三联书店2007年版,第15页。

期待着读您写的创作回忆录,但愿作协重视此事。

　　　　致以

敬礼!

　　　　　　　　姜德明

　　　　　一、十四(1981年)

　　在这里,有一点值得注意,就是书的字数问题。策划时,姜德明想出小书,仅要四五万字就够用,这倒是颇能彰显这套书的特色。巴金估计八九万字,实际上,最后出版的《序跋集》共543页,28.7万字,大大超出他们的预想。但是,姜德明立即调整最初的构想,出版社也从未嫌这部书厚或超出"策划方案"的字数而不出版,或删减书稿。大家都清楚,巴金的加入,对于提高这套书的分量和影响力意味着什么,因此,在编辑过程中,不能墨守教条,更不能削足适履。特别是丛书的编辑,最好要有一定的开放性,既要保持整套书的特色,又要顾及每本书和每个作者的自身特点,这才是最好的编辑。——我特别提出这个问题,是因为的确遇到有的出版社,口口声声强调"规范",却忘了具体对象具体对待的灵活原则,比如一套书,一定要每本书厚度差不多;也有一个人的文集,分卷时,不根据具体作品的组合,而是按照页码平均划分,强切蛋糕。还有以"体例统一"的冠冕理由,甚至要求不同类型的标题,都用一种设置方式,如加副题或取消副题,让人啼笑皆非,而编辑则振振有词浑然不觉。看"花城文库"中的书,厚厚薄薄都有,不论放在一起,还是单独购买,我想读者更关心书的内容和品质,而不是看割麦子,检查割得齐不齐。

三、《序跋集》样书收到，装帧很好

很快，巴金确定具体编辑原则：

> 苏晨同志也有信来。《序跋集》就决定下来了。我打算：
> 1. 按年代编排；
> 2. 在文学作品范围内。我自己作品的序跋比较好找，为别人的书写的后记，就要找你们帮忙了。如为冰心选集写的后记。还有为曹禺《蜕变》渝版写的后记，我自己也没有底稿。①

按照年代排列的编法，与后来《巴金全集》中的序跋卷略有不同。后者据花城版《序跋集》增删改订。分四辑：一、作者为自己的各种选集、文集或其他集子（包括他人代为编选者）所作序跋；二、为所编刊物所作卷头语、告读者等；三、译文集序跋及散篇译文题记、附志等；四、为他人著译所作序跋。等于先按照类别来划分再编年排序，这么做，很大一部分原因是后者比前者收的篇目多、种类全。关于种类和范围上，巴金在编辑《序跋集》时，等于自划一个范围："在文学作品范围内。"对于这一点，巴金显然是有意为之，在序言中他特别点明："我把自己有的东西陈列出来，让读者们讲话。一定还有遗漏，但

---

① 巴金1981年1月25日致姜德明信，《与巴金闲谈》第116页。

决不是我有意为之。不过我并没有搜集为非文艺译著写的序跋，心想编一本集子总得有个范围。其实这也是一种框框。可见解放思想并不是容易的事。我近两年常常说要认真地解剖自己，谈何容易！我真有这样的勇气？"① 非文艺译著写的序跋是什么呢？是他早年的一些作品，尤其是宣扬无政府主义的译著而写的序跋，在1982年的环境中，让他拿出来不仅有顾虑，而且能否出版也是一个现实的问题。但是，他曾经说过，这些序跋是他真实的思想反映，所以，他在此又特别提上一笔，告诉读者，这并非刻意隐瞒。

姜德明不仅是一个约稿者，还是《序跋集》编辑的参与者，他利用藏书多的优势，提醒巴金哪些篇目曾被忽视，还积极地代抄一些篇目的稿子，这些从他们随后的通信中都能够看到：

巴金同志：

您好。

黄裳同志来信，说他也可代抄散在各处的序跋。我很高兴。小林同志如能出力更好，我当然也可代为抄录或复印。比如昨天我就偶然翻到抗战期间印的三本《冰心著作集》，后面就有您的一篇很有内容的后记。若不收集子便要散失了。

祝

健康！

姜德明

一、廿四

---

① 巴金：《序跋集·再序》，《序跋集》第6—7页。

巴金同志：

　　信收到。曹禺渝版《蜕变》后记和冰心选集后记，我都有，即由我抄录奉上。

　　请您别忘了在"翻译小文库"中，您还为罗淑、李林的译作写了后记，虽然短，我以为内容是好的。至少让世人知道有过这样几本小书。（幸好我收藏了几本。）我来不及翻检我的藏书，比如手头的《白甲骑兵》和《伊达》便是。

　　"文学丛刊"中也有吧，比如郑定文的《大姊》一书，好像您也写了。以上这几种大概您都有底稿？如无，当亦可由我抄奉。

　　至于您自己的译著序或后记，当然是不会忘记的吧。

　　祝

好！

姜德明
一、廿九

　　多年前，我还从报纸上抄了一份您推荐曹禺《艳阳天》的短文，可惜不见您收入文集中。这次亦难，因为不是序跋。此外还有叶圣陶、郑振铎、熊佛西与您同时为文推荐……

　　巴金复信说："两篇后记都收到，很感谢。我还希望您再替我找一些这一类的序跋。文集里有的我可以找人代抄。目前就是写字吃力,否则编这本书并不费事。"① 巴金需要这样的帮助,而且,他那时候已有帕金森氏症的前兆了——"写字吃力"。姜德明则假日都在"用功":

巴金同志:
　　今天是除夕,祝您全家春节好。我利用假日抄奉后记两篇,请收。
　　北方过年还是燃放鞭炮,此刻我的两耳都是鞭炮声。
　　致
礼!

　　　　　　　　　　　　　　　姜德明
　　　　　　　　　　　　　　　二、四

巴金同志:
　　奉上关于罗淑译作的两篇后记,请收。
　　您还为罗淑的《何为》写过两篇序跋,一在一九三六年四月,一在一九五〇年二月。以上如要,希示,当代复制。
　　"翻译小文库"我存的似也不全,但至少还有以下几种有您的前言或后记,如:
　　《过客之花》(亚米契斯)
　　《我的生活故事》(凡宰地)

---

① 巴金1981年2月12日致姜德明信,《与巴金闲谈》第117页。

《笑》（奈米洛夫）

如需要亦盼示知，以便代办。

又，前次《冰心全集》后记中提到补充一篇游记事，似应列其篇名，即：《平绥沿线旅行记》。

顺附胡絜青画集序一文剪报。

祝

健康！

姜德明

三、六

1981年3月13日的回信中，巴金也报告了《序跋集》编辑工作的进展状况，并请姜德明代查书刊："《序跋集》的编辑工作正在进行。我侄女替我抄录大部分序跋。我的译著我本来搜集比较完全，但十年浩劫损失不少。西班牙画集巴金主编的'新艺术丛刊'画集，包括《西班牙的血》《西班牙的黎明》等。四小册，只剩下一册了。""《何为》及翻译小文库各书前言后记能代我复制，好极了！"[①]接下来的一封信，谈的也是工作进展："我身体仍然不行，最恼火的是写字困难，因此工作进行得很慢。我侄女在替我抄录各种序跋。我自己有时也抄抄补补。我看，要把我写过的全部序跋都搜集起来，困难很多，那么就把我找得到的编起来再说吧。"[②]直到8月31日致信姜德明，报告《序跋集》交卷："今天上午苏晨来看我，他就要回广

---

① 巴金1981年3月13日致姜德明信，《与巴金闲谈》第118页。
② 巴金1981年3月30日致姜德明信，《与巴金闲谈》第119页。

州，《序跋集》总算交了卷。编辑中我吃了不少苦头，但完成了一件工作，这是为酬答您的友情而做的。"[①] "这是为酬答您的友情而做的。"很朴素的一句话，能够看出两个人交往程度之深，不仅仅是因为《序跋集》，我想还有，他们都是爱书的人，两个人在一起或通信的时候，聊的都是书和出版的事情。巴金有些书不想送别人，却总想到给"藏书家"姜德明，还说：你缺什么书，我给你配齐——这是"友情"的分量。

一本书的出版，书稿的编辑的处理，是核心内容，但是装帧设计也是编辑过程里不可分割的一部分，特别是要与作者做到充分沟通，跟作者的喜好和趣味契合。一个再有个性的编辑家恐怕也要记住，你做的是作者的书，为的是读者做书，满足了这"二者"才能成就你的事业。对此，姜德明在信里也谈到设计问题。

巴金同志：

　　景凡兄已归来，《探索集》已交他。

　　苏晨同志来京，我陪他去圣翁家小坐，并谈他的《日记三抄》出版事，这也是我为苏晨同志所约书稿。广东方面表示圣翁及您的序跋集一定精印。这样，我也就放心了。

　　圣翁与苏君是初会。圣翁以为曹辛之为我的《书叶集》设计很好，即决定约请曹君设计。未知您的《序跋集》是不是也交曹君一并设计？

[①] 巴金1981年8月31日致姜德明信，《与巴金闲谈》第120页。

苏晨同志或可赴上海一行。

  祝

健康！

姜德明
七、廿四

  曹辛之的设计，简洁，大气，隽永，为这套文库增辉。出版方也为此与巴金沟通，比如前面请广州美院的画家欧洋配画像，巴金表示：满意。1982年2月25日在给苏晨的信上，巴金说："欧洋同志来过，两小时完成了任务，我也满意。"[1] 当年4月20日收到样书后，巴金致信苏晨："《序跋集》样书收到，装帧很好，改用画像我很满意。"[2] 从年轻的时候起，巴金就不喜欢在书前放照片，他认为，他是作家，不是明星，四处派发照片，那是明星的做派。

四、《序跋集》是我的真实历史

  接下来，该谈一谈这位"广州朋友"苏晨了，巴金说："他在困难的时候还不曾失去工作的勇气和信心，肯接受我的这样一本集子。"[3] 文中，巴金还说了这样一段话：

---

[1] 巴金1982年2月25日致苏晨信，《一粒麦子落地——巴金研究集刊卷二》第16页。

[2] 巴金1982年4月20日致苏晨信，《一粒麦子落地——巴金研究集刊卷二》第18页。

[3] 巴金：《序跋集·序》，《序跋集》第4页。

有一次我意外地听见别人谈论那位广州同志的事，人们说冷风又刮起来了。我起初不肯相信，可是渐渐地我发现有人在我面前显得坐立不安，讲话有些吞吞吐吐，或者缩着脖子，或者直打哆嗦，不久就有朋友写信来劝我注意身体，免受风寒。于是关于我的谣言就流传开来，有人为我担心，也有人暗中高兴，似乎大台风已经接近，一场灾祸就在眼前。①

熟悉1980年代思想背景的人，应当清楚，巴金所指的"大台风"是后来未曾演变成风暴就戛然而止的"清理精神污染"，那么，苏晨被人谈论的具体是什么事情呢？苏晨在百花文艺出版社1982年9月出版的《野芳集》中收有一篇《细事》，谈到巴金编辑《序跋集》的事情，主要是谈巴金是怎么处理稿费、如何对待金钱的，而对于他自己的事情未著一字。1984年3月生活·读书·新知三联书店香港分店出版他的散文集《小荷集》也收了此文，没有什么增补。广东教育出版社1997年10月出版苏晨的《往事不如烟》，回忆往事也不曾涉及他当时的事情。其中第一篇《可敬的巴老》组合了不同时期的几篇文章：写于1982年6月的《细事》，1983年6月的《沪上小曲之一·吉兆》，还有1994年11月《沪上小曲之二·巴金写字手不抖了》。《沪上小曲之一·吉兆》中倒是没头没脑冒出这么几句：

巴老关心地问我："《不断自问》那篇文章的事

---

① 巴金：《序跋集·序》，《序跋集》第2页。

算完了吧？"我回答说："早就完了。《春天的童话》的事也早就完了。"巴老说都没事了就好。要记取教训，努力把《花城》办好。接着他对我谈了一些文艺和出版方面的话……①

前后都没有交代，界外人看来只能是一头雾水。多年来，我想给这篇文章此处加一个清楚的注也未能如愿。直到去年在广州，照例有点空闲都去中山大学对面的一家旧书店转一转，在这里看到一本北京时代铭语文化发展有限公司2012年9月印制的《苏晨新版野芳集》，前面一篇苏晨的长文《〈野芳集〉的出版——新版〈野芳集〉自序》，这个问题才找到答案。这本书显然不是一本公开发行的书，却别有价值，它分两部分，一部分是新增内容：臧克家读苏晨《野芳集》一文的手稿，苏晨谈《野芳集》写作和出版的长文。另外一部分则是原版影印百花文艺社当年的《野芳集》。苏晨《〈野芳集〉的出版——新版〈野芳集〉自序》中，将当年的遭遇和盘托出，一场在80年代巨浪中的小风潮从此有了历史的记录。

根据苏晨的叙述，事情是这样的：1981年初（也正是巴金着手编辑《序跋集》的时候），中宣部的某位领导在一次会议上点名批评苏晨不经请示就成立协会和在会议上关于能不能和中央唱对台戏的"错误说法"。会议是前一年的11月20日至29日在江苏省镇江市召开的全国大型文学期刊座谈会。有26

---

① 苏晨：《沪上小曲之一·吉兆》，《往事不如烟》，广东教育出版社1997年版，第16页。

家大型文学期刊负责人和编辑共61人出席会议,座谈会经过反复协商,决定成立"中国大型文学期刊编辑协会"。苏晨是作为《花城》主编代表杂志出席会议,并在会上被选为新成立的这个协会的会长。这个协会,不久就被下令取缔,苏晨也被点名批评,他在会议上的发言《不断自问——〈花城〉两年》(曾以"本刊评论员"名义发表在《花城》1981年第1期上)也成为被批判的重点。对于被批评的两点,苏晨后来都做了解释,他认为并非领导批评和传言那样,而都是有具体的背景和原因的,不能欲加之罪,就断章取义。在这件事情上,广东的领导没有采取粗暴的方式对待,时任广东省委第一书记的任仲夷曾在有关文件上批示:"这顶多是个认识问题。"广东省委文教书记吴冷西表态:"他可以检讨,可以不检讨。"① 这种态度决定了苏晨的平稳着陆,广东省出版局召开了三个半天的面对面批判会,苏晨1981年4月10日写了份《我的检讨》提交,此事就算偃旗息鼓了。

当然,此事对于苏晨的影响也并非这样轻描淡写。苏晨在巴金的文中"有一次我意外地听见别人谈论那位广州同志的事"一句后面加的按语是这样的:"是老作家吴强和王西彦向身为中国作协主席的巴老,谈了我被聘为中国作协首届中篇小说评奖委员会评委,已经在报刊上公布,被中宣部赵守一副部长一句不着边际的话就给'枪毙'了,以及我被批判的情况。"②

---

① 苏晨:《苏晨新版野芳集》,北京时代铭语文化发展有限公司2012年9月印制,第43页。
② 苏晨:《苏晨新版野芳集》第49页。

到 1987 年初，苏晨又被调离花城出版社具体编辑岗位，做了广东省出版局编审委员会副主任的"虚职"，与此事也大有关系。在这篇文章中，苏晨感谢巴老对他道义上的支持。其实，在这前后，巴金也曾有幸被"首长"点名，引得各地朋友十分担心，苏晨的遭遇也让他感同身受。我想，巴金之所以为《序跋集》写了三篇序跋，跟这一背景不无关系。因为在这些序跋中，巴金是一副随时也可接受审查的挑战姿态出现的，他认为《序跋集》就是自己不同时期的思想汇报：

> 我还想指出：这本书是我文学生活中各个时期的"思想汇报"，也是我在各个时期中写的"交代"。不论长或短，它们都是我向读者讲的真心话。……我把五十几年中间所写的前言、后记搜集起来，编印出来，只是想把自己的心毫不掩饰地让人们看个明白。我所走过的曲折的道路，我的思想变化的来龙去脉，五十几年的长期探索、碰壁和追求等等等等，在这本集子里都可以找到一些说明。我希望对我有偏爱的朋友多看到我的缺点。对那些准备批判我的人我提供一点材料。①

> 我回过头重走了五十四年的路。我兴奋，我思索，我回忆，我痛苦。我仿佛站在杂技场的圆形舞台上接受批斗，为我的写作生活做了彻底的交代。《序跋集》

---

① 巴金：《序跋集·序》，《序跋集》，花城出版社 1982 年版，第 3—4 页。

> 是我的真实历史。它又是我心里的话。不隐瞒,不掩饰,不化妆,不赖账,把心赤裸裸地掏了出来。不怕幼稚,不怕矛盾,也不怕自己反对自己。事实不断改变,思想也跟着变化,当时怎么想怎么说就让它们照原样留在纸上。替自己解释、辩护,已经成为多余。五十四年来我是怎样生活的,我是怎样写作的,我究竟是个什么样的人,我究竟做过些什么样的事,等等等等,在这本书里都可以找到回答。有人要批判我,它倒是很好的材料。至少我的思想的变化在这里毫不隐蔽地当众展览了。①

巴金甚至讲出这样坚定的誓言:"是的,一纸勒令就使我搁笔十年的事决不会再发生了。"② 历史的云雾早已消散,今天的人们读巴金的话,是否会觉得他是不是反应过度,是不是对"风"太敏感了,以致产生"何至如此"的微笑。不妨从那前后复旦大学教授贾植芳的日记中,一窥时代的变化在个体心灵中的真实投影:

> 今天报上刊载了黄克诚的文章,是从《解放军报》转载的,仿佛又回到"文化大革命"时代的前夜。③

---

① 巴金:《序跋集·跋》,《序跋集》第542页。
② 巴金:《序跋集·再序》,《序跋集》第8页。
③ 贾植芳1981年4月11日日记,《解冻时节》,长江文艺出版社2000年版,第343页。

> 前天《解放日报》转载了《解放军报》批白桦《苦恋》的文章，帽子一大堆，上纲法又来了，好像又回到了50年代或"文化大革命"前夕。①
>
> 昨日学生送来《解放军报》（本月19日），上有某人写的一篇评《苦恋》文章，这是近年来轰动国内外的一件大事，有人又想点火，但柴湿了，会燃不起来，反而熏起漫天烟雾，熏得点火的人满眼是泪。②
>
> 好久不写了，缺乏这样的心情——中国的上空，又开始乌云聚集，意识形态领域，又有些风雨欲来之势。好些人物，又发出了叫声。③

结合苏晨的文章，再看看贾植芳日记所提示的"历史现场"，重新梳理《序跋集》的编辑过程，重温巴金三篇序跋中反复表达的意思，能够看出，此书编辑的特殊背景以及它在巴金晚年思想发展中的特殊位置，它与巴金的自我反省、历史的反思和特殊的坚持是统一为一体的。由此，我再也不会把这部书只是当作简单的序跋的汇集了。

2018年10月26日凌晨1时写完，11月6日补充

---

① 贾植芳1981年4月23日日记，《解冻时节》第350页。
② 贾植芳1981年5月21日日记，《解冻时节》第359页。
③ 贾植芳1981年9月6日日记，《解冻时节》第383页。

《序跋集》精装和平装本书影

"花城文库"中茅盾和叶圣陶两人作品书影

《序跋集》的编辑往事

姜德明1981年2月4日致巴金信

巴金1981年2月12日复姜德明信

巴金书信中的历史枝叶

《序跋集》正文前的巴金画像（欧洋画）　　巴金《序跋集·序》手稿之一页

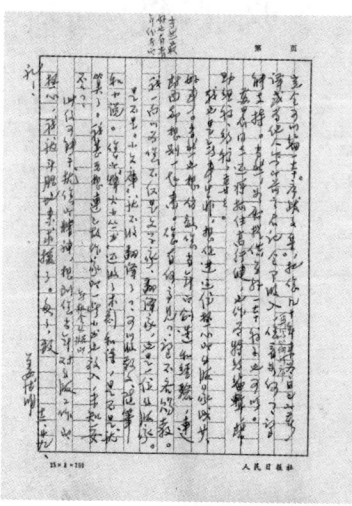
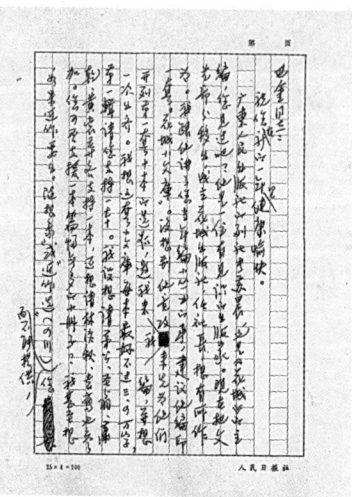

姜德明1980年12月9日致巴金信

我要做一个普通的老实人
——读《巴金的内心世界——给李致的 200 封信》札记

钱锺书曾说过一段流传颇广的话:"假如你吃了个鸡蛋觉得不错,何必认识那下蛋的母鸡呢?"这话是得意的自谦,它不但丝毫无法阻挡反而加强了读者的好奇之心。不完全是好奇心,论文须知人也是理所当然的事情,对于一位作家,除了他呈现在读者面前的作品和言行之外,他的"内心世界"自然是热爱他的读者不愿放过的风景。而书信、日记等不是为了公开发表而留存的私人文字无疑又是窥测他们内心世界的最佳窗口,历来都给读者和研究者以极大的诱惑。巴金先生是一个喜欢用文字倾诉的人,在创作中他常常打开心灵的天窗,而在给亲友的书信中更能感受到他的坦诚和朴实无华。特别是在晚年,他执笔困难发表文章越来越少的时候,书信实际上是这位饱经沧桑的老人弥足珍贵的心灵之音。

现在出版的巴金书信集主要有《巴金书简》(初编)、《巴金书信集》、《巴金全集》中的书信卷(三卷)、《佚简新编》等;巴金与亲友的个人通信集已经出版有致杨苡、致王仰晨的书信集,有他分别和萧珊、冰心、黄源、萧乾等人的来往书简,除此之外还有散见在一些个人著作中的书信。据李存光先生统计,巴金先生的一生至少写了 7000 封信,目前公开出版的信件尚不足其总量的 40%。由此看来,巴金书信的搜集、整理和出版工作还有漫漫长途可走。新近出版的《巴金的内心世界——给李致的200封信》①虽然绝大部分书信曾于《巴金全集》中刊布过，而又有五十多封信遗憾地未能尽收其中，可是，仅从设计的大气、印制精良上看，它也算是巴金书信系列中出类拔萃的一部了，尤其是收入本书的每封信都配有巴金原信手迹，让我们领略和感知从1972年至1992年长达二十年间巴金的手迹和心迹，这样的书即便不是一字一句地读下来，就是品味一下巴老的手迹也足让人感慨万端了。

一、真正了解我的人并不多

用"巴金的内心世界"来概括这些信的内容是比较准确的，受信人李致是巴金大哥的儿子，也是巴金与之通信较多的亲友之一。对于这个年幼便失去父亲的侄子，巴金有特殊的情感。在新时期，李致又主政四川人民出版社轰轰烈烈地推出一大批新文学作家的旧作和选集，巴金本人也做过出版工作，两个人的共同话题很多，巴金也认为李致是比较了解他的人，因此，来往的信件尤多，除事务之外，心里话也不少。通过这批通信来了解巴金，用巴金自己说过的话，就是："我要做一个普通的老实人。"这是巴金1988年3月2日致李致信上的话，在这封信中巴金谈到他晚年一再思考的问题："真正了解我的人并不多，可能有些未见过面的读者看到了我的心。我并不希望替

---

① 李致编：《巴金的内心世界——给李致的200封信》，四川人民出版社2006年版。

自己树碑立传,空话我已经说得太多,剩下的最后两三年里我应当默默地用'行为'偿还过去的债。我要做一个普通的老实人。我没有才华、没有学问、没有本领,只有一颗火热的心,善良的心。我怎么会成为今天这样的人?我近来常常在想这个问题。"(第377页)在外人眼中功成名就的巴金,不但自己没有丝毫成功感,而且不断地在拷问自己,哪怕是八五高龄,他的思索和灵魂的拷问依旧没有停止。"我要做一个普通的老实人。"这是他后半生面对自我不断的心灵吁求,由此,我们也能够看出,巴金的思想和创作的出发点是什么。

二、我只希望把是非弄清楚

"做一个普通的老实人"的话,从另外的语境中理解,可能会觉得太矫情。可是,如果能够体察巴金的具体处境,你会觉得他要实现这个愿望会有多么困难。在前五个年头(1972—1976)的通信中,巴金是一个"罪人",甚至连"人"也够不上,是"牛鬼蛇神"——这个词在如今出版的《现代汉语词典》中的本义是:"奇形怪状的鬼神。"收在本书巴金给李致的第一封信中所写的就是这样的凄凉事情:

> 我六九年参加三秋后就和本单位革命群众一起留在乡下,以后在七零年三月又同到干校。今年六月因蕴珍病重请假回家,七月下旬就留在上海照料她。她去世后我休息了一段时期,九月起就在机关上班(工宣队老师傅和革命群众今年都上来了),每天半天,

主要是自学马列主义经典著作。这几个月并没有别的事。但问题尚未解决,仍在靠边。住处也没有改变,只是从楼上搬到楼下而已,楼上房间加了封,绝大部分书刊都在里面。我人身体还好,情绪也不能说坏,蕴珍去世对我是一个很大的打击,我永远忘不了她,然而我无论如何要好好地活下去,认真地学习。

你问起妈妈去世前看到你的信没有。你第一封信是八月四日写的,信寄到时,她的病已到危险阶段,刚开了刀,小林在病床前对她讲你有信来,她只是点了点头,那时身体极度衰弱,靠输血维持生命,说话非常吃力,只有两只眼睛十分明亮。我们不知道她那么快就要离开我们,还劝她不要费力讲话,要她闭上眼睛休息。她也不知道这个情况,因此也没有留下什么遗言。想到这一点,我非常难过。[①]

这封信是以巴金"写不下去了"为结尾的,正如李致所言,他们六年没有通音讯了,"后来,小林信来了,我一看见信封就高兴,满以为这封信会给我带来一些令人愉快的事情。可是,做梦也没有想到,它带来的却是妈妈(指萧珊——引者)逝世的消息。"[②] 在这一期间,戴罪之身的巴金只与王仰晨、黄源等少数亲友恢复通信,在这些信件中还得强烈地压抑住自己的

[①] 巴金1972年11月4日致李致信,《巴金的内心世界——给李致的200封信》,第8页。(以下省略书名直接标明第×页者,均出自本书)
[②] 李致1972年10月3日致巴金信,第9页。

感情,即便这样,字里行间也能够看出巴金的内心状态。同时,这些信件也是巴金"文化大革命"后期生活的一个"客观"记录。比如讲到他那个没有结论的"结论":"上星期一我们单位工宣队负责人找我谈过一次话,说是我的结论已经批下来,作人民内部矛盾处理,要我做点工作,问我有什么意见。我说身体不好,年纪大,只能在家里翻译一点东西。星期六(昨天)他要我参加机关学习,并在学习会上宣布我的问题解决,'作人民内部矛盾处理,发生活费,做翻译工作'。下周起,我每星期只到机关去三个半天(学习时间在内)。"[1] "'结论'的详细内容和文字我都不知道,也并未告诉我或宣布时宣读。当然如果叫我在文件上签字,我会实事求是地看待问题。此外我不会讲什么。现在已经是宣布后三个星期了,还没有什么变动。"[2] 这等于是将巴金的问题悬置起来了,在一个特别需要名分的时代中,巴金成了一个没有"身份"的人。这不是无所谓的事情,他要生活,要跟人交往的呀,包括他们的子女前途都与他这个结论有着直接关系,这种解决方式等于是前途茫茫看不到希望。

这个时候,巴金已经与"文化大革命"初期大不相同了。初期时,巴金只觉大祸临头,一片惊惶,只想通过改造赎罪以求宽大处理;此时,巴金一方面已经完全绝望,特别是萧珊去世,使他不再把命运寄托在那些造反派的身上了;另外一方面经历过种种运动,他也看清了某种"骗局",开始反省自己的所作所为。冷眼打量周围的世界,虽然是戴罪之身,但作为"人"

---

[1] 巴金1973年7月15日致李致信,第11页。
[2] 巴金1973年8月5日致李致信,第13页。

的独立意志和思考已经开始恢复,他不再那样唯唯诺诺,对许多事情已经有了自己非常坚定的看法。这些看法,虽然囿于环境,还不能尽情表达,但是在给李致的这一批信件中已有所表露。比如,前面引用的那封信,他说一旦与自己的结论见面,"我会实事求是地看待问题。此外我不会讲什么。"这是很有分量的话,"实事求是"等于不会承认加在他头上的那些污蔑之词,不再无条件地"低头认罪"。1975年9月初,巴金等人的业务关系被转到了上海人民出版社,与别人不同,巴金被分配到编译室,巴金明白这实际上剥夺了他再搞创作的资格,对于这样的安排他在信中说:"这就是调动积极因素、落实政策吧。"①这话似乎是在叙述一个客观事实,但末尾的一个"吧",总觉得像是表达某种不满,甚至有些反讽的意味在里面。当"四人帮"被打倒之后,巴金的问题又拖了大半年才解决,家里的书房依旧被封着,春光在前却未享温暖,这时应当最着急了,可是巴金却很安心,他只是说:"四人帮垮台,我晚上睡觉比较放心了。"②"不用着急","我相信问题总会彻底搞清楚的。"③统战部的人在春节时找巴金谈话,说他的问题总会解决,"现在还来不及办等等","我表示不必急,但我说只希望把是非弄清楚,该怎么办,就怎么办。"④对于解除压在自己头上多年的不公正的结论真的就无动于衷吗?恐怕还不能这么说,巴金"把是非弄清楚"的态度已经表明他对自己的信心,他已经

---

① 巴金1973年9月13日致李致信,第37页。
② 巴金1976年11月4日致李致信,第69页。
③ 巴金1977年1月17日致李致信,第79页。
④ 巴金1977年3月3日致李致信,第85页。

恢复了独立思考的能力，对自己早有结论，这个时候他还会在乎别人给他一个什么结论吗？

三、我的生活相当安静而且安定

这个信念支撑着巴金安心地从事他的翻译工作，又可以让他通过文字与文学大师们进行心灵对话了。他先是完成了屠格涅夫《处女地》的改译工作，这是"文化大革命"前工作忙乱，没有结束的工作。接着，他开始赫尔岑的《往事与随想》的翻译。对于最初做翻译工作，他说："我觉得这也是好的。……我可以安心等待的，也没有什么不满意。"[1] 后来的信上说："我的生活如常。现已开始翻译《赫尔岑》，慢慢地在搞。我的生活相当安静而且安定，很可以安心做点翻译工作。"[2] "安心"是他做翻译的心态，"我希望能再活十年，准备把一部百万字的《回忆录》译完，译这部书，同时也在学习。"[3] 相对于批斗会之类的，翻译成了巴金"文化大革命"期间心灵的庇护所。

有一点必须明确，巴金的这些翻译并非组织上交代的任务，而且屠格涅夫、赫尔岑并不是那个时代所需要的作家，巴金也别想通过对他们的翻译来获得个什么表现积极的奖励，而且巴金不期望命运恩赐，他非常了解这个现实：翻译这些东西在当时是出版无望的。这一点在最初做这件事情的时候，他就清楚：

---

[1] 巴金1973年8月5日致李致信，第13页。
[2] 巴金1974年1月6日致李致信，第19页。
[3] 巴金1975年2月7日致李致信，第29页。

"组织上没有给我什么明确的任务……和出版社没有联系过,我也不准备在几年内出版,因为我上了年纪精力差,每天最多只能译几百字,有时查书、查字典更花时间。这书共有百多万字,里面有精华,也有糟粕。能够花不到十年的时间译完它,留下一部誊正的手稿,送给国家图书馆,对少数想了解19世纪前半叶欧洲和沙俄各方面情况的人也有一点用处。"[1] 巴金并没有把自己的工作看作毫无价值,将它作为消耗生命的无聊游戏,同时,他对这项工作也并无任何功利上的期待,有的只是他生命和文化上的需求。在这种情况下,他每天几百字的翻译,是中国知识分子在最为艰苦的情况下心中的文化信念的燃烧,而这种超越功利的行为,现在想来更让人敬佩,也让人唏嘘不已……

一种文化信念在支撑着巴金,在现实中,"安静而且安定"背后却涌动着波澜。巴金仍然顶着巨大的压力,他还是另类之人,直到"四人帮"被粉碎后的一段时间,这种状况也没有得到彻底改善,黄源写于1976年12月23日的一封书信中就透露出巴金的处境:

今天同时收到蒂甘信,他说"四人帮"揪出后,去看他的人,多起来了。今天也是我一个新四军的老朋友来看我,我说:"你经过上海去看看巴金",他说:"一去看,马上传开了。"我不再说下去。[2]

---

[1] 巴金1975年3月3日致李致信,第31页。
[2] 黄源1976年12月23日致楼适夷信,《黄源文集》第7卷,上海文艺出版社2009年版,第134页。

四、听说以后要出点西方古典文学名著

"文化大革命"后期,巴金的生活相对安定下来了,在书信中我们可以看到他对于自己日常生活的描述,这对了解巴金当时的生活状况是十分珍贵的文献:

> 你问我一天到晚干些什么?我一天也少有空闲时候。除了到机关学习或到附近散步外,我就在家听广播讲座念日文,搞翻译,每天译赫尔岑的《回忆录》几百字(查典故,加注解,也要花功夫),此外还读点别的外国文和世界语,为了不要把从前学过的忘记。这是我的日课。至于看什么书,大都是从机关资料室借来的内部发行的书,如关于日本、苏联和拉丁美洲的书,以及从别处借来的《开罗文件》、《格瓦拉传》等等。此外也看看关于儒法斗争和论《红楼梦》的书。[①]

这里提到了看书的事情,这是一位作家保持一生的习惯,哪怕在"文化大革命"这样一个文化大饥荒的年代里。那些年,开始是烧书,巴金在1976年3月5日致李致信中就曾说:"《金瓶梅》我有一部,在运动初期烧掉了,因为怕小棠他们找到翻看,这部书我自己也看不下去,从未看完过,烧掉也并不后悔。"[②]

---

① 巴金1975年2月7日致李致信,第29页。
② 巴金1976年3月5日致李致信,第51页。

读书无用也就罢了，读书也可能有罪，不过，轰轰烈烈的运动落潮后，人们心灵的饥荒问题又出现。好多出版社早就关门大吉了，开张的出版社动辄几十万上百万地印一本书，仍然难以满足读者的渴望和需求，尤其是那些不是革命大批判材料的好书并不多。巴金的书信中也可以见到闹书荒的情形，他不仅常常托在人民文学出版社工作的王仰晨先生买书，也托李致买书，四川相对偏远一些，在京沪出的书在成都到货慢，还不曾一抢而空，巴金托李致买书就是打的这个时间差。专门写一篇文章谈谈巴金在"文化大革命"中读的书和买的书想来很有趣，据我看这些书有一大半是被动购买和阅读，或者说如果在正常的年代有些书是未必要读的，而在那个年代，或者迫于形势需要（如"儒法斗争"之类），或者是实在也没有什么新书好读只好读一读这样的书，聊胜于无。看看在与李致通信中提到的这些书吧：《红楼梦》、《三国演义》、《庚辰本脂砚斋点评石头记》、《甲戌本脂砚斋重评石头记》、《红楼梦新证》、《水浒》（金圣叹批本）、《第二次世界大战的重大战役》、《十字勋章和绞索》、《党人山脉》、《油断》、《热的雪》、《十三天》……

  这里求购的书中有一批是古典文学名著，如《红楼梦》之类的，今天书店里找几十个版本一点都不难，可是，当年却是紧俏商品要托人购买，无怪乎《随想录》写作之初巴金就写了《多印几本西方文学名著》。巴金1977年4月18日致李致信中特意提道："《儒林外史》重版了，我已见到。听说以后要出点西方古典文学名著。"① 现在谁还会这么郑重其事地把重版一本

---

① 巴金1977年4月18日致李致信，第91页。

古典小说当作消息写信告诉亲友呢？书荒的另一个例证是1977年重版的《家》，巴金自己送人就送了六七百本！①

五、我要证明自己不愿做"名人"

终于云开雾散，加在巴金身上的罪名得到澄清，他获得"第二次解放"，紧跟而来的是"名人"之累。他是大名人，各种各样的事情不由得找上门来。"八月底为《上海文艺》写了个抗美援朝的短篇，两万多字，已经筋疲力尽了。我还有些活动和外宾任务，又有大批读者来信，四个月来每天都是十二点后睡觉，再搞下去，我担心眼睛出问题。"②这时的巴金已经七十多岁，体弱多病，精力大不如前，又有十年大好时光被浪费，他非常希望要夺回自己的时间，要用来写作。他曾经声言：除了中国现代文学馆和写《随想录》，他什么事都不管。但晚年巴金没有一日不在与这"名人"之累做斗争，甚至到衰弱地躺在病床上的最后时刻，他也不曾安宁过。

在书信中，有多处他谈到不要做"名人"的话。当家乡有人要修他故居的时候，他明确表态："不要重建我的故居，不要花国家的钱搞我的纪念。……我的一切都不值得宣传，表扬。只有极少数几本作品还可以流传一段时期，我的作品存在，我心里的火就不会熄灭。这就够了。我不愿意让人记住我的名字，

---

① 巴金1978年7月26日致李致信，第127页。
② 巴金1977年9月14日致李致信，第99页。

只要有时重印一两本我的作品，我就满意了。"① 成都的一位篆刻家为巴金刻了一套书名印章，提出要到上海赠送给巴金，搞一个赠送仪式。这既是风风光光的好事，又在情理之中，许多人求之不得呢，巴金却清醒地拒绝，他不想做一个"名人"的玩偶。"张珍健同志要送我七十多个印章，我感谢他的好意，但是我不愿意举行一种接受仪式，让人们谈论、看热闹，也不愿意让他把印章送到上海亲手交给我，只为了一刻钟的会见，这样做，我仍然感到很吃力，而且显得不近人情。"② 在拒绝出版日记上，他表达得更清楚："这日记只是我的备忘录，只有把我当成'名人'才肯出版这样东西，我要证明自己不愿做'名人'，我就得把紧这个关，做到言行一致。对读者我也有责任。"③

最近在一篇谈《随想录》的文章里，我说到巴金的"逃名"，他说："这些年我常有这样一种感觉：我像是一个旧社会里的吹鼓手，有什么红白喜事，都要拉我去吹吹打打。我不能按照自己的计划写作，我不能安安静静地看书，我得为各种人的各种计划服务，我得会见各种人，回答各种问题。我不能做自己想做的事，却不得不做自己不愿意做的事。我说不要当'社会名流'，我只想做一个普通作家。可是别人总不肯放过我：逼我题字，虽然我不擅长书法；要我发表意见，即使我对某事毫无研究，一窍不通。……"④ 所以他不断呼吁："还是让我老老

---

① 巴金1986年10月3日致李致信，第343页。
② 巴金1991年9月11日致李致信，第401页。
③ 巴金1991年12月12日致李致信，第403页。
④ 巴金：《"干扰"》，《病中集》，人民文学出版社1984年版1994年印刷本，第3—4页。

实实再写两篇文章吧。倘使只是为了名字而活下去,那真没有意思,我实在不想这样地过日子。"[1]巴金一直没有摆脱被拉去充当"红白喜事"吹鼓手"吹吹打打"的干扰,那些要求他对某事说上"一句""真话"的人不就是如此吗?而且,一旦他们的要求得不到满足就指责巴金"世故",这种做法与20世纪五六十年代作为政治任务要求巴金写各种应景文章又有什么区别?正是巴金有过痛苦的经历,所以他在新时期面对着种种干扰和诱惑坚定地拒绝,他要去"名"逃"名"。庄子曾有"至人无己,神人无功,圣人无名""名者,实之宾也"的说法,晚年巴金对"名"也有着非常清醒的认识,他再三强调自己快要走到生命的尽头,对世俗的名利早无所求。逃"名"不仅是摆脱虚华,而且还要去掉各种"名"强加在他的身上要求他承担的"义务",比如称你为"当代知识分子的良知",似乎凡是涉及知识分子的事情你都要站出来,否则不"良知"。巴金对这种论调是警惕的,他不想做"名"之役而要回到独立的个人和赤裸的自己。所以,他一直拒绝"文学家"的命名,他说:"唯其不是文学家,我就不受文学规律的限制……"[2]他看重的是充分的心灵自由,在这一点上,他与晚年的托尔斯泰恐怕心有戚戚焉:"我说我要走老托尔斯泰的路。其实,什么'大师',什么'泰斗',我跟托尔斯泰差得很远,我还得加倍努力!

---

[1] 巴金:《"从心所欲"》,《无题集》,人民文学出版社1986年版,第55页。
[2] 巴金:《我和文学》,《探索集》,人民文学出版社1981年版1994年印刷本,第126页。

只是我太累了。"① 这段话表明了他去"名"的决心,《随想录》也记录了他寻求自我、恢复本来面目的艰难过程,这个过程体现了巴金不肯被命名的努力。在病中,他反复地追问自己:"难道你变了?""把从前的我找回来,""但是连我也明白从前的我是再也找不回来的了。我的精力已经耗尽了。十年'文化大革命'绝不是一场噩梦,我的身上还留着它的恶果。今天它还在蚕蚀我的血肉。我无时无刻不在跟它战斗,为了自己的生存,而且为了下一代的生存。"② 痛定思痛,巴金再也不想为各种"名"扭曲了自己的灵魂,哪怕它们是以真理和正义的面目出现,他也要经过自己的头脑来检验。

六、你也应当出点力

不做名人,只想做"一个普通的老实人",这样的话大概随便说说感觉都很好,要做到"言行一致"可就难了。人在社会中,个人愿望是一回事,他人、社会对你的要求和限定又是另外一回事,不过,许多细节中可以体察出巴金的朴素之心,他总是与人平等地相处,也从不摆名人的架子,而是处处尊重对方。前面提到的送印章的事情是一个例子,在书信中不经意的细节上也有很多现成的例子,比如 1978 年的几封信中,他都叮嘱李致替自己编的书不能在当年 8 月份之前出,因为其中两篇文章

---

① 巴金:《写给端端(代跋)》,《再思录》增订本,广西师范大学出版社 2004 年版,第 292 页。
② 巴金:《病中(一)》,《病中集》第 30—31 页。

要在《文艺报》先刊出，才能收入书中出版，为了这件事情，巴金叮嘱多次，一再强调"一定要办到"①，"《近作》最好八月份开印。我并不要求什么，但是我不愿意看见它在《文艺报》出版前印出。你们要早印，就把那篇悼念文章删去，等再版时补上去吧。否则就得等一下。"② 在同一封信的后面，巴金又强调："再说两句《文艺报》七月创刊，要发表我两篇文章。我如果在它创刊之前就把两文收在集子里出版了，等于拆它的台。倘使我是《文艺报》主编，别人这样对待我，我也会不高兴，因此我决不这样做。"这无意之举可以看出一个人的私德，而"私德"要比在大庭广众场合下的冠冕堂皇的言论更真实地体现出一个人的思想境界。

除了这样的事情，巴金坚持原则决不动摇之外，在其他事情上，巴金哪怕是对他的晚辈的侄子也从不发号施令，而是用商量的口气平等相待，该表示自己意见就表示，但决不强加于对方，他总会强调"由你来决定"，特别是那些为李致的出版社介绍书稿的信，既尽了做朋友的道义，又不强加和为难晚辈："还有一件事情，安徽师范大学外语系教授巫宁坤正在组织翻译司汤达尔的长篇小说《巴姆修道院》，已译了十几万字，以前因戴过右派帽子无人出他的书。现在他的右派错划已改正……你如方便可以写信去同他联系。"③而介绍项星耀的译稿更显出巴金的无私胸怀，也可以说他们两个人的交往是译坛的一段佳

---

① 巴金1978年6月22日致李致信，第111页。
② 巴金1978年6月30日致李致信，第117页。
③ 巴金1979年4月2日致李致信，第157页。

话,当项星耀从新闻中听到巴金正在翻译赫尔岑的《往事与随想》的时候,主动将自己已经翻译好的译稿寄给巴金以供他参考。巴金则要为这部稿子的出版寻求出路:"我还想介绍项星耀翻译的赫尔岑的回忆录给你们,他比我多译了一本。我看出两种译本也可以。我事情多,译得慢,让别人先出也好,我还可以为他的译本写序。而且可以找个人(如臧仲伦)校一遍。"①都说同行是冤家,这两位同行的表现真令人竖大拇指。作家刘盛亚获得平反后,巴金立即想到为他出本书:"刘盛亚的遗作是不是可以考虑出一本,有人说《卐字旗下》可出,你们看看怎样?落实政策嘛。"②同一封信中替友人打听出书的情况,生怕给李致带来某种压力或以为干涉出版社的业务,巴金特意加了一句:"我也只是传达而已。"在为友人办事情时候,他既坚持原则又尽道义,几封信中都谈到了为友人张吕千(履谦)平反的事情,认为这关系到他子女的前途,"应当为她帮点忙"③,"我倒愿意帮忙。你也应当出点力"④。"我希望按照政策办事,你能帮忙早点解决。"⑤

七、我们绝不能靠说空话过日子

有许多人凭想象以为巴金晚年身居"高位",名满天下,

---

① 巴金1981年6月22日致李致信,第227页。
② 巴金1980年3月18日致李致信,第183页。
③ 巴金1986年10月21日致李致信,第345页。
④ 巴金1986年10月22日致李致信,第347页。
⑤ 巴金1987年3月30日致李致信,第355页。

一定很风光。岂不知有很多东西并非他所求，而他所求的又不一定能如愿。他所想的往往并非自己的得失，而是更大的问题。巴金晚年长期患病，严重影响他的生活和工作，在病魔的折磨下，心绪也很烦躁，常常有种无力感，还有一种渴望理解和实际上得不到理解的深深孤独："我写字、谈话均感吃力，但一天总得做点事。没有办法，因为只有我说的、做的、写的才是我自己要说的、要做的、要写的，通过了别人的嘴和手那就不合我的本意了。……我现在考虑的是国家、民族的前途，不是个人的名利。我们绝不能靠说空话过日子。"[①] 这些看来很高调的话，在许多人那里是随便讲一讲的空话，在巴金则是约束自己的道德律令，他时不时地以此严格地要求和审查自己。这并不是一个轻松的事情，巴金没有给自己留退路，所以一位学者的话恰如其分："晚年的巴金让人心疼。"

在给李致的信中巴金在诉说着"寂寞"：

> 我仍在医院，大约八九月回家。回家后可能会感到寂寞。没有人了解我，我的心情颇似晚年的托尔斯太。我一身伤病，连托翁的出走也办不了。所以我只好写一本《家庭的悲剧》这样的小书。
>
> 你有机会过上海时，可找我谈谈。你可以理解我心上燃烧的火，它有时也会发光，一旦错过就完了。[②]

---

① 巴金1987年4月14日致李致信，第357页。
② 巴金1989年7月28日致李致信，第387页。

我们是否有同样的胸怀来理解老人的心境呢？如果没有，那么最多只能是"以小人之心度君子之腹"吧。我曾见过许多人掐着腰愤言厉辞地指责巴金应该怎样怎样，他不该如何如何。谁都有权利来评判历史人物，巴金并非完美无缺的人，他自己并未把自己看得多么了不起，他只想"做一个普通的老实人"，但是，所有的评论者在评论这样一位世纪老人的时候是不是应该对他有一个起码的了解呢？这是最基本的学术道德和为人之德吧，倘若凭着望风捕影的窃窃私语和以讹传讹的传媒报道就算了解巴金，那也太没有头脑了。我并非想去指责哪一个人，事实上，关于巴金，传媒也罢，学术界也好，隔阂和想象都很多，我想为了消除这种隔阂和许多先入为主的偏狭，我们就需要更多的《巴金的内心世界——给李致的200封信》这样的书，它能帮助我们接近一个"普通的老实人"的心灵。再说了，对于一个作家，不读他的书，关于他的种种议论或研究，从何谈起？

2006年12月29日午夜于竹笑居

我要做一个普通的老实人

《巴金的内心世界——给李致的200封信》书影

巴金书信中的历史枝叶

1993年，巴金与李致摄于上海寓所客厅

巴金1972年11月4日致李致信

我要做一个普通的老实人

巴金 1974 年 4 月 26 日致李致信

巴金 1977 年 1 月 28 日致李致信

| 巴金书信中的历史枝叶

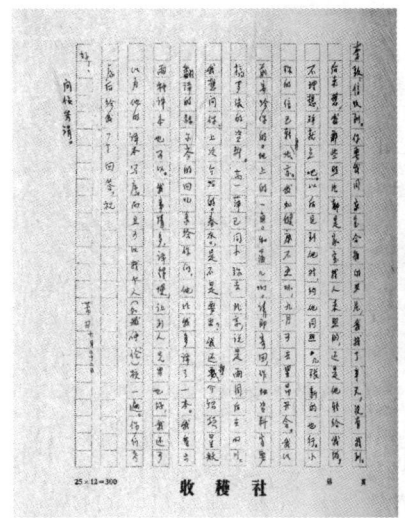

巴金1981年6月22日致李致信

巴金最后一次回成都，1987年10月6日与李致摄于金牛宾馆

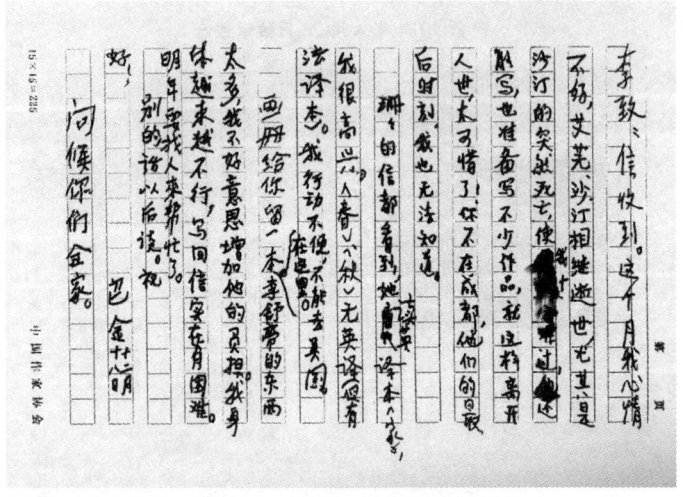

巴金1992年12月18日致李致信

后记（一）

对于现代文学的研究者而言，前些年是攻城略地、开疆辟土；近年来，人们显然已不满足于发掘的快乐，于是文学史的构成形式、叙述方式、考量视角等都成了研究者越来越关注的问题，同时，对于当下文学史研究模式和表述方式的不满业已成为研究者企图破解的困惑。郜元宝就曾写过《作家缺席的文学史》《没有"文学故事"的文学史》等文，在对当下有代表性的文学史评判中，道出自己的不满足："权衡校量许久，编写者们一致决定不以作家个体精神演变为主线，最后呈现给读者的也都不是由鲜明生动的作家形象串联起来的文学史……"要求"鲜明生动的作家形象"，或许他点到了问题的症结所在，以近年的出产而论，仅有文本的文学史不仅是枯燥的，而且是没有灵魂的。与之相对应的是，一些史料的整理、发现并未引起研究者足够重视，他们认为这些不过是作家个人的传记材料，研究者宁愿依然故我地不断变换着各种流行理论来"重读"作品，而不愿或未能把它们有效地整合到文学史研究中。学界不断鼓噪"创新"，史料整理这些雕虫小技自然不在才智之士的眼中。

可是，在所谓的学术界之外，我倒看到了不少人对于作家日记、书信、笔记等资料的整理和出版的热情，比如李辉自2003年以来所主编的"大象人物书简""大象人物日记文丛"（大象出版社）等丛书，至今已推出多种，远远比某些大学所谓重点学科所生产的学术产品更坚实。一些收藏者和读书人以书话、札记等形式所写的文字也比学术论文更有生命力。对作家书信、日记及其他文献资料的整理、解读和应用，会使文学史立体起来；对于作家心态的把握，作品产生的背景和传播过程的梳理，乃至于时代氛围的认识等都有重要意义，而这些不仅是文学史研究的基础工作，还应当成为文学史研究的本体。

书信在中国古代有"尺牍""尺素""尺笺"之称，"尺"可以看出它的小，作为个人之间的文字交流，它的私密性似乎也不足以承担大历史的描述，更何况，书信中信息芜杂、内容零碎，更给人难以"补天"的感觉。然而，书信的这些"短处"也恰恰是它不可替代的优势，它可以帮助我们复原具体的历史情境，勾勒出历史巨浪不曾吞噬的枝枝节节，也有个人化的微妙小情调……从另外一面看，大历史缺了它们的支持，那只能是空空的一张皮。

以巴金与友朋的来往书简为例，或许，当年友朋间不经意的几句话，今天都成为重要的历史文化信息，有助于揭开很多历史疑点。至于那些涉及编辑、出版的大量书信，则更有着重要的研究价值，因为对于编辑、出版而言，人们看到的是它的成果，而背后的编辑、出版、营销的过程常常在时间中被淹没，编者和作者的书信往来则多少可以打捞出这背后的枝枝节节，甚至补充了出版史的空白……书信中涉及的内容十分广泛，从国家大事到文坛风云，乃至个人情感等，对于了解那渐渐远去的时代和活跃在那个时代中的身影大有帮助。抛除这些，它们还有趣，哪怕大不相同的笔迹也能看出写信人的不同性格、气质，笔画之间还留有不知多少的想象空间……

我常常为这些美丽的风景而吸引,也常常迷失方向。当然,偶尔也会停下脚步梳理思绪,随手写一点札记,表达一些感想。感谢《万象》的主持者王瑞智先生在杂志上为它们提供了相当篇幅。如今重读,我还不由自主地想起写下这些文字的日子,那时,我住在复旦附近租来的房子中。狭小的房间中堆满了书,写累了,去逛书店;间或有同学光临寒舍(真正的"寒"),谈的也是书里书外事。在一个崇尚实利的时代中,这无疑是几位书生给自己制造的梦境。写这些文字,于我而言,同样是寻梦的旅程,我不知道在什么"攻略""大全""秘籍"之外,究竟还有谁关注这些于实利毫无关系的文字。蒙祝勇兄错爱,将它收入所策划的丛书中,让我有机会保留对那段时光的一个纪念。尝读卞之琳的诗:"像一个中年人 / 回头看过去的足迹 / 一步一沙漠 / 从乱梦中醒来 / 听半天晚鸦。"(《秋窗》)我好像也有了诗中的心境,百无一用是书生,这些文字更是万无一用的东西,但对于自己倒有一份情感的系念。从乱梦中醒来,还有一种不能释怀的情感……

2012 年 12 月 16 日

后记（二）

这部稿子2019年跟着我走了不少路，飞机上、高铁上、旅馆中，我都会不由自主地拿出来，改上几页，有的页面还改得密密麻麻。朋友善意地以为，我正在赶写这部书稿。其实不是，文章早就有了，其中六篇，来自海豚出版社2013年9月出版的《简边絮语》一书（本书的小引和后记［一］即是原书序跋），其余的也是十多年来陆续写成和发表的。无论是集子中的篇目，还是新纳入的稿子，新编一集，照惯例，我都要统改一遍。这真是"积习难改"，也让很多编辑朋友大为不解：不是说好的，稿子都是现成的，怎么还不交稿？

胸有成稿，不见得有斗志，结果在声声催促中，我依然慢慢腾腾。临近年底，我发誓不能再拖了，记得圣诞节前去深圳，仍然稿子随身，不过已经是末尾部分。"拖沓"当然是顽疾，修改也是事实。文字上的修饰不说，有好多内容，而今又有新材料出现，或者是当年没有看完全的资料，既然找到，我就不该放弃修修补补或改正错误。在修改上，我举双手赞成巴金先生的主张：写好的文章又不是小学生交出的课卷，就不能再修改了，修改文章是作者的权利。可是，修改不能无穷无尽，我暗下决心：新一年的元旦前后结束这项工作。

我在努力，争分夺秒，然而，总有事情"理所应当"地插进来，结果，我未能如愿。目标再次移动，我计划春节前把它弄好，

后记（二）

以便轻松愉快回老家过年。1月18日，只剩下全书统一改为页下脚注的注释问题，扫描文章的配图。我的机票日期是22日，三四天时间里做些，轻松愉快。雄心未曾勃勃，人算不如天算，18日晚上，我就生病了，举书都无力，一连躺了三天。直到21日，好了，然而……好吧，我只好收拾行李携稿回老家过年了。这时候，我的如意算盘只有打在春节假期。

22日下午，我从浦东机场回大连。节前的机场，一如既往，人来人往，与以往最大的不同，就是机场中三分之二的人已经戴了口罩，尽管大家的表情还都轻松，迎新春的各种装点都是红红火火、欢乐吉祥，但是，素来没有戴口罩习惯的国人，大半个脸都被遮住，只露一双眼睛，还是挺神秘、够怪异的。我知道这缘于20日下午的一场记者招待会，会上，在抵抗SARS中被大家熟知的英雄钟南山院士宣布，在武汉暴发的肺炎是一种新型冠状病毒，来源还没有查清，但是，可以肯定，它有人传人的特性……是他建议：多通风，勤洗手，戴口罩。第二天，我在街上就看到戴口罩的人多起来。那天，在机场，我也慌忙掏出一个口罩，戴起来很闷，不过，那时候，我无论如何也想不到还要闷很久。

当天傍晚，回到大连，飞机上看，白云悠悠，海平如镜，一切如常。一夜无话，一觉醒来，一看消息：上午十点，武汉封城。作为事后诸葛亮，我想到1月10日左右吧，有海外朋友谈起肺炎如何如何，在艳阳天里，谁会在意这种事情？再说，凭着强大的自信，我们对小小肺炎完全是撇嘴不屑。记得还听说有人"造谣"而上了电视，"不信谣，不传谣"，是近年我们的口头禅，谁也不曾认真思考，有朝一日它与我们的个人生活会直接产生关系。大多数人更想不到，这病毒像陨石直接砸进我们的生活。我读过迟子建描写一百年前哈尔滨鼠疫的长篇小说《白雪乌鸦》，心里也能掂量出，一座千万人口的城市"封城"意味着什么，历史上有过几回啊？那天上午，大连浓雾，对面的高楼都影影绰绰，武汉虽远，我的心却比雾更迷茫。

我还是按着计划回到乡间过年，高速公路上车很少，一路上，大家谈的都是莫名其妙的病毒。回到小村，这里已张灯结彩，往年此时，在外面的游子都回来了，东家窜到西家，沉寂的村子热闹、欢腾。今年，却奇异的安静。我很焦躁，似乎只能做一件事情：看手机。微信里各种消息铺天盖地，像冰雹一样砸在我脆弱的心上，一连几天，根本没有心思做其他事情，只有任由时间消耗。好在农村本来就很封闭，很多猛烈的风还没有吹进来。然而，恐慌和警惕还是有了，上门拜年的人，白眼相加，亲戚间也在打电话，说过一段再走动。大家扳着指头在数，有没有从某城回来的人。与此同时，网络上的坏消息在发酵，弥漫成一种让人窒息的空气。愤怒、失望、担心、迷茫，这些比病毒传播的范围还广。我像漂在海上的一叶孤舟，风浪起，溅得一身水沫，冻得哆哆嗦嗦。一直到正月初二，一颗心才慢慢爬上岸，开始恢复工作。我原来有很多写作计划，材料也带在身边，心冻僵了，一行字都写不出来。好在，修正注释是机械性工作，用麻木的头脑就够了，尽管做起来三心二意，进展很慢。到正月初四，重返大连时，注释的调整工作还没有做完。

那两天，外面的形势已经大为相同，好多省份宣布启动重大疫情的一级响应，我在微信上看到的，外地的不少村庄，村民已经自发守在村口，禁止外来人进入；还有的更省事，直接

后记(二)

把进村的路挖断。很多标语、口号斩钉截铁：现在请吃的饭都是鸿门宴；口罩还是呼吸机，您老看着二选一；今年上门，明年上坟；出门打断腿……我们这里，长途公汽已经停运，年前高铁（动车）票疯抢也抢不上，现在纷纷在退票。在高速公路的服务区上洗手间时，看到门上写着：不戴口罩者禁止入内。人警惕着人，保持距离。我太太手里拿着一瓶什么消毒液，见什么喷什么，像苍蝇似的勤快。到大连的高速口下来时，车排着长队，要逐个测体温。检查者中已经有人全副武装，穿着包裹严实的白色防护服，好像某个大片里的生化部队。这也许不是什么耸人听闻的事情，连日来大家都在议论病毒是如何传染的，咳嗽一声都让人心惊肉跳，打个喷嚏能吓走周围一圈人。

按照原计划，28日我们全家将去日本，这是2019年底就办理好的，这几天一直在犹豫是否取消。旅行社通知，凡是团签的，都不能出行，还好，我们是自由行。29日清晨，天还没有亮，我们就出发了。亲戚坚决不准我们叫车去机场，她执意要起来开车送。还好，机场仅仅是填写健康卡，排着长队测体温。我注意到最大的变化是，以前吃早餐、喝咖啡的店铺，这个时候人挤人，那一天却只有几个服务员形单影只地默不作声。我们连日来都小心翼翼，生怕感冒、发烧这类事情出现。午后，到达东京成田机场，从机场走出，天是蓝的，空气是清新的；坐车到镰仓的一路上，连日来逃难的心逐渐平静下来。置身另外的环境，心里的雾霾渐渐散去。那天傍晚，在镰仓的相模湾，一家人面对席卷而来的海浪，面对晚霞，面对长空而漫步的时候，整个春节中，积郁在我心里的重负才卸掉。

在日本，凡是有超市的，我太太没有不进去的。国内的朋友凡是知道我们在日本的，都给派了采购单，东西只有一样：口罩。可是，日本的超市早已"虚席"以待，偶尔在某个偏僻的超市里，能买到几包，亦算欢天喜地了。我们也不好意思一网打尽，总得给人家留几个。很多超市或药店，门口直接打出"口罩已售完"的中文字。在几个大的店，我也看到"中国加油，武汉加油"的小字贴在柜台旁。其时，日本人对于这场大疫还没有太多切身体会，公共场合里，人很多，不戴口罩的人也很多，对中国人也不避讳，只不过，这个春节，中国游客少多了。听说不少游客延长旅行时间，有人也劝我们改机票晚回去几天。最后两天，身处太平地，我反倒有些暗暗着急，新闻上说很多国家的航空公司已经停航，国内的不少小区都采取严格的封闭措施。我还看到有的人在遗弃和折磨宠物，我们家的狗也在寄养中，我为它们担心。再说，他乡虽好，终非久留之地，如此形势，待在这里，我心里会更不安。在我们启程那天早晨，我在酒店的英文和日本报纸上，看到一艘停在横滨的游船上，有三千多人，听说有感染者，这就是后来大家极度关注的钻石公主号。当时，我已能感觉到，紧张的空气在这里已经开始发散。

2月4日晚，从浦东机场出来，看暗夜中远处灯火点点，我别有一番滋味在心头。不知道多少次，我在这个时间归来，远眺前方的城市，内心感到非常踏实。2003年"非典"爆发时，我已在上海，没有感觉像这一次阵仗这么大。那时，我每天还跟在导师后面，在城里穿来穿去。公交车上的人比平常是少了不少，饭店的人也不多，但是都没有停业。如今，电影院、饭店以及各种娱乐场所，大多数都停业。有人播放过视频，平常人山人海的外滩、南京路、城隍庙一带，现在空空荡荡，人影儿都捉不出一个。回到家,我们小区已经开始测温、登记车牌号。回来没有几天,关闭了一个门,又开始实行出入证制度。网上不断地流传这样的段子:终于到了在家里躺着,就是给国家做贡献的时候……媒体上不断地宣传:不要出门,不要出门。同时,各种被憋在家里的人是怎么自娱自乐的段子也出来了,同胞们热闹惯了,火锅吃不了,麻将打不成,广场舞跳不得,这还得了?幸好,我平常就恨不得宅在家里,节假日也基本上都是在家看书写作,现在响应号召,也是得遂心愿。刷手机依然是每天的早课,全天里还会收到无数条时事的、医学的、心理学的、鸡汤学的大神们制造的各种消息:喝什么药汤,吃什么水果,怎么消毒……有的信息,能收到好几个人同时发来的。当然,最令人忧心的还是来自武汉的消息,作为一个写作者,我关心的不是数字、口号、趋势,而是具体的人、具体的经历、具体的情感,有很多消息,看一遍永远都忘不了,有的连打开看的勇气都不足。不管怎样,生活要继续,工作也要继续,我把年前欠的债一件件还上了,这两天也总算让这部稿子有个了结……

我写下这些流水账,最大的感慨是,生活并不像我们想象的那样按部就班、牢不可破,相反,它常常让我们把握不住。佩索阿在《现代社会是牺牲品》中写过:"我属于的这一代,生于一个任何人拥有的知识和心性都缺乏确定性的世界。上一代人的消解性工作意味着,在我们出生的时候,世界已经不能使我们把宗教视为安全的提供,把道德视为支撑,把政治视为稳定。"这是灵魂上的惶然,只有智者能够及早地感受到,对于很多常人而言,必得先有生活上的惶然,触及皮肉,才会触及灵魂。现实像一张柔软的宣纸,虽然精雅,却经不得一点风雨，动辄便千疮百孔、甚至被撕得粉碎。面对这一切，再去妄说"岁月静好"，未免厚颜无耻，人们需要的仅仅是基本的安全感。这些天来，听到多少绝望的故事，看到多少心灵的挣扎，虚空像无穷大的黑洞，岂是用美丽的口号可以塞得严实？有些问题，早已有了答案；有些问题，追问千万遍，也是无济于事，最可怕的是，在千万种答案中，现实最终选择的是最糟糕的一种。杞人忧天，有用吗？在此时，个人能做什么，个人就什么都不能做了吗？

　　病毒肆虐，数字每天都在不断变化，太阳却照常升起。待在家里，坐在窗前，阳光非常和暖，仿佛风和日丽，仿佛太平无事。囚禁腿脚容易，不让人胡思乱想恐怕很难。"黄昏降临的融融暮色里，我立于四楼的窗前，眺望无限远方，等待星星的绽放。我的梦境里便渐渐升起长旅的韵律，这种长旅指向我还不知道的国家，或者指向纯属虚构和不可能存在的国家。"（佩索阿：《头脑里的旅行》）那几天，晒着太阳，我时不时走入佩索阿描述的情境。不知为什么，我本能地想到鲁迅的话："街灯的光穿窗而入，屋子里显出微明，我大略一看，熟识的墙壁，壁端的棱线，熟识的书堆，堆边的未订的画集，外面的进行着的夜，无穷的远方，无数的人们，都和我有关。"（《"这也是生活"》）"都和我有关"，说得多好啊。这一段时间，我看到的最无耻的论调就是，我照顾好老婆孩子，就行了，其他的事咱们管不着，也管不了，不瞎操心……我们当然不能嘲笑个人追求幸福的权利，可是，我也不能想象，如果空气被污染了，你的邻居都憋死了，你就能关着家门，戴着抢来的口罩，开着空气净化机，高枕无忧、安然无事？多么甜蜜的黄粱美梦。这个社会，如果每个人都等着别人去抱柴,我们去烤火,那最终,大家不是要一起冻死?相反,老百姓都知道:众人拾柴火焰高。"人"很重要,人是一个独立的、有信念的、有尊严的个体,这样的个体才人多力量大。如果"人"不是人,不把自己当人,安于"众","众"数再多,不过凑"乌合"罢了——除非是在作恶的时候。安于"众",还是一个不体面的说法,就是安于当奴才尚且自得。记得王蒙在《红楼启示录》中有一个发现:贾府的丫鬟们,宁愿被打被骂,也不愿意被赶出贾府,获得自由身。为什么呢?待在这里,即便做不了主子,无法锦衣玉食,也是有吃有喝,一顿不愁,也比在外面辛苦奔忙或风餐露宿好啊。至于什么叫主子什么是奴才,习惯就好了,谁在乎什么"心灵自由""个体独立",保不齐跟对主子,站在主子后面也可以跟别人吆五喝六抖抖威风呢,这是多么快意啊。——呜呼,无比实利的人们,无比实利的伟大传统。

《惶然录》,我手里大概有四个不同时期的印本,都是韩少功译的。手头看的这本是2004年1月第2版,记得是在复旦读书时在国权路一家小书店买的。那时候,邯郸路以南,数步之内便有一家书店,还经常卖打折书,茶余饭后,逛书店就是我最快活的享受。这本《惶然录》,里面还插了不少无关的图片作插图,这样,它便成为厚厚的一本大书。很长一段时间,我把它放在枕边,却从未一口气读完,想起来的时候,就抓起来读两则,翻到哪页算哪页。这一次,号召大家在家办公,到昨天,我居然读到最后一则。佩索阿充满对现代世界的惊惧和怀疑,包括对"个人"的怀疑:

在作为我们生活的假面舞会上，我们满足于穿上可心的衣装，它们毕竟是事关跳舞的要物。我们是光线和色彩的奴隶，把自己投射到旋舞之中，如同假面的一切就真是那么一回事——除非我们独自呆在一边并且不去跳舞——我们对室外浩大而高远的寒夜一无所知，对残破不堪褴褛衣衫之下的垂死之躯一无所知，对所有事物都一无所知——当我们独处的时候，我们相信自己起码可以成为自己。但是，到头来，这不过是一种个人对真实的戏仿，而这种真实不过是对我们自己的想象。

我们的一切所为或者所言，我们的一切所思或者所感，都穿戴着同样的假面和同样的艳装。无论我们脱下多少层衣物，我们也不会留下一具裸体，因为裸体是一种灵魂现象，是再也没有什么可脱的状态。这样，身体和灵魂都衣冠楚楚的我们，带着我们贴身如华丽羽毛的多重装备，过完上帝给予我们的短暂时光，过完我们享受其中的快乐或者不快乐（或者压根儿忽略了我们的感受到底是什么），像孩子们玩乐着最初始的游戏。

我们都是"假面舞会"上的角色？可以不接这个本子吗，拿什么拒绝呢？佩索阿的表述，挺让人绝望的，有什么可以点亮希望吗？大疫之后，这是我们不能不面对的问题。每天盯着微信，我们究竟是无所不知，还是"一无所知"呢？我们能够成为自己吗？我们能够相信自己吗？倘若一切无所凭依，像那些绝望中呼救的人们，我们该怎么办？只有生存，没有生活，那是人生吗？面对这些找不到答案的问题，我只好一次次逃避到书本里。一本《惶然录》翻来翻去，总算找到一句不惶然的句子："写作就是忘却。文学是忽略生活最为愉快的方式。"（《模仿中忘却》）逃避，他倒说得很肯定。我也是常常在书本和稿纸上隐居，用佩索阿讲得"积极"一点的话是这样的："我们的职责，就是把这美好的一天保留在奔流不息的回忆之中，用新的鲜花和新的群星，为空幻的天地，为转瞬即逝的外部世界编制花环。"（《历史是流动的解说》）我们的职责，我们的荣光，写作的价值？面对现实，面对苦难，面对历史，我们这些轻薄文字能够承担得了如此重量吗？阿赫玛托娃曾写过："歌声与欲望的影子从记忆中/消失了，仿佛多余的重物。/至高的上帝命令荒芜的记忆/成为记载风暴的可怕之书。"（《纪念1914年7月19日》）我们的记忆是荒芜还是丰盈，我们是否有"记载风暴"的能力，我们的书将来能够产生"可怕"的力量吗？

  我在追问，恐怕读者也会问，在一本写旧书信、老人老事的书的后记里，谈论这些"现实"干什么？我想说，历史是一条河，没有谁能够隔断它。前人经历过战火纷飞的岁月，社会动荡的时期，他们面对"现实"的态度、选择、行动，很值得我们去关注。而我们呢，总觉得自己处在庸常生活中，为没有经历"大时代"而羞愧生命的苍白，其实，大时代常常不期而至，在历史的洪流中说不定什么时候就有风浪横在我们的船头，值此之时，何以自处，何以处世？今古同理。这些天，经常看到有人熬制的鸡汤：要平静，要心态好，要超然物外，要……倘若一个人面对苦难、挣扎、灾荒，还念着咒语故作平静，他还是人吗？

而一个写作者,倘若蒙上眼睛、躲进小楼、无动于衷地在"悬空"写作,它的文字能有真正的善良、真诚、美好吗?

另外一点也很重要,呈现在读者面前的这些人和事,是我重述过的,为什么要写它们?一切无法脱离作者的现实心境、思考和愿望。最近,我在读德国人沃尔夫拉姆·艾伦伯格写的《魔术师的时代:哲学的黄金十年(1919—1929)》,作者非常有洞见地指出:

> 海德格尔在1919年9月份写的信以令人印象深刻的方式证明了,思想家海德格尔在多深程度上把他的哲学和日常生活紧密融合在一起。而且已经紧密到,海德格尔完全把他在婚姻里遇到的挑战和哲学研究平行化了。他把他那位摩登的妻子埃尔福丽德所走过的婚姻弯路视为和现代哲学本身走的弯路是一样的,也许再没有别的哲学家这么做过了。在这个思想的黄金之秋,这平行的两个方面都将极度令人不悦的事加在海德格尔身上。这些令他难受的事情却也令他更加坚强和高产,因为这些痛苦使他可以在分析思考的绝对强度中去完成他认定的真正任务:无情和绝对客观地向本质挺进,摆脱所有不真实、纯属杜撰和虚假之物。海德格尔1919年9月13日给妻子的信中写道:"对于你的认识,我并没有生气——我怎么能生气呢,我每天都要在绝对客观的态度中去体验认识的无情和辛辣……与认识相较而言,生命的原始力量更为深沉和完满,而我们整个哲学的毛病就在于,把认识放在了

哲学的其余问题之前——以至于哲学从一开始就被丑化,且还受到了悖论的牵连。"([德]沃尔夫拉姆·爱伦伯格著,林灵娜译:《魔术师的时代:哲学的黄金十年(1919—1929)》,上海文艺出版社2019年版,第104—105页)

哲学与日常生活紧密融合,这也揭示了写作者与他的日常生活之间或显或隐的关系,正如我们研究的这些作家书信,作为私人文本,它们打开了作家的另外一个世界,这个世界和作家提供给我们的文本、个人行为一样,构成了关于它的一个系统和整体,这些常常被我们忽略在外,或者仅仅当作"八卦"来谈论的时候才有价值,而未被认真地纳入学术视野来认识作家的思想和创作。我想,随着近年这方面研究的推进,我们一定也会有这样的认识,它们不仅仅是史料、文献,或者,史料、文献在研究一个作家中的思想价值和意义必须得到充分认识。而上面所叙述的生活、"现实",我想它们无疑也是本书构成的天然一部分。

不要以为利用史料在写作,就是史料的囚犯。错了,是我在用史料,而不是史料在用我,为什么用这条史料而没有用那一条,为什么这样解释而不是那样,叙述中,作者的个人选择、表达起到至关重要的作用。《魔术师的时代:哲学的黄金十年(1919—1929)》,概括本雅明的艺术批评的观点时,它这样说:"首先,本雅明认为,艺术批评的功能'并不在于评价,而是一方面在于终结、补充和系统化'。其次,艺术批评家多了一重身份,他成了艺术作品的共同缔造者。……""这样就很容易理解了，批评家和艺术家都是站在同一个创造层面上。一件作品的本质并不是一成不变的，而是会持续不断发生变化。对的，事实上，是艺术作品自身持续不断地在进行自我批评。"我想，利用史料来写作也应当有这样的追求和志向，尽管表现形式不同，它可能并非以直接演绎观点为特征，可是，作者（研究者）的历史观、眼光、情怀，不论以春秋笔法也好，秉笔直书也罢，它都应当成为文章中的隐形结构，也就说，这样的写作者绝不能是史料的二道贩子。这也是我想提醒读者们注意的，历史有时候不仅仅是一面镜子，让我们从中照出自己的面目，它还是空气，我们置身其中也在呼吸它。

在历史与现实的纠缠中，在足不出户的困守和胡思乱想的漫游中，我要送出这部稿子了。我要感谢为这些稿子的发表、出版曾给予厚爱的老师和朋友们，他们是王瑞智、祝勇、俞晓群、斯日、李斌、云南人民出版社领导以及本书的责任编辑朱颖。还有一点要说明，书名，最初，我想用《简边絮语》（增订本），可是，我发现，它已经完全是一本新书，不太合适。后来，我又随口报了一个《巴金书信中的历史枝叶》，最后处理稿子时，我又发现，如果狭隘地理解，有很多书信并非"巴金书信"，而是写给巴金的书信。但是，一本书的书名，要是像药方大全似的，一味药都不能落下，有多长不说了，这种烦琐大约也够倒胃口的。再说了，真正的读者是来吃肉喝酒的，有酒有肉端上来就是了，谁会在乎你挂的是什么招牌？于是，我便大大方方地以"巴金书信"笼统概括，我想这样也未尝不可吧。尤其是在这样的日子里，生活里、生命中什么是最重要的，我们应当掂量一下、清醒一下了，不再纠结吧。

后记（二）

窗外俨然是春天了，蜡梅谢了，玉兰花已开。漫漫长夜中，胡乱翻书，亚历山大·波洛克的《秋季的一天就这样缓慢地过去了》闯入眼帘：

> 秋季的一天就这样缓慢地过去了，
> 枯黄的落叶在空中轻轻飞旋
> 天色如此明净，空气如此清新，
> 而灵魂却在不知不觉中悄悄腐烂。
>
> 就这样，她日复一日地变得苍老，
> 像枯黄的落叶一样飘舞，年复一年。
> 而在她的记忆和印象里，她总觉得
> 以往的秋天可不这么令人伤感。

（郑体武译，《白银时代诗歌全库·男人卷》第84页，浙江文艺出版社2020年版。）

时光并非"缓慢地过去"，它分明跑得很快，我虽然还不至于像有的网友说的"宅得智商快要碰地板了"，可是，必须要承认，这是一个特殊的春天，我们都有着特殊的心境。"而在她的记忆和印象里，她总觉得/以往的秋天可不这么令人伤感。"不知道，我可不可以把这诗句中的"秋天"二字易作"春天"，这样的确恰如其分地表达出我的心境。

2020年2月17日下午于上海，20日夜改定